浙能兰电志

（2003—2023）

《浙能兰电志》编纂委员会 编

浙江工商大学 出版社
ZHEJIANG GONGSHANG UNIVERSITY PRESS
·杭州·

图书在版编目（CIP）数据

浙能兰电志：2003—2023 /《浙能兰电志》编纂委
员会编. -- 杭州：浙江工商大学出版社，2025.4.
ISBN 978-7-5178-6500-1

Ⅰ. F426.61

中国国家版本馆 CIP 数据核字第 202596EN62 号

浙能兰电志（2003—2023）

ZHE'NENGLANDIAN ZHI（2003—2023）

《浙能兰电志》编纂委员会 编

策划编辑	周敏燕
责任编辑	童江霞
责任校对	杨　戈
封面设计	嘉兴浩帆图文制作有限公司
责任印制	屈　皓
出版发行	浙江工商大学出版社
	（杭州市教工路 198 号　邮政编码 310012）
	（E-mail:zjgsupress@163.com）
	（网址:http://www.zjgsupress.com）
	电话:0571-88904980,88831806（传真）
排　　版	嘉兴浩帆图文制作有限公司
印　　刷	杭州捷派印务有限公司
开　　本	787 mm×1092 mm　1/16
印　　张	32.75
字　　数	553 千
版 印 次	2025 年 4 月第 1 版　2025 年 4 月第 1 次印刷
书　　号	ISBN 978-7-5178-6500-1
定　　价	168.00 元

领导关怀

　　2005年1月27日,浙江省委副书记、省长吕祖善(右一),副省长王永明(右二)到浙能兰电建设工地检查慰问,浙能集团总经理吴国潮(左二)等领导陪同

（朱将云　摄）

　　2004年3月8日,浙江省副省长王永明(中)到浙能兰电筹建处考察调研,浙能集团总经理吴国潮(右)等领导陪同

（朱将云　摄）

2024年6月5日，浙江省副省长柯吉欣（中）到浙能兰电调研指导，浙能集团党委书记、董事长刘盛辉（右），浙能兰电党委书记、董事长傅洪军（左）等领导陪同

（胡阳　摄）

2015年6月3日，浙江省人大常委会党组副书记、副主任程渭山（右三）一行到浙能兰电调研节能降耗工作，浙能集团党委副书记耿平（右一），浙能兰电总经理章良利（左二）、党委书记黄祖平（右二）等领导陪同

（陈夏　摄）

2005 年 5 月 13 日,浙江省国资委主任陈正兴(左三)到浙能兰电考察调研,浙能兰电总经理柯吉欣(右)等领导陪同　　　　　　　　　　　　　　(颜晓玲　摄)

2004 年 8 月 31 日,浙江省政府副秘书长王小玲(左一)到浙能兰电工地指导工作,浙能兰电总经理柯吉欣(右二)等领导陪同　　　　　　　　　　(朱将云　摄)

2014 年 9 月 25 日，国家能源局信息中心副主任胡红升（左一）一行到浙能兰电调研，浙能兰电总经理章良利（右二）陪同 　　　　　　　　（范莉　摄）

2003 年 11 月 20 日，浙能集团党委书记、董事长孙永森（左二）到浙能兰电筹建处施工现场检查指导工作，浙能兰电筹建处主任柯吉欣（左一）等领导陪同

（朱将云　摄）

　　2004年12月2日，浙能集团总经理吴国潮（中）视察浙能兰电工地，浙能兰电总经理柯吉欣（右二）陪同

（朱将云　摄）

　　2013年12月6日，浙能集团董事长吴国潮（左二）一行到浙能兰电指导3号机组汽轮机通流改造前期工作，浙能兰电总经理章良利（右一）等领导陪同

（范莉　摄）

2022年3月10日，浙能集团党委书记、董事长胡仲明（中）到浙能兰电考察调研，浙能兰电党委书记、董事长吴孝炯（右一）等领导陪同　　　　（申晔　摄）

2023年12月8日，浙能集团党委书记、董事长刘盛辉（中）到浙能兰电考察调研，浙能兰电党委书记、董事长傅洪军（右）等领导陪同　　　　（申晔　摄）

2020年1月6日,金华市人大常委会副主任周剑敏(左二)一行来浙能兰电调研指导,浙能兰电总经理张小根(左一)陪同　　　　　　　　　　　(申晔　摄)

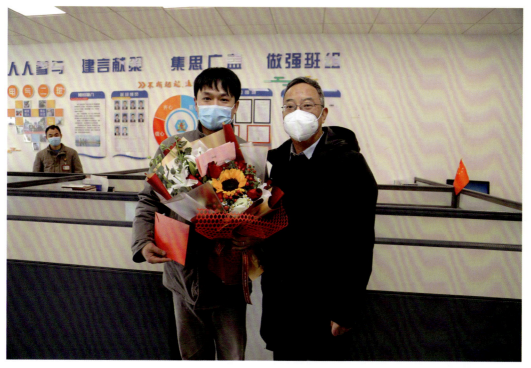

2023年1月11日,新春佳节来临之际,浙能电力党委书记、董事长虞国平(右)来到浙能兰电,走访慰问劳模工匠　　　　　　　　　　　　(申晔　摄)

项目推进

2003 年 10 月 18 日，浙能兰电"四通一平"工程正式动工建设　（朱将云　摄）

2003 年 10 月 29 日，浙能兰电副总经理秦刚华（右二）陪同中国国际工程咨询公司领导在功塘火车站调研
（朱将云　摄）

2004 年 6 月 15 日，浙能兰电主体结构工程第一方混凝土开始浇筑（朱将云　摄）

2004 年 9 月 28 日,浙能兰电举行 4×600 兆瓦安装工程开工典礼(朱将云 摄)

2005 年 2 月 21 日,浙能兰电 2 号冷却塔浇筑现场
（朱将云 摄）

2005 年 5 月 13 日,浙能兰电第一根钢结构开吊
（朱将云 摄）

2005年9月15日,浙能兰电架出线的第一座铁塔现场 （朱将云 摄）

2005年10月13日,浙能兰电化水系统制水成功 （颜晓玲 摄）

2005年12月7日,浙能兰电1号机组发电机穿转子前准备 （颜晓玲 摄）

2005 年 12 月 13 日,浙能兰电铁路专用线正式开通
（颜晓玲　摄）

2005 年 12 月 20 日,浙能兰电煤场首次进煤
（颜晓玲　摄）

2006 年 1 月 8 日,浙能兰电 1 号机组倒送电一次成功　（颜晓玲　摄）

2006 年 3 月 2 日，浙能兰电 1 号机组首次并网发电成功　　（颜晓玲　摄）

2006 年 8 月 3 日，浙能兰电 2 号机组满负荷试验成功　　（颜晓玲　摄）

2006 年 10 月 25 日，浙能兰电 3 号机组冲管现场　　　（颜晓玲　摄）

2007 年 3 月 27 日，浙能兰电一期工程通过浙江省发展和改革委员会组织的竣工验收 （颜晓玲 摄）

2007 年 4 月 18 日，浙能兰电新建工程中国电力优质工程现场复查会 （颜晓玲 摄）

2007 年 4 月 20 日，浙能兰电 1 号机组首次 A 修暨劳动竞赛动员会（颜晓玲 摄）

2011 年 12 月 23 日，浙能兰电一期电厂至嘉宝化工段供热管道冲管现场

（范莉　摄）

2012 年 11 月 27 日，浙能兰电首台机组（4 号机组）脱硝改造工程正式投运

（档案室　提供）

2012 年 10 月 30 日，浙能兰电总经理虞国平在供热改造通汽仪式上致辞

（颜晓玲　摄）

2013 年 1 月 31 日，浙能兰电与阿尔斯通公司举行汽机通流改造签约仪式

（陈夏　摄）

2014 年 6 月 18 日，浙能兰电 3 号机组脱硝改造项目顺利完成 168 小时试运行，正式移交生产　（范莉　摄）

2014 年 9 月 12 日，浙能兰电总经理章良利（左二）宣布烟气超低排放项目正式开工　（陈夏　摄）

2014 年 11 月 14 日，浙能兰电 3 号机组通流改造现场　　　（顾扬彪　摄）

2015 年 6 月 12 日，浙能兰电 1 号机组烟气超低排放改造钢结构开吊（方卉　摄）

2016 年 6 月 18 日，浙能兰电 2 号机组通流改造、超低排放改造 72 小时满负荷试运行顺利通过（方卉　摄）

2016 年 12 月 8 日，浙能兰电 3 号机组烟气超低排放改造通过 72 小时试运行后移交生产 （方卉 摄）

2017 年 11 月 16 日，浙能兰电兰溪市上华至诸葛集中供热管线项目基坑开挖 （档案室 提供）

2018 年 5 月 15 日，浙能兰电光伏发电项目成功并网发电 （李福根 摄）

2019 年 9 月 5 日，兰能热力上华至诸葛集中供热管线通汽仪式在永昌街道举行

（申晔　摄）

2020 年 10 月 26 日，浙能兰电钢结构煤棚项目现场，2B 场北端檩条正式完成铺装　（杨天强　摄）

2020 年 12 月 31 日，浙能兰电首个膜结构干煤棚投运　（成城　摄）

2021年3月30日,浙能兰电脱硝尿素水解制氨改造项目开工仪式

（档案室　提供）

2021年4月29日,浙能兰电集中供压缩空气项目顺利开工　　（琚敏　摄）

2022年3月10日,全国首个煤电二氧化碳捕集与矿化利用集成示范项目开工仪式在浙能兰电建设现场举行

（申晔　摄）

企业风采

2005 年 9 月 15 日，浙能兰电举办中秋晚会

（颜晓玲　摄）

2006 年 11 月 11 日，浙能兰电参加中央企业职工技能大赛火电机组集控运行值班员决赛职工载誉归来

（颜晓玲　摄）

2007 年 12 月 11 日，浙能兰电拍摄宣传片

（颜晓玲　摄）

2008 年 2 月 2 日，浙能
兰电职工抗冰救灾扫雪
（李福根　摄）

2008 年 6 月 23 日，浙能
兰电举行"迎奥运"棋牌赛
（陈娟春　摄）

2011 年 2 月 6 日，浙能
兰电"绿色公交车"试运行
（党群工作部　提供）

2011 年 12 月 21 日,浙能兰电职工踊跃献血

（朱云涛　摄）

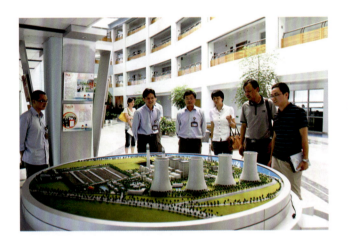

2012 年 8 月 21 日,浙能兰电党委书记黄祖平(右四)为来访贵宾介绍浙能兰电企业文化　（范莉　摄）

2013 年 2 月 9 日除夕夜,坚守岗位的浙能兰电干部职工欢庆新春

（颜晓玲　摄）

2013 年 5 月 4 日,浙能
兰电代表队参加金华市百里
毅行活动 （李福根 摄）

2013 年 7 月 31 日,浙能
兰电举行企业管理论坛与员
工共谋发展 （曹家顺 摄）

2014 年 6 月 16 日,浙能
兰电历届领导观看庆祝公司
成立十周年晚会

（李福根 摄）

2015 年 6 月 28 日，浙能兰电足球队获金华市联赛冠军 （陈夏 摄）

2016 年 1 月 9 日，浙能兰电与浙江浙能金华燃机发电有限责任公司联合举办徒步活动 （范莉 摄）

2017 年 8 月 10 日，浙能兰电举办"聚焦四业 共谋发展"主题知识竞赛

（丁一 摄）

2018 年 7 月 10 日,浙能兰电开展"弘扬工匠精神"主题辩论赛 （方卉 摄）

2018 年 9 月 28 日,浙能兰电"四有"党员责任区地图"上墙",提升党员责任意识 （唐健 摄）

2019 年 2 月 19 日,浙能兰电开展欢乐闹元宵系列活动 （方卉 摄）

2019 年 6 月 14 日，浙能兰电举办公司成立十五周年图片展 （申晔 摄）

2020 年 9 月 3 日，浙能兰电总经理张小根（左一）、副总经理方昌勇（右一）参加"兰匠工作室"正式授牌仪式 （朱云涛 摄）

2020 年 11 月 24 日，浙能兰电承办浙能集团 2020 年 7S 管理和班组建设现场交流会 （申晔 摄）

2021 年 5 月 20 日，浙能兰电组织党员开展"学习长征精神，继往开来再出发"活动　　（方逸群　摄）

2022 年 4 月 16 日，浙能兰电党委组织党员突击队坚守防疫"小门"，保障能源安全供应　　（姚路　摄）

2023 年 3 月 25 日，浙能兰电代表队参加浙能集团 2023 年区域气排球联赛一季度比赛获佳绩（阮雪花　摄）

2023 年 5 月 16 日，浙能兰电组织开展"学思想点燃希望，建新功助力梦想"结对助学活动　（何云玲　摄）

2023 年 9 月 5 日，浙能兰电组织职工疗休养

（工会办公室　提供）

2023 年 10 月 19 日，浙能兰电职工、全国无偿献血奉献奖终身荣誉奖获得者鲍伟明（右）参加杭州亚残运会火炬接力　（申晔　摄）

2023 年 11 月 29 日,浙能兰电纪委书记俞昕(左二)调研助力革命老区农产品销售 （申晔 摄）

2024 年 1 月 18 日,浙能兰电举办 2024 年"念兹在兹聚梦前行"主题迎新春晚会 （申晔 摄）

2024 年 4 月 30 日,浙能兰电组织召开《浙能兰电志》专家评审会 （申晔 摄）

荣　誉

授予：浙江浙能兰溪发电厂一期（2×600MW）工程

达标投产机组

中国电力建设企业协会
二〇〇七年一月

2008年度全国发电可靠性

CER

金牌机组

火电600MW级

国家电力监管委员会
2009.5

2012年度全国发电可靠性

CER

金牌机组

浙江浙能兰溪发电有限责任公司1号机组

火电600MW级

国家能源局
2013年5月

2012年度全国发电可靠性

CER

金牌机组

浙江浙能兰溪发电有限责任公司2号机组

火电600MW级

国家能源局
2013年5月

二〇〇五年度

优秀企业

浙江省能源集团有限公司
二〇〇六年三月

二〇〇七年度

优秀企业

浙江省能源集团有限公司
二〇〇八年三月

全国青年安全生产

示范岗

共青团中央　国家安全监管总局
二〇〇八年五月

二〇〇九年度

优秀企业

浙江省能源集团有限公司
二〇一〇年二月

2009年度浙江省开发建设项目水土保持
示范工程
浙江省水利厅
二〇一〇年八月

浙江省重点建设项目
档案管理示范项目
浙江省档案局
二〇一〇年一月

浙江浙能兰溪发电有限责任公司
浙江省心灵港湾工作坊
示范点
中共浙江省委宣传部
浙江省思想政治工作研究会
二〇一三年七月

基层党建工作示范点
浙江省国资委党委
二〇一一年十二月

模范职工之家
浙江省总工会
二零一八年六月

授予：浙江浙能兰溪发电有限责任公司
标准化良好行为企业
AAAAA
中国电力企业联合会
2021年1月（有限期三年）

浙江浙能兰溪发电有限责任公司
标准化良好行为企业
AAAA
国家标准化管理委员会   国家电力监管委员会
二〇一二年十二月（有效期三年）

二〇〇九年度
安全生产先进单位
浙江省能源集团有限公司
二〇一〇年二月

2008-2009年度

先进团委

共青团浙江省能源集团有限公司委员会
二〇一〇年五月

2023年全国电力安全文化建设精品工程

项目名称："固化于制、外化于形、内化于心"
安全文化建设
获选单位：浙江浙能兰溪发电有限责任公司

中国电力企业联合会
2023年12月

证书

浙江浙能兰溪发电有限责任公司

你公司负责建设的浙江浙能兰溪发电厂二期工程
（2×600MW 机组）经浙江省能源集团有限公司复检，
被评为"达标投产工程"，特发此证。

浙江省能源集团有限公司
二〇〇八年一月

授予：浙江浙能兰溪发电厂供热改造工程

达标投产工程

ZHEJIANG ENERGY
浙江能源

浙江省能源集团有限公司
二〇一四年一月

2012年度

纪检监察工作
先进单位

中共浙江省能源集团有限公司纪律检查委员会
二〇一三年二月

浙江浙能兰溪发电有限责任公司四号机组
荣获2013年度燃煤机组运行竞赛

二 等 奖

浙江省能源集团有限公司
二〇一四年二月

二〇一五年度

五四红旗团委（团支部）

共青团金华市委

ZHEJIANG ENERGY

二〇一六年度

科技创新先进集体

浙江省能源集团有限公司
二〇一七年三月

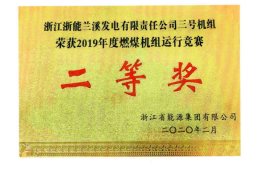

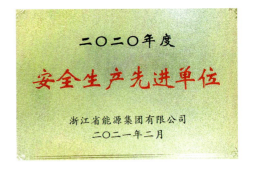

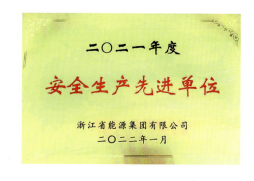

领导班子

2005 年 3 月浙能兰电领导班子：党委书记、总经理柯吉欣（右二），党委副书记、纪委书记、工会主席胡康生（左二），副总经理孙华芳（中），副总经理王学根（左一），副总经理韩忠良（右一）

2007 年 11 月浙能兰电领导班子：党委书记、总经理张基标（右三），副总经理韩忠良（右二），副总经理王学根（左三），党委副书记、纪委书记、工会主席胡康生（右一），副总经理韦东良（左二），副总经理孙自强（左一）

2010 年 8 月浙能兰电领导班子：党委副书记、总经理程光坤（左二），副总经理王学根（右二），党委副书记、纪委书记、工会主席胡康生（左一），总工程师王美树（右一）

2012年3月浙能兰电领导班子：党委副书记、总经理虞国平（右三），党委书记黄祖平（左三），副总经理王静毅（右二），党委副书记、纪委书记、工会主席王润之（左二），副总经理王美树（右一），总工程师吴孝炯（左一）

2014年3月浙能兰电领导班子：党委副书记、总经理章良利（左三），党委书记黄祖平（右三），副总经理王静毅（左二），党委副书记、纪委书记、工会主席王润之（右二），副总经理吴孝炯（左一），总工程师徐书德（右一）

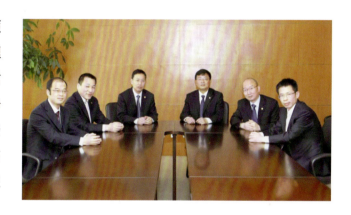

2017年3月浙能兰电领导班子：党委副书记、总经理章良利（中），党委书记吴孝炯（左二），党委副书记、纪委书记、工会主席王润之（右二），副总经理张小根（左一），副总经理何志瞧（右一）

2019年2月浙能兰电领导班子:党委书记、董事长傅小森(右三)，党委副书记、总经理吴孝炯(左三)，副总经理张小根(右二)、副总经理何志瞧(左二)，纪委书记、工会主席裘小萍(右一)，总工程师麻建中(左一)

2021年3月浙能兰电领导班子:党委书记、董事长吴孝炯(左三)，党委副书记、总经理张小根(右三)，副总经理何志瞧(左二)，纪委书记裘小萍(右二)，副总经理方昌勇(左一)，总工程师、工会主席麻建中(右一)

2023年7月浙能兰电领导班子:党委书记、董事长傅洪军(左三)，党委副书记、总经理何志瞧(右三)，副总经理、工会主席麻建中(左二)，副总经理王宇(右二)，纪委书记俞昕(左一)，总工程师朱新平(右一)

2024 年 12 月浙能兰电领导班子：党委书记、董事长金晓东（左三），党委副书记、总经理何志瞧（右三），副总经理、工会主席麻建中（左二），副总经理王宇（右二），纪委书记俞昕（左一），总工程师朱新平（右一）

厂区风貌

2003年8月30日,浙能兰电厂址原貌（汽机房原址）　　（朱将云　摄）

2014年5月6日,浙能兰电全景　　　　　　　　　　（王俊伟　摄）

2017年3月27日,浙能兰电全景　　　　　　　　　　（陈平汉　摄）

2022 年 8 月 5 日，浙能兰电航拍 （王俊伟 摄）

2011 年 5 月 12 日，浙能兰电石刻（一） （党群工作部 提供）

2011 年 5 月 12 日，浙能兰电石刻（二） （党群工作部 提供）

2011 年 5 月 12 日, 浙能兰电石刻(三)　　（党群工作部　提供）

2011 年 5 月 12 日, 浙能兰电石刻(四)　　（党群工作部　提供）

序

修志问道，垂鉴未来。

《浙能兰电志》编纂完成，欣喜无限，用定格的历史瞬间，回溯了浙能兰电二十年不平凡的岁月，展示了兰电人风雨无阻、砥砺前行、不断探索的智慧和力量。

二十年岁月沧海，时光荏苒，斗转星移；

二十年岁月激荡，栉风沐雨，岁月如歌。

二十年岁月洗礼，励精图治，开拓创新，承载了几代兰电人的事业情感、未来期盼。

企业的诞生和成长见证了浙江大地经济新一轮迅猛增长的一段历史，被新华网等媒体报道为"改写了浙中大地无大型火电厂的历史，成为浙江省最大的内陆电厂"。公司设立之初，全社会电力供需矛盾突出，我们深感肩上责任艰巨，凝心聚力，负重致远，多发电、供好电，为社会经济发展提供强大动力，极大缓解了地方电源性不足造成的"电荒"局面。我们积极拥抱社会发展的重要战略机遇期，顺势而为，眼里有光、脚下有路、心中有梦，积极践行浙能集团"大能源战略"，与时俱进，发挥能源供应和保障的主力军作用，企业发展能力显著提升。

时间镌刻不朽，奋斗成就永恒。作为浙江省"五大百亿"工程之一的建设者，兰电人苦其心志，创业维艰，别具睿智，敢于实践，创造了首台机组提前251天并网运行的兰电速度，并一举拿下中国建筑工程领域的最高荣誉——"中国建筑工程鲁班奖（国家优质工程）"，打造了全国首个通过能源体系认证的燃煤机组。我们敢为人先，扩容增效，开创全省600兆瓦超临界机组通流改造之先河；我们追求科技进步，联合科研院校，探索"双碳"发展路径，推动全国首个煤电二氧化碳捕集与矿化利用全流程耦合示范项目应运而生……一个个不断刷新的纪录，一个个更高的起点，百舸争流，奋楫争先，已成为兰电人不变的底色。

博观而约取，厚积而薄发。2016 年后，在经济发展和能源革命进入新常态的背景下，我们坚持电力安全、绿色、可持续发展，创新技术应用，完成机组超低排放，实现燃煤清洁化利用；2023 年，我们完成了机组 DCS 国产化改造；之后，我们努力突破区域思维限制，追寻绿色能源开发，于 2024 年 3 月实现了省外光伏电源项目并网，为企业实现更好发展拓展了空间。

寒江雪柳日新晴，玉树琼花满目春。作为浙能集团首个"全国先进基层党组织"，浙能兰电赓续血脉，传承精神。"以德立人、以能立业"的浙能核心价值观已成为兰电人的精神追求；家园、校园、公园之"三园文化"深入骨髓，积厚流光；引君子兰之寓意为树人之启迪，其端正高洁、谦逊刚毅之品质丰富了企业文化内涵，蕴含了立德树人的高尚意义。怀瑾抱瑜，履践致远。公司成立至今，已有半数以上员工走向浙能集团各单位、各行业，聚是一团火，而今满天星，可谓人杰地灵、俊采星驰。

此次《浙能兰电志》的编纂是用志书形式记载了兰电人二十年创业的历程，企业精神文化之火种得以传承。《浙能兰电志》以档案文献资料等为依据，实事求是地反映了企业发展进步的历史与现状，展现了企业在发展过程中形成的丰富、深厚的文化传统和历史积淀，是企业文化传承的重要载体。企业文化是企业的灵魂，《浙能兰电志》的成果将使我们更加坚定文化自信，耕植优秀基因，传播文化力量，激励一代代兰电人锐意进取，追寻未来。

编纂《浙能兰电志》是一项异常劳心费神的工作，因其为首次施行，参与者数十人，自信天下无难事，手握一支笔，文也纵横，武也纵横，如同手握一把把锄头，不辞辛苦地挖出了一个又一个宝藏，还原历史真实，追寻时代足迹。一部内涵丰富的《浙能兰电志》破土而出，如同一股清泉在心中流淌，让人无法抵御历史与时代融合的魅力，深感这片人与自然兴盛和谐的土地是如此温馨，让人陶醉。

每一次播种都蕴含收获的希望，每一份付出都凝聚真情的力量。既然选择了远方，我们便只顾风雨兼程。历史的车轮永不停歇，兰电人的脚步永远向前！

钱洪军　金晓来

2024 年 12 月

凡　例

一、《浙能兰电志》以马克思列宁主义、毛泽东思想、邓小平理论、"三个代表"重要思想、科学发展观、习近平新时代中国特色社会主义思想为指导,贯彻党的十八大、十九大和二十大精神。尊重历史,重在记事记实,全面、客观、系统地记录浙江浙能兰溪发电有限责任公司各项事业改革发展的历史与现状,发挥存史、资政、育人功能,为推动企业高质量发展服务。

二、断限,上始 2003 年,下至 2023 年。重要事件适当上溯或下延。

三、内容,以生产发展为主线,设建设、生产、科技与技改、安全与环保、经营、职工、党群、创建工作共 8 章 47 节。

四、结构,由卷首、专志、卷尾组成。卷首设图片、序、凡例、目录、概述、大事记等;专志分章、节、目、子目四个层次,事以类从,以时为序,横排门类,竖写历史;卷尾缀人物谱、荣誉谱、附录、编纂始末。

五、文体,述、记、志、传、图、表、录诸体并用,以志为主。大事记以编年体为主,纪事本末体为辅。图表随文设置。

六、纪年,采用公元纪年。

七、称谓,行文采用第三人称。人名,直书其名,必要时冠以职务(职称)名;地名,均用当时地名,括注现地名。

八、机构、组织、单位名称,在正文中首次出现时均用全称,括注后用简称。公司名称按时序分别为浙江浙能兰溪发电厂筹建处、浙江浙能兰溪发电有限责任公司。

九、人物,遵循生不立传、以事系人的原则,对浙能兰电历任公司领导在篇末介绍其简历，对浙能集团及以上单位评出的劳动模范在篇末介绍其简要事迹。

十、本志中简化字、标点符号、专业名词、纪年、数字、计量单位等均执行国家现行规范及标准。

十一、资料来源，主要来自浙能兰电档案室及各生产、管理、党群职能部门提供的文稿、报刊、书籍等资料，已经考证核实，不再注明出处。

目　录

概　述

　　浙江浙能兰溪发电有限责任公司（简称"浙能兰电"）位于浙江省金华市兰溪市灵洞乡石关村，占地约 120 公顷。距兰溪市中心约 4.5 千米，距金华市区约 21 千米，距浙江省省会杭州市约 135 千米。铁路金千线紧挨厂址东北侧通过，金华江紧临厂址西南面。

　　2000 年，随着浙江省经济高速发展，电力供应日趋紧张。2002 年，浙江省电网"迎峰度夏"几乎在无备用的严峻条件下运行，已出现拉电、限电现象。浙江省西南地区水电站众多，缺少大中型电厂支撑，电网潮流变化大，运行调度较困难。2003 年 4 月 10 日，金华市人民政府发布《关于全力支持在兰溪建设浙西燃煤电厂的函》，向浙江省发展计划委员会申请浙西电厂工程项目在兰溪建设。同年 5 月 26—30 日，浙江省发展计划委员会主持召开浙西电厂工程初步可行性研究报告审查会，确定金华市兰溪市灵洞乡石关村为浙西电厂建设厂址。同年 6 月 10 日，浙江省能源集团有限公司（简称"浙能集团"）发文，决定成立浙江浙能兰溪发电厂筹建处（简称"浙能兰电筹建处"或"浙能兰溪发电厂"）。同年 9 月 19 日，浙江省委书记、省人大常委会主任习近平在兰溪市考察调研时指出，要切实做好浙能兰溪电厂的前期工作，争取早日建成电厂。2004 年 1 月 12 日，中国国际工程咨询公司受国家发展和改革委员会委托完成《关于浙江浙西电厂工程项目建议书的评估报告》，确认浙江浙能兰溪发电厂按 4 台 60 万千瓦机组一次规划，先开工建设 2 台 60 万千瓦机组一期工程，加快项目二期工程前期工作。同年 1 月 15 日，主厂房桩基工程开工。同年 4 月 28 日，主厂房土建工程开挖，工程建设从前期准备转移到主体土建施工阶段。同年 6 月 16 日，浙能兰电正式通过兰溪市工商行政管理局批准登记注册成立,负责开发、建设、营运浙江浙能兰溪发电厂项目,生产电力电量并上网销售及其他相关派生产业,浙能兰电筹建处自行撤销。2004年9月23日,国家发展和改革委员会下发《关于浙江省浙西电厂工程项目建议书的批复》。同年9月28日,首台机组第一根锅炉钢结构开吊,主体工程正式开工建设。2005年1月27日,1号机组重达60吨的首根锅炉大板梁顺利就位。2005年4月8日,国家发展和改革委员会发布《关于浙江浙能兰溪发电厂新建工程核准的批复》。浙江浙能兰溪发电厂工程项目分两期进行,一期工程装机容量为2台60万千瓦,二期工程装机容量为2台60万千瓦,均为燃煤机组,是"十一五"期间浙江省"五大百亿"工程之一,也是浙能集团首个自主开发、自主建设、自主管理的大型电源项目。

2006年3月2日,1号机组首次并网成功,同年4月19日投入商业运行,比原计划提前251天投产,建设工期在全国同类型机组中处于领先地位。2006年7月15日,2号机组首次并网发电,同年8月23日投入商业运行。2006年11月16日,3号机组首次并网发电,同年12月28日投入商业运行。同年11月24日,一期工程获"中国建筑工程鲁班奖(国家优质工程)"。2007年4月14日,4号机组首次并网发电,同年5月22日投入商业运行。至此,浙能兰电4台机组全部建成,总装机容量达240万千瓦,成为浙江省最大的内陆绿色火力发电厂,为缓解浙江省的电力紧张状况、改善电网运行及提高电网运行的安全性、经济性、可靠性,特别是优化浙江西部地区的电源结构发挥重要作用。截至2023年底,浙能兰电累计完成发电量2227.39亿千瓦时。

精益生产之路,绘就发展蓝图。2003年7月15日,浙能兰电筹建处设立了工程部、生产技术部2个基建生产部门。2004年10月,浙能兰电根据《4×600MW燃煤机组生产准备大纲》着手人员、技术、物资等方面的生产准备工作。2005年,浙能兰电机组运行规程发布,同时编写部分运行管理制度、运行规程和技术图纸,后在生产实践中陆续进行充实和完善。2006年4月第一台机组投入生产,运行中,锅炉、汽机、电气主设备及其系统实行分机组单元集中控制,网控、化学、环保、燃料等外围辅助系统实行分区域集中控制。砥砺前行二十年,浙能兰电应时之需应运而生,不断建立完善生产组织机构和指挥系统,奋进高质量发展新征程。通过强化运行分析,优化运行操作,开展小指标竞赛,创新防人因失误管理工具等,以创一流生产业绩为目标优化运行管理。结合检修体制改革,开展点检定修制的实际运作,设备各项技术指标陆续达到国内领先水平。按"计划检修全优"要求按时保质完成设备检修,提高发电设备可靠性。截至2023年底,浙能兰电设有运行部、燃料部、设备管理部、维护部、安健环部共5个生产部门,15个专项技术监督网络。各技术监督网络充分利用技术监督平台、专业分析会、技术监督网络活动等,开展日常运行维护监督,在机组检修改造过程中开展检修、技改监督,为机组安全经济运行提供技术保障。

聚焦科技创新,坚持提质增效。浙能兰电始终坚持将科技创新、技术改造赋能作为企业发展的重要手段。2005年,浙能兰电发布《科技工作管理规定》《设备技术改造管理》,科技与技术改造工作正式起步。2010年2月28日,浙能兰电"升压站扩建"技改项目完工。2011年,浙能兰电开始机组的供热改造工作,当年12月,浙能兰电实现了对外供热。2016年6月,浙能兰电4台机组通流改造完成,单台机组铭牌出力由60万千瓦变更至66万千瓦,总装机容量达264万千瓦,改造后供电煤耗下降明显,并有良好的节能减排效益。同年7月,4号机组出线由500千伏改接至220千伏,以满足金华地区中西部供电需求。2019年9月,化学水处理系统扩容改造项目完工,改造后增加除盐水制水能力100吨/时。2020年3月,完成高效稀土永磁电机测试。同年11月,高效稀土永磁电机在浙能兰电搅拌机、磨煤机等设备上应用,经测试,降低磨煤机单耗11%～14%,降低搅拌机电机单位耗电量40%。2021年11月,完成蒸汽余压驱动的撬装式压缩空气供应装置整机总装及出厂测试。2022年,浙能兰电紧跟国家提出的"双碳"目标,推动绿色低碳科技革命,勇当争创减污降碳排头兵,助力践行浙能集团实施"4568"一流战略,在浙能集团和浙江浙能电力股份有限公司(简称"浙能电力")的大力支持下,浙能兰电牢牢抓住新能源"机会窗口",成为"二氧化碳捕集利用关键技术装备研究与示范"项目的参建单位。2022年3月10日,全国首个煤电二氧化碳捕集与矿化利用全流程耦合示范项目、浙江省2022年度"尖兵"计划项目——浙能兰溪二氧化碳捕集与矿化利用集成示范项目在浙能兰电开工,2023年11月16日,天达利用区域调试完成。该项目设计规模为年捕集1.5万吨二氧化碳,并开发利用二氧化碳资源,为形成循环经济新模式新业态创造条件。截至2023年底,浙能兰电累计获科技发明奖、科技进步奖、安全科技进步奖47项,取得专利授权123项,累计投资174992万元,完成484个技改项目。

筑牢安全发展底线,守牢生态环保红线。浙能兰电始终坚持以人为本,把安全生产作为企业发展的永恒主题。2003年10月,浙江浙能兰溪发电厂工程前期安全委员会成立。2004年7月,浙能兰电设立质量安全部,负责公司安全生产管理、质量、环保和职业健康安全3个体系管理。2006年3月30日，浙能兰电建立三级安全监督网络，进一步完善公司安全监督网络。2006年10月，成立浙能兰电安全生产委员会。浙能兰电每年年初发布1号文件，提出年度安全生产工作要点，明确安全生产目标和保证措施。浙能兰电不断健全管理体系和安全管理制度，对生产、消防、交通、保卫、职业健康各方面实施全方位安全管理，积极推进安全生产标准化工作，确保公司生产符合法律法规和相关标准要求。同时通过签订安全生产责任书、开展安全教育培训、召开安全生产委员会会议、召开安全文明生产例会、举办安全生产月活动、举办"安康杯"竞赛等形式，实现对安全生产全员、全过程、全天候、全方位监督检查，筑起安全生产防线，夯实安全生产基础。截至2023年12月31日，浙能兰电连续无事故安全日长达5546天。低碳环保践于行，浙能兰电注重环保建设，从固废、废水、废气三个方面着手开展环保工作，重视噪声治理以及厂区绿化环境建设。浙能兰电建设脱硫装置、电除尘装置、冷却塔消声导流片、煤场挡风抑尘墙等环保设备，配套脱硫设施与主体工程同步投入运行，成为全国首批60万千瓦超临界机组脱硫工程与主体工程实现同时设计、同时施工、同时生产的单位。各项污染物排放指标达到或优于国家标准的要求，顺利通过国家环保部门组织的环境保护专项验收。2011年5月—2016年12月，浙能兰电先后完成4台机组的脱硝改造和超低排放改造，4台机组烟气排放物指标明显下降，烟尘质量浓度≤5毫克/标准立方米，二氧化硫质量浓度≤35毫克/标准立方米，氮氧化物质量浓度≤43毫克/标准立方米，烟气排放优于天然气燃气轮机烟气排放水平，打造清洁低碳、安全高效"绿色兰电"。

细化管理颗粒度，推动经营精益化。2004年5月18日，浙能兰电第一次股东会暨董事会一届一次会议、监事会一届一次会议在杭州召开。会议讨论审议了企业章程、签署股东协议。首期注册资本为1.32亿元，其中浙能集团占64%、浙江东南发电股份有限公司占25%、兰溪市电力发展投资有限公司占8%、中国电力工程顾问集团公司占3%。2004年6月，浙能兰电建立由股东会、董事会、监事会构成的法人治理结构，成为有限责任公司性质的企业，实行全面预算管理，实行以成本管理为中心的经济责任制考核体系，独立核算、自负盈亏。2007年3月29日，浙能兰电发布《浙能兰溪发电有限公司生产期定岗定编及岗位归级方案》，实行"定岗定责、定编定员"管理，2019年和2023年两次稳步实行全面竞争上岗，优化人力资源配置，打造超临界机组人才基地。2007年7月，浙能兰电发布《发电运营质量、环境和职业健康安全整合管理体系整合工作计划》，任命管理者代表，成立整合管理体系领导小组及工作小组，规范生产期发电运营过程的质量、环境和职业健康安全管理工作。2014年9月，浙江省电力市场改革开始，浙能兰电以与电力用户签订直购电协议的形式，参与电力市场化工作，同年12月19日，浙能兰电与中国重汽集团杭州发动机有限公司签订浙江省内第一份直购电协议。面对电力市场改革和电力市场竞争的严峻形势，浙能兰电加强与先进发电企业的全口径对标。2015年8月，浙能兰电企业资源计划系统（简称"ERP系统"）上线试运行，浙能兰电ERP系统集人资管理、财务管理、物资管理、项目管理、生产管理、燃料管理、销售管理、合同管理、寻源管理、厂级BI系统等于一体，推进经营管理流程化，提升管理效率。截至2023年底，浙能兰电先后组织37人次参与17个国际、国家和电力行业等外部标准的编写。浙能兰电已形成全方位完整的安全信息化平台，统计报表系统、采购和物资库存管理、核算管理体系等精细化管理助力企业发展。

探索多业态发展，书写转型升级新篇章。根据浙能集团提出的"大能源战略"统领各项发展工作，浙能兰电在强化发电主业基础上，发挥资源和空间优势，积极开发供热市场和浙江省内外新能源项目等，实现"电厂＋"多元发展。2011年7月22日，浙能兰电子公司浙江兰能热力有限公司（简称"兰能热力"）登记注册成立，负责管网建设和运营。2011年9月13日，浙能兰电供热改造工程项目动工，2012年10月30日实现对兰溪经济开发区（江南）片区供热。2017年11月16日，兰溪市上华至诸葛集中供热管线项目动工。2019年3月31日，该项目主体工程建设完成，实现对兰溪开发区供热。同年9月5日，实现对永昌街道片区用户供热。2023年12月26日，兰能热力日供热量首次突破4000吨，助推地方经济发展，取得良好效益。截至2023年底，兰能热力热网管线供热总长度达41.5千米，签约热用户39家。2016年6月27日，浙能兰电启动光伏发电项目，2018年5月，厂内光伏项目成功并网发电，厂内光伏及灰库光伏合计3.737兆瓦全部建成。截至2023年12月31日，浙能兰电厂区光伏发电项目已平稳运行2056天。2021年4月23日，压缩空气供应项目正式开工。2021年12月31日，浙能兰电首次对外供气成功。2021年5月14日，浙能兰电根据《浙能集团"十四五"风光电发展行动计划》，实施"走出去"战略，成立新能源项目开发专班（简称"山西工作组"），在浙江省外设立常驻办事机构，开展新能源项目开发工作。2022年3月1日，浙能兰电正式开始对兰溪新奥华纺织科技有限公司进行商业供气。2022年5月18日，浙能兰电投资的高效稀土电机及控制系统项目立项。2024年3月15日，浙能兰电在浙江省外的光伏电源项目成功并网。2024年6月5日,浙江省副省长柯吉欣到浙能兰电调研指导。

汇人才之智,聚发展之力。浙能兰电本着"人人都是人才、人人都可成才"的理念,鼓励员工向高技术技能人才发展、向专家能手发展,不断加大中层后备人才、青年人才培养力度,加快培育兰电工匠,建立人才培养机制、人才激励机制,全力构建"技能实训基站",充分利用运行仿真机平台、检修仿真平台"两平台"实现教、学、做有机结合,全面提高员工队伍整体素质,不断提高劳动生产效率,进一步满足企业高质量发展需要。2004年8月,浙能兰电发布第一份绩效考核办法。自此,浙能兰电不断完善各项激励机制以及三项责任制考核办法和综合考核办法,以业绩为导向,优化考核指标。2005年11月,浙能兰电发布《公司专业技术职务评聘管理》标准,不断规范公司专业技术职务评聘工作,创造条件开展职业技能认定。截至2023年底,浙能兰电在职员工共520人,其中具有正高级职称的1人,担任高级专业技术职务的38人,高级技师人才12人。浙能兰电员工中,有全国三八红旗手1名、全国技术能手1名、中央企业技术能手3名、全国电力行业技术能手2名、浙江省技术能手1名、浙江省电力技术能手2名。

以高质量党建引领高质量发展。2003年9月2日,浙能集团党委决定建立浙能兰电筹建处党总支,2004年10月28日,浙能集团党委发文建立浙能兰电党委和纪委。浙能兰电党组织坚持党对国有企业的领导不动摇,把党的领导融入治理各环节。2017年12月27日,浙能兰电召开股东会议,将党建工作写入企业章程,明确党组织在公司法人治理结构中的法定地位。浙能兰电党委通过学习型党组织建设、职工心灵港湾工作坊建设、党建质量管理体系认证、"五好"党支部和星级党支部创建、廉洁风险对标安全生产、清廉标杆点创建等措施,增强党建工作。浙能兰电党委把发展党员作为一项重要工作,重点发展一线党员,扩大党的群众基础,不断增强党组织的吸引力、凝聚力和战斗力。浙能兰电充分发挥职工代表大会职能作用,建立健全厂务公开标准体系,构建职工代表组长联席会议、厂情通报会和厂务公开栏等多渠道的厂务公开形式,强化职工民主管理。为丰富职工生活,浙能兰电建设职工值班楼、活动中心、党群驿站等职工生活设施,落实职工疗休养制度、职工健康体检制度,从食堂建设到管理升级,从职工通勤车开通到线路扩展,持续提升后勤服务水平,从珍惜和爱护职工生命健康的高度抓好劳动保护,细化职工关怀措施,增强职工的幸福感。截至2023年底,浙能兰电党委下设纪委办公室、党委党群工作部、党委组织部、运行部党总支(分设运行部第一党支部、运行部第二党支部)、燃料部党支部、设备管理部党支部、综合党支部、维护部党支部、生产经营党支部、兰能热力党支部等组织机构,共有党员212名,发展党员97名。

深化凝识聚力,提升群团共建力。浙能兰电不断加强党对群团工作的组织领导,把群团工作纳入党的工作总体部署。2005年,浙能兰电工会成立,在党委和上级工会的领导下,不断完善"党建带工建、工建服务党建"的工作机制,勇于探索企业特色的工运发展之路。通过加强组织建设,建立各工会小组,提素赋能,保障高素质产业工人队伍建设。对标浙能集团"培训、练兵、比武、晋级、激励"五位一体的职工技能竞赛标准化体系,开展各专业、各工种的技术比武活动、安全知识竞赛及"安康杯"竞赛等群众性安全活动,致力于将职工成长平台搭建到日常工作中。聚焦关心关爱,持续优化工会暖心举措,重视职工热点难点问题,关爱女职工生活,开展灵活多样的职工文体活动,成立劳动保护监督检查委员会等维护职工权益。公益互助见真情,浙能兰电组织开展各项慈善公益捐款活动、无偿献血活动,员工中有获得全国无偿献血奉献奖终身荣誉奖者1名,该员工还入选了杭州亚残运会的火炬手。2005年,浙能兰电团委成立,积极推进党建带领团建工作,组织广大青年自觉践行社会主义核心价值观,坚定不移地推进青年文明号、青年安全生产示范岗等品牌建设,以"节能减排红旗岗"、青工"五小"创新创效、青工技术大讲堂、导师带徒等活动为载体,持续推进浙能兰电青年技能振兴计划,动员广大青年立足岗位建功立业。截至2023年底,浙能兰电团委被评为浙能集团先进团委1次,被评为浙能集团"五四"红旗团委2次,1个团支部获评全国"五四"红旗团支部,1个团支部获评浙能集团"五四"红旗团支部。

作为浙江省最大的内陆绿色火力发电厂,浙能兰电认真贯彻落实习近平总书记调研指导浙能集团重要指示精神,深入践行"四个革命、一个合作"能源安全新战略,围绕全力向"一流现代化清洁低碳发电企业"迈进的企业愿景,坚持以安全生产为基础,以经济效益为中心,以科学管理为手段,在忠实践行"两个维护"基础上坚持示范引领,贯彻"家园、校园、公园"特色文化,推进"君子兰"廉洁文化走实走深,提升浙能兰电文化软实力,增强全体员工凝聚力、向心力、执行力、归属感、荣誉感和获得感,全方位、多角度、深层次为公司高质量发展蓄势赋能。浙能兰电在高质量发展的新征程上,勇敢迈出新步伐,彰显更强国企担当。浙能兰电先后荣获中国建筑工程鲁班奖(国家优质工程)、全国先进基层党组织、全国工人先锋号、浙江省五一劳动奖状、浙江省文明单位、全国安全文化建设示范企业、全国发电企业最美工会、企业文化创新优秀成果奖、电力行业实施管理体系认证工作先进企业、浙江省电力安全生产先进单位、浙江省绿色低碳经济标兵企业、浙江省标准创新型企业、浙江省企业文化建设先进单位等诸多荣誉。2008年，在浙江省雨雪冰冻灾害、外来电无法输入的关键时刻，浙能兰电全力承担金华、衢州地区的用电负荷，被浙江省委、省政府授予浙江省抗击雨雪冰冻灾害先进集体荣誉称号，凸显能源保供的国企担当。2009年，浙能兰电整合管理体系获得全面进入生产期后的首次质量、职业健康安全和环境管理三标体系认证证书，同时还获得国际认证联盟（IQNET）的国际互认证书。2010年，浙能兰电获评浙江省企业文化建设优秀成果奖，2015年获得浙江省企业文化创新优秀单位荣誉。2020年，浙能兰电成为浙江省电力行业首家通过AAAAA级标准化良好行为企业现场确认的企业，实现安全、经营、党建三线创优，荣获浙能集团优秀企业、安全生产先进单位、先进党委、党建突出先进集体4个奖项。

大 事 记

2003 年

5月26—30日　浙江省发展计划委员会主持召开浙西电厂工程初步可行性研究报告审查会,确定金华市兰溪市灵洞乡石关村为浙西电厂建设厂址。

6月4日　浙江省人民政府在浙西电厂建设厂址召开现场办公会,浙江省副省长王永明指出:兰溪电厂首台机组要在2007年投产,4台机组要在2009年全部建成发电。

6月10日　浙能集团发文,成立浙能兰电筹建处。

6月27日　浙能集团发文,聘任柯吉欣为浙能兰电筹建处主任。

7月3日　浙能兰电筹建处、兰溪市浙能兰溪发电厂建设领导小组办公室在灵洞乡石关村正式挂牌。

7月4日　浙能集团发文,成立浙能兰溪发电厂工程设备招标领导小组。

7月15日　浙能兰电筹建处设立工程部、生产技术部、计划合同部、财务部、综合办公室。

7月22日　浙能兰电筹建处首期《简报》编辑发布。

7月22日　浙江省发展计划委员会发文,向国家发展和改革委员会上报《关于要求审批浙江浙能兰溪发电厂项目建议书》的请示。

7月24日　浙能集团总经理吴国潮等领导到浙能兰溪发电厂工地现场办公。

8月21日　浙能兰溪发电厂主机设备合同正式签订。浙江省副省长王永明、四川省副省长杨志文等领导出席签字仪式。

9月1日 浙能兰电筹建处发文,成立浙能兰电筹建处招标领导小组。

9月2日 浙能集团发文,建立中共浙能兰溪电厂筹建处总支部委员会,柯吉欣任党总支委员、书记。

9月12日 浙能兰溪发电厂"四通一平"场地平整施工项目发标。

9月19日 浙江省委书记、省人大常委会主任习近平在兰溪市考察调研时指出:要切实做好浙能兰溪电厂的前期工作,争取早日建成电厂。

2004 年

1月15日 浙能兰溪发电厂主厂房桩基工程开工。

2月5日 浙能兰电第一批运行员工到华北电力大学接受培训。

3月8日 浙江省副省长王永明到浙能兰溪发电厂考察。

3月30日 浙江省发展和改革委员会在杭州主持召开浙能兰溪发电厂铁路专用线初步设计审查会。

5月18日 浙能兰电第一次股东会暨董事会一届一次会议、监事会一届一次会议在杭州召开,董事会推选董事谢国兴为浙能兰电第一届董事会董事长。聘任柯吉欣为浙能兰电总经理。

6月16日 浙能兰电领取工商营业执照,正式名称定为"浙江浙能兰溪发电有限责任公司"。

8月17日 浙能兰电成立生产准备领导小组,总经理柯吉欣任组长,副总经理王学根任副组长。

8月26日 浙能兰电首批从各大院校招聘的新员工到厂报到。

8月31日 浙江省政府副秘书长王小玲、浙江省发展和改革委员会副主任吴华海到浙能兰电工地检查指导工作。

9月3日 浙能兰电工程施工组织总设计审查会在金华市召开。浙能集团原则通过《浙能兰电工程施工组织总设计》。

9月14日 浙能兰电安装工程招标开标在浙江省重点工程交易中心进行,浙江省火电建设公司中标。

9月23日 国家发展和改革委员会批复同意浙能兰溪发电厂工程项目建议书。

9月28日　浙能兰电首台机组第一根锅炉钢结构开吊,浙能兰电主体工程正式开工建设。

10月28日　浙能集团党委发文,建立中共浙江浙能兰溪发电有限责任公司委员会和中共浙江浙能兰溪发电有限责任公司纪律检查委员会,柯吉欣任党委委员、书记,胡康生任纪委委员、书记。

2005 年

1月27日　浙江省委副书记、省长吕祖善,副省长王永明到浙能兰电建设工地检查慰问。

1月31日　浙能兰电召开首届工会会员代表大会、首届一次职工代表大会。

2月24日　浙能兰电成立企业文化建设领导小组,明确企业文化建设总体目标。

3月17日　浙能兰电铁路大件运输专用线全线贯通。

4月8日　浙能兰电工程项目获得国家发展和改革委员会核准(发改能源〔2005〕586号)。

4月13日　浙江省委书记习近平为浙能兰电总经理柯吉欣颁发浙江省"五大百亿"工程重点电力建设考核优秀单位和先进个人奖。

5月18日　浙能兰电开展首届"安康杯"竞赛活动。

6月28日　浙能兰电调整组织机构,设立设备部、运行部、燃料部,撤销生产技术部。

8月20日　浙能兰电1号机组DCS临时受电一次成功。

8月22日　浙能兰电发布基建生产过渡期组织机构设置、岗位归级及工资分配办法。

9月29日　浙能兰电召开第一次团员代表大会。

10月26日　浙能集团董事长、党委书记孙永森视察浙能兰电工地。

12月13日　上海铁路局发出开通电报,浙能兰电铁路专用线正式开通。

12月20日　浙能兰电煤场正式进煤。

2006 年

2月10日　为加强对机组试运启动工作的领导,浙江省重点建设领导小组、浙江省发展和改革委员会发布《关于浙能兰溪电厂工程启动验收委员会的批复》，同意成立浙能兰溪发电厂4台60万千瓦超临界燃煤机组工程启动验收委员会。

2月16日　浙江省副省长王永明视察浙能兰电工地并慰问工程建设者。

3月1日　浙能兰电获评浙能集团2005年度优秀企业。

3月2日　浙能兰电1号机组首次成功并网发电。

4月19日　浙能兰电1号机组通过168小时满负荷试运行。

5月31日　浙能兰电与浙江浙能长兴发电有限公司等多家单位共同成立浙江浙能运输贸易有限公司，购买自备列车解决燃煤运输问题。

6月9日　浙江省省长葛洪升和浙江省政协副主席、省总工会主席张蔚文考察浙能兰电建设工地。

7月13日　浙江省委副书记夏宝龙视察浙能兰电建设工地。

8月23日　浙能兰电2号机组通过168小时满负荷试运行，提前投入商业运行，并同步投运脱硫设备。

8月29日　浙能集团60万千瓦超临界机组集控运行值班员技能大赛选拔赛在浙能兰电举行。

10月2日　国家发展和改革委员会副主任姜伟新莅临浙能兰电调研指导。

10月18—26日　中国疾病预防控制中心职业卫生与中毒控制所受浙能兰电委托，开展新建工程职业病危害控制效果评价工作。

11月10日　浙能兰电员工潘春飞、谢增孝在2006年中央企业职工技能大赛火电机组集控运行值班员决赛（600MW机组）中分获银奖、铜奖，并被授予中央企业技术能手光荣称号。

11月15日　浙能兰电一期工程竣工档案通过浙江省档案局项目档案专项验收小组验收。

11月17—18日　浙能兰电一期工程水土保持工程通过水利部太湖流域管理委员会组织的专项验收。

2007 年

1月1日　浙能兰电领导班子首次被浙能集团党委评为"2006年度四好领导班子"。

1月8—10日 由中国电力建设企业协会组织的达标复检组对浙能兰电一期工程(2台60万千瓦超临界燃煤机组)进行现场复检。浙能兰电1号、2号机组实现高标准达标投产。

1月18日 浙能兰电一期工程(2台60万千瓦超临界燃煤机组)安全设施通过竣工验收。

2月7日 浙能兰电一期工程(2台60万千瓦超临界燃煤机组)通过国家环境保护总局组织的专项验收。

3月14日 浙江省国有资产监督管理委员会主任陈正兴到浙能兰电考察调研。

3月15日 浙能兰电一期工程(2台60万千瓦超临界燃煤机组)通过中华人民共和国卫生部卫生监督中心组织的职业病防护设施竣工验收。

3月27日 浙能兰电一期工程(2台60万千瓦超临界燃煤机组)通过浙江省发展和改革委员会组织的竣工验收。

3月29日 浙能兰电发布生产期定岗定编及岗位归级方案。

4月18日 浙能兰电2007年度第二次董事会临时会议决定,聘任张基标为浙能兰电总经理,因工作变动,免去柯吉欣浙能兰电总经理职务。

同日 浙能集团党委发文,张基标任浙能兰电党委委员、书记,免去柯吉欣浙能兰电党委委员、书记职务。

4月29日 浙能兰电荣获浙江省五一劳动奖状。

5月22日 浙能兰电4号机组投产发电。浙能兰电4台60万千瓦的超临界燃煤机组工程全面建成,总装机容量达240万千瓦。

6月1日 浙能兰电煤场挡风墙正式建成投用,并通过初步验收。

6月21日 国家发展和改革委员会发文同意核准浙能兰电二期工程(2台60万千瓦超临界燃煤机组)。

6月26日 浙能兰电召开标准化工作会议暨生产期第一次标委会。

9月10日 浙能兰电成立网络与信息安全领导小组,将网络安全纳入年度生产责任制考核体系。

10月29日 浙江省委书记赵洪祝莅临浙能兰电视察。

11月8日 浙能兰电一期工程(2台60万千瓦超临界燃煤机组)获"中国建筑工程鲁班奖(国家优质工程)"。

12月1日 浙能兰电发布《质量、职业健康安全和环境整合管理体系管理手册》。

2008 年

1 月 28—30 日　浙能兰电组织开展首届仿真机比赛。

2 月 15 日　浙能兰电因抗冰救灾获浙江省"抗击雨雪冰冻灾害先进集体"荣誉称号，受到浙江省委、省政府表彰。

2 月 26 日　浙能兰电获 2007 年度兰溪市"最具活力工业企业"、纳税"亿千"企业称号。

3 月　浙能兰电员工潘春飞被中华全国妇女联合会授予"全国三八红旗手"光荣称号。

5 月 23 日　浙能兰电全体员工积极响应号召，为四川汶川地震灾区捐款。

7 月 2 日　浙能兰电股东会作出决议，同意兰溪市电力发展投资有限公司将其持有的 8% 的股权全部转让给浙能集团，各注册股东按股权转让后新的出资比例认缴增资。

10 月 15 日　浙能兰电第二届董事会第一次会议决议，选举张谦为第二届董事会董事长。

11 月 25 日　浙能集团党委书记、董事长吴国潮到浙能兰电调研。

11 月 28 日　浙能兰电员工谢增孝、项文杰在 2008 年中央企业职工技能大赛火电机组集控运行值班员决赛（600MW 等级机组）中分别以第一名和第五名的成绩夺取两块奖牌。谢增孝被授予全国技术能手光荣称号，项文杰被授予中央企业技术能手、中央企业青年岗位能手光荣称号。

2009 年

1 月 10 日　浙能兰电"国产 600MW 超临界 FCB 功能研究"科技项目获得 2009 年浙江电力科学技术奖三等奖。

2 月 6 日　浙江省水利厅、金华市水土办公室、兰溪市水土保持监督站等单位组成的预验收组，对浙能兰电扩建工程水土保持设施进行了预验收，同意该工程水土保持设施向水利部申请竣工验收。

4 月 2 日　浙能兰电党委发布《关于开展中层后备人员民主推荐工作的通知》，逐步完善中层干部队伍管理。

5月27日　浙能兰电2号机组被评为2008年度全国发电可靠性金牌机组（火电600MW级）。

5月31日　浙能兰电首次实现机组无锅炉循环泵启动。

5月31日　浙能兰电取得中国质量认证中心颁发的质量管理体系、职业健康安全管理体系和环境管理体系三个管理体系的认证证书，同时还获得国际认证联盟（IQNET）的国际互认证书。

6月2日　浙能集团总经理沈志云与集团安全检查组到浙能兰电检查。

7月24日　浙能兰电二期工程（2台60万千瓦超临界燃煤机组）通过竣工验收。

10月26日　以浙能集团副总经理毛剑宏为组长的专家组，首次对浙能兰电进行安全性评价。

2010 年

1月4日　浙能兰电第二届董事会第三次会议决议，聘任程光坤为浙能兰电总经理，因工作变动，免去张基标浙能兰电总经理职务。

1月18日　浙能兰电荣获2009年度浙江省标准创新型企业称号。

1月20日　浙能兰电党政联席会决定调整公司作息时间、班车接送时间及值班制度、乘车制度，同时优化职工停车场环境、食堂管理及公寓管理。

2月4日　浙能兰电获浙能集团颁发的2009年度"优秀企业""安全生产先进单位"两项荣誉称号。

2月25日　浙能兰电成立党建质量管理体系组织机构，启动党建质量体系贯标。

4月1日　浙能兰电印发《管理手册（试行）》，规划和设计了公司的发展蓝图、组织机构、管理策略、绩效评价与考核体系。

7月23日　浙能兰电被授予浙江省省部属企事业先进职工之家称号。

8月9日　浙能兰电被中国国家标准化管理委员会、国家电力监管委员会联合发文确认为第一批电力企业"标准化良好行为企业"试点单位。

8月11日　浙能兰电二期工程获评浙江省水土保持示范工程。

8月25日　浙能集团副总经理柯吉欣到浙能兰电视察调研，指导工作。

9月13日　浙能集团党委发文，黄祖平任浙能兰电党委委员、书记职务。

9月15日　浙江省生态环境厅组织专家联合浙能兰电安健环部、设备部相关专业技术人员对浙能兰电4台机组的烟气旁路挡板分别实施铅封。

9月19日　浙能兰电成立兰能热力公司筹建处。

12月2日　浙能集团党委书记、董事长吴国潮一行到浙能兰电视察指导。

2011年

1月　浙能兰电被浙江省劳动和社会保障厅授予浙江省劳动保障诚信单位荣誉称号。

1月18日　中共浙江省委教育工作委员会副书记、浙江省教育厅副厅长李鲁率省委创先争优活动第三督查组对浙能兰电创先争优活动开展情况进行检查指导。

2月　浙能兰电被浙江省委、省政府授予浙江省文明单位称号。

2月13日　浙能兰电发布《厂区公共交通方案（试行）》，确立了"步行为主，公交为辅"的厂区公共交通模式，严禁自行车、电瓶车、摩托车在生产区域通行。

3月4日　浙能兰电被评为2010年浙江省电力安全生产先进单位。

4月14日　浙能兰电供热改造工程获得兰溪市发展和改革局核准，开工建设。

5月9日　浙能兰电获得由北京华夏认证中心颁发的党建质量管理体系认证证书。

5月19日　浙能兰电门户网站"兰电信访举报"信箱正式开通使用。

6月2日　浙能兰电2011年股东会第一次会议暨三届一次董事会、监事会会议在杭州召开，董事会选举董事张谦为浙能兰电第三届董事会董事长，聘任虞国平为浙能兰电总经理，因工作变动，免去程光坤浙能兰电总经理职务。

6月20日　浙能集团副总经理柯吉欣等到浙能兰电检查、指导防汛抗洪工作。

6月30日　浙能兰电党委获评"浙江省先进基层党组织"。

7月1日　浙能兰电党委被中共中央组织部授予"全国先进基层党组织"荣誉称号。

7月4日　浙能兰电4台60万千瓦燃煤机组烟气脱硝项目正式获得浙江省发展和改革委员会核准，可开展前期工作。

7月21日　浙能兰电实现第一个安全生产1000天。

7月26日　浙江省人力资源和社会保障厅发文公布2010年度荣获国务院政府特殊津贴名单,浙能兰电员工项文杰榜上有名。

7月29日　浙能兰电首次通过能源管理体系现场审核。

8月16日　浙能兰电首次获得能源管理体系证书,获批能源管理体系认证注册。

11月16日　浙能兰电成为浙江省第一家按《电力企业标准化良好行为试点及确认工作实施细则》通过AAAA级现场确认的企业。

12月27日　浙能兰电与兰溪天达环保建材有限公司签订2012年度《安全文明生产管理协议》,系浙能集团系统内首家签订该协议的企业。

12月29日　浙能兰电供热工程一期嘉宝段正式通汽。

2012 年

1月9日　浙能兰电员工潘春飞荣获浙江省委、省政府颁发的"浙江省首席技师"称号。

1月9日至10日　浙能兰电烟气脱硝工程初步设计通过浙能集团专家组审核。

1月11日　浙能兰电文体协会成立。

1月15日　浙能兰电党委被浙江省人民政府国有资产监督管理委员会党委评为"省属企业基层党建工作示范点"。

3月1日　浙能兰电档案数字化项目通过竣工验收。

同日　浙能集团党建工作示范点创建经验交流会在浙能兰电召开。

3月30日　浙能兰电烟气脱硝工程项目核准得到浙江省发展和改革委员会批复。

4月17日　浙能兰电4号机组脱硝改造项目破土动工。

5月3日　浙能集团党委书记、董事长吴国潮,副总经理范小宁、柯吉欣一行到浙能兰电视察指导工作。

6月21日　浙能兰电从兰溪市住房和城乡建设局取得公司的48宗房屋产权证明。

9月5日　国家电力监管委员会发文,浙能兰电获得全国电力安全生产标准化一级企业称号。

10月12日　浙能兰电《汽轮机增效扩容改造可行性研究报告》通过专家组评审。

10月30日　兰能热力供热管网全线通汽，开始对兰溪经济开发区（江南片区）企业供汽。

11月8日　浙能兰电4号锅炉首次采用等离子点火的方式启动，浙能兰电无油启动试验成功。

11月15日　浙能兰电脱硝工程氨区首次进氨。

11月27日　浙能兰电4号机组烟气脱硝工程通过168小时试运行正式投入运行，这是浙能兰电首台机组脱硝改造项目正式投产。

12月26日　浙能兰电运行方式由五班三倒调整为六班三倒（试运行）模式。

2013 年

4月16日　浙能兰电2号机组烟气脱硝工程接受并通过由浙江省电力建设工程质量监督中心站组织的整套启动前质量监督检查。

4月18日　浙能集团党委委员、纪委书记张荣博一行到浙能兰电调研指导工作。

4月22日　浙能兰电组织"情系灾区，大爱无疆——向雅安地震灾区人民献爱心"捐款活动。

4月28日　浙能兰电运营三值一单元获评"全国工人先锋号"荣誉称号，单元长叶剑勇代表班组领奖并得到浙江省委主要领导接见。

5月16日　浙能兰电供热改造工程通过金华市生态环境局兰溪分局专家验收组的环境保护现场验收。

同日　浙能兰电印发《企业文化手册》。

5月21日　浙能兰电3号发电机及主变增容改造方案通过专家评审。

6月12日　浙江省委常委、宣传部部长、副省长葛慧君在包括浙能兰电员工鲍伟明无偿献血等在内的一组事迹材料上作出重要批示："浙江大地'最美'人物层出不穷，他们的事迹感人至深，值得大力宣传弘扬。"

6月19日　浙能兰电3号汽轮机通流改造首次设计联络会在杭州召开。

7月9日　浙能兰电专用线增设隔开设备技术方案审查会在上海召开。

7月30日 浙能兰电荣获"心灵港湾工作坊示范点"称号,为浙能集团所属企业唯一获此殊荣的单位。

8月2日 浙能兰电3号锅炉增容改造方案评审会在杭州召开。

11月28日 浙能集团发文,聘任章良利为浙能兰电总经理,因工作变动,免去虞国平浙能兰电总经理职务。

12月2日 浙能兰电供热改造工程通过综合(竣工)验收。

2014 年

2月18日 浙能兰电员工鲍伟明被授予浙江省省属企业"最美员工"称号。

3月4日 浙能兰电1号至4号机组烟气超低排放改造项目可行性研究报告通过专家评审。

3月6日 浙能兰电1号机组脱硝项目通过环保验收检查。

3月22日 浙能兰电3号机组停机开始汽轮机通流改造以及锅炉、发电机、主变的扩容改造。

4月17日 浙能兰电安全生产达2000天。

4月18日 浙能兰电冷却水塔标识项目全部竣工。

5月29日 浙能兰电4台机组脱硫旁路烟道拆除工作全部完成。

6月2日 浙能兰电4号机组荣获全国火电600MW级超临界机组竞赛(2013年度)一等奖。

6月12日 浙能兰电4号机组荣获"2013年度全国可靠性A级机组"称号。

6月27日 浙能兰电2014年股东会第一次会议暨四届一次董事会、监事会会议在兰溪召开,董事会选举董事胡松如为浙能兰电第四届董事会董事长。

同日 浙能集团首次综合管理知识竞赛团体决赛在浙能大厦圆满落幕。浙能兰电员工仇敏、张国东、范莉组成的公司代表队荣获团体决赛第二名,张国东获得财务专业个人第一名。

7月 浙能兰电成为浙江省第二批"企业记忆之窗"示范点。

7月16日 浙能兰电首次在不停炉、不限负荷的情况下完成对1号锅炉捞渣机驱动装置的更换工作。

7月25日 浙能兰电4台60万千瓦燃煤机组烟气脱硝改造工程通过职业卫生竣工验收。

8月20—21日　浙能兰电1号、2号汽轮机通流改造设备技术协议在杭州签订。

9月12日　浙能兰电举行4号机组烟气超低排放改造工程开工仪式。浙能兰电4台60万千瓦燃煤机组烟气超低排放改造正式进入工程施工阶段。

9月30日　浙能兰电3号机组通流改造项目被评为国家能源局2014年煤电机组节能升级与改造示范项目。

10月23日　浙能兰电员工在中国技能大赛——浙江省发电企业集控值班员技能竞赛中夺得60万千瓦机组组别的团体第1名，其中员工何云飞获个人第2名，田亚军获个人第4名。

10月27日　浙江省经济和信息化委员会发文，同意浙能兰电3号机组铭牌出力由60万千瓦变更为66万千瓦。

10月31日　浙能兰电员工在中国技能大赛——浙江省发电企业化学环保专业技能竞赛中夺得团体第2名，其中员工殷秀梅获个人第5名。

11月12日　浙能兰电4号汽轮机通流改造首次设计联络会在杭州举办。

11月28日　浙能电力组织浙能兰电4台60万千瓦燃煤机组烟气脱硝工程安全设施竣工验收。通过现场核查，认为该项目安全设施到位，满足竣工验收条件。

12月4日　浙能兰电4台60万千瓦燃煤机组烟气脱硝工程项目档案通过浙江省档案局组织的专项验收检查。

12月17日　浙能兰电01号高备变保护装置国产化改造工作完成。

12月19日　浙能兰电与中国重汽集团杭州发动机有限公司签订浙江省内第一份直购电协议，通过直购电协议确定上网电量和电价。

12月20日　浙能兰电4号机组超低排放改造工程第一根钢结构立柱正式开吊。

2015 年

1月15日　浙能集团党委书记、董事长吴国潮一行来到浙能兰电，与公司领导班子成员、中层干部和一线员工代表座谈交流，面对面征求意见和建议。

1月27日　浙能兰电改变原有的供氢方式，采用在线制氢机供氢。

2月12日　浙能兰电被浙江省人民政府国有资产监督管理委员会党委评为

省属企业基层服务型党组织示范点。

3月3日 浙能兰电1号机组荣获浙能集团2014年度燃煤机组运行竞赛一等奖。

3月4日 浙能兰电"三园"文化获得中国电力企业联合会颁发的2014年电力行业企业文化建设优秀成果二等奖。

6月25日 浙能兰电完成股东变更后的工商登记备案工作,从兰溪市市场监督管理局领取新版营业执照。浙能兰电股东由浙能电力(股比97%)和中国电力工程顾问集团科技开发有限公司(股比3%)组成。

7月2—3日 浙能兰电维护部锅炉二班"降低3号捞渣机的链条磨损速度"QC小组首次获得全国电力行业QC成果一等奖。

7月7日 浙能兰电4台60万千瓦机组烟气脱硝项目竣工验收会议召开。经过验收专家组现场检查以及竣工验收委员会审议,浙能兰电烟气脱硝项目通过竣工验收。

7月20日 浙能兰电4号机组完成增容改造后首次并网成功。

7月26日 浙能兰电4号机组A修并同步增效扩容改造、超低排放改造后首次带满66万千瓦负荷运行。

9月17日 浙能集团董事、浙能电力总经理柯吉欣一行到浙能兰电进行ERP试运行调研,进一步推动ERP项目全面完成。

10月16日 浙江省经济和信息化委员会发文,同意浙能兰电4号机组铭牌出力由60万千瓦变更为66万千瓦。

2016 年

1月 浙能兰电被中国安全生产协会授予"全国安全文化建设示范企业"荣誉称号,成为浙能集团首家获此殊荣的火力发电企业。

1月15日 浙能兰电获浙能集团"2015年度优秀企业";员工麻建中获浙能集团"劳动模范"称号。

2月24日 浙能集团党委发文,免去黄祖平浙能兰电党委书记、委员职务。

4月 浙能兰电根据上级部署,发布《浙江浙能兰溪发电有限责任公司"提质增效年"活动工作方案》。

4月21日 浙江省人民代表大会常务委员会副主任毛光烈一行到浙能兰

电,调研公司大气污染防治及五水共治工作开展情况。浙能集团董事、浙能电力总经理柯吉欣陪同调研。

6月1日　浙江省经济和信息化委员会发文,同意浙能兰电1号机组铭牌出力由60万千瓦变更为66万千瓦。

6月18日　浙能兰电2号机组增效扩容、烟气超低排放改造72小时试运行完成。至此,浙能兰电完成全部4台机组的增效扩容改造。

6月24日　浙能兰电成立提质增效工作领导小组。

7月5日　浙能兰电4号机组并网成功,500千伏改接220千伏线路工程完工,并运行正常。

9月23日　浙能兰电代表团队获得浙能电力输煤机械检修工职业技能竞赛团体二等奖,两名队员获得个人第二名、第三名。

11月5日　浙江省经济和信息化委员会发文,同意浙能兰电2号机组铭牌出力由60万千瓦变更为66万千瓦。自此,浙能兰电4台机组总容量达到264万千瓦。

12月8日　浙能兰电3号机组烟气超低排放改造圆满通过72小时试运行。至此,浙能兰电全部4台机组完成烟气超低排放改造。

12月13日　浙能兰电完成首批危化品贮存罐检修工作。

12月23日　浙能兰电0.15万千瓦厂区光伏发电项目通过兰溪市发展和改革局审批,并取得项目备案文件。

2017 年

1月10日　浙能兰电安全生产达3000天。

1月19日　浙能兰电获评浙能集团"2016年度优秀企业"。

1月26日　浙能兰电完成4台机组增容改造后的"电力业务许可证"换证工作。"电力业务许可证"标示容量正式变更为264万千瓦。

3月22日　浙能集团党委发文,吴孝炯任浙能兰电党委书记职务。

4月18日　浙能兰电成立降低机组非计划停运组织机构,协调开展相关工作。

5月16日　浙能兰电召开光伏发电项目接入系统内部评审会议,对光伏发电项目接入系统可行性进行研究审议。

7月26日　浙能兰电员工何云飞荣获浙江省省部属企事业"能工巧匠"称号,项文杰、何云飞、周厅、冯珑荣获浙江省省部属企事业"名师高徒"称号。

8月21日　浙能兰电工会获全国发电企业最美工会金牌奖。

9月12日　浙能兰电相继与浙江红狮水泥股份有限公司、浙江虎鹰水泥有限公司正式签订购售电服务(代理)合同,实现售电业务突破。

9月1日　浙能集团党委发文,傅小森任浙能兰电党委委员、书记职务,免去吴孝炯浙能兰电党委书记职务。

9月6日　浙能集团发文,推荐吴孝炯为浙能兰电总经理人选,因工作变动,免去章良利浙能兰电总经理职务。

11月9日　浙能兰电代表队获2017年浙江省发电企业集控值班员职业技能竞赛团体二等奖、团体三等奖,其中胡燕辉获个人三等奖。

12月7日　浙能兰电员工李敏的"660兆瓦燃煤机组全负荷脱硝操作法"、张同喜的"SCR入口烟气NO_x控制法"获评浙江省省部属企事业单位先进职业操作法。

12月27日　浙能兰电召开第三次临时股东会。会议决议,将党建工作写入企业章程,明确党组织在公司法人治理结构中的法定地位。

2018 年

3月30日　浙能兰电注册开通"浙能兰电"微信公众号。

4月18日　浙能兰电第一号地块完成光伏组件的安装工作。

5月15日　浙能集团党委副书记、总经理柯吉欣一行到浙能兰电调研指导,要求浙能兰电勇于争先、走在前列,不断提高经营管理效益,拓宽企业发展思路,推进企业转型升级。

5月15日　浙能兰电光伏发电项目工程通过兰溪市供电局验收,成功并网发电。

5月24日　浙能兰电根据浙能电力要求制定《公司2018年"提质增效、成本领先行动"实施方案》。

8月28日　浙能兰电3号机组开始高挥发份俄煤掺烧试验。

8月29日　浙能兰电铁路专用线电2线贯通改造工程全面竣工。

8月30日　浙能兰电2018年股东会第一次会议暨五届一次董事会、监事会会议在兰溪召开，董事会选举董事傅小森为浙能兰电第五届董事会董事长。

10月13日　浙能兰电完成公司1、2、3号机组的深度调峰性能试验。

11月22日　浙能集团党委副书记陆翔到浙能兰电调研指导工作。

11月29日　浙能兰电承办浙能集团庆祝改革开放40周年图片展。

2019 年

1月17日　兰能热力上华至诸葛集中供热管线项目完成首段管道吹扫。

2月13日　浙能集团党委发文，免去傅小森浙能兰电党委书记、委员职务。

3月26日　浙能兰电煤场封闭项目可行性研究报告评审会在杭州召开。

3月31日　兰能热力上华至诸葛集中供热管线项目主体工程建设完成，实现对兰溪开发区供汽。

5月10日　浙能集团党委发文，吴孝炯任浙能兰电党委书记职务。

6月10日　金华市2019年电站锅炉范围内压力管道爆泄事故应急预案在浙能兰电1号锅炉现场举行。

6月14日　浙能集团发文，推荐吴孝炯为浙能兰电董事会董事长人选，张小根为浙能兰电总经理人选。

6月17日　浙能兰电员工卢泓樾、王彦忠、张同喜撰写的论文分别荣获2019年全国发电企业精益管理应用实践交流会优秀论文一等奖（2个）和二等奖（1个）。

7月15日　浙能兰电荣获2018—2019年度全国企业文化优秀成果一等奖。

7月24日　浙能兰电封闭煤场项目标书审查会在杭州召开。

8月30日　浙能兰电2号机组在2018年度电力行业火电机组能效水平对标活动中，荣获2018年度电力行业火电600MW级优胜机组AAAA级荣誉称号。

10月7日　浙能兰电连续安全生产4000天。

11月22日　浙能兰电6千伏补给水2段农网电源带负荷试验完成，浙能兰电补给水电源系统新增一路电源，补给水电源增加至三路。

12月4日　浙能兰电党支部工作经验——"党建'责任田'的精耕细作"作为全国24个国企党支部精选案例之一被编入中共海淀区委党校《国有企业基层党建创新案例精选》。

2020 年

1月7日　浙能兰电在兰溪市质量提升党建联盟签约仪式上，与地方35家企业顺利签约并成立质量提升党建联盟。

1月24日　浙能兰电启动公司传染病疫情及群体性不明原因疾病三级应急响应。

2月1日　浙能兰电河里新村值班楼作为新冠疫情防控兰溪市政府医学观察的集中隔离点，专门供隔离观察人员和医护人员使用。

2月28日　浙能兰电完成氨区重大危险源升级备案工作。

3月18日　浙能兰电封闭煤场桩基工程开工。

4月30日　浙能兰电"清廉兰电"廉洁风险防控平台开发项目获得国家软件著作权。

5月18日　浙能兰电党群驿站正式完工并开馆。

7月29日　浙能集团首席科学家、科委会主任朱松强，浙能电力党委副书记、总经理虞国平一行来到浙能兰电，调研指导安全生产、7S管理等相关工作。

9月17—19日　浙能兰电通过中国电力企业联合会标准化专家组标准化AAAAA级现场确认，成为浙江省电力行业首家通过AAAAA级"标准化良好行为企业"现场确认的企业。

9月21日　浙能兰电脱硝尿素制氨改造项目可行性研究报告通过浙能集团评审。

12月9日　浙能兰电VR新阵地"安全警示教育室"正式投入使用。

2021 年

3月30日　浙能兰电脱硝尿素制氨改造项目尿素制备施工区域桩基工程破土开工，项目进入全面施工建设阶段。

4月23日　浙能兰电圆满完成由公安部统一组织的"护网2021"网络安全攻防实战演习。

4月29日　浙能兰电集中供应压缩空气项目开工。

4月30日　浙能兰电运行部第二团支部荣获"全国五四红旗团支部"称号。

5月14日　浙能兰电成立新能源项目开发专班，在山西省太原市设立常驻办事机构，开展新能源项目开发工作。

5月31日　在2020年度电力行业火电机组能效水平对标活动中，浙能兰电1号机组获600MW级超临界纯凝湿冷机组AAAAA级荣誉称号，位列国内同类机组第1名。

8月10日　浙能兰电获评"浙江省电力科普教育基地"。

9月6日　浙能兰电尿素制氨项目2号锅炉水解器吊装到位。

9月9日　浙能兰电选手在2021年浙江省发电企业集控值班员职业技能竞赛中获佳绩——林腾蟠、陈平汉荣获团体三等奖，林腾蟠荣获个人一等奖，郑波荣获个人三等奖，胡燕辉、陈平汉荣获个人优胜奖。

10月20日　浙能兰电科技项目《智能化高效稀土永磁电机在发电厂的研究应用》通过验收。

11月　浙能兰电举行经理层成员任期制和契约化管理签约仪式，全面推行任期制和契约化管理工作。

11月17日　浙能集团在兰溪市召开浙能兰电煤场封闭改造项目竣工验收会，浙能兰电煤场封闭改造项目通过竣工验收，成为浙能集团首个通过验收的煤场封闭改造项目。

11月27日　浙能兰电首台机组完成脱硝尿素制氨改造后投入运行。

12月14日　浙能兰电1号机组荣获全国火电机组可靠性"标杆机组"称号。

12月24日　浙能兰电荣获全国总工会颁发的"职工书屋示范点"荣誉称号。

12月31日　浙能兰电2021年股东会第一次会议暨六届一次董事会、监事会会议在兰溪召开，董事会选举董事吴孝炯为浙能兰电第六届董事会董事长。

2022 年

1月8日　浙能兰电员工胡燕辉、吴神通、张同喜入围"浙江青年工匠"培养项目。

3月1日　浙能兰电正式开始对兰溪新奥华纺织科技有限公司进行商业供气。

3月3日　浙能兰电1号机组由液氨切换至尿素供氨。

3月10日　全国首个煤电二氧化碳捕集与矿化利用全流程耦合示范项目在

浙能兰电开工。

3月10日　浙能集团党委书记、董事长胡仲明一行来到浙能兰电调研指导。

4月19日　浙能兰电、浙江浙能技术研究院有限公司(简称"浙能技术研究院")、浙江大学等共同实施的科技项目《基于高效永磁电机的大型发电厂辅机驱动系统关键技术研究和工程应用》获得2022年浙江电力科学技术进步一等奖。

5月6日　浙能兰电技能实训基站正式授牌成立。

5月18日　浙能兰电投资的高效稀土电机及控制系统项目立项。

7月3日　浙能兰电连续安全生产达5000天。

8月31日　浙能兰电与兰溪新奥华纺织科技有限公司压缩空气销售合同正式签订。

10月27日　浙能兰电氨区重大危险源拆除工作完成,且关于公司氨区重大危险源核销的申请通过兰溪市应急管理局批准。

12月26日　浙能兰电第六届董事会第二次会议决议,聘任何志瞧为浙能兰电总经理。

2023 年

1月17日　浙能兰电科技项目《火力发电厂轴流风机实时监测与管理系统研究》成果鉴定会在杭州召开,该成果通过浙江省电力学会鉴定。

1月29日　浙江省经济和信息化厅、浙江省财政厅公布2022年度浙江省首台(套)装备名单,由浙能兰电申报的"用户侧低品位蒸汽驱动的空压机成套装置"入选浙江省首台(套)产品认定。

3月16日　浙能兰电二氧化碳捕集与矿化利用全流程耦合示范项目天达利用区域建设的矿化系统调试完成。

5月12日　浙能集团党委发文,傅洪军任浙能兰电党委委员、书记职务,免去吴孝炯浙能兰电党委书记、委员职务。

5月24日　浙能兰电员工鲍伟明获得国家卫生健康委员会、红十字总会、中央军委后勤保障部授予的全国无偿献血奉献奖终身荣誉奖、2022—2023年度全国无偿献血奉献奖金奖。这是鲍伟明连续9次获得全国无偿献血奉献奖金奖。

6月5日　浙能兰电完成二氧化碳热转化技术研究平台科技项目建安施工合同签订工作,项目进入全面施工阶段。

6月26日　浙能兰电2023年股东会第一次会议暨六届三次董事会、监事会会议在兰溪召开,董事会选举董事傅洪军为浙能兰电第六届董事会董事长,免去吴孝炯公司董事长职务。

7月26日　杭州亚运会、亚残运会碳抵消指标捐赠仪式在杭州举行,浙能兰电作为国际认证碳信用捐赠单位之一受邀参会。

9月6日　浙能兰电负责推进的浙能集团预收购新能源项目——山西省长治市上党区44.3兆瓦分布式光伏发电项目,在长治市上党区正式开工。

10月25日　浙能兰电《兰电安全文化"责任、执行、执著"策划传播》入选"中国能源传媒创新型宣传策划案例"。

11月22日　浙能兰电召开《浙能兰电志》编纂工作启动会。

11月24日　浙能兰电员工张同喜、方良铖荣获浙江省省部属企事业"名师高徒"称号。

11月29日　浙能兰电《低功耗可穿戴型光波传感通信定位系统》项目入选ISA(国际半导体照明联盟)"全球半导体照明创新100佳"。

12月4日　浙能兰电员工黄徐荣获浙江省省部属企事业"能工巧匠"称号。

12月7日　兰能热力热网灵洞专线项目选址论证报告评审会在兰溪市召开。

12月8日　浙能集团党委书记、董事长刘盛辉一行到浙能兰电调研。

12月25日　浙能兰电运行部一值一单元和维护部仪控二班荣获浙江省省部属企事业"工人先锋号"称号。

2024 年

1月11日　浙能兰电脱硝尿素制氨改造项目通过浙能电力竣工验收。

1月13日　浙能兰电3号机组完成容量电价首次抽测任务。

1月23日　浙能兰电中标金华市金义轨道交通有限公司2024年市场化购电项目。

2月18日　浙能兰电输煤DCS国产化改造项目正式拆线动工。

2月20日　兰能热力热网灵洞专线项目取得兰溪市住房和城乡建设局核发的建筑工程施工许可证,工程正式进入施工阶段。

2月　浙能兰电获得浙能集团2023年度财务工作先进集体荣誉称号,实现连续 11 年获评浙能集团财务工作先进集体。

3 月 7 日　白马湖实验室二氧化碳捕集与利用研究试验基地揭牌仪式在浙能兰电举行。

3 月 20 日　浙能兰电煤场封闭项目完成评价验收工作。

3 月 22 日　浙江省经济和信息化厅材料工业处副处长、二级调研员毛恭忠一行到浙能兰电调研低碳材料生产应用情况。

3 月 27 日　浙能集团党委委员、纪委书记王诗贤一行到浙能兰电调研指导工作。

4 月 3 日　浙能兰电科普展厅获评"2023 年度优秀科普教育基地"。

4 月 16 日　浙能集团党委副书记、总经理倪震一行到浙能兰电调研指导。

4 月 29 日　浙能兰电员工李敏、林腾蟠入选"浙能工匠"，张同喜所创的超临界锅炉水冷壁超温控制法获评浙能集团第二批以职工命名的先进操作法。

5 月 28 日　浙能集团党委副书记、董事王其达到浙能兰电调研指导。

6 月 5 日　浙江省副省长柯吉欣到浙能兰电调研指导，金华市委书记朱重烈，浙能集团党委书记、董事长刘盛辉等领导陪同。

6 月 18 日　浙能兰电举办庆祝公司成立二十周年系列活动。

6 月 25 日　浙能兰电输煤 DCS 国产化改造项目完成各项调试工作。

7 月 11 日　浙能集团党委委员、副总经理杨敬东到浙能兰电调研指导工作。

7 月 26 日　从福建省可门港发车的首列电煤火车抵达浙能兰电。

8 月 1 日　浙能集团党委书记、董事长刘盛辉到浙能兰电调研指导迎峰度夏电力安全保供工作。

8 月 2 日　在浙能集团电气值班员（光伏发电运维）职业技能竞赛中，浙能兰电员工郑美芬获团体一等奖，柴成林、李彬华获团体二等奖，李彬华获个人一等奖，郑美芬获个人优胜奖。

8 月 22 日　浙能兰电《"君子兰"文化护航内陆电厂高质量发展》入选 2023 年度浙江省企业文化建设优秀案例。

9 月 6 日　浙能兰电员工王献灵在 2024 年全国行业职业技能竞赛——第十五届全国电力行业职业技能竞赛（碳排放管理员 L）决赛中获团体三等奖。

9 月 5 日　浙江省能源局副局长钱哲，浙能集团党委委员、副总经理杨敬东一行赴浙能兰电调研指导迎峰度夏能源保供工作，同时考察白马湖实验室二氧化碳捕集与利用研究试验基地。

9月6日　浙能兰电员工吴神通在浙能集团发电企业点检员（汽机）职业技能竞赛中获个人一等奖，吴神通、滕慧达获团体二等奖。

9月7日　浙能兰电获2024年电力行业"电力双创杯"科技创新技术成果铜牌等3个奖项。

9月9—10日　浙能兰电负责推进的山西省长治市上党区分布式光伏发电项目相继完成北山锦凡4.4兆瓦、北山思琴5.9兆瓦林光互补分布式光伏项目并网发电。

9月13日　2024年浙江省省级职工职业技能竞赛锅炉设备点检赛项在浙能兰电闭幕，浙能兰电二队获团体一等奖，浙能兰电一队获团体二等奖，浙能兰电员工黄友桥获个人一等奖，浙能兰电员工琚敏获个人二等奖，浙能兰电员工刘宇博、李海强获个人三等奖。

9月19日　浙江省纪委驻省生态环境厅检查组高炳辉一行到浙能兰电调研交流。

9月27日　在2024年全国行业职业技能竞赛——第十五届全国电力行业职业技能竞赛（光伏发电运维）中，浙能兰电员工李彬华、柴成林获团体二等奖，郑美芬、李彬华分别获得个人三等奖。

10月12日　在浙能集团网络与信息安全管理员（工控）职业技能竞赛中，浙能兰电员工钱科锋获个人二等奖，於立峰、沈明获个人三等奖，王庆福、张学博获个人优胜奖，浙能兰电二队和三队获团体三等奖。

10月29日　浙能兰电负责推进的山西长治上党区分布式光伏项目雄山锦凡子项目合闸并网。至此，该项目8个子项已全部并网发电。

10月30日　在浙能集团招投标业务技能竞赛决赛中，浙能兰电员工朱庆辉、赵旭慧、邢天彪获团体二等奖，朱庆辉获个人三等奖，赵旭慧、邢天彪获个人优胜奖。

11月7日　浙能兰电员工陈晨、唐春梅获2024年浙江省省部属企事业职工职业技能竞赛发电企业水生产处理工赛项团体一等奖，陈晨获个人一等奖，唐春梅获个人优胜奖。

11月15日　金华市委副书记、市长张健一行到浙能兰电调研指导。

11月20日　浙江省能源局张康鑫、金华市发展和改革委员会能源处处长蒋颖娟一行来到浙能兰电，就"十五五"煤电项目选址进行现场踏勘。

11月23日　浙能兰电员工黄徐入选新时代"百工之乡八婺金匠"培育工程

第二层次"八婺杰出金匠"培养项目。

12月7日 浙江省生态环境厅总工程师韩志福一行到浙能兰电检查指导。

12月17日 浙能兰电运行部二值一单元荣获2024年浙江省省部属企事业"工人先锋号"称号。

12月23日 浙能集团发文,推荐金晓东为浙能兰电董事会董事、董事长人选,提议免去傅洪军的浙能兰电董事会董事长、董事职务。浙能集团党委发文,金晓东任浙能兰电党委委员、书记职务,免去傅洪军浙能兰电党委书记、委员职务。

12月31日 浙能兰电连续安全生产达5912天,浙能兰电光伏发电持续安全生产达2422天。截至当日24时,浙能兰电2024年累计发电量达145.54亿千瓦时,创2012年以来历史新高。

第一章 建 设

浙能兰电工程系浙能集团、浙江东南发电股份有限公司、兰溪市电力发展投资有限公司和中国电力工程顾问集团公司4家单位共同投资兴建的大型现代化发电项目,建设规模为4台60万千瓦的超临界燃煤机组,分两期建设,是"十一五"期间浙江省"五大百亿"工程之一,也是浙能集团首个自主开发、自主建设、自主管理的大型电源项目。工程由浙能集团控股开工建设,由浙能兰电建设管理。2003年,浙能兰电筹建处成立,负责领导项目建设管理,负责开发、建设、营运浙能兰电工程项目,先后主导进行项目厂区总平面布置和项目"四通一平"工程初步设计评估、项目可行性研究、项目建议书评估、水资源论证、接入电网系统评估、配套铁路专线初设评估及项目核准等工作。至2007年5月,4台60万千瓦发电机组全部投入运行,发电总装机容量为240万千瓦。

2004年6月15日,浙能兰电工程正式开工建设,至工程竣工机组投入运行,历时4年。2006年3月2日,1号机组首次并网成功。1~4号机组分别于2006年4月19日、2006年8月23日、2006年12月28日、2007年5月22日完成整套启动试运行,同时机组动态移交生产。1~4号机组投产时间较上报浙能集团计划时间分别提前251天、281天、77天、69天。浙能兰电4台60万千瓦超临界燃煤机组工程全面建成投入生产,为缓解浙江省的电力紧张状况、满足浙江省西南地区快速增长的电力需求、改善电网的运行状况及提高电网运行的安全性、经济性、可靠性,特别是优化浙江省西部地区的电源结构发挥重要作用,改写了浙江省中部地区无大型发电厂的历史。2007年11月8日,浙能兰电一期工程荣获"中国建筑工程鲁班奖(国家优质工程)",随后又荣获浙江省建设工程钱江杯奖(优质工程)和中国电力优质工程奖。

第一节 前期准备

一、管理体制

2003 年 6 月 10 日,浙能集团发布《关于建立浙江浙能兰溪发电厂筹建处的通知》,成立浙能兰电筹建处,负责浙能兰电的前期筹建工作。同年 7 月 3 日,浙能兰电筹建处在灵洞乡石关村正式挂牌。同年 10 月 21 日,浙能兰电筹建处发布《关于印发浙能兰溪发电厂筹建处部门职责(试行)的通知》,明确工程部、生产技术部、计划合同部、财务部、综合办公室、党总支办公室等部门的工作范围和管理职责,确保各项管理工作正常有序进行。同年 12 月 12 日,浙能兰电筹建处发布《浙能兰溪发电厂工程施工组织设计编报与审批制度(试行)》《浙江浙能兰溪发电厂施工图纸审阅和确认规定(试行)》等 45 个工程管理制度,保障筹建处各部门及参加工程建设的各施工单位的各项工程管理工作有序进行。

2004 年 5 月 18 日,浙能兰电第一次股东会暨董事会一届一次会议在浙江杭州召开,选举谢国兴为公司董事长,聘任柯吉欣为公司总经理。会上审议并批准项目建设期公司内部管理机构设置方案,批准浙能兰电基建期设置工程部、生产技术部、质量安全管理部、设备材料管理部、计划合同部、财务部、综合办公室、党委办公室 8 个部门并确定各部门定员数;确定由工程部负责公司的各项工程立项、设计、施工、档案管理、政策处理等工作,由生产技术部负责公司的技术管理、设备选型、生产准备、运行培训等工作,由质量安全管理部负责监督公司及各施工单位在工程建设过程中的安全、质量情况及考核等工作,由设备材料管理部负责工程设备材料采购、选型、催交、验收保管等各项工作,由计划合同部负责公司各项计划的编制和执行检查,招投标管理,合同订立,价款结算,变更索赔管理,建设、技改、维修等项目的概预决算管理、工程定额管理,计划、投资、生产完成情况的统计和上报等工作,由财务部负责公司资金筹集、资金运用、资金管理、会计核算、财务管理等工作,由综合办公室负责行政事务处理、文秘、劳动人事、宣传、生活后勤等工作,由党委办公室负责思想建设、组织建设、作风建设、干部队伍建设、精神文明建设、思想政治工作、组织、宣传、纪检监察、工会、共青团等方面的工作。

2004 年 6 月 16 日，浙能兰电正式通过兰溪市工商行政管理局批准登记注册成立，负责开发、建设、营运浙江浙能兰溪发电厂项目，生产电力电量并上网销售及其他相关派生产业，浙能兰电筹建处自行撤销。2007 年 12 月，浙能兰电工程部撤销。

浙能兰电基建期在科学推行"强业主、大监理、广咨询"的管理模式下，对项目的前期开发、建设、生产经营全过程负责，并通过监理下达其管理意图，加大监理在工程设计、施工、调试等全过程全方位的监督力度，同时借助社会中介力量及行业专家，对工程建设各环节进行广泛咨询，提高决策的正确性和合理性。

二、可行性研究

2003 年 4 月 10 日，金华市人民政府发布《关于全力支持在兰溪建设浙西燃煤电厂的函》，向浙江省发展计划委员会申请浙江浙能兰溪发电厂工程项目在兰溪建设。同年 5 月 26—30 日，浙江省发展计划委员会主持召开浙西电厂工程初步可行性研究报告审查会，经浙江省有关领导、专家的实地考察、论证分析和综合打分比选，确定金华市兰溪市灵洞乡石关村为浙西电厂建设厂址。

2003 年 10 月，浙江省电力设计院编制完成《浙江浙能兰溪发电厂工程可行性研究报告》；同年 10 月 15—17 日，国家电力公司电力规划设计总院在浙江省杭州市主持召开浙江浙能兰溪发电厂工程可行性研究报告预审查会，会议基本同意浙江省电力设计院提出的可行性研究报告，拟建 4 台 60 万千瓦超临界燃煤机组，并对建设规模、场地、接入系统、煤源、水源、灰场、工程地质及岩土工程、工程设想、脱硫、环境保护等方面提出意见。

2003 年 11 月 28 日，国家电网公司发布《关于浙江浙能兰溪发电厂 4×60 万千瓦机组接入系统设计审查意见的通知》，同意方案三，即浙江浙能兰溪发电厂 4 台 60 万千瓦机组以 500 千伏一级电压接入系统，电厂出线 2 回至 500 千伏双龙变电所，并将诸暨变至双龙变 2 回线改接成诸暨变至待建 500 千伏义东变 2 回线，同时预留 2 回出线间隔至规划中的 500 千伏兰溪变。

2003 年 9 月 25 日，上海铁路局同意承担浙西电厂新建工程所需燃煤的铁路运输。同年 10 月 16 日，浙江省发展计划委员会发布《关于浙江浙能兰溪发电厂铁路专用线可行性研究报告的批复》，明确浙江浙能兰溪发电厂运煤铁路专用线是电厂建设的一个重要组成部分，建设专用线是必要的，同意该专用线在金千线功塘站接轨,一次规划、分期建设,土地征用按国家有关规定办理,专用线环境影响评估纳入电厂总环评中。2004年6月16日,浙江省发展和改革委员会批复浙江浙能兰溪发电厂铁路专用线初步设计,年运量约600万吨煤炭,原则同意设计推荐的线路方案,同意机务车辆设计意见,建设路内用地5.41公顷,路外用地23.97公顷,同意设计概算编制依据,总概算控制在9117万元以内,总工期12个月。

2004年1月12日,中国国际工程咨询公司受国家发展和改革委员会委托,完成《关于浙江浙西电厂工程项目建议书的评估报告》,确定在受端电网负荷中心建设本工程是必要的,浙江浙能兰溪发电厂按4台60万千瓦机组一次规划,先开工建设2台60万千瓦机组一期工程,待一期工程建设条件基本落实,建议加快该项目二期工程前期工作。

2004年9月23日,国家发展和改革委员会发布《关于浙江省浙西电厂工程项目建议书的批复》,同意浙江浙西电厂一期2台60万千瓦超临界燃煤机组工程项目建议书,同意建设2台60万千瓦超临界燃煤机组及其关于取水源、投产用煤、燃烧器及监测装置、工程静态投资组成及偿还等的意见,一期工程静态总投资为54.4亿元,动态总投资为56.9亿元。同年10月12日,电力规划设计总院根据国家发展和改革委员会批复的项目建议书,完成对一期工程2台60万千瓦超临界燃煤机组可行性研究报告的审查。同年11月5日,国家环境保护总局发布《关于浙能兰溪发电厂新建燃煤机组工程环境报告书审查意见的复函》,同意浙江省环境保护局初审意见,同时从环境保护角度分析,同意在兰溪市灵洞乡石关村新建2台60万千瓦超临界燃煤发电机组,要求在项目建设中重点做好煤种设计、灰渣分除、节水、施工环保管理、污染物排放及烟尘排放监测、环保“三同时”等工作。同年12月14日,浙能集团同意浙江浙能兰溪发电厂工程可行性研究报告,并请示浙江省发展和改革委员会转报国家发展和改革委员会。

2005年4月8日,国家发展和改革委员会发布《关于浙江浙能兰溪发电厂新建工程核准的批复》,核准在兰溪市石关村建设浙能兰电一期2台60万千瓦超临界燃煤机组项目,同步安装烟气脱硫装置。

2006年4月21日,电力规划设计总院根据国家发展和改革委员会有关精神,结合浙江浙能兰溪发电厂4台60万千瓦超临界燃煤机组工程审查纪要和一期工程审查意见,给出二期工程可行性研究报告审查意见。浙能集团同意并请示浙江省发展和改革委员会转报国家发展和改革委员会。

2007年6月21日,国家发展和改革委员会发布《关于浙江浙能兰溪发电厂二期工程项目核准的批复》,核准建设浙能兰电二期2台60万千瓦超临界燃煤机组项目,同步安装烟气脱硫装置。

三、工程设计

2003年7月,浙江省发展计划委员会向国家发展和改革委员会上报浙江浙能兰溪发电厂(4台60万千瓦)工程项目"四通一平"建议书。同年8月6日,浙江省发展计划委员会发布《关于浙能兰溪发电厂(4×60万千瓦)"四通一平"工程项目建议书的批复》。同年8月18日,国家电力公司电力规划设计总院受浙江省发展计划委员会委托,在北京主持召开浙江浙能兰溪发电厂厂区总平面布置和"四通一平"工程初步设计评审会,会议基本同意浙江省电力设计院提出的浙江浙能兰溪发电厂厂区总平面布置和"四通一平"工程初步设计,根据浙江省发展计划委员会对浙江浙能兰溪发电厂工程的初步可行性审查意见,推荐兰溪市石关村厂址进入下一阶段可行性研究及工程计划投产运行时间。

2003年9月27日,浙江省水利厅发布《关于浙能兰溪发电厂工程水资源论证报告书的批复》,原则同意《浙能兰溪发电厂工程水资源认证报告书》(报批稿),同意在金华江费垅口取水,年取水量6000万立方米。

2004年1月,铁道部第四勘察设计院编制完成浙江浙能兰溪发电厂工程铁路专用线初步设计。同年3月30日,该初步设计通过浙江省发展和改革委员会审查。

2004年4月,浙江省电力设计院编制完成浙江浙能兰溪发电厂工程初步设计。同年当月,该初步设计通过电力规划设计总院的初步设计预审查。

2004年8月,《浙能兰溪电厂4×600MW工程施工组织总设计》审批通过,项目工程建设规模为4台60万千瓦超临界燃煤发电机组及相应的输变电配套工程,并留有后期扩建余地。

2005年8月17日,浙能兰电一期工程初步设计通过电力规划设计总院审查。

2007年12月25日,浙能兰电二期工程初步设计通过电力规划设计总院审查。

四、资金筹集

2004年4月,浙江省电力设计院编制《浙江浙能兰溪发电厂工程初步设计总概算》,工程静态投资 961829 万元,动态投资 1060848 万元,工程项目计划总资金 1066479 万元,其中铺底生产流动资金 5631 万元。

2004 年 5 月 18 日,浙能兰电召开首次股东会并签订《股东协议》,确定公司总的注册资本为项目动态总投资的 20%,首期注册资本 1.32 亿元。后续注册资本在 2008 年 12 月前全部到位,共计 16.455 亿元。

2005 年 4 月 8 日和 2007 年 6 月 21 日,国家发展和改革委员会分别核准浙江浙能兰溪发电厂新建工程和二期工程项目。新建工程、二期工程动态总投资分别为 56.5 亿元、44.9 亿元,合计 101.4 亿元,项目资本金分别为 11.3 亿元、9 亿元,合计 20.3 亿元,新建工程除资本金以外还需资金 45.2 亿元,由中国工商银行和中国建设银行各提供贷款 22.6 亿元解决,二期工程除资本金以外还需资金 35.9 亿元,由中国工商银行提供贷款解决。

五、设备采购

2003 年 6 月,浙能集团向浙江省重点工程建设领导小组办公室请示并获批复,确定浙江浙能兰溪发电厂项目主体工程设计单位采用邀请招标方式选择,主机设备直接以发包形式订货采购。同年 8 月 21 日,浙能兰电筹建处主任柯吉欣与生产厂家的代表在主机设备合同签订仪式上签约。锅炉、汽机、发电机三大主机设备的中标单位分别是北京巴布科克·威尔科克斯有限公司、东方汽轮机厂、东方电机股份有限公司,合同总金额约 22.5 亿元。同年 9 月 1 日,浙能兰电筹建处成立招标领导小组,柯吉欣任组长,秦刚华、王学根任副组长,成员为刘克萍、王静毅、赵军、王美树、李江标。浙能兰电工程主要设备采购情况如表 1-1 所示。

表 1-1 浙能兰电工程主要设备采购情况

设备名称	设备承包商	合同总价/万元	合同签订日期
1~4 号锅炉	北京巴布科克·威尔科克斯有限公司	119692	2003-08-15
1~4 号汽轮机	东方汽轮机厂	79612	2003-08-15
1~4 号发电机	东方电机股份有限公司	29592	2003-08-15
1~4 号机组小汽轮机	东方汽轮机厂	6431	2004-01-17
1~4 号机组除氧器	上海动力设备有限公司	1630	2003-12-10
1~4 号机组高压加热器	杭州锅炉厂	5728	2003-12-10
1~4 号机组主变压器	常州东芝变压器有限公司	8980	2004-01-15

续表

设备名称	设备承包商	合同总价/万元	合同签订日期
1～4号机组高压厂用变压器	上海阿尔斯通变压器有限公司	2858	2004-04-17
500千伏气体绝缘金属全封闭组合开关设备（简称"GIS"）	广州广菱电机有限公司	12503	2004-07-12
1～4号锅炉送风机、一次风机	沈阳鼓风机通风设备有限责任公司	2500	2004-01-15
1～4号锅炉引风机	成都电力机械厂	1615	2004-02-26
1～4号锅炉磨煤机	北京电力设备总厂	10540	2003-12-14
分散控制（简称"DCS"）系统	北京ABB贝利控制有限公司	4571	2004-09-28
1～4号机组电除尘器	浙江菲达环保科技股份有限公司	6960	2004-02-04
翻车机卸车系统	武汉电力设备厂	5647	2004-04-17
斗轮堆取料机	长春发电设备有限责任公司	3996	2004-07-24
皮带机	宁波甬港起重运输设备有限公司	2470	2004-07-24

六、征用土地

2003年7月10日，浙江省国土资源厅发布《关于浙西发电厂建设用地的复函》，原则同意浙西发电厂项目用地，建设项目用地面积、供地方式等在具体建设项目用地预审时确定。同年9月1日，浙能兰电筹建处向国土资源部提交《浙能兰溪发电厂兰溪市石关厂址、碧霞宫灰场工程建设用地地质灾害危险性评估》的建设用地地质灾害危险性评估认定申请。同年10月30日，国土资源部地质环境司审查并通过该评估报告。

2003年9月5日，浙江省地震局发布《对浙能兰溪发电厂工程场地地震安全性评价报告的批复》，同意"浙能兰溪发电厂工程场地安全性评价报告"对区域、近场区地震活动性、构造环境及主要断裂活动性评价的意见和地震地灾害评价、地震勘探分析结果、设计地震动参数及工程主要结构和设施的抗震设防烈度为Ⅵ度。

2003年9月12日，兰溪市建设局同意在灵洞乡石关村建设浙江浙能兰溪发电厂，并把碧霞宫、甘露源作为规划灰库。同年9月14日，兰溪市国土资源局同意浙江浙能兰溪发电厂在建设中征用或租用厂区用地、灰场用地、铁路专用线用地、道路用地、取水泵房及相关管道用地。

2004年6月16日，浙江省发展和改革委员会发布《关于浙能兰溪发电厂铁路专用线初步设计的批复》，同意浙江浙能兰溪发电厂铁路专线初步设计和建设用地。同年 11 月 20 日，浙江省国土资源厅上报国土资源部《关于浙能兰溪发电厂项目用地预审的初审请示》，局部调整兰溪市土地利用总体规划并通过浙江浙能兰溪发电厂建设项目用地预审。

2005 年 11 月 16 日，国土资源部同意兰溪市将农村集体农用地 125.868 公顷转为建设用地并办理征地手续，另征收农村集体建设用地 10.7447 公顷、未利用地 2.3996 公顷，同意使用国有建设用地 9.6983 公顷。共批准建设用地 148.7106公顷，其中防洪堤坝用地 27.2491 公顷、拆迁安置用地 13.2265 公顷交由当地人民政府按规划和设计合理安排使用，其余建设用地划拨给浙能兰电，作为工程建设用地，建设用地中工业用地 90.7210 公顷、铁路专用线用地 16.0512 公顷和公路用地（进厂道路）1.4628 公顷拟划拨给浙能兰电使用。水工建筑（防洪堤坝）用地 27.2491 公顷划拨给水务部门。住宅（拆迁安置）用地划拨给龚塘、赵家埠、耕头贩三个村涉及被拆迁的农户使用。浙能兰电工程用地情况见表 1-2。

表 1-2 浙能兰电工程用地情况 公顷

子项目名称	总面积	农用地	建设用地	未利用地	国有建设用地
主厂区用地	46.6196	38.1265	4.7776	0.4967	3.2188
防洪堤坝用地	27.2491	17.2897	3.2966	0.5814	6.0814
进厂道路用地	1.4628	1.1004	0.2812	0	0.0812
铁路专用线用地	16.0512	15.6425	0.4087	0	0
灰库用地	43.6163	43.0392	0.2911	0.2860	0
补水泵房区域	0.4851	0	0.3118	0.1512	0.0221
龚塘拆迁安置用地	0.9796	0	0.6848	0	0.2948
耕头贩拆迁安置用地	4.3859	4.3364	0.0495	0	0
赵家埠拆迁安置用地	7.8610	6.3333	0.6434	0.8843	0
合计	148.7106	125.868	10.7447	2.3996	9.6983

2009 年 2 月 6 日，国土资源部同意浙能兰电二期工程建设用地 19.013 公顷，由当地人民政府以划拨方式提供。

七、四通一平

2003 年 6 月，浙能兰电筹建处得到多方承诺文件，包括兰溪市自来水公司

《关于向浙能兰溪发电厂供水的承诺意见》、兰溪市供电局《关于浙能兰溪电厂施工用电的承诺》、浙江省电信有限公司兰溪市分公司《关于"浙能兰溪电厂'四通一平'工程"通信需求的相关资料及承诺》、兰溪市交通局《关于对浙能兰溪电厂"四通一平"初设的承诺》、兰溪市港航管理所《关于同意电厂取水口设置及有关港口航道情况说明》。

2003年7月9日，浙能集团向浙江省发展计划委员会报送《浙能兰溪电厂（4×600MW）工程项目建议书》和《"四通一平"工程项目建议书》。同年8月6日，浙江省发展计划委员会批准同意《浙能兰溪发电厂"四通一平"项目建议书》。

2003年8月1日，浙江省电力设计院编制完成《浙江浙能兰溪发电厂"四通一平"工程初步设计总报告》，浙江浙能兰溪发电厂"四通一平"工程投资资金为16959万元。其中，建筑工程费7198万元，设备购置费588万元，安装工程费1694万元，其他费用7479万元。同年8月18日，浙江浙能兰溪发电厂总平面布置方案及"四通一平"初步设计评审会在北京召开，评审会基本同意浙江浙能兰溪发电厂厂区总平面布置和"四通一平"工程初步设计。同年9月3日，浙江省发展计划委员会批复同意浙江浙能兰溪发电厂厂区总平面布置和"四通一平"工程初步设计。同年10月18日，浙江浙能兰溪发电厂"四通一平"工程正式动工建设。2004年7月1日，浙江浙能兰溪发电厂场地平整工作通过验收。

（一）施工道路

浙江浙能兰溪发电厂工程施工厂区内布置灵洞路、马达路、香溪路、永昌路和水亭路等施工主干道。主入口1号门从厂区西南面的沿江公路上引接；次入口5号门位于厂区北侧，从原金兰中线石关道口引接，主要作为出灰、石灰石、石膏等的运输通道；施工区部分的进厂道路设三个入口，2号门、3号门从厂区西南面的沿江公路上引接，4号门在下梅村的原金兰中线上；大件运输通道从铁路专用线卸货平台走水李路进入厂区主干道。

（二）施工用电

浙江浙能兰溪发电厂工程配置一座35千伏施工变电所，主供电源接自220千伏云山变35千伏出线，备用电源接自110千伏龚塘变10千伏出线，容量为6300千伏安，出线电压为10千伏。施工现场设10千伏环线，由35千伏施工变电所通过2路10千伏开关供电，10千伏环线经3只负荷开关分段，相互备用。现场施工用电由各施工单位自行变压，采用箱式变电站。施工生活区用电配置1台1000千伏安箱式变电站，电源取自当地10千伏农网线路。

（三）施工用水

浙江浙能兰溪发电厂工程施工生产用水（消防用水与施工生产用水合用）取用金华江水，在厂址附近金华江边建临时施工生产用水泵房，共有 3 台水泵。施工生活用水由兰溪市自来水公司，从城区环城路管道开口，沿市区、金兰中线敷设至石关道口桥头，一直敷设至电厂次入口附近，永久生活用水也从该管道引接。

（四）施工通信

浙江浙能兰溪发电厂工程施工通信采用地方通信公司提供的小虚拟网和必要的移动电话，施工现场电话、网络与 Internet 的连接采用浙江省电信有限公司兰溪市分公司 100 兆光缆，从石关道口附近沿厂区道路接入各施工单位临建。

（五）厂址场地平整及土石方

浙江浙能兰溪发电厂工程厂址场地较为平坦，大部分为农田和滩地，少量为珍珠养殖塘。自然地面高程为 26.5～32.6 米，其中大部分场地高程在 30.50 米以下。

第二节　施　工

一、土建和水工建筑

2004 年 8 月，《浙能兰溪电厂 4×600 MW 工程施工组织总设计》审批通过，确定浙能兰电桩基工程、主厂房建筑、炉后及灰渣系统建筑、电气建筑、燃料建筑、脱硫工程建筑、水工建筑、辅助建筑、厂前区等建设施工规划设计。

（一）桩基工程

浙能兰电桩基工程包括烟囱、汽机基础、主厂房、锅炉房、炉后、A 列外、脱硫、冷却塔等区域混凝土灌注嵌岩（或嵌圆砾层）桩 8024 根，±0 米相当于 1985 国家高程基准 31.3 米，设计桩长 5.5～20 米不等，设计最低桩顶标高在地坪下 8.8 米，其中直径 1000 毫米桩 831 根，直径 800 毫米桩 4749 根，直径 600 毫米桩 2444 根。桩基工程由浙江省电力设计院设计，B 标段（3 号机组、4 号机组主厂房）和脱硫工程由浙江伊麦克斯基础工程有限公司承包施工，A 标段（1 号机组、2 号机组主厂房）和其余部分由北京振冲工程股份有限公司承包施工，浙江大学土木工程检测中心负责桩基检测。

2004年1月15日，浙能兰电主厂房首根桩基打桩，该工程开工。2004年4月13日，3号、4号机组主厂房区域桩基工程完工。2004年4月15日，1号、2号机组主厂房区域桩基工程完工。工程内容包括主厂房A和A_0排柱、主厂房A～E间柱、汽机基座基础、辅机基础、除氧煤仓间框架柱、锅炉炉架柱、烟囱、集中控制楼、电除尘支架基础、炉后构架基础嵌岩成孔灌注桩共4108根，其中桩径Φ1000毫米的1000根，桩径Φ800毫米的3108根。施工主要设备采用德国进口的BG旋挖钻机，全程护筒跟进施工。

2004年4月12日，1号、2号冷却塔桩基工程开工，同年6月1日完工。1号、2号冷却塔砼灌注桩各225根，其中：桩径Φ800毫米的81根，桩长14米，桩端进入7-2中风化层不低于4米；桩径Φ1000毫米的144根，桩长14米，桩端进入7-2中风化层不低于5米。桩底沉渣不超过30毫米，桩身混凝土强度C30，1号、2号冷却塔分别完成2136.65立方米、2237.27立方米砼灌注桩。施工设备采用6台宝峨钻机，工艺采用全护筒跟进，施工质量严格按设计和相关规范控制。

2004年4月20日，3号、4号冷却塔桩基工程开工，同年5月31日完工。3号、4号冷却塔砼灌注桩各225根，其中桩径Φ800毫米的81根，桩径Φ1000毫米的144根，桩长14米，入岩深度4～5米，桩身混凝土强度C30，水泥强度等级42.5，钢筋采用Ⅰ级和Ⅱ级钢筋。施工时，每台冷却塔基础由2台钻机施工外围的环板基础，1台钻机施工中间的基础。施工质量严格按照设计和规范要求。

2004年6月29日，1～4号机组A列外桩基工程开工，同年8月28日完工。

2004年9月13日，输煤系统等辅助项目桩基工程开工，2005年12月21日完工。工程范围为输煤系统、化水系统、附属工程等辅助项目嵌岩灌注桩打桩工程，共计成桩2094根，其中Φ600～1000毫米204根，Φ800毫米558根，Φ600毫米1332根。Φ800毫米桩长11～13米，嵌岩深度大于2米；Φ600毫米桩长6～8米，端桩进入5号圆砾层不小于2米。施工主要设备采用德国进口的BG旋挖钻机，全程护筒跟进施工。2005年12月21日，桩基工程全部竣工。

（二）主厂房建筑

2004年1月，浙江省电力设计院完成浙江浙能兰溪发电厂主厂房与水工建筑岩土工程地质勘探。同年6月15日，浙江浙能兰溪发电厂1号机组第一方混凝土开始浇筑。同年9月28日，首台机组第一根锅炉钢结构开吊，标志着主体工程正式开工建设。

主厂房地下结构基础为钢筋混凝土承台,地梁相互连接。汽机房横向跨度为30.6米,除氧间跨度为10米,煤仓间跨度为12.8米,煤仓间和锅炉之间的间距为6.5米。主厂房分为汽机、锅炉两部分。汽机部分包括汽机房、除氧间,锅炉部分包括煤仓间、锅炉、集中控制楼。汽机房基础工程为钢筋混凝土结构,分为底板及上部结构两部分,基础埋深8米,混凝土方量共计5329立方米。汽机间上部结构包括 A_0～A列柱、汽机间各层楼板、汽机间固定端、屋盖四部分,纵向长度80米,横向轴线宽25.95米,最大标高FL32.9米。锅炉基础为钢筋混凝土承台,地梁相互连接,承台顶为独立柱墩,柱墩内设有直埋地脚螺栓。锅炉大板梁底标高为82.20米,锅炉两侧电梯,均封闭至顶。锅炉地下设施工程主要包括磨煤机基础、引风机基础、送风机基础、附壁吊基础、溢流池基础、捞渣机基础、凝结水贮存箱基础及沟道等工程。锅炉上部结构工程包括MCC室和电梯井两个子工程,MCC室为一层砖混结构,长10米、宽6米,建筑面积60平方米。

集中控制楼为四层钢筋混凝土现浇框架结构与钢梁承重组合结构,基础为钢筋混凝土承台机构,地梁相互连接,内有柴油机等设备基础及沟道。楼板为钢梁、压型钢板和钢筋楼板,平面尺寸为长27.0米、宽48.8米,集控楼长30米、宽24米,呈长方形,基础底标高FL－4.1米,屋面顶标高FL20米,楼梯间标高FL24米。

1号、2号机组主厂房土建工程项目由浙江省二建建设集团有限公司承建,3号、4号机组主厂房土建工程项目由浙江省建工集团有限责任公司承建。

1号机组主厂房地下结构工程于2004年4月28日开工,2005年8月15日竣工;1号机组主厂房建筑工程于2005年4月5日开工,2006年5月24日竣工。

2号机组主厂房地下结构工程于2004年5月16日开工,2006年3月11日竣工;2号机组主厂房建筑工程于2005年10月8日开工,2006年9月10日竣工。

3号机组主厂房地下结构工程于2004年4月28日开工,同年10月30日竣工;3号机组主厂房建筑工程于2005年8月20日开工,2007年1月15日竣工。

4号机组主厂房地下结构工程于2004年4月28日开工,2005年3月1日竣工;4号机组主厂房建筑工程于2005年12月25日开工,2007年4月18日竣工。

2004年7月4日,1号、2号机组集控楼工程开工,2006年5月20日竣工。2004年6月25日,3号、4号机组集控楼工程开工,2006年10月30日竣工。

（三）炉后及灰渣系统建筑

2004年11月25日,1号、2号机组电除尘控制楼建筑工程开工,2006年5月

20 日竣工。该工程由浙江省二建建设集团有限公司承建,总建筑面积 1287 平方米。2004 年 10 月 18 日,3 号、4 号机组电除尘控制楼建筑工程开工,2006 年 10 月 30 日竣工。该工程由浙江省建工集团有限责任公司承建,总建筑面积 1176 平方米。1 号、2 号机组和 3 号、4 号机组各用一座电除尘控制楼,电除尘控制楼分别位于两台机组电除尘器支架之间,基础为钢筋混凝土承台结构,地梁相互连接,主体结构为 4 层现浇钢筋混凝土框架结构,长 19.6 米、宽 15 米,最大顶标高 FL14.06 米。

2005 年 1 月 10 日,1 号、2 号烟囱建设工程开工,2006 年 1 月 4 日竣工。该工程由浙江电力设计院设计,外混凝土由浙江省二建建设集团有限公司施工。1 号、2 号机组和 3 号、4 号机组两台锅炉各用一座一筒二管束钢烟囱,烟囱混凝土外筒高 205 米。混凝土外筒内对称布置 2 支等直径钢内筒,每支内筒高 210 米、内径 6.0 米。

2005 年 5 月 18 日,1 号、2 号机组烟道工程开工,同年 12 月 30 日竣工。2004 年 10 月 20 日,3 号、4 号机组烟道工程开工,2005 年 1 月 8 日 3 号机组烟道工程竣工,2005 年 1 月 12 日 4 号机组烟道工程竣工。2004 年 8 月 4 日,1 号、2 号机组电除尘器基础工程开工,2005 年 10 月 10 日竣工。3 号机组电除尘器基础工程于 2004 年 8 月 2 日开工,2005 年 1 月 8 日竣工。4 号机组电除尘器基础工程于 2004 年 8 月 5 日开工,2005 年 1 月 12 日竣工。烟道基础为钢筋混凝土承台,地梁相互连接,纵向长 60.09 米。电除尘器基础为钢筋基础承台,地梁相互连接,纵向长 63.46 米、宽 25.6 米。

2005 年 6 月 5 日,1 号、2 号机组干灰库工程开工,同年 11 月 11 日竣工。3 号、4 号机组干灰库工程于 2005 年 11 月 19 日开工,2007 年 2 月 2 日竣工。每 2 台机组分别配置原灰、粗灰、细灰灰库各 1 座。灰库内的灰经干灰卸料机装车或经加水搅拌机调湿装车后供综合利用,多余的灰则经加水调湿后由自卸汽车运往碧霞宫灰场进行碾压堆放。灰库基础为钢筋混凝土桩基础,有高 5.47 米、11.8 米、30 米的 3 个平台,屋面采用耐热混凝土。该工程由浙江建安实业集团股份有限公司承建。

2005 年 6 月 15 日,综合管架工程开工,同年 8 月 20 日竣工。该工程 A 区、B 区由宁波华丰建设集团股份有限公司承建,C 区由浙江建安实业集团股份有限公司承建,D 区、E 区由浙江大经建设股份有限公司承建。综合管架上部结构体系横向为钢筋混凝土框架结构,纵向连接为钢梁或钢桁架,下部为钢筋混凝土独立结构。

2005 年 8 月 23 日,灰库空压机房工程开工,2006 年 1 月 19 日竣工。该工程由浙江建安实业集团股份有限公司承建。灰库空压机房为单层框架结构,基础由钢筋混凝土独立基础、基础梁、设备基础构成,现浇钢筋混凝土柱梁、屋面板构成主体框架结构。建筑面积 86 平方米。

2007 年 3 月 4 日,碧霞宫灰场Ⅰ标段工程开工,2008 年 8 月 28 日竣工,由浙江省第一水电建设有限公司承建。2008 年 1 月 26 日,碧霞宫灰场Ⅱ标段工程开工,同年 9 月 5 日竣工,由江西省水利水电建设总公司承建。2008 年 3 月 6 日,碧霞宫灰场Ⅲ标段工程开工,同年 8 月 28 日竣工,由晟元集团有限公司承建。2008 年 10 月 22 日,灰坝加高工程开工,采用库内粉煤灰填坝,沿坝坡面以 7% 的坡度加高至 55 米高程,由浙江省电力设计院设计,中国水利水电第十二工程局负责施工。2009 年 5 月 7 日,该工程竣工。碧霞宫灰场为山谷灰场,谷底平坦,库容约 1121 万立方米,距厂址直线距离约 3000 米,由堆石棱体大坝、盲沟、上坝运灰道路、排水渠道、补给水管等组成。其中,堆石棱体大坝底部长 89 米、宽 21.8 米,顶部长 104 米、宽 5 米,高 5.3 米,堆石体 6903 立方米。

(四)电气建筑

2004 年 9 月 10 日,2 号机组变压器基础及架构工程开工,2006 年 6 月 25 日竣工。2005 年 2 月 17 日,1 号机组变压器基础及架构工程开工,2006 年 1 月 25 日竣工。两项工程均由浙江省二建建设集团有限公司承建。

2004 年 9 月 12 日,3 号机组变压器基础及架构工程开工,2006 年 10 月 17 日竣工。2004 年 10 月 5 日,4 号机组变压器基础及架构工程开工,2007 年 3 月 12 日竣工。两项工程均由浙江省建工集团有限责任公司承建。

2005 年 1 月 21 日,500 千伏屋外配电装置建筑工程开工,同年 12 月 18 日竣工,其中气体隔离开关基础工程于 3 月 15 日交付安装。2005 年 3 月 31 日,500 千伏网络继电器室综合楼工程开工,同年 12 月 18 日竣工。两项工程均由浙江省建工集团有限责任公司承建。

电气建筑 A 列外构筑物位于主厂房与马达路之间,长约 100 米、宽约 50 米,包括主变基础、高厂变基础、封闭母线支架基础、事故油池、水封井、防火墙等构建筑物。其中,主变基础地基采用嵌岩灌注桩进行处理,其他基础均支承在原土上。封闭母线基础为预埋螺栓,上部为钢结构。防火墙主要分布于高压厂变和主变基础内,其高度分别为 7.6 米、5.6 米、7 米,墙板厚度分别为底 350 毫米、上口 180 毫米和 200 毫米。

500 千伏屋外配电装置工程为钢筋混凝土结构，由独立基础、气体隔离开关伐板基础和工业管线沟道及区域内道路、给排水管组成，其中 500 千伏气体隔离开关基础长 128 米、宽 22 米，基础上面柱墩面预埋锚筋与工字钢连接，地坪标高为－0.6 米。

500 千伏网络继电器室综合楼为 4 层现浇混凝土框架结构，长 48 米、宽 19.8 米、高 17.31 米，局部高 12.81 米，总建筑面积 2255 平方米。

（五）燃料建筑

2004 年 11 月 2 日，T1～T9 输煤转运站建筑工程开工，2006 年 5 月 24 日竣工。输煤转运站由混凝土框架、排水沟、斜栈桥、设备基础、钢平台、单轨吊、室外散水、坡道组成，总建筑面积 5079 平方米。

2005 年 1 月 15 日，翻车机房工程开工，2006 年 5 月 24 日竣工。翻车机房由地下结构、上部结构两部分组成。下部结构为倒置的"凸"形状，底板形状为长 43.2 米、宽 15.4 米、厚 1.55 米的长方体，为整体现浇钢筋混凝土结构，方量 1203 立方米。上部结构由 A、G 列框架柱（1～8 轴共 16 根，标高 18.69 米）组成。

2005 年 4 月 8 日，碎煤机室工程开工，2006 年 1 月 22 日竣工。碎煤机室位于 10 号栈桥至 11 号栈桥之间，为 4 层钢筋混凝土框架结构，长 28.5 米、宽 19 米、高 26.3 米，建筑面积 2196 平方米。

2005 年 1 月 18 日，1～10 号输煤栈桥建筑工程开工，2006 年 5 月 24 日竣工。输煤栈桥基础为独立式钢筋混凝土承台，栈桥为现浇钢筋混凝土框架结构，总建筑面积 10300 平方米。

2005 年 3 月 18 日，取样间建筑工程开工，2006 年 1 月 9 日竣工。取样间位于 T2 转运站与 T3 转运站中间，为 3 层钢筋混凝土框架结构，长 7.5 米、宽 12 米、高 17.62 米，建筑面积 325 平方米。

2005 年 4 月 30 日，煤场建筑工程开工，2006 年 5 月 24 日竣工。煤场大小为长 378 米、宽 340 米，设计总储煤容量为 46.5 万吨，包括 1 号煤场、2 号煤场、3 号煤场、1 号斗轮机基础、2 号斗轮机基础、3 号斗轮机基础、室外排水沟、室外电缆沟以及挡煤墙。

2005 年 5 月 15 日，输煤集控楼工程开工，2006 年 1 月 2 日竣工。2005 年 5 月 30 日，输煤综合楼工程开工，2006 年 1 月 2 日竣工。输煤综合楼为 3 层钢筋混凝土框架结构，长 23 米、宽 19 米、高 13.3 米，建筑面积 1370 平方米。输煤集控楼为 4 层钢筋混凝土框架结构，长 36 米、宽 12 米、高 13.7 米，建筑面积 1420 平方米。输煤集控楼和输煤综合楼位于1号机组主厂房东侧、8号输煤栈桥北侧。

2005年7月3日,推土机库工程开工,2006年1月2日竣工。推土机库位于4号机组主厂房东侧、T6转运站西侧,与T6转运站相邻,为1层钢筋混凝土框架结构,建筑面积360平方米。

以上燃料建筑均由浙江省电力设计院设计,浙江省二建建设集团有限公司承建。

(六)脱硫工程建筑

2005年1月7日,3号、4号脱硫吸收塔区域土建工程开工,2006年2月15日竣工。2005年2月28日,1号、2号脱硫吸收塔区域土建工程开工,2006年4月27日竣工。脱硫吸收塔区域工程包括吸收塔、事故浆液箱基础、支架基础、增压风机基础、池体、氧化风机房、防腐设备基础、其他设备基础、沟道、路面。吸收塔基础为直径17米的圆形基础,增压风机基础平面长6.16米、宽20.607米,氧化风机房为单层现浇钢筋混凝土结构,承台基础间采用有梁式钢筋混凝土带形基础连接。室内设3只氧化风机基础、4支支墩。铜烟道、GGH支架及吸收塔平台支架基础为承台基础,基础间采用基础梁连接,上面为钢筋混凝土支墩或基础短柱。吸收塔主域浆沟、GGH排放池为现浇钢筋混凝土池体,池底、侧壁设花岗岩防腐。

2005年3月2日,石膏脱水工艺楼和1号、2号脱硫电控楼土建工程开工,2006年2月20日全部交付安装。2006年1月5日,3号、4号脱硫电控楼土建工程开工,同年9月14日全部交付安装。2005年7月20日,脱硫废水处理楼工程开工,2006年5月25日竣工。脱硫电控楼工程主体结构为2层框架,建筑高度10.40米。地基采用桩基承载,地坪标高为-0.20米。脱硫废水处理楼为长25.6米、宽10米、高13.2米的2层框架结构。每台机组配置1套烟气脱硫装置,1号、2号机组,3号、4号机组各用1座脱硫电控楼,4台机组共用1座石膏脱水工艺楼、1座废水处理楼。脱硫工程由浙江天地环保工程有限公司总承包,浙江省建工集团有限公司负责土建工程施工。

(七)水工建筑

2004年11月4日,1号循环水泵房工程开工,2006年2月5日竣工。2004年12月8日,2号循环水泵房工程开工,2007年1月18日竣工。两项工程均由浙江省电力设计院设计、浙江省电力建设监理公司监理、宁波华丰建设集团股份有限公司承建。每2台机组配1座循环水泵房,1号、2号机组配1号循环水泵房,3 号、4 号机组配 2 号循环水泵房,每座循环水泵房分上部结构与下部结构两部分:下部结构为现浇箱型钢筋混凝土结构,平面尺寸为长 32.03 米、宽 31.3 米,底板厚 1.30 米,底板顶部标高－12.00 米,下部侧壁壁厚为 1.3 米,隔墙 1.2 米、1.0 米不等;上部结构为不等跨二连跨单层框架结构厂房,平面尺寸为长 54.48 米、宽 32.03 米。

2005 年 4 月 26 日,补给水泵房工程开工,2005 年 10 月竣工。该工程由浙江省电力设计院设计、浙江省电力建设监理公司监理、浙江省金华市第一建筑安装工程有限公司承建,平面尺寸为长 28.8 米、宽 26.13 米,由地下工程和地上工程两部分组成。前部为进水间,后部为泵房间,泵房的东侧是配电间及管理房。地下工程为现浇箱型钢筋混凝土结构,垫层为 C15 混凝土,底板厚约 1200 毫米,壁厚分别为 1200 毫米、1000 毫米、800 毫米,混凝土均为 C30P6。上部结构为钢结构,压型钢板屋面,屋面铺贴氯化聚乙烯防水卷材及 25 毫米厚挤塑泡沫保温板。

2004 年 6 月 10 日,冷却塔 A 标段工程(1 号、4 号冷却塔)开工,1 号冷却塔于 2005 年 11 月 30 日竣工,4 号冷却塔于 2006 年 9 月 30 日竣工。该工程由东北电业管理局烟塔工程公司承建,总建筑面积 18000 平方米。2004 年 6 月 21 日,冷却塔 B 标段工程(2 号、3 号冷却塔)开工,2 号冷却塔于 2005 年 12 月 29 日竣工,3 号冷却塔于 2006 年 8 月 15 日竣工。该工程由宁波华丰建设集团股份有限公司承建,总建筑面积 18000 平方米。每座冷却塔分两大部分,分别是由通风筒、斜支柱、环形基础等组成的外部结构和由架构及基础、配水系统、喷溅装置、淋水填料、水池等组成的内部淋水装置,塔顶标高 150 米,总建筑面积 36000 平方米。

(八)辅助建筑

2004 年 9 月 10 日,1 号、2 号机组精处理再生及机组排水槽工程开工,2006 年 1 月 25 日竣工,由浙江省二建建设集团有限公司承建。2004 年 9 月 15 日,3 号、4 号机组精处理再生及机组排水槽工程开工,2006 年 10 月 30 日竣工,由浙江省建工集团有限责任公司承建。精处理再生及机组排水槽工程基础长 15.8 米、宽 20 米,底部高程为－4.6 米,顶部高程为 0.25 米,上部为钢结构屋架,屋盖采用玻璃钢屋面。

2004 年 10 月 25 日,雨水泵站工程开工,2005 年 3 月 25 日竣工。该工程由浙江省电力设计院设计、浙江大经建设股份有限公司承建。雨水泵房由雨水井及切换井、排水箱涵和配电间三部分组成。雨水井为钢筋混凝土结构,中间设隔墙分为两部分。切换井为相对独立的钢筋混凝土构筑物,一面通过水泵出水管与雨水井相接,另一面与厂区雨水总管相接,还有一面与排水箱涵相接。排水箱涵长 2 米、宽 2 米,涵壁厚 250 毫米,现浇钢筋混凝土结构,出水口为喇叭口、钢筋混凝土底板和翼墙。配电间为砖混结构,钢筋混凝土现浇平屋顶,水泥砂浆地坪。

2004 年 11 月,启动锅炉房建筑工程开工,2005 年 10 月竣工,由浙江建安实业集团股份有限公司承建。启动锅炉房为单层钢筋混凝土框架结构,平面尺寸为1.80 米×1.87 米+6 米×6 米,基础埋深 3 米,地面以上建筑高 21.14 米,内有风机基础、设备基础、定排溢流池、热水道钢柱梁、控制室等。

2004 年 11 月 11 日,化水区域工程开工,2005 年 10 月竣工,由浙江建安实业集团股份有限公司承建。水处理车间和化水区域包括化学处理车间、化学综合楼及室外构筑物三部分。化水处理车间为单层框架结构,长 76 米、宽 24米,车间高 12.3 米,分析室等设备间高 7.8 米。综合楼为 5 层钢筋混凝土框架机构、混凝土灌注桩基础,长 50.7 米、宽 14 米、高 19.8 米。室外构筑物包括除盐水箱、反洗水箱、再生水箱、超滤成品水箱、反渗透成品水箱等设备基础和废水池。

2005 年 2 月 1 日,1 号、2 号锅炉空压机房工程开工,2006 年 1 月 20 日竣工。该工程由浙江省二建建设集团有限公司承建。锅炉空压机房为单层框架结构,纵向长 10 米、宽 5.6 米,设计高度 7.60 米,建筑面积约 297.6 平方米,基础为桩承台基础,基础之间采用有梁式带基联结。空压机房工程还包括储气罐基础、冷干机基础、空压机基础。

2005 年 2 月 23 日,运灰汽车调度楼工程开工;同年 11 月 16 日,材料库及检修车间工程开工;同年 11 月 18 日,消防车库工程开工;同年 11 月 26 日,特殊材料库工程开工。以上工程由浙江国强建设监理有限公司承建,于 2006 年 8 月 24日竣工。材料库为 3 层全框架混凝土结构,纵向长 72.59 米、宽 18 米,第一、二层主要用于存放材料,第三层用于办公。检修车间为 1 层钢混结构,高 9.17 米,钢屋架跨度 18 米,横向长 63 米。材料库及检修车间占地面积为 2480 平方米。消防车库为 2 层全框架混凝土结构,总建筑面积 1021 平方米。特殊材料库为 1 层全框架混凝土结构,高 3.7 米和 6.05 米,总建筑面积 302.56 平方米。运灰汽车调度楼为两层全框架混凝土结构,高 7.5 米,总建筑面积 314.269 平方米。

2005 年 4 月 14 日,点火油罐区工程开工,2006 年 1 月 14 日竣工。2005 年 5月 7 日,燃油泵房工程开工,2005 年 12 月 22 日竣工。两项工程均由浙江省建工集团有限责任公司承建。点火油罐区工程主要由 2 个油罐基础、避雷针、防火墙、电缆沟、管沟、支墩、砂箱等组成。油罐基础为半径 7.675 米的圆形基础。污油池为长 8 米、宽 4 米的矩形池体。避雷针基础为长 5 米、4.8 米、2.6 米的正方形同心台阶基础。油罐区四周有防火墙，素混凝土基础，实心砖砌筑，钢筋混凝土压顶。电缆沟沿油罐区四周分布。1～3 号支墩为边长 0.6 米的正方形素混凝土墩体。砂箱为长 2.36 米、宽 1.18 米的矩形混凝土多孔砖箱体。燃油泵房为单层混凝土框架结构，高 6.4 米，建筑面积 275 平方米，室内地坪下有电缆沟、燃油泵、油水分离器、卸油泵等设备基础。泡沫液室为单层混凝土框架结构，高 5.8 米，建筑面积 40.6 平方米。

2005 年 11 月 3 日，储氢站工程开工，2006 年 5 月 22 日竣工，由浙江建安实业集团股份有限公司承建。储氢站为单层框架结构，长 40 米、宽 12.3 米、高 9.195 米，基础由钢筋混凝土独立基础、基础梁、设备基础构成，现浇钢筋混凝土柱、梁、屋面板构成主体框架结构。

（九）厂前区

2005 年 5 月 25 日，厂前区工程开工，2006 年 6 月 30 日土建交付装修，2006 年 12 月 11 日工程竣工。该工程由浙江省建筑设计研究院、中国美术风景建设设计研究院设计，浙江大经建设股份有限公司负责施工。浙能兰电厂前区由办公楼、值班楼、食堂（值班楼）组成。办公楼为地上 5 层钢筋混凝土框架结构、现浇肋梁楼板建筑，平面、立面呈流线型，占地面积 2752 平方米，建筑面积 6276 平方米，建筑总高度 17.4 米。值班楼为地上 7 层钢筋混凝土框架结构、现浇肋梁楼板建筑，其中南面 5 层、北面 7 层，占地面积 2752 平方米，建筑面积 10960 平方米，建筑总高度 25.6 米，共 214 间（包括 8 个套间）。食堂（值班楼）为地上 8 层钢筋混凝土框架结构、现浇肋梁楼板建筑，第一、二层为食堂，第三至八层为值班楼，食堂部分建筑面积 2627 平方米，值班楼部分建筑面积 4610 平方米，值班楼部分以廊道与值班楼连接，建筑总高度 31.9 米，共 102 间。

2005 年 5 月 25 日，厂前区配电室工程开工，同年 6 月 20 日竣工。同年 6 月 1 日，厂前区大门工程开工，2007 年 1 月 25 日竣工，该工程由中国美术风景建设设计研究院设计、浙江大经建设股份有限公司负责施工。厂前区配电室位于厂前区食堂（值班楼）与马达路之间，为 1 层钢筋混凝土框架结构。厂前区大门包括 2 间值班室、1 个钢架、3 垛景观墙，占地面积 118 平方米，总建筑面积 118 平方米，建筑层数 1 层、高度 6.3 米。

二、设备安装

（一）汽机

2005 年 11 月 2 日,1 号机组开始进行汽轮机扣缸作业,2006 年 2 月 27 日汽轮机首次冲转,2006 年 3 月 2 日首次并网发电,2006 年 4 月 19 日投入商业运行。

2006 年 3 月 11 日,2 号机组开始进行汽轮机扣缸作业,2006 年 7 月 13 日汽轮机首次冲转,2006 年 7 月 15 日首次并网发电,2006 年 8 月 23 日投入商业运行。

2006 年 9 月 22 日,3 号机组开始进行汽轮机扣缸作业,2006 年 11 月 15 日汽轮机首次冲转,2006 年 11 月 16 日首次并网发电,2006 年 12 月 28 日投入商业运行。

2007 年 1 月 24 日,4 号机组开始进行汽轮机扣缸作业,2007 年 4 月 12 日汽轮机首次冲转,2007 年 4 月 14 日首次并网发电,2007 年 5 月 22 日投入商业运行。

4 台 60 万千瓦机组汽轮机均为东方汽轮机厂制造生产,由浙江省火电建设公司安装。

（二）电气

2004 年 5 月 27 日,浙江浙能兰溪发电厂七源线路及 35 千伏施工变电所正式受电。2005 年 7 月,500 千伏 GIS 系统建成投入运行,采用 3/2 接线方式,接有 4 台主变、1 台备变和 2 条出线(双兰 5427 线、龙兰 5428 线)。

2005 年 9 月 14 日,1 号机组主变压器吊装就位,2005 年 11 月 11 日安装完成。2005 年 10 月 7 日,1 号发电机完成定子吊装,2005 年 12 月 7 日完成转子穿装,2006 年 3 月 2 日首次并网发电。

2005 年 12 月 26 日,2 号机组主变压器吊装就位,2006 年 3 月 16 日安装完成。2006 年 1 月 5 日,2 号发电机完成定子吊装,2006 年 4 月 14 日完成转子穿装,2006 年 7 月 15 日首次并网发电。

2006 年 5 月 16 日,3 号机组主变压器吊装就位,2006 年 7 月 14 日安装完成。2006 年 6 月 5 日,3 号发电机完成定子吊装,2006 年 9 月 13 日完成转子穿装,2006 年 11 月 16 日首次并网发电。

2006 年 11 月 28 日,4 号机组主变压器吊装就位,2006 年 12 月 31 日安装完成。2007 年 3 月，4 号发电机安装完成，2007 年 4 月 14 日首次并网发电。

4 台 60 万千瓦发电机均为东方电机股份有限公司引进日本日立（HITACHI）公司技术制造的发电机，4 台主变压器均为常州东芝变压器有限公司制造，500 千伏系统采用日本三菱的户外型 GIS 配电装置，由浙江省火电建设公司安装。

（三）锅炉

2004 年 9 月 28 日，1 号锅炉钢结构开始吊装，2005 年 2 月 19 日锅炉大板梁就位，2005 年 1 月 26 日受热面地面组合吊装开始安装，2005 年 10 月 31 日完成锅炉水压试验。

2005 年 1 月 20 日，2 号锅炉钢结构开始吊装，2005 年 7 月 8 日锅炉大板梁就位，2005 年 7 月 15 日受热面地面组合吊装开始安装，2006 年 3 月 27 日完成锅炉水压试验。

2005 年 7 月 28 日，3 号锅炉钢结构开始吊装，2005 年 12 月 25 日锅炉大板梁就位，2005 年 7 月 15 日受热面地面组合吊装开始安装，2006 年 8 月 25 日完成锅炉水压试验。

2005 年 12 月 28 日，4 号锅炉钢结构开始吊装，2006 年 5 月 15 日受热面地面组合吊装开始安装，2006 年 5 月 19 日锅炉大板梁就位，2007 年 1 月 17 日完成锅炉水压试验。

4 台锅炉均由北京巴布科克·威尔科克斯有限公司引进美国 B&W 公司技术设计制造，采用全钢架、悬吊结构，由浙江省火电建设公司安装。受热面分为水冷壁系统、过热器系统、再热器系统、省煤器系统 4 个部分。

（四）仪控

2005 年 8 月，1 号机组热控系统设备首次受电，2006 年 4 月完成各系统设备调试，移交投运。2006 年 8 月，2 号机组完成各系统设备调试，移交投运。2006 年 12 月，3 号机组完成各系统设备调试，移交投运。2007 年 5 月，4 号机组完成各系统设备调试，移交投运。仪控系统设备由浙江省电力设计院设计，包含机炉控制部分、集控室、工程师室和电子室等单元控制室热控系统，由浙江省火电建设公司安装。

（五）环保

2005 年 3 月 2 日，浙能兰电烟气脱硫工程开工建设，是浙能集团首个与主体工程同步建设的烟气脱硫工程。2005 年 5 月 8 日，1 号吸收塔开吊，安装开工。

2005年11月20日,1号机组脱硫装置防腐工程开工。2006年1月7日烟道吊装完成。2006年5月31日,1号机组脱硫装置顺利完成168小时满负荷试运,移交投产。2005年6月20日,2号吸收塔开吊,安装开工。2006年5月6日,2号机组脱硫装置防腐工程开工。2006年2月25日,烟道吊装完成。2号机组脱硫装置在2006年8月22日与主机同时通过168小时满负荷试运,移交投产。2005年11月22日,3号吸收塔开吊,安装开工。2006年5月6日,3号机组脱硫装置防腐工程开工。2006年12月25日,烟道吊装完成。3号机组脱硫装置在2006年12月28日与主机同时完成168小时满负荷试运,移交生产。2006年4月25日,4号吸收塔开吊,安装开工。2006年8月6日,4号机组脱硫装置防腐工程开工。2006年12月25日,烟道吊装完成。2007年5月26日,4号机组脱硫装置与主机同时通过168小时满负荷试运行,移交投产。4台机组脱硫工程由浙江天地环保工程有限公司总承包,负责设计、设备采购、施工安装和调试、启动等工作。电除尘设备由浙江省火电建设公司安装,随锅炉安装同时设计、同时施工。

（六）化学

2005年6月,化学补给水系统设备开始安装,2005年9月中旬,除盐水系统进行水压试验。2005年9月26日,开始化水系统调试工作,2005年10月13日上午9时,化水系统制出质量合格的除盐水,为后续启动锅炉煮炉、锅炉水压试验提供水源。补给水系统按4台60万千瓦机组进行设计,包括大型罐类设备、水泵酸、碱泵、其他各类设备、衬胶管道、衬胶管件、衬塑管道、衬塑管件、碳钢和不锈钢管、各类阀门等。该工程安装工作由中国水利水电第十二工程局承担。

（七）输煤

2004年9月14日,由铁道部第四勘察设计院设计的《浙能兰溪发电厂工程铁路专用线施工图》和《大件卸货专用线临时接轨方案》通过有关部门的审查。2004年10月30日,浙能兰电输煤系统的转运站开工挖土,输煤系统工程正式开工。该工程由浙江省电力设计院设计、浙江省火电建设公司安装。

2005年3月17日,浙能兰电铁路大件运输专用线全线贯通。铁路运煤专用线工程由杭州铁路分局地方铁路开发公司总承包,线路全长约1.29千米,同年4月中旬开工建设,同年11月25日通过上海铁路局的验收。同年12月16日,翻车机正式通过上海铁路局的检测。同年12月20日,浙能兰电煤场正式进煤。

三、启动调试

（一）组织机构

2005 年 12 月 29 日，浙能兰电工程试运行指挥部经浙能集团审批同意成立，总经理柯吉欣任总指挥，指挥部下设调试办公室和试运组。调试办公室主要负责协调安排机组的调试进度、与厂家协调、备品备件管理，全面抓好启动调试工作。试运组下设汽机、锅炉、电气、化学、热控、煤灰、消防共 7 个专业小组。根据 4 台机组的实际情况，分别编制专业调试方案，包括全部调整试验和特殊试验项目。

2006 年 2 月 10 日，为加强对机组试运启动工作的领导，浙江省重点建设领导小组、浙江省发展和改革委员会发布《关于浙能兰溪电厂工程启动验收委员会的批复》，同意成立浙能兰溪发电厂 4 台 60 万千瓦超临界燃煤机组工程启动验收委员会，浙能集团副总经理毛剑宏任主任委员，陈祥鹏、谢国兴、张谦、胡列翔任副主任委员，柯吉欣、沈晋扬、卢为民、陈永、郑晓康、朱松强、邵志跃、孙华芳、王学根等各单位领导任委员。

（二）分部调试

浙江省火电建设公司承担主体设备安装及电气部分调试工作，杭州意能电力技术有限公司承担机组的分系统及整套启动调试工作，浙江省电力建设监理有限公司负责工程建设全过程监理。

2005 年 8 月 20 日，1 号机组完成 DCS 临时受电。2005 年 9 月 15 日，完成厂用电受电。2006 年 1 月 4 日，完成 500 千伏 GIS 受电。2006 年 10 月 17 日，开始分系统调试。2007 年 4 月 11 日，4 号机组调试结束，至此分系统调试结束，各项的调试合格率、优良率均为 100%，各专业调试质量达到优良等级。浙能兰电 1～4 号机组分系统调试情况见表 1-3。

表 1-3　浙能兰电 1～4 号机组分系统调试情况

项目	机组			
	1 号	2 号	3 号	4 号
调试日期	2005-10-17—2006-02-26	2006-04-07—2006-07-12	2006-08-13—2006-11-14	2006-12-20—2007-04-11
厂用电受电	2005-09-15	2006-04-12	2006-8-11	2006-12-14

续表

项目	机组			
	1 号	2 号	3 号	4 号
酸洗	2005-12-17—2006-01-03	2006-05-20—2006-05-24	2006-10-01—2006-10-04	2007-02-24—2007-02-27
冲管	2006-01-24—2006-02-07	2006-06-12—2006-06-20	2006-10-18—2006-10-25	2007-03-15—2007-03-20
首次冲转	2006-02-27	2006-07-13	2006-11-15	2007-04-12
首次并网	2006-03-02	2006-07-15	2006-11-16	2007-04-14
168 小时满负荷试运行	2006-04-12—2006-04-19	2006-08-16—2006-08-23	2006-12-21—2006-12-28	2007-05-15—2007-05-22
调试天数/天	132	96	93	112

各调试单位严格按《火电工程调整试运质量检验及评定标准》开展调试和验收工作,编制设备调试与分部试运前的检查项目各设备联锁保护试验记录表,启动前逐项进行确认,并由运行、安装、筹建、调试四方人员共同签字,基本做到每台设备或每套系统在投入前所有联锁保护均能正常投入且性能可靠。

(三)整套启动调试

2006 年 2 月 26 日,根据《机组整套启动试验方案》,1 号机组开始进入整套启动调试,直至 2007 年 5 月 22 日,4 号机组 168 小时满负荷试运行结束,4 台机组全部调试完成。1～4 号机组的整套启动各分为三个阶段:第一阶段,空负荷调试阶段,从机组整套启动调试首次锅炉点火开始至机组首次并网发电后机组完成超速试验为止。按照《火力发电厂基本建设工程启动及竣工验收规程》的要求,完成规定的全部试验项目,其中重要项目有汽轮机超速试验、汽阀严密性试验、汽轮机振动测试、汽轮机切缸试验、汽轮机空负荷试验、发电机同期试验、短路试验、零起升流等。第二阶段,带负荷调试阶段,从机组再次并网发电开始至首次满足 168 小时满负荷试运行条件为止。第三阶段,满负荷调试阶段,从首次满足满负荷试运行条件开始至 168 小时满负荷试运行结束。

1 号机组整个试运行阶段锅炉点火 42 次,汽轮机冲转 19 次,发电机并网 16 次,保护投入率 100%,自动装置投入率 99.1%,DCS I/O 投入率 99.8%。汽水品质达到《火电工程调整试运质量检验及评定标准》中 168 小时满负荷试运化学监督要求的优良水平。

2 号机组整个试运行阶段锅炉点火 14 次,汽轮机冲转 9 次,发电机并网 9 次,保护投入率 100%,自动装置投入率 99.1%,DCS I/O 投入率 99.9%。汽水品质达到《火电工程调整试运质量检验及评定标准》中 168 小时满负荷试运化学监督要求的优良水平。

3 号机组整个试运行阶段锅炉点火 24 次，汽轮机冲转 14 次，发电机并网 12 次，保护投入率 100%，自动装置投入率 100%，DCS I/O 投入率 99.9%。汽水品质达到《火电工程调整试运质量检验及评定标准》中 168 小时满负荷试运化学监督要求的优良水平。

4 号机组整个试运行阶段锅炉点火 8 次，汽轮机冲转 4 次，发电机并网 7 次，保护投入率 100%，自动装置投入率 100%，DCS I/O 投入率 100%。汽水品质达到《火电工程调整试运质量检验及评定标准》中 168 小时满负荷试运化学监督要求的优良水平。

2006 年 3 月 2 日，1 号机组首次并网成功，1 号、2 号、3 号、4 号机组分别于 2006 年 4 月 19 日、2006 年 8 月 23 日、2006 年 12 月 28 日、2007 年 5 月 22 日完成整套启动试运行，同时机组动态移交生产。浙能兰电机组整套启动调试情况见表 1-4。

表 1-4　浙能兰电机组整套启动调试情况

项目	机组			
	1 号	2 号	3 号	4 号
空负荷调试日期	2006-02-26— 2006-03-02	2006-07-12— 2006-07-16	2006-11-13— 2006-11-19	2007-04-11— 2007-04-14
带负荷调试日期	2006-03-03— 2006-04-07	2006-07-16— 2006-08-03	2006-11-19— 2006-12-07	2007-04-14— 2007-04-30
满负荷连续试运行	2006-04-12— 2006-04-19	2006-08-16— 2006-08-23	2006-12-21— 2006-12-28	2007-05-15— 2007-05-22

在整个试运行过程中，所有辅助设备的启、停阀门和风门挡板的开、关调节均能实现在显示器（CRT）上操作，协调控制系统（CCS）、锅炉炉膛安全监控系统（FSSS）、数据采集系统（DAS）、顺序控制系统（SCS）、电气自动化系统（ECS）及事故追忆装置（SOE）、计算机打印功能工作正常。

（四）调试问题处理

2006 年 2 月 27 日，1 号轴承金属温度偏高（105℃左右），通过调门配汽特性试验，将 1 号、4 号高调门进行切换，切换后 1 号轴承金属温度由 105℃降至 71℃左右，2 号轴承金属温度由 97℃降至 74℃左右，其余轴承金属温度和各轴承振动均无明显变化，较好地解决了 1 号轴承金属温度偏高这一难题。

1 号机组调试期间，由于燃油系统变频器响应时间较长，曾多次出现 1 号炉点火前做燃油泄漏试验开启燃油快关阀时,油压波动较大,导致触发锅炉低油压保护动作,启动锅炉时自动熄火。后在 1 号炉燃油快关阀前加装 1 只电动调节阀,在燃油泄漏试验时通过逐渐开大电动调节阀的方式保证油压稳定。

2006 年 7 月 13 日,2 号机组首次达到 3000 转/分钟,机组带负荷后 5 号、6 号轴振及盖振均偏高(5 号、6 号轴振有时超过 100 微米,盖振有时超过 125 微米),于同年 8 月 12 日和 8 月 15 日 2 次停机加装平衡块。同年 8 月 16 日,重新启动后机组振动情况良好,在冲转阶段及带负荷阶段,各轴振、盖振均在 70 微米以内。

2006 年 7 月 26 日,因 1 号高加水位高导致高加撤出,水冷壁流量低导致锅炉主燃料跳闸(MFT),汽轮机跳闸,为防止正常运行时高加三通阀卡涩导致锅炉断水,进行三通阀切换试验,切换时发现进口三通阀卡不能自动关闭,停机消缺时进行进口三通阀解体处理时发现垫片损坏,更换垫片后开关正常。

2006 年 11 月 25 日,就地检查人员发现 3 号锅炉 52 米层左右前墙 A 侧有漏汽声,怀疑水冷壁爆管。3 号机组滑参数停机后进行炉内检查。检查人员发现水冷壁 34 管折焰角弯头处爆管,附近管壁也有部分被泄漏的蒸汽吹薄。遂重新更换此处的水冷壁管。同年 11 月 28 日,3 号机组重新启动,就地检查人员发现水冷壁 34 管及旁边的管子折焰角弯头处发红,停炉检查。检查人员发现在水冷壁上集箱 34 管处有一异物。同年 12 月 1 日,清理后机组重新启动,水冷壁无异常。

2006 年 11 月 28 日,由于 3 号锅炉水冷壁堵塞,停机准备消缺,在手动打闸停机后发现主机左侧中压调门开度还有 7.1%,遂就地检查,经过就地碰动,此中压调门关到 0%。在此后针对该调门做的几次关闭试验中,均发现在小开度时有不同程度的卡涩现象。后来采用在逻辑里让此调门的快关电磁阀动作的方法,使此调门在 100% 开度快关,重复几次后,再次进行全行程关闭试验,正常。但是为保证机组长期稳定运行,各方讨论决定,在换发电机转子的同时,更换此中调门的预启阀。

4 号机组整套启动期间,进行蒸汽严密性试验,其间发现锅炉启动系统分离器出口 2 号安全阀内漏,试验中止,厂家进行临时处理(各紧一圈),并重新整定压力,之后无内漏现象。停机消缺期间,对分离器出口 2 号安全阀进行处理,发现有垃圾卡涩,清理后 168 小时满负荷试运行期间无内漏现象。在试运期间,又发现主汽安全阀内漏,厂家进行临时处理,之后无内漏现象。考虑到 168 小时满负荷试运行期间是非常时期,决定分离器出口 2 号安全阀和主汽安全阀的压力整定工作在试运完成之后进行。

4号机组整套启动期间,在主机冲转的过程中发现,汽机转速变化时,密封油系统油氢差压变化较大,密封油泵出口压力也有较大变化,分析发现原因为发电机转子旋转后,随着汽机转速的变化,发电机转子与密封瓦之间间隙也发生较大变化,引起密封油量变化增大,导致密封油泵出口压力变化,油氢差压也跟着变化。在以3000转/分钟固定转速运行的情况,手动微调密封油泵再循环阀,油氢差压及密封油泵出口压力恢复至正常值。浙能兰电1～4号机组调试运行阶段技术经济指标见表1-5。

表1-5 浙能兰电1～4号机组调试运行阶段技术经济指标

项目		机组			
		1号	2号	3号	4号
整套启动调试	锅炉点火次数/次	42	14	24	8
	汽轮机冲转启动次数/次	19	9	14	4
	机组并网次数/次	16	9	12	7
	机组总发电量/万千瓦时	32000	28260	22900	26540
	总耗油量/吨	1710.50	1146	989	229
	总耗煤量/吨	178300	143720	116903	115868.80
168小时满负荷试运行	机组发电量/万千瓦时	10152	10140	10053	10133
	耗厂用电量/万千瓦时	381.40	421	445.10	445.10
	耗煤量/吨	41003	40637	39494	39602
	平均负荷/万千瓦	60.54	60.36	59.84	60.31
	电气及热工保护投入率/%	100	100	100	100
	自动装置投入率/%	99.10	99.10	100	100
	DCS/(I/O)	99.80	99.90	99.90	100
	厂用电率/%	3.80	4.15	4.43	4.39
	发电煤耗/(克/千瓦时)	404	401	393	391
	供电煤耗/(克/千瓦时)	420	418	411	409

第三节　质量监督

2004年7月14—15日,浙江省电力建设工程质量监督中心站对浙能兰溪发电厂新建工程进行首次质量监督检查。各参建单位认真贯彻执行《建设工程质量管理条例》和《电力建设工程质量监督规定（2002年版）》，配合浙江省电力建设工程质量监督中心站组织的首次工程施工质量监督检查。检查资料比较完整，人员到位。各参建单位质量管理体系均已建立，能满足目前施工要求，文明施工管理良好。

2004年11月8—10日，浙江省电力建设工程质量监督中心站组织11名专业人员组成3个监督检查小组，对浙能兰溪发电厂新建工程土建一阶段进行监督检查，主要检查主厂房、炉后、烟囱、A排外构筑物、汽机基础、冷却塔等部分。检查工程质量处于受控状态，各参建单位的质量保证体系健全、有效，运行基本正常，主要建构筑物有沉降观测记录，沉降无异常，主厂房的主要钢筋混凝土结构内在质量可靠，表面质量良好，预埋件位置准确、平整，工程受监项目的工程技术资料基本齐全，该阶段受监工程质量满足设计及规范要求。

2005年8月1—2日，浙江省电力建设工程质量监督中心站组织10名专业人员组成2个监督检查小组，对浙能兰电主厂房、炉后、烟囱、A排外构筑物、汽机基础、冷却塔、化水、输煤系统等部分进行监督检查。检查工程各参建单位的质量保证体系健全、有效，运行正常，质量管理行为规范，能比较严格地执行工程建设强制性条文，主要建构筑物有沉降观测记录，沉降无异常，主厂房钢筋混凝土结构内在质量可靠，表面质量良好，预埋件位置准确、平整，附属工程主体结构工程已达到较高的水平，项目的混凝土施工生产水平控制较好，工程受监项目的工程技术资料基本齐全。该阶段受监工程质量满足设计及规范的要求，检查工程质量处于受控状态。

2005年10月25—26日，浙江省电力建设工程质量监督中心站对浙能兰溪发电厂新建工程1号机组进行锅炉水压试验前质量监督检查。抽测结果显示，检查业主单位参加水压试验的管道除低温再热器离侧距离偏大外，其余数据均符合要求，安装质量符合设计标准。水压试验前须完成6项资料组整改项和8项现场组整改项。

2005年11月9—10日，浙江省电力建设工程质量监督中心站对浙能兰溪发电厂新建工程1号机组进行汽机扣盖前质量监督检查，检查质量处于受控状态，1号汽轮机现场抽测汽缸轴承底部支承、汽缸轴承座水平及轴颈扬度、转子轴向定位尺寸、汽封及通流间隙等项目数据均符合制造厂要求，轴承安装良好；汽轮机扣盖前完成9项整改项后具备扣盖条件。

2005年12月22—23日，浙江省电力建设工程质量监督中心站组织专业工程师及以上职称人员 12 名组成电气、继电保护、DCS、系统自动化、系统调度和运行准备、相关土建、质量管理行为等 7 个监检小组,对浙能兰溪发电厂新建工程 1 号机组进行厂用电受电前监督检查。检查发现:500 千伏系统和 1 号机组厂用电系统受电范围内的土建道路通畅,沟盖板齐全、完好,相关建筑屋面、墙面无渗漏,建筑沉降无异常;受电范围内电气设备安装良好,断路器、闸刀、地刀操作正常,闭锁可靠,设备均已命名,接地可靠;继保安装规范,试验报告齐全,数据合格;监控系统主机、工作站及远动通信装置各项配置及功能齐全,数据库定义正确,满足设计要求;测控单元 AM1703 的模拟量采集精确,遥信动作正确性已通过测试;土建施工和设备安装工艺良好,静态工程实体质量符合设计和规范要求。

2006 年 1 月 4 日,浙江省电力建设工程质量监督中心站批复同意组建浙能兰溪发电厂工程质量监督站,站长孙华芳,副站长傅坚钢、吴孝炯,确保开展好有关电力建设工程质量监督检查,保证工程建设的顺利进行。

2006 年 5 月 15—28 日,浙江省电力建设工程质量监督中心站对浙能兰溪发电厂新建工程 1 号机组进行机组整套启动试运后质量监督检查,形成检查报告结论:1 号机组整组试运结果及有关参数符合设计要求,1 号机组设备运行正常,有关资料基本齐全,总体质量满足要求。在处理完成各参建单位自查、质量监督机构检查所提问题和落实建议后,经建设单位组织验收、运行单位质量见证、监理签证和项目工程质量监督站核查确认后,同意机组进入生产运行阶段。

2006 年 3 月 20—21 日,浙江省电力建设工程质量监督中心站对浙能兰电 2 号机组进行厂用电受电前质量监督检查。同年 3 月 22—23 日,对浙能兰电新建工程 2 号机组进行锅炉水压试验前质量监督检查。同年 3 月 23—24 日,对 2 号机组进行汽轮机扣盖前质量监督检查。同年 7 月 17—18 日,对 2 号机组进行脱硫整套启动试运前质量监督检查。同年 6 月 21—22 日,对 2 号机组进行整组启动前质量监督检查。同年 9 月 18—19 日,对 2 号机组进行整组启动后质量监督检查。

2006 年 8 月 3—4 日,浙江省电力建设工程质量监督中心站对浙能兰电二期工程 3 号机组进行厂用电受电前检查。同年 8 月 17—18 日,对浙能兰电二期工程 3 号机组进行锅炉水压试验前质量监督检查。同年 11 月 15 日,对浙能兰电二期工程 3 号机组进行脱硫工程整套启动试运前质量监督检查。同年 11 月 1—2 日,对 3 号机组进行整套启动试运前质量监督检查。2007 年 2 月 1—5 日,对 3 号机组进行整套启动试运后质量监督检查。同年 7 月 2—3 日,对 3 号机组进行验收移交生产后质量监督检查。

2006 年 12 月 5—6 日，浙江省电力建设工程质量监督中心站对浙能兰电 4 号机组进行进行厂用电受电前质量监督检查。2007 年 1 月 11—12 日，对 4 号机组进行锅炉水压试验前质量监督检查。同年 2 月 1—2 日，对 4 号机组进行汽轮机扣盖前质量监督检查。同年 4 月 4—6 日，对 4 号机组进行整套启动试运前质量监督检查。同年 4 月 9—10 日，对 4 号机组进行脱硫工程整套启动试运前质量监督检查。同年 6 月 20—21 日，对 4 号机组进行整套启动试运后质量监督检查。同年 9 月 20—26 日，对 4 号机组进行验收移交生产后质量监督检查。

第四节　工程竣工

2007 年 3 月 27 日，由浙江省发展和改革委员会组织的浙能兰电一期工程（2×60 万千瓦）竣工验收会在金华市召开，竣工验收委员会成员一致同意该工程顺利通过竣工验收。2009 年 7 月，浙能兰电二期工程（2×60 万千瓦）工程竣工验收会在杭州召开，竣工验收委员会成员一致同意该工程通过竣工验收。

2007 年 9 月 1 日，浙能兰电一期工程（2×60 万千瓦超临界燃煤机组）获 2007 年度浙江省建设工程钱江杯奖（优质工程），同年 11 月 8 日，获中国建筑工程鲁班奖（国家优质工程）。同年 12 月 21 日，浙能兰电二期工程通过浙能集团达标（预）复检。

2008 年 9 月 30 日，浙能兰电委托浙江万邦会计师事务所有限公司对一期工程及二期工程竣工决算情况进行审计。经审计核实，浙能兰电工程实际完成的总投资为 8225744667.36 元，其中建筑工程投资 1589646431.40 元，占 19.33％，安装工程投资 1527921710.13 元，占 18.57％，设备投资 4093129291.59 元，占 49.76％，其他费用 1015047234.24 元，占 12.34％。实际完成的动态总投资较概算总投资节约 1551502954.68 元，节约率为 15.87％。实际完成的静态总投资 7998201332.66 元，节约 1053376289.38 元，节约率为 11.64％。

第二章　生　产

　　2003 年 7 月,浙能兰电筹建处设立了生产技术部,开始生产准备工作,多次组织人员赴浙江省内外发电厂调研人员配置和机组调试运行等情况。2004 年 8 月,浙能兰电成立生产准备领导小组。同年 10 月,浙能兰电生产准备大纲编制完成,按生产准备大纲开展人员招聘与培训,规程、系统图和培训资料的编写等生产准备工作。2005 年 6 月,浙能兰电设立设备部、运行部、燃料部三个生产部门。2006 年 4 月,浙能兰电 1 号机组通过 168 小时满负荷试运行,正式投入生产,至 2007 年 5 月,浙能兰电 4 台机组全部建成投入生产。浙能兰电建立完善的生产组织机构和指挥系统,制定完备的生产制度,并在生产实践中不断进行优化。

　　浙能兰电的生产设备设施包括锅炉、汽机、电气、仪控、输煤、化学、环保、消防等专业,通过落实完善设备检维修管理、技术管理和运行管理,满足安全、经济、环保生产要求。截至 2023 年底,浙能兰电累计完成发电量 2227.39 亿千瓦时。

　　2005 年,浙能兰电编写部分运行管理标准、运行规程和技术图纸,之后陆续对原有标准进行修订和完善。2006 年,机组投入商业运行后,开展优化运行管理工作,强化运行分析,优化运行操作,开展小指标竞赛,以创一流生产业绩为目标优化运行管理。结合检修体制改革,推进点检定修制的实际运作,各项技术指标陆续达到国内领先水平。设备实行分级调度管理,与电网连接的主要设备运行状态分别由国家电网华东分部调度控制中心(简称"华东网调")和国家电网浙江省电力调度控制中心(简称"浙江省调")调度或许可,实行统一的生产调度指挥。

　　2005 年,浙能兰电开始编制设备检修标准文件包、文件卡,2007 年开始依据文件包、文件卡规范开展首次机组检修工作,2005—2007 年完成设备管理相关制度的编制,2012年完成各专业检修规程的编制。浙能兰电检修工作坚持"质量为主、修必修好"的原则,实行全过程管理,推行标准化作业,逐步扩大状态检修的比例,最终形成一套融定期检修、状态检修、改进性检修和故障检修为一体的优化检修模式。

浙能兰电设置15个专业技术监督网络。各专业技术监督网络贯彻"安全第一、预防为主"的方针,按照依法监督、分级管理、闭环管理、专业归口的原则,利用技术监督平台、专业分析会、技术监督网络活动等,开展日常运行维护监督、检修监督、技改监督,为机组安全、经济、环保运行提供技术保障。

第一节 生产组织

一、组织机构

2003年7月15日,浙能兰电筹建处设立工程部、生产技术部2个基建生产部门。2004年7月,浙能兰电设立质量安全部。2005年6月,撤销原生产技术部,设立设备部、运行部、燃料部。2007年3月,浙能兰电职工代表大会讨论通过《浙能兰溪发电有限公司生产期定岗定编及岗位归级方案》,浙能兰电质量安全部更名为安健环部,同年8月,成立总师办,同年12月,撤销工程部。2010年4月,浙能兰电进行组织机构调整,运行部更名为运营部。同年12月,根据《浙能兰电机构设置和部门工作职责调整方案》,撤销总师办,原总师办相关职能并入设备部,原设备部中的检修班组划出新设维护部。2015年,根据ERP项目实施及浙能兰电岗位标准化的要求,公司对相关部门进行调整:设备部更名为设备管理部,运营部更名为运行部。

二、生产指挥

2005年6月,浙能兰电由分管生产的副总经理负责生产管理工作,对公司生产负领导责任,负责生产工作的指挥协调和管理,直接领导生产部门,主持召开生产相关会议,由总工程师分管生产技术管理、技术监督等工作,根据公司生产工的需要设立副总工程师,协助生产管理工作。

2005年11月,浙能兰电选拔出第一批值长。值长受公司分管领导及运行部负责人的领导,电网调度上接受华东网调、浙江省调调度员指令。当值值长是浙能兰电生产的现场指挥者和组织者,负责当值全厂生产设备的运行操作指挥、安全经济调度及事故处理,所有运行生产指令均由值长下达到各控制室。

2005年12月,浙能兰电输煤系统投入运行,燃料部负责输煤设备的检修维护消缺和运行工作。2006年4月,1号机组投入商业运行,设备部负责机组设备日常消缺和计划检修的策划管理和组织实施。2007年8月,总师办负责机组检修管理和调停消缺计划。2011年12月,设备部负责机组检修管理和调停消缺计划,维护部负责机组维护保养和消缺工作。

三、生产例会

（一）生产调度会

生产调度会从2006年3月开始实行。工作日每天上午上班时间半小时后由分管生产的副总经理或总工程师主持召开,副总工程师、各生产部门负责人、主管、专工及相关职能部门负责人或指定人员参加;非工作日每天上午9点半由公司值班领导主持召开,各生产部门值班负责人参加。该会议主要包括各部门汇报前一周末或前一天主要生产指标、主要运行方式调整、主要设备缺陷及消缺情况、异常及处理情况、当天重大操作及试验项目、当天较大及以上风险管控作业、需协调解决的问题等内容,并提出解决问题的意见。分管生产的副总经理或总工程师传达上级单位的有关指示,布置协调生产工作,检查已布置工作的完成情况。

（二）检修、运行、节能、可靠性分析会

检修、运行、节能、可靠性分析会从2007年6月开始实行,每月召开一次。该会议由分管生产的副总经理主持,总工程师、副总工程师、各生产部门负责人、主管、专工及相关职能部门负责人参加。该会议主要内容包括分析上月机组设备节能、对标可靠性指标性能情况,设备利用率情况,运行、检修情况,分析在运行、检修工作中遇到的重大技术难题及其他需要分析的问题,部署检修、运行、节能工作。

（三）机组检修调度会

2007年4月,机组检修调度会从1号机组A修开始实行,机组检修期间每周

召开一次,一般安排在周四下午召开。该会议由设备部主任或副主任主持,分管生产的副总经理、总工程师、副总工程师、各生产安监、物资采购、后勤服务、党群宣传部门以及各参修、监理单位参加。会议主要内容包括通报现场安全管理、检修质量、检修施工进度、安全文明作业等情况,协调处理施工进度平衡、质量把关、后勤保障等问题。2008年11月之后,该会议由机组检修项目经理主持。

四、生产准备

2003年7月,浙能兰电筹建处开始生产准备工作,着手编制《4×600 MW 燃煤机组生产准备大纲》。2004年8月17日,浙能兰电成立生产准备领导小组,由柯吉欣任组长,王学根任副组长。2004年10月,浙能兰电《4×600 MW 燃煤机组生产准备大纲》编制完成,上报浙能集团。浙能兰电各生产部门根据《4×600 MW 燃煤机组生产准备大纲》开展人员、技术、物资等方面的生产准备工作。

(一)人员准备

2003年12月,浙能兰电筹建处从台州发电厂、萧山发电厂等抽调53名有经验的运行人员作为公司首批运行人员,委托台州发电厂进行管理。2004年2月5日,浙能兰电筹建处组织首批运行人员到华北电力大学接受为期一年的培训,学习内容主要有热力学、流体力学、传热学、仪表与测量、电路、电厂化学、电子技术、泵与风机、电机学、自控理论、汽机设备及运行、金属材料、锅炉设备及运行、电气设备及运行、高电压技术、计算机控制系统、电厂经济运行、汽机电液控制、电气控制系统、电力系统分析、专业英语、分散控制系统、集控运行、汽机运行、脱硫等26门课程。2004年7月至9月,浙能兰电组织运行人员到浙江浙能嘉兴发电有限公司(60万千瓦机组)、台州发电厂(33万千瓦机组)进行认识实习。2004年8月26日,浙能兰电从高校招聘10名应届大学毕业生充实运行队伍。2005年2月至8月,浙能兰电安排集控运行人员到浙江浙能嘉兴发电有限公司和浙江浙能北仑发电有限公司进行跟班实习,同年4月至5月安排主要岗位运行人员到上海石洞口第二电厂进行超临界仿真机组培训取证。2005年8月,运行人员通过笔试、面试和综合测评等程序,确定值长、操作员、巡检、化学运行、化学试验、除灰主值等岗位。2005年7月至9月,浙能兰电安排燃料运行人员相继到浙江浙能长兴发电有限公司、华银电力株洲发电厂进行为期一个半月的翻车机培训。同年10月,浙能兰电安排燃料运行人员参加翻车机、皮带机、程控、斗轮机、电气停送电操作等多方面的内部培训。2005年8月26日,浙能兰电从高校招聘57名大学生充实运行队伍,并分两批次到浙江浙能嘉兴发电有限公司、台州发电厂进行认识实习。2005年12月下旬,1号机组集控运行人员全部进岗,参与机组调试工作。

2003年12月至2005年11月,浙能兰电从台州发电厂、萧山发电厂和浙江浙能镇海发电有限责任公司调入检修人员89名。2004年8月26日,浙能兰电从高校招聘2名应届大学毕业生充实设备维检队伍。2005年7月,浙能兰电根据专业分工安排36名员工到浙江省火电建设公司相应的班组进行跟班学习,部分人员跟随调试单位进行学习。

（二）技术准备

2005—2006年,浙能兰电编制锅炉、汽机、电气、仪控、化学、除灰、脱硫等专业培训资料,建立60万千瓦超临界机组集控、网控、化控、灰控、燃料等5项运行规程。建立设备系统图册,绘制出版《锅炉系统图》《汽轮机系统图》《电气一次系统图》《化学系统图》《除灰系统图》《燃料设备系统图》等;制定设备 KKS 编码标准,完成并验收共计约33000条设备编码工作;编制机组检修规程、检修文件包、备品备件清册、事故备品清册等,配置技术材料;建立生产所需的台账、记录本、报表等;建造仿真机,为运行人员上机培训和仪控调试创造条件;编制完成工作票管理、操作票管理、运行岗位交接班、巡回检查、定期切换管理等60个管理标准,为各项生产管理工作提供依据,使各项生产管理工作有章可循。

（三）物资准备

2005年5月24日,浙能兰电与杭州经济开发区中建动力化学工程有限公司签订《锅炉补给水处理系统国产树脂采购合同》。2005年9月6日,浙能兰电与衢州市衢化东南化工有限公司签订盐酸、氢氧化钠、次氯酸钠化学药品采购合同。2005年10月8日,浙能兰电与浙江富兴电力燃料有限公司(后更名为浙能富兴燃料有限公司,简称"富兴公司")签订《柴油购销合同》。2005年12月26日,浙能兰电与杭州电化集团气体有限公司签订《氧气、氮气、二氧化碳购销合同》。2006年1月18日,浙能兰电与浙江天达建材资源开发有限公司签订《废灰委托处理协议》。2006年2月8日,浙能兰电与上海比欧西气体工业有限公司签订《氢气购销合同》。截至2006年2月,浙能兰电进油2500吨,完成酸、碱、氧气、氮气、氢气、二氧化碳等气体以及树脂等各类化学药品的采购,确保满足化水系统和机组的调试生产需要。浙能兰电还与兰溪嘉丰环保材料有限公司开展了石灰石采购、脱硫石膏处理合同谈判。

（四）相关外部协议

2005 年 10 月 25 日，浙能兰电与浙江省电力公司签订《并网原则协议》。2005 年 12 月 1 日，浙能兰电与华东电网有限公司签订《并网调度协议》。2006 年 2 月 20 日，浙能兰电与浙江省电力公司签订《购售电合同》。2006 年 3 月 8 日，浙能兰电与浙江省电力公司签订《并网调度协议》。

2005 年 4 月 7 日，浙能兰电与杭州铁路分局杭州工务段签订《浙江浙能兰溪发电厂铁路专用线（涵）委托维修合同》。2005 年 4 月 12 日，浙能兰电与杭州铁路分局杭州电务段签订《（千金线功塘站浙能兰溪发电厂大件运输线插入道岔、信号机及轨道电路等信号设备）代维协议》。2005 年 11 月 25 日，浙能兰电铁路专用线通过上海铁路局验收。2005 年 12 月 1 日，浙能兰电与上海铁路局杭州北车辆段签订《车辆技术交接协议》。2006 年 3 月 1 日，浙能兰电与兰溪铁路装卸服务公司功塘经营部签订《铁路专用线取送车服务协议》。

第二节　设备与设施

一、锅炉

2003 年 8 月 15 日，浙能兰电筹建处在杭州与北京巴布科克·威尔科克斯有限公司签署项目设备采购合同，确定一期、二期项目 4 台锅炉型号均为 B&WB-1903/25.4-M，按美国 B&W 公司 SWUP 系列锅炉技术标准设计制造，为超临界变压运行、单炉膛、一次再热、平衡通风、露天布置、固态排渣、全钢构架加轻型金属屋盖、全悬吊结构 II 型直流锅炉，配有带循环泵的内置式启动系统，设计煤种和校核煤种分别为淮南烟煤和烟混煤，点火、助燃用油为 0 号轻柴油。炉膛深 15.57 米、宽 21.94 米、总高 60.35 米。锅炉采用中速磨冷一次风机正压直吹式制粉系统，前后墙对冲燃烧方式，配置北京巴布科克·威尔科克斯有限公司 DRB-4Z 超低 NO_x 双调风旋流燃烧器及 NO_x（OFA）喷口。

2014 年 6 月—2017 年 5 月，4 台锅炉先后完成低氮燃烧改造。原有除等离子点火燃烧器外的 30 只 DRB-4Z 燃烧器更换为 AireJet™ 超低 NO_x 双调风旋流燃烧器，更换原有的 16 只 OFA 喷口，并优化布置位置，将锅炉 SCR 入口 NO_x 质量浓度降低至 240 毫克/标准立方米以下。

2014 年 3 月—2015 年 8 月,3 号、4 号机组增效扩容技术改造完成锅炉增容改造工作。2015 年 9 月—2016 年 6 月,1 号、2 号机组增效扩容技术改造完成锅炉增容改造工作。改造后设计煤种改为优混煤和蒙煤,锅炉 BMCR 蒸发量由原来的 1903 吨/时增加到 2056 吨/时,再热蒸汽流量由 1551.3 吨/时增加至 1717 吨/时。过热器出口 2 只动力控制泄压阀进行更换,以满足锅炉排放量增加的需要,再热器安全阀通过更换弹簧提高整定压力,将再热器安全阀总排放量提高。浙能兰电锅炉主要设计参数见表 2-1。

表 2-1　浙能兰电锅炉主要设计参数(增效扩容改造后)

项目	参数
锅炉型号	B&WB-1903/25.40-M
最大连续蒸发量/(吨/时)	2056
再热蒸汽流量/(吨/时)	1717
过热蒸汽出口压力/兆帕	25.4
过热蒸汽出口温度/摄氏度	571
再热蒸汽进/出口压力/兆帕	4.813/4.641
再热蒸汽进/出口温度/摄氏度	319/569
给水温度/摄氏度	284.5
排烟温度/摄氏度	131.6
炉膛容积热负荷/(千瓦/立方米)	83.1
炉膛断面热负荷/(千瓦/平方米)	4288
再热器减温水设计温度/摄氏度	188
过热器三级减温器喷水量/(吨/时)	41
过热器二级减温器喷水量/(吨/时)	41
过热器一级减温器喷水量/(吨/时)	41
过热器喷水温度/摄氏度	284.5
制造厂家	北京巴布科克·威尔科克斯有限公司

2004 年,浙能兰电同步设计建设辅助锅炉,为长沙锅炉厂生产的燃油平衡通风汽包炉,型号为 SHS350-1.27/350-Y,用 0 号轻柴油为燃料,于 2005 年 12 月投入运行。

2004 年,浙能兰电同步设计建设燃油泵房,燃油泵房设有 2 台容积 2000 立方米的燃油罐,并配备 3 台多级单吸离心式燃油泵,于 2005 年建成投入使用。

二、汽轮机

浙能兰电 4 台汽轮机型号均为 N600-24.2/566/566,为超临界、一次中间再热、冲动式、单轴三缸、四排汽凝汽式汽轮机,机组铭牌功率为 60 万千瓦,通流部分由 1 个高中压合缸和 2 个低压缸组成,有 8 级抽汽。高中压转子、低压转子、发电机转子各转子经刚性联轴器连接。配备低速盘车装置、主机润滑油、发电机密封油、顶轴油、小机润滑油以及高、低压两级串联的旁路系统。给水系统配备 2 台 50% 容量的汽动给水泵、1 台 35% 容量的电动给水泵。凝结水系统配备 2 台 100% 容量的电动凝结水泵。循环水系统配备 2 台立式循环水泵、1 座冷却水塔。

2014 年 3 月—2015 年 8 月,3 号、4 号机组增效扩容技术改造完成汽轮机通流改造工作。2015 年 9 月—2016 年 6 月,1 号、2 号机组增效扩容技术改造完成汽轮机通流改造工作。改造采用阿尔斯通公司的高中压内缸和转子,级数从 42 级增加至 48 级,使用全新的高强度、阻尼大的自带围带冲动式调节级,配汽方式由全周进汽改为部分进汽,最大限度地提高部分负荷效率。改造后汽轮机变更为东方汽轮机厂 & 阿尔斯通公司生产的超临界、一次中间再热、冲动式(低压级反动式)、单轴三缸、四排汽凝汽式汽轮机,型号为 N660-24.2/566/566,机组铭牌功率为 66 万千瓦。改造后在 60 万千瓦负荷下供电煤耗下降 6.7~8.48 克/千瓦时。浙能兰电汽轮机主要技术参数见表 2-2。

表 2-2　浙能兰电汽轮机主要技术参数(增效扩容改造后)

项目	机组	
	1 号、2 号、4 号	3 号
型号	N660-24.2/566/566	
型式	超临界、一次中间再热、冲动式(低压级反动式)、单轴三缸、四排汽凝汽式汽轮机	
制造厂	东方汽轮机厂 & 阿尔斯通公司	
额定功率/兆瓦	660	
额定转速/(转/分钟)	3000	
转向	从机头向发电机看为逆时针方向	
主蒸汽压力/温度(主汽阀前)	24.2 兆帕(绝对压力)/566 摄氏度	
再热蒸汽压力/温度(中联阀前)	4.2 兆帕(绝对压力)/566 摄氏度	4.31 兆帕(绝对压力)/566 摄氏度

项目	机组	
	1 号、2 号、4 号	3 号
主蒸汽流量/(吨/时)	1882.2	1892.5
最大蒸汽流量/(吨/时)	2055.7	1997.3
额定排汽背压/(千帕)(绝对压力)	5.5	
额定给水温度/摄氏度	279.9	281.4
末级动叶高度/毫米	939.8	
设计冷却水温/摄氏度	23	

三、电气

(一)发电机

浙能兰电 4 台发电机均为东方电机有限公司引进日本日立(HITACHI)公司技术制造的发电机,型号为 QFSN-600-2-22C,为汽轮机直接拖动的隐极式、二极、三相同步发电机,采用水氢氢冷却方式,即定子线圈(包括定子引线)直接水冷,定子出线氢内冷,转子线圈直接氢冷(气隙取气方式),定子铁芯氢冷。发电机采用密闭循环通风冷却,机座内部的氢气由安装于转子两端的轴流式风扇驱动。集电环和电刷空气冷却,两个集电环间设有离心式风扇。发电机励磁方式采用机端自并励静态可控硅整流励磁。电刷采用盒式刷握结构,采用天然石墨材料黏结制成,每个电刷带有两根柔性的铜引线即刷辫。

2014 年 3 月—2015 年 8 月,3 号、4 号机组增效扩容技术改造完成发电机改造工作。2015 年 9 月—2016 年 6 月,1 号、2 号机组增效扩容技术改造完成发电机改造工作。改造采用东方电机有限公司 66 万千瓦的定子技术,更换全台分定子槽楔、高换热性能氢冷器。浙能兰电发电机技术参数见表 2-3。

表 2-3　浙能兰电发电机技术参数(增效扩容改造后)

项目	参数
发电机型号	QFSN-660-2-22C
生产厂家	东方电机有限公司
额定容量/兆伏安	733
额定有功出力/兆瓦	660

续表

项目	参数
最大连续出力/兆瓦	692.80(770)
额定电压/千伏	22
额定电流/安	19245
额定功率因数	0.90(滞后)
额定励磁电流/安	4698(计算值)
额定励磁电压(100 摄氏度)/伏	428(计算值)
额定频率/赫兹	50
额定转速/(转/分)	3000
相数	3
定子绕组接线方式	YY
出线端子数目	6
冷却方式	水氢氢
环境温度/摄氏度	5～40
额定氢压/兆帕	0.45
最高氢压/兆帕	0.50
短路比(保证值)	≥0.50
超瞬变电抗 Xd''(保证值)	≥0.15
效率(保证值)	≥98.8%
轴承座振动(P-P)/毫米	≤0.025
轴振(P-P)/毫米	≤0.076
漏氢(保证值)/(立方米/天)	≤12
励磁方式	机端自并励静态可控硅整流励磁
强励顶值倍数	≥2
强励电压响应比/(倍/秒)	≥2
允许强励时间/秒	10
发电机噪声/分贝	距机座 1 米、高度 1.2 米处≤85

（二）主变压器

浙能兰电 4 台主变压器均为常州东芝变压器有限公司制造的型号为 DFP-264000/500 的变压器,为户外、双绕组、油浸单相强迫油导向循环风冷无载调压变压器,组合后的三相变压器组连接组别标号为(YN,d11),高压侧中性点直接接地。发电机经发电机出口开关与主变连接后形成发变组单元接入500千伏GIS。

2014年3月—2015年8月,3号、4号机组增效扩容技术改造完成主变压器改造工作。2015年9月—2016年6月,1号、2号机组增效扩容技术改造完成主变压器改造工作。改造后主变压器额定容量为264兆伏安。

2016年7月,4号主变压器由500千伏系统改接至220千伏系统,拆除原500千伏的主变压器,新安装常州东芝变压器有限公司制造的型号的DFP-250000/220的220千伏主变压器。浙能兰电主变压器技术参数见表2-4、表2-5。

表2-4 浙能兰电主变压器(单相)技术参数(增效扩容改造后)

项目		机组	
		1号、2号、3号	4号
制造厂		常州东芝变压器有限公司	常州东芝变压器有限公司
型号		DFP-264000/500	DFP-250000/220
额定容量/兆伏安		264/264	250/250
额定电流/安		863/12000	1789/11363
额定频率/赫兹		50	50
连接组标号		I,I_0	I,I_0
相数		单相	单相
冷却方式		强迫油导向循环风冷(ODAF)	强迫油导向循环风冷(ODAF)
阻抗电压/%		22(±7.5)	20(1±5)
空载电流/%		≤0.2	≤0.2
空载损耗/千瓦		≤80	≤68
负载损耗/千瓦		≤696	≤655
顶层油温升/开尔文		50	55
绕组温升/开尔文		60	65
使用条件		户外型	户外型
噪声水平/分贝		75	75
调压方式		无载调压	无载调压
冷却装置	冷却器	4组(3用1备)	4组(3用1备)
	潜油泵	每组1台	每组1台
	风扇	每组2台	每组2台
变压器重量	总重/千克	190000	185000
	油重/千克	37000	45000

表 2-5　浙能兰电主变压器(三相)技术参数(增效扩容改造后)

项目	机组	
	1号、2号、3号	4号
制造厂	常州东芝变压器有限公司	常州东芝变压器有限公司
额定容量/兆伏安	792	750
额定电压/千伏	530±2×2.5%/22	242±2×2.5%/22
额定电流/安	863/20785	1789/19681
相数	3	3
周波/赫兹	50	50
连接组标号	YN,d11	YN,d11

2015年12月—2016年5月,为解决宾金直流输电工程自2014年7月投产后的直流偏磁问题,在1～4号主变器中性点各装设一套隔直装置。

(三)高备变

浙能兰电01号高备变为重庆ABB变压器有限公司生产的型号为SZ-40 MVA/500 kV的变压器,电源从500千伏系统Ⅱ母线引接,使用1个500千伏开关间隔和1回500千伏架空导线,变压器低压侧采用离相封闭母线。2016年4月,为解决宾金直流输电工程自2014年7月投产后的直流偏磁问题,在01号高备变中性点装设一套隔直装置。浙能兰电高备变技术参数见表2-6。

表 2-6　浙能兰电高备变技术参数

项目	技术参数
设备编号	01号
制造厂	重庆ABB变压器有限公司
型号	SZ-40 MVA/500 kV
冷却方式	油浸自冷(ONAN)
额定容量/兆伏安	40000/40000/(13000)
额定电压/千伏	515±8×1.25%/6.3/(3.15)
额定电流/安	44.8/3666
相数	3
周波/赫兹	50
接线组别	YNyn0(d)

续表

项目		技术参数
使用条件		户外
阻抗电压/%		16.61
空载电流/%		0.416
负载损耗 P_K/%		178.2（75 摄氏度时）
空载损耗 P_0/%		29.3
绕组温升/开尔文		60
顶层油温升/开尔文		50
调压方式		有载调压
有载分接开关	制造厂	ABB Components（瑞典）
	型号	UCLRN-380/600
	额定电流/安	600
	分接级数	17
	短路耐受性能/千安	9
	可最高连续运行电压/千伏	140（对地）
	雷电冲击全波实验电压/千伏	380（峰值）
	无须检修的运行时间/年	7
接地方式		高压侧中性点直接接地
		低压侧中性点经中阻接地

（四）500 千伏升压站

500 千伏升压站系统采用日本三菱的户外型 GIS 配电装置，1 个半断路器接线，高备变进线 1 回、主变压器进线 4 回接入 500 千伏 GIS 系统，2 回出线接入 500 千伏双龙变，分别为双兰 5427 线、龙兰 5428 线。2010 年 2 月，新增 2 回出线接入 500 千伏芝堰变，分别为兰芝 5803 线、兰堰 5804 线。2016 年 7 月，4 号机组改接至 220 千伏 GIS 系统，主变压器进线改为 3 回。

（五）220 千伏升压站

2016 年 7 月，增设 220 千伏升压站，包括 220 千伏 GIS 设备，新建 3 层混凝土结构网控楼 1 座、150 米长电缆隧道 1 座。

220 千伏 GIS 系统采用上海西电高压开关有限公司成套户外型 GIS 配电装置，双母线接线，4 回出线，其中 2 回接入 220 千伏云山变，2 回接入 220 千伏灵洞变,分别为兰云 2U69 线、兰山 2U70 线和兰灵 2U71 线、兰洞 2U72 线,主变压器进线 1 回。

（六）厂用电系统

2006 年投产时每台机组配置 2 台高压厂变,分别供 2 段 6 千伏工作段母线,即 6 千伏 1A/1B 段～6 千伏 4A/4B 段,全厂设 6 千伏输煤 1、2 段,6 千伏补给水 1、2 段,共 4 段 6 千伏公用母线。各 380 伏母线由 6 千伏母线经低压厂变降压后供电。全厂共配置有 13 套直流电源系统,每台机组配置 3 套交流不停电电源系统(UPS)和 3 套保安电源系统。2016 年 7 月,因新建 220 千伏升压站,增加一套 110 伏直流系统和一套 UPS。2021 年 8 月,因新建集中供压缩空气项目需要,新增 6 千伏集中供气 1、2 段母线。

（七）继电保护系统

2006 年投产时发电机保护为通用电气电力技术有限公司(简称"GE 公司")的 D60 型,主变高压厂变为 GE 公司的 T35 型保护装置,GIS 开关保护为阿尔斯通公司的 P142 和 P442 系列,线路保护为阿尔斯通公司的 P122 和 P546 系列,母差保护为 Asea Brown Boveri Ltd(简称"ABB 公司")的 REB103 系统。

2011—2013 年,发变组保护改造为北京四方继保工程技术有限公司(简称"北京四方公司")的 CSC-300F 型微机保护装置,厂用电保护采用上海爱光电气有限公司(简称"上海爱光公司")的 MMP 系列、江苏东大金智慧信息系统有限公司(简称"东大金智公司")的 WDZ 系列和国电南京自动化股份有限公司(简称"国电南自公司")的 PS 系列保护装置。

2014 年,双兰 5427 线、龙兰 5428 线保护改造为南京南瑞继保电气有限公司(简称"南瑞继保公司")的 PCS-931GM 和国电南自公司的 PSL 603U 微机线路保护装置,兰芝 5803 线和兰堰 5804 线配置北京四方公司的 CSC-103A-G 和南瑞继保公司的 PCS-931A-G 微机保护装置。500 千伏开关保护改造为国电南自公司的 PSL-632U 微机保护装置,短引线双套配置国电南自公司的 PSL-608U 微机保护装置。

2016 年,新建 220 千伏 GIS 系统,母线配置北京四方公司的 CSC-150 和长园深瑞继保公司的 BP-2CA-G 微机保护装置,兰云 2U69 线、兰山 2U70 线配置北京四方公司的 CSC-101B 和南瑞继保公司的 PCS-931A-G 微机线路保护装置,兰灵 2U71 线、兰洞 2U72 线配置北京四方公司的 CSC-103A 和国电南自公司的 PSL 603U 微机线路保护装置,母联开关配置北京四方公司的 CSC-122 数字式母联保护装置。

2020 年,500 千伏母线保护改造为南瑞继保公司的 PCS-915C 和北京四方公司的 CSC-150C 微机保护装置。

（八）光伏发电设备

2018 年 5 月，公司光伏项目并网发电。该项目主要利用厂区内铁路东北侧空闲土地（约 3 公顷）、灰库和周边空地（约 3.33 公顷），安装 285 瓦单晶硅电池组进行发电，总面积达 63334 平方米，总装机容量为 0.3737 万千瓦。厂内铁路东北侧闲置土地总装机容量为 0.1756 万千瓦，选用 2 台升压变（1 台 1000 千伏安、1 台 800 千伏安）升压至 10 千伏，以 1 回 10 千伏线路并入电网发电。灰库及周边空地总装机容量为 0.1981 万千瓦，采用 2 台 1000 千伏安升压变升压至 10 千伏，以 1 回 10 千伏线路并入电网发电。

四、仪控

（一）DCS 系统

2006 年，浙能兰电 4 台机组 DCS 系统均采用北京 ABB 贝利工程有限公司的 Symphony 系统。小机控制纳入 DCS 系统，旁路系统为美国控制组件公司（简称"CCI 公司"）提供的 PLC 系统。

控制系统投产年限较久，导致硬件故障率上升，浙能兰电于 2020 年 3 月—2023 年 6 月，陆续对 4 台机组 DCS 进行改造，改造后 DCS 系统均采用浙江中控技术股份有限公司研发的 ECS-700 系统。此次改造工程，对 DCS、旁路、等离子、捞渣机、飞灰输送、电除尘、渣水、石子煤、脱硫 DCS 控制系统同步进行改造。同时将旁路、等离子、捞渣机、飞灰输送、电除尘、渣水、石子煤系统纳入 DCS 系统。2022 年 3—7 月，对化控辅控系统进行改造，将化学设备纳入 DCS 系统。DCS 系统设有操作员站、工程师站和过程控制单元，包括炉膛安全监控系统（FSSS）、模拟量控制系统（MCS）、顺序控制系统（SCS）、数据采集系统（DAS）等。

（二）数字式电液控制系统（简称"DEH 控制系统"）

2006 年，浙能兰电 4 台机组 DEH 控制系统为日本日立（HITACHI）公司的 H5000M 系统，2020 年 3 月至 2023 年 6 月，随 DCS 系统同步改造为上海新华控制技术集团科技有限公司生产的 XDC-800 系统。自动控制系统（ATC）、基本控制系统（BTC）和跳闸保护系统（ETS）三个部分，与 EH 组成的电液控制系统通过控制汽轮机的 2 只主汽门、4 只高压调门以及 2 只中联阀的开关，实现对汽轮发电机组的转速、负荷的实时控制和汽机的保护跳闸控制，具有阀门活动试验功能。

（三）汽轮机安全监视及保护系统（简称"TSI 系统"）

2006 年,浙能兰电 4 台机组的主机监测系统采用本特利 3500 系列产品。本系统对汽轮发电机组进行转速监测、轴瓦 X 和 Y 两个方向相对振动监测以及盖振监测、汽轮机胀差监测、偏心监测、轴向位移监测。其中盖振探头为速度探头,缸胀探头为双线圈差动互感器,其他探头全为电涡流探头。

五、输煤

浙能兰电输煤系统主要由翻车机、振动给料机、皮带机、斗轮机、滚轴筛、碎煤机、犁煤器、除铁器、除尘器、程控设备等设备组成。锅炉用煤由火车经铁路运输抵达后,采用翻车机将火车上的煤卸到煤斗,煤斗里的煤由振动给料机传送到皮带机,经皮带机输送至斗轮机,由斗轮机将煤堆到煤场或分流至煤仓,也可由斗轮机取煤经皮带机输送至煤仓。输煤系统设有 11 个转运站、26 条输煤皮带,皮带单程全长 1.94 千米。卸煤系统皮带机额定出力为 2500 吨/时,上仓系统皮带机额定出力为 1600 吨/时。设有入厂煤和入炉煤的二级计量和取样装置。

（一）铁路专用线

铁路专用线在铁路功塘站接轨,运煤列车从矿区或港口始发通过国家铁路干线转金千线直达电厂铁路专用线。铁路功塘站距翻车机房约 1.9 千米。铁路专用线布置有 7 条轨道,其中电 1、电 2 为进厂线,电 4、电 5 为重车线,电 3、电 6 为空车线,电 7 为临修线。

（二）卸煤设备

根据设计煤种时年耗煤量的要求,并列布置 2 台折返式双车翻车机卸车系统,重车从铁路功塘站顶送进厂,空车牵引出厂。厂内专用线按二重二空布置,铁路卸煤线设在平直线上,装卸线有效长度为 850 米,能满足列车整列到达卸车及集结整列空车要求。翻车机卸煤装置主要由翻车机、重调机、迁车台、空调机、振动煤箅子、喷雾抑尘系统、液压夹轮器及程控系统等组成。单套翻车机卸煤装置设计翻卸效率为 15～18 循环/小时,相应系统设计出力为 1800～2160 吨/时。

（三）储煤场

浙能兰电共建有 3 个储煤堆场,每个堆场长 370 米、宽 55 米。煤场设计储量为 4 台锅炉设计煤种时 24 天的燃煤量,约 42.8 万吨,煤场根据斗轮机编号为 1A、1B、2A、2B、3A、3B 煤场。

煤场作业机械为 3 台斗轮机,编号为 1 号斗轮机、2 号斗轮机、3 号斗轮机。配备 3 台推煤机和 2 台装载机辅助作业。

2005 年 12 月 20 日,浙能兰电煤场正式进煤。

2007 年 6 月 1 日,煤场挡风墙正式建成投用。挡风墙长 700 米、高 14 米,投资约 450 万元。浙能兰电是浙江省首家采用煤场挡风墙的电力企业。

2016 年 12 月 27 日,干煤棚安装工程竣工验收,在 2 号煤场中部设置长 124 米、宽 103 米、高 40 米的干煤棚,能储存 3～5 天用煤量,有效解决了浙能兰电来煤运输距离长,在雨水季节因来煤较湿造成的给煤机堵煤、排烟的热损失增加的问题。

2020 年 12 月,煤场封闭改造 2 号钢结构煤棚改造完成,在原有干煤棚北端扩建一座长 59.5 米、宽 95.9 米的干煤棚,南端扩建一座长 167.5 米、宽 95.9 米的干煤棚,总体高度不变。扩建后 2 号煤场封闭煤棚总长度为 351 米,挡煤墙高度为 2.6 米。

2021 年 10 月,煤场封闭改造 1 号、3 号膜结构煤棚改造完成,1 号、3 号煤场进行气承膜结构封闭改造。1 号煤场长 340 米、宽 112.5 米,3 号煤场长 340 米、宽 113.9 米,气膜封闭煤场四周设 3 米高的混凝土墙体,总长约 1780 米。

六、环保

浙能兰电烟气系统主要环保设施有 SCR 脱硝系统、管式 GGH 烟气冷却器、干式电除尘、脱硫吸收塔系统、湿式电除尘、烟道除雾器、管式 GGH 烟气加热器等。

2004 年 10 月 10 日,浙能兰电烟气脱硫工程总承包合同在杭州签订,由浙江天地环保工程有限公司承担脱硫工程的设计、设备采购、施工安装和调试、启动等工作。脱硫装置采用石灰石-石膏湿法脱硫技术,其中吸收塔采用带托盘的逆向喷淋塔,设计有 3 台循环泵及 3 层标准型喷淋层、1 层托盘。脱硫副产品石膏浆液由吸收塔石膏浆液排出泵排出,经石膏旋流站、真空脱水皮带机脱水后得到含水量小于 10% 的石膏,最后堆积在石膏仓内,由卡车装车外运。

浙能兰电每台锅炉配置 2 台并列的电除尘器,每台电除尘器分 2 个小室,由 4 个电场串联组成。每台锅炉配置 2 台电除尘器,共布置 32 个灰斗。省煤器布置 4

个灰斗,灰斗内的灰经飞灰输送系统送入灰库。灰库采用粗细灰分贮,每2台锅炉安装2套飞灰分选系统,布置3座灰库,分别为原灰库、粗灰库和细灰库,每座灰库的有效容积约2600立方米。

2011年5月,烟气脱硝改造工程新建氨区,新增2台液氨储罐(每台容量为150立方米)、2套液氨蒸发器、卸氨压缩机及附属设备。2011年5月—2014年6月,先后完成4台机组烟气脱硝改造。脱硝系统采用选择性催化还原脱硝技术(SCR),每台锅炉布置2台SCR脱硝反应器,来自氨区的氨气与稀释空气混合后经喷氨格栅喷入脱硝进口烟道。脱硝反应器本体内装有两层蜂窝状催化剂,在催化剂的作用下将烟气中的部分NO_x催化还原为N_2和H_2O,达到脱硝的目的。

2012年11月—2014年5月,浙能兰电先后完成4台机组脱硫旁路烟道拆除工作,实现无烟气旁路运行。

2014年9月—2016年12月,浙能兰电先后完成4台机组超低排放综合改造,采用高效协同脱除技术,对原有脱硝、脱硫、除尘系统进行提效。改造工作包括脱硝反应器增加1层蜂窝状催化剂、GGH改为管式GGH、电除尘系统改为低低温电除尘、电除尘电场采用高频电源供电、增设湿式静电除尘器系统、脱硫系统增加2台吸收塔循环泵和1个塔外浆液箱等,改造后NO_x排放标准由100毫克/标准立方米降至50毫克/标准立方米,SO_2排放标准由200毫克/标准立方米降至35毫克/标准立方米,烟尘排放标准由20毫克/标准立方米降至5毫克/标准立方米。

2021年4月—2022年6月,浙能兰电完成脱硝尿素水解制氨改造,脱硝还原剂由液氨改为尿素水解制氨供给。2022年9月30日,浙能兰电氨区全部拆除。

七、化学

浙能兰电化水系统主要包括原水预处理系统、锅炉补给水系统、凝结水精处理系统、废水处理系统。

2005年10月,浙能兰电原水预处理系统建成投入运行。水源取自金华江,补给水泵房布置在金华江费垄口,设有2大2小共4台补给水泵。系统年平均补给水量约为5484立方米/时,夏季正常最大补给水量约为6333立方米/时,冬季补给水量约为 4850 立方米/时。原水预处理系统是将补给水系统运来的原水送至 4 座机械搅拌澄清池进行混凝、澄清处理,出水一路至冷却塔补充水,另一路至工业水池和回用水池。

2015 年 9 月,浙能兰电完成排泥水改造项目,对机械搅拌澄清池所排泥水进行收集利用,新增 3 座污泥浓缩池、3 台离心脱水机,改造污泥平衡池等设备设施,每年可减少外排废水 100 万吨以上。

锅炉补给水系统由超滤、反渗透系统和离子交换处理系统两大部分组成,超滤、反渗透系统由 5 套三层滤料过滤器、3 套超滤装置、3 套反渗透装置及其附属设备组成,离子交换处理系统由 2 套阴、阳离子交换处理器和 2 套混合离子交换器及其附属设备组成,并设有 2 个容积为 3600 立方米的除盐水箱。

2017 年 6 月—2019 年 12 月,浙能兰电实施化学制水系统扩容改造,新增 4 台 V 型滤池、1 套超滤、1 套反渗透装置等设备,将制水能力由原来的 200 立方米/时提高到 300 立方米/时。

凝结水精处理系统随机组同步建设和投产,采用中压凝结水处理,每台机组设置 2 台 50% 管式前置过滤器和 3 台 50% 球形高速混床。混床树脂失效后采用三塔法体外再生系统,2 台机组共用一套再生装置。

废水处理系统根据水质不同选用不同的工艺方法进行处理。2005 年 12 月,工业废水、脱硫废水、生活污水等废水处理系统建设完成。2015 年 1 月,开工新建含油废水处理系统,主要包括气浮池、油过滤器等处理设备,以实现含油废水的除油,项目于 2015 年 12 月完工。2015 年 9 月,生活污水改造项目开工建设,对原有生活污水处理系统进行改造,新增曝气生物滤池、石英砂过滤器等处理设备,以实现生活污水的处理和回用,于 2015 年 12 月完工。

2019 年 4 月,实施雨水回用系统改造,2020 年 6 月完工。改造后对外排雨水进行收集回收利用,新增雨水回用处理系统,采用无阀滤池和气浮池的工艺实现雨水混凝、澄清处理,处理能力为 200 立方米/时。

八、通信和电力系统自动化

浙能兰电通信和电力系统自动化设备主要包括 500 千伏保护装置、AVC、AK、ERTU、SDH、使用终端等,与调度中心之间使用光纤通信。浙能兰电自动化通信示意图如图 2-1 所示。

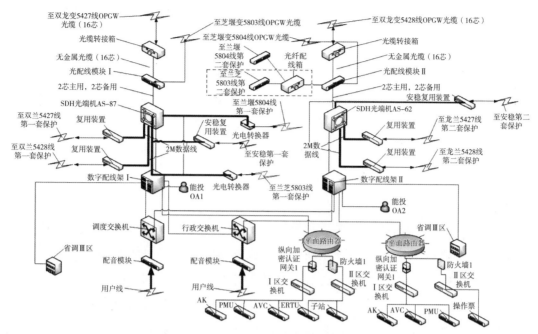

图 2-1 浙能兰电自动化通信示意图

华东网调数据网配置一平面路由器、Ⅰ区纵向加密装置、Ⅰ区交换机、Ⅱ区纵向加密装置、Ⅱ区交换机。浙江省调数据网配置二平面路由器、Ⅰ区纵向加密装置、Ⅰ区交换机、Ⅱ区纵向加密装置、Ⅱ区交换机。

调度远动屏向华东网调、浙江省调、国家电网金华市电力调控中心传输电能量、保护信息子站、烟气子站、PMU同步相量采集的信息，以及光伏系统数据、发电能力申报系统信息的接收和上报。

500千伏系统NCS监控系统站控层装置为14台安德里茨BC1703，通信为双网络冗余，配置2台服务器、3个操作员站，并接入远动系统，传输相应的远动信息。2016年7月，因新建220千伏系统，新增220千伏NCS监控系统，8台站控层装置为安德里茨BC1703。

PMU同步相量采集装置为北京四方CSD-361，采集涉网设备的电压、电流、功率、功率因数、机组转速（键相传感器）等信息，并上送至调度Ⅰ区。

2005年建有电力同步时钟系统，使用科汇对时系统，2013年改为采用上海岭通PE20A与PN20A装置，有北斗和GPS时钟源，主屏在500千伏网控继电器室，1号至4号汽机电子室、输煤电子室、脱硫电子室各有1面分屏，其与各设备通过网络对时或IRIG-B对时，实现重要设备时间统一。

通信机房配置4面传输SDH屏，分别为华为OptiXtrans E6616华为OSN3500、依赛XDM1000、阿尔卡特1660SM光端机。通过其2M通信口与华东网调、浙江省调、国家电网金华市电力调控中心路由器、保护光纤复用接口屏、稳控装置复用接口屏相连，出口尾纤连至光纤配线柜，实现调度信息的接收与上送。

调度电话系统，采用广哈通信 IXP-CCS-256 数字程控交换系统。为厂内生产厂房共配置 64 部电话。集控值长台与华东网调、浙江省调、国家电网金华市电力调控中心的内网电话通信，通过语音网关与 SDH 光端机业务链接实现。

九、消防设施

2004 年 12 月，浙能兰电工程消防司令图通过浙江省消防总队、浙能集团、金华市消防支队等单位领导、专家的审查，形成公司消防工程总体规划。

浙能兰电消防系统分为消防给水系统和消防设施两大部分。消防给水系统主要由 2 座 600 立方米的消防水池、2 台消防水稳压泵、1 台电动消防水泵和 1 台柴油消防水泵、输配水管网、喷水灭火系统以及室内外消火栓等组成，合计室外消火栓 111 只、室内消火栓 1038 只，室内消火栓配备水带和水枪。消防设施包括输煤系统消防设施、燃烧系统消防设施、油系统消防设施、油库泡沫消防设施、电气设备消防设施、气体灭火设施和全厂火灾探测报警控制系统，合计雨淋阀自动喷淋（雾）装置 133 套、泡沫发生器 2 套、泡沫消火栓 5 只、烟烙尽（IG541）气体灭火设备瓶组 188 组、七氟丙烷系统 2 套。此外，生产区域及各构建筑物内配置完善的移动式灭火器材，合计灭火器 3257 只、消防砂箱 23 只。

2006 年 1 月—2017 年 1 月，浙能兰电 1～4 号机组消防工程相继通过浙能集团组织的消防预验收、浙江省消防总队和金华市消防支队组织的整体验收。

2016 年 10 月，浙能兰电消防站投入使用，配套建设消防控制中心，由浙江省建筑消防设施检测中心对消防站进行建筑消防设施检测技术测试，由浙江盈华电气消防检测有限公司对消防站进行建筑电气消防安全检测。

2006 年，浙能兰电厂前区值班楼、厂前区食堂楼、厂前区办公楼等相继投用，按照消防设计扩展消防给水管路，增设消火栓和灭火器等设备设施，行政楼档案室配置 1 套七氟丙烷气体灭火系统。由浙江省建筑消防设施检测中心分别于 2016 年 10 月、2007 年 4 月对厂前区值班楼、厂前区食堂楼、厂前区办公楼进行建筑消防设施检测，结果合格。

2012—2014 年，浙能兰电建设脱硝工程，按照消防设计扩展消防给水管路，增设消火栓和灭火器等设备设施，氨区设置消防水炮 4 台。2014 年 6 月，由浙江华正检测有限公司对烟气脱硝消防工程进行建筑消防设施检测,结果合格,2022年10月,氨区拆除后停用。

2017—2018年,浙能兰电新建综合楼,按照消防设计扩展消防给水管路,增设消火栓和灭火器等设备设施。2018年4月,由浙江三和检测有限公司对综合楼进行建筑消防设施检测,结果合格。

2019—2021年,浙能兰电封闭煤场改造,按照消防设计扩展消防给水管路,增设2台增压水泵,增设消火栓和灭火器等设备设施,同时配置消防水炮自动灭火系统,3个煤场共设置消防水炮92台,采用红外自动跟踪定位射流灭火消防系统,能够准确发现并处置火情。

2021年8月,浙能兰电行政楼信息系统机房、档案室升级改造,各配置1套七氟丙烷气体灭火系统。

2021年11月—2022年12月,浙能兰电进行全厂火灾探测报警控制系统改造,使用中国海湾GST5000H系列火灾报警系统。

十、电力监控系统及厂级监控系统(简称"SIS系统")

2005年2月,国家发布《电力二次系统安全防护规定》。浙能兰电根据电力监控系统安全防护相关要求对公司内部网络进行分区,并启动SIS系统建设工作。

2005年6月,浙能兰电SIS系统投入使用。SIS系统采用GE公司的实时信息数据库软件 Proficy Historian3.0 Enterprise Server 100000TAG,为浙能集团各信息系统及浙能兰电运行绩效考核、高级应用分析提供数据基础,SIS系统分生产大区与管理大区两大区域,使用正向物理隔离器隔离。

2010年11月,浙能兰电对SIS系统进行改造,数据库变更为在线监测实时数据库(简称"PI")。改造后的系统以OSIsoft公司10万点的PI系统为基础,关联各生产系统接口机15台。将1号、2号、3号、4号机组DCS系统、化水、除灰、NCS系统、脱硫DCS控制系统、ERTU系统、燃料程控系统等生产数据统一集成到实时数据库平台上,构建PI流程图980幅、小指标报表173张。

2018年7月,浙能兰电再次对SIS系统及PI系统进行升级完善,并基于超融合技术对服务器进行冗余改造,流程图使用PI Vision显示,同时新增移动设备查询数据功能,使得生产数据的查询更加高效便利。

2020年3月—2023年6月，由于DCS系统的升级改造，SIS系统测点及流程图也同步更新。更新后的系统涵盖测点8万多个、流程图1600多幅。

2021年4月，浙能兰电根据上级单位要求，对SIS系统主要安全设备物理隔离进行设备更新及热备改造，链路的稳定性大幅提升。

2022年3月，浙能兰电将供热相关数据纳入SIS系统。

第三节　经济技术指标

浙能兰电1～4号机组分别于2006年4月19日、2006年8月23日、2006年12月28日、2007年5月22日正式投产，到2023年底共完成发电量2227.39亿千瓦时。

自全厂4台机组投产以来，浙能兰电致力于降低机组的能耗，通过落实完善设备管理、技术管理和运行管理，提高检修质量、开展小指标竞赛等一系列措施，降低发电生产能耗，取得明显效果。

从2012年开始，浙能兰电开展机组的供热改造，实现在不降低发电能力前提下同步对外供热，按好处归电的统计原则，有效降低发电能耗。

从2014年开始，浙能兰电投资开展机组的增效扩容改造，历时3年完成全部4台机组的改造工作。1～4号机组分别于2016年6月、2016年11月、2014年10月、2015年10月获浙江省经济和信息化委员会批复，铭牌出力从60万千瓦调整为66万千瓦。通过改造，相同负荷下的发电能耗下降6克/千瓦时以上。2006—2023年浙能兰电发电量及发电能耗指标见表2-7。

表2-7　2006—2023年浙能兰电发电量及发电能耗指标

年份	发电量/亿千瓦时	发电负荷率/%	厂用电率/%	综合厂用电率/%	发电耗标煤量/吨	发电标煤耗/（克/千瓦时）
2006	39.29	73.14	5.87	6.16	1204336	306.55
2007	129.24	78.41	5.72	6.03	3896440	301.50
2008	148.22	77.12	5.77	5.99	4421191	298.28
2009	128.60	76.49	5.54	5.72	3844672	298.96
2010	141.73	77.91	5.18	5.34	4152165	292.95
2011	147.19	81.22	5.07	5.25	4313012	293.02

续表

年份	发电量/亿千瓦时	发电负荷率/%	厂用电率/%	综合厂用电率/%	发电耗标煤量/吨	发电标煤耗/(克/千瓦时)
2012	137.75	73.63	5.11	5.29	3985350	289.32
2013	144.64	79.11	4.69	5.05	4161809	287.73
2014	124.53	72.26	5.04	5.23	3594507	288.64
2015	110.96	67.91	5.02	5.31	3202890	288.66
2016	109.32	65.77	5.13	5.50	3136811	286.93
2017	120.21	69.37	4.97	5.22	3446404	286.69
2018	121.99	68.89	4.97	5.21	3495418	286.53
2019	107.81	60.43	5.23	5.52	3106223	288.11
2020	95.30	58.58	5.32	5.66	2683408	281.58
2021	132.60	67.33	4.97	5.35	3788228	285.69
2022	142.73	69.71	5.06	5.46	4085580	286.25
2023	145.28	73.46	5.01	5.44	4163720	286.59

第四节　运行

一、规程和制度

（一）规程

2005 年 6 月，浙能兰电发布机组运行规程，根据控制室划分情况，分为《600 MW 超临界机组集控运行规程》《600 MW 超临界机组除灰脱硫运行规程》《600 MW 超临界机组化学运行规程》《500 kV 网控运行规程》。运行规程主要规定机组或设备系统的启停操作、正常运行操作调整，介绍设备规范及特性、机组联锁保护，指明事故处理的原则、方向等，为机组及设备系统顺利启动和安全运行提供保障。2006 年，浙能兰电发布《输煤系统运行规程》。2009 年 11 月，浙能兰电发布《600 MW 超临界机组暖通系统运行规程》。浙能兰电每年开展一次规程的复审及自我评价，每 3～5 年全面修订、审定并重新发布规程。

2014 年 3 月—2016 年 6 月，浙能兰电 4 台机组通流改造期间，修订《600 MW

超临界机组集控运行规程》，并更名为《660 MW 超临界机组集控运行规程》，于 2015 年 1 月 20 日发布。《600 MW 超临界机组除灰脱硫运行规程》《600 MW 超临界机组化学运行规程》《600 MW 超临界机组暖通系统运行规程》也同步更名为《660 MW 超临界机组除灰脱硫运行规程》《660 MW 超临界机组化学运行规程》《660 MW 超临界机组暖通系统运行规程》。

2016 年 7 月，4 号机组出线由 500 千伏系统改接至 220 千伏系统，在生产准备阶段开始编写《220 kV 网控运行规程》，并于 2016 年 12 月 20 日正式发布。

2018 年 7 月 18 日，随着光伏项目成功并网发电，《光伏运行规程》正式发布。

（二）制度

2005 年，浙能兰电发布《运行岗位交接班管理》，规定生产运行岗位交接班制度管理的内容、要求和方法，发布《运行岗位巡回检查管理》，规定巡回检查工作的要求和各岗位巡回检查周期、路线与考核，发布《操作票管理》，规定操作票的管理职责、管理内容与要求、检查与考核，发布《工作票管理》，规定工作票的执行、填写内容及要求等管理要求，发布《设备定期切换与试验管理》，规定生产设备定期切换、试验以及定期检查的管理内容、要求和方法，发布《反事故演习管理规定》，规定运行反事故演习相关部门、人员的职责、管理内容和要求及安全注意事项，发布《电气防误操作管理》，规定电气防误操作管理职责、运行及维护管理的要求和方法。

2007 年 12 月 1 日，浙能兰电发布《电能生产运行管理程序》，规定电能生产运行过程的具体要求，确保电能质量符合电网要求。

2010 年 10 月 15 日，浙能兰电发布《电、水、汽停送管理规定》，明确电、水、汽停送管理方面的原则和要求。同年，浙能兰电发布《两个细则及调度运行管理》，规定两个细则及调度运行管理的组织机构、职责和管理内容、要求。

2015 年 5 月 15 日，浙能兰电发布《运行班组小指标竞赛管理办法》，规定运行小指标竞赛的管理职责、管理内容和相关奖励要求，提高机组安全经济运行管理水平。同年 12 月 10 日，浙能兰电发布《燃油管理》，规定燃油管理的职能、燃油计划与采购、接卸、化验、验收、领用、费用结算、统计等工作的管理内容与要求。

2017 年 2 月 27 日，浙能兰电发布《燃用经济适烧煤炭管理办法（试行）》，明确相关管理职能、管理内容和工作要求，以做好公司燃用经济适烧煤炭管理工作。

二、岗位设置

2005 年 6 月 28 日,浙能兰电发布《关于公司内部机构调整及王美数等同志职务聘任的通知》,设立设备部、运行部、燃料部,撤销原生产技术部,运行部岗位设置值长 6 人,单元长 11 人,操作员 45 人,网控及公共电气值班员 5 人,巡检 45 人,化学运行主值 5 人,除灰脱硫运行 21 人,化学试验 3 人,入厂入炉煤化验员 3 人。燃料部运行岗位设置班长 5 人,翻车机司机 10 人,斗轮机司机 10 人,煤控 5 人。此外,运行部设置运行专工 5 人,节能热试专工 1 人,安全培训 1 人。燃料部设置运行专工 1 人,安全培训 1 人。

2007 年 5 月 22 日,浙能兰电 4 台机组均已投入商业运行。运行中,锅炉、汽机、电气主设备及其系统实行分机组单元集中控制,网控、化学、环保、燃料等外围辅助系统实行分区域集中控制,实行五班三倒模式。集控运行设置值长 7 人,单元长 11 人,操作员 45 人,电气值班员 6 人,巡检 65 人。化学运行设置班长 1 人,主值 5 人,副值 6 人。化学试验班设置班长 1 人,技术员 1 人,试验员 7 人。除灰脱硫运行设置班长 1 人,主值 5 人,副值 11 人,巡检 10 人。燃料运行设置班长、副班长各 5 人,主值 6 人,翻车机司机、斗轮机司机各 11 人。

运行部管理组设置汽机、电气、锅炉专工各 2 人,环保、除灰脱硫专工各 1 人,安全培训专职 1 人,电力市场专职 2 人,负责各专业技术、安全等管理工作。燃料部运行管理设置运行专工 1 人,安全培训专职 1 人,负责运行技术标准制定与修改,运行规程、系统图、操作试验方案及设备异动审核与批准,运行资料整理与汇编,运行人员培训等工作。

2012 年 12 月 5 日,浙能兰电经职工代表组长联席会议讨论通过后发布《运行六班三运转实施方案》。根据方案要求,12 月 26 日,浙能兰电运行方式调整为六班三倒(试运行)模式。集控运行设置值长 6 人,副值长 2 人,单元长 12 人,主操作员 24 人,操作员 36 人,巡操员 24 人,备班操作员(电气值班员)6 人,备班巡操员 4 人。化学运行设置班长、副班长各 1 人,主值、副值各 6 人,备员 2 人。除灰脱硫运行设置班长、副班长各 1 人,主值 6 人,副值和巡检共 24 人。燃料运行设置班长、副班长各 6 人,主值 6 人,翻车机司机、斗轮机司机各 12 人。

2018 年 5 月 30 日,浙能兰电光伏项目全部并网发电,燃料运行增设光伏值班员岗位 2 人,主要负责光伏的运行维护。

2019 年 5 月 21 日,浙能兰电经四届四次职工代表大会审议通过后发布《兰电公司全面竞争上岗实施方案》。根据方案要求,2019 年 7 月 1 日,浙能兰电运行方式恢复五班三倒模式,运行人员重新分配并做适当调整。集控运行设置值长 6 人,单元长 14 人(储备 2 人),主操作员 22 人,操作员 57 人(储备 11 人),巡检员 22 人。化学、环保运行各设置班长 1 人,副班长 2 人(储备 1 人),主值 5 人,副值 11 人。化学试验班设置班长 1 人,技术员 1 人,试验员 8 人。燃料运行设置班长 1 人,副班长 2 人(储备 1 人),主值 6 人(储备 1 人),副值 16 人,装卸司机 6 人,光伏值班员 3 人。

运行部管理组设置汽机、电气、锅炉专工各 2 人,环保、除灰脱硫专工共 3 人(储备 1 人),安全文明专职 2 人,综合专职、综合事务各 1 人。燃料部运行管理设置运行专工 1 人,安全文明专职 1 人。

2020 年 6 月,取消电气值班员岗位,设置 12 岗巡检员 4 人。

截至 2023 年末,浙能兰电集控运行设置主操作员 44 人,操作员 35 人(储备 11 人),巡检员 26 人(含 12 岗巡检员,不超过 4 人)。化学、环保运行各设置副值 13 人(各储备 2 人),燃料运行设置副值 18 人(储备 2 人),其余岗位设置与定员人数未作变动。

三、运行调度

（一）负荷及电网设备的调度

2006 年,浙能兰电发电负荷由浙江省调调度,负荷指令采用浙江省调自动发电控制(简称"AGC")模式自动调度或电话调度,正常情况下采用 AGC 模式自动调度。2019 年 5 月,电力现货市场运行,机组负荷由本机组报价和市场价格决定,出清结果通过浙江省调 AGC 装置下发至机组。

2006 年,按照华东网调《华东电网调度控制运行细则》和浙江省调《浙江省电力系统调度控制管理规程》要求,浙能兰电实行分级调度管理。与电网连接的主要设备运行状态分别由华东网调和浙江省调调度或许可。其中 500 千伏Ⅰ母线、500 千伏Ⅱ母线、双兰 5427 线、龙兰 5428 线、兰芝 5803 线、兰堰 5804 线以及除 5001 开关外的其他 500 千伏开关及其附属闸刀、地刀和 500 千伏系统继电保护和自动装置均由华东网调调度。1～4 号发电机-变压器单元、01 号高备变、5001 开关、220 千伏正母线、220 千伏副母线、兰云 2U69 线、兰山 2U70 线、兰灵 2U71

线、兰洞 2U72 线、220 千伏开关均由浙江省调调度、华东网调许可。1～4 号主变及 01 号高备变中性点隔直装置由浙江省调许可。

2018 年 5 月,按照浙能兰电《设备分工分界管理》和《光伏运行规程》要求,10 千伏茆竹园 1018 线和浙能 G216 线由国家电网兰溪市调控中心调度,其他生产设备均由当值值长调度。

(二)厂内运行调度

2006 年,按照浙能兰电《设备停复役管理》和各专业运行规程要求,浙能兰电实行统一的运行生产调度指挥。当值值长根据上级生产调度指令,对公司生产系统进行指挥、监督和控制。值长一般向单元长、输煤、化学、环保的主值发布操作指令,在紧急情况下可直接向值内任一运行人员发布指令。

(三)事故处理时的调度

2006 年,按照浙能兰电《生产安全突发事件综合应急预案》要求,遇灾害、事故等紧急情况,当值值长即时成为应急指挥组组长,负责现场一切应急指挥,同时汇报华东网调、浙江省调和公司主管领导,召集运行、设备、维护或职能部门有关人员到场协助处理。处理事故时,凡对电网有重大影响的操作,均应征得华东网调、浙江省调值班员同意或遵照调度员命令执行,并将处理情况、事故原因等及时向上一级值班调度员汇报。相应的应急指挥部总指挥到达现场后自然接替为应急指挥组组长,各有关部门领导到场后成为指挥组成员,到场参与事故或灾害处理相关职工按相应预案接受各自领导的指挥。

四、运行方式

2006 年,浙能兰电生产设备和系统运行方式按照集控、化学、除灰脱硫、网控、暖通、输煤等运行规程执行。遇节假日、线路改造、检修或季节变换等系统工况发生变化时,由运行部门发布特殊运行方式及注意事项下发各控制室执行。特殊工况结束后,即恢复到正常运行方式。

2005 年 9 月,浙能兰电 500 千伏系统投入运行,500 千伏系统采用 3/2 接线方式,共有 3 个完整串加 1 个 01 号高备变 5001 开关。正常情况下,10 台开关均为运行状态,第一串带 1 号主变和双兰 5427 线,第二串带龙兰 5428 线和 2 号主变,第三串带 3 号主变和 4 号主变,01 号高备变 5001 开关接于 Ⅱ 母线。2010 年 2 月 500 千伏系统出线改造完成,500 千伏系统增加第四串,正常情况下新增 3 台开关均为运行状态,第四串带兰芝 5803 线和兰堰 5804 线。

2005 年,浙能兰电厂用电采用单元制供电方式,每台机组设 2 台高压厂变,一台高压厂变供一段 6 千伏母线,01 号高备变正常为充电运行,作为 6 千伏母线的备用电源。全厂设 6 千伏输煤 1、2 段母线,6 千伏 1A、2A 段分别作为其工作电源,6 千伏 3A、4A 段分别作为其备用电源。特殊情况下,6 千伏输煤 1、2 段母线可通过他励电源兼联络开关 1、2 联络运行。全厂设 6 千伏补给水 1、2 段母线,6 千伏输煤 1、2 段分别作为其工作电源,6 千伏补给水 1、2 段母线间经联络开关互备。

2005 年 12 月,浙能兰电煤场投入运行。输煤系统主要通过翻车机将火车上的煤卸到煤斗,煤斗里的煤由振动给料机传送到皮带机,经皮带机输送至斗轮机,由斗轮机将煤堆到煤场或分流至煤仓,也可由斗轮机取煤经皮带机输送至煤仓。

2006 年,浙能兰电补给水系统水源取自金华江费垄口河段,金华江水经补给水泵升压至机械搅拌澄清池进行混凝、澄清处理。一路至冷却塔补充水,另一路至工业水池和回用水池,供全厂工业用水和化学用水。补给水泵共 4 台,可根据机组运行台数及季节变化决定补给水泵运行方式。

2006 年,浙能兰电循环水系统采用闭式循环单元制供水方式,每台机组配 2 台循环水泵,1 号和 2 号机组、3 号和 4 号机组循环水系统联通运行。2010 年 9 月—2011 年 10 月,浙能兰电 4 台机组进行循泵电机双速改造,每台循泵可进行高、低速切换,具体运行方式根据循环水泵经济运行规定执行。厂内辅助蒸汽母管分段布置,4 台机组辅汽系统联通,正常情况下采用各机组向辅汽母管联供运行方式。

2016 年 7 月,浙能兰电 4 号机组改接至 220 千伏系统,取消 500 千伏第三串带 4 号主变相关接线,同步增设 220 千伏系统。220 千伏系统正母线、副母线经母联开关并列运行,正常运行时兰云 2U69 线、兰灵 2U71 线接在 220 千伏正母线上,4 号主变、兰山 2U70 线、兰洞 2U72 线接在 220 千伏副母线上。

五、运行分析

2006 年 2 月 22 日,浙能兰电编制实施《运行分析管理规定》,加强运行分析管理。

2006 年 4 月,浙能兰电 1 号机组投产后,为给运行人员搭建交流技术信息和操作经验的平台,提供系统设备改进、操作手法优化、运行方式调整的依据,运行部根据标准要求对设备参数及曲线记录进行全面、系统的分析,以助运行人员及时发现设备缺陷,提出事故预防对策。

2008 年 11 月,浙能兰电运行部建立部门管理平台并设置运行分析专栏,开展岗位分析、月度分析、专题分析以及事故事件分析等系列工作。浙能兰电燃料部开展生产技术分析管理,使运行分析逐步规范化。

2009 年 12 月,浙能兰电组织人员将优秀的运行分析进行汇总,编印《运行分析汇编》。2014 年 12 月,浙能兰电编印《燃料部运行检修优秀分析汇编》,其中收录优秀运行分析 95 篇。2022 年 2 月,浙能兰电编印《2018—2021 年优秀运行分析汇编》(其中收录优秀运行分析 36 篇),并将其作为培训教材发放至各班组。

六、运行优化

2007 年 4 月,浙能兰电 1 号机组首次 A 级检修选任值长、单元长等运行骨干为组长,见习单元长或主操作员为副组长,与有经验的运行人员组成隔离组,专门负责检修期间工作票安全措施的执行以及设备系统的恢复、试运等工作。此后每逢机组大小修均成立隔离组,在提升检修安全水平的同时,锻炼运行人员的管理能力。同年,浙能兰电开始使用操作票管理系统,并导入典型操作票,系统自动生成操作票统一编号,使操作票管理更加规范化、标准化。

2008 年 11 月,浙能兰电运行部结合部门生产管理、班组管理特点,自行开发运行部管理平台,设置通报栏、部门任务信息、安全文明管理、生产技术管理、班组建设、培训管理、文件制度、学习资料汇总等板块。2015 年 1 月,燃料部开发燃料先锋网站,设置公告栏、会议纪要、工作计划、安健环管理、技术管理、培训管理、班组建设、制度标准、奖惩考核等板块。两个运行部门利用网络管理平台,理顺部门行政及技术管理工作,便于运行人员实时了解部门工作动态、查阅专业资料。

2009 年 4 月 24 日,浙能兰电发布《运行管理实施办法》,规范日常运行管理及策划。同年 4 月 25 日,发布《运行部经济指标考核办法》《运行部值际竞赛细则》《节约燃油考核办法》,明确运行部竞赛规则和考核办法。2015 年,浙能兰电发布《燃料部小指标竞赛管理办法》,规定燃料部小指标竞赛管理内容和相关要求,精细调节手法，优化运行操作。

2010年9月2日，浙能兰电正式使用点检仪系统代替巡回检查抄表记录，每班需上传巡检时间、巡检数据及异常情况，各班组长、专业专工及部门领导登录系统即可查阅精细巡检内容及各岗位分工，实现运行巡检记录电子化。

2012年11月1日，浙能兰电运行绩效考核系统正式运行，该系统以PI系统为基础，对2万多个测点形成的实时及历史数据库进行筛选，生成400多张功能报表，满足运行统计、监视、预警、分析和绩效管理等全方位需求。同时利用PI系统开发燃料运行指标系统，对燃料输煤系统设备电量指标、设备投用率指标、设备超限指标、实时指标进行统计分析，辅助运行人员优化运行调节，开展值机竞赛和机组竞赛，提高设备的可靠性和机组的经济性。

2015年5月，浙能兰电实行机组启动总票操作模式，根据操作总票精准评估工作量，合理调配操作任务，缩短整体启动时间，使得机组启动操作过程流程化、规范化，同时节约机组启动过程的水、煤、电耗量。同年9月，浙能兰电将典型操作票导入ERP系统，通过ERP系统进行操作票的编写、修改、审核、回填、评估，形成闭环管理，确保操作票的正确使用和严格执行，提高运行操作的可靠性。

2018年10月，浙能兰电运行部在公司《危险源识别、评价和控制措施清单》的基础上，对操作票进行系统的风险辨识，编制风险管控清单。针对不同风险等级的操作，制定相应控制措施，划分管控责任人员，明确操作过程中的关键环节、关键风险点。

2020年8月，浙能兰电运行部编制《兰电公司防人因失误手册——运行分册》《运行操作规范手册》。《兰电公司防人因失误手册——运行分册》列举需召开工前会的主要任务清单，提炼出"工前会、监护、使用和遵守程序、质疑的态度、不确定时停下来、三向交流、自检、进度跟踪、工作现场检查"共9个防人因失误管理工具，全面展开防人因失误管理，最大限度减少误操作事件的发生。《运行操作规范手册》用于规范运行人员的就地操作和防人因失误工具在运行操作中的应用。

2021年1月，浙能兰电实施技术通知单无纸化签阅，通过ERP系统进行技术通知单的审批、分发及学习签阅，使得技术通知单管理更加规范、高效。2023年5月，在浙能兰电运行部管理平台开发出技术通知单管理功能模块，通过手机移动端应用可实现技术通知单审批、分发、学习签阅等流程。

2023 年 7 月,浙能兰电发电成本分析系统开始投入运行。该系统实时抓取煤量、发电量等参数,通过入炉煤热值、供电煤耗、燃料成本、发电收益等计算模型,在线测算展示各台机组的发电收益、度电收益情况,将经济生产工作任务移到生产业务前端,在能源保供基础上,深挖盈利空间,实现经济发电。

第五节　设备管理与检修

一、规程和制度

(一)规程

2012 年,浙能兰电发布《600 MW 超临界机组检修规程》,分为《第 1 分册:汽机设备检修》《第 2 分册:锅炉设备检修》《第 3 分册:电气设备检修》《第 4 分册:仪控设备检修》《第 5 分册:外围设备检修》《第 6 分册:燃料设备检修》等 6 个分册。

2016 年,随着 1 号、2 号机组增效扩容技术改造和 3 号、4 号机组增效扩容技术改造的完成,《600 MW 超临界机组检修规程》修订为《660 MW 超临界机组检修规程》。2018 年 4 月,浙能兰电编制发布《第 7 分册:化学设备检修》。2020 年 9 月,《第 5 分册:外围设备检修》修订、变更为《第 5 分册:环保设备检修》。

《第 1 分册:汽机设备检修》历经 2017 年、2019 年、2022 年三次修订,《第 2 分册:锅炉设备检修》历经 2017 年、2020 年、2022 年三次修订,《第 3 分册:电气设备检修》历经 2020 年、2022 年两次修订,《第 4 分册:仪控设备检修》历经 2018 年、2023 年两次修订,《第 5 分册:外围设备检修》历经 2020 年一次修订,《第 6 分册:燃料设备检修》历经 2012 年、2019 年两次修订。

(二)文件包和检修卡

2005 年,浙能兰电发布《检修文件包编写及使用管理规定》,并着手编制设备检修标准文件包、检修卡,规范化开展设备检修工作。2009 年,浙能兰电编制发布《汽轮机高中压缸检修标准文件包》《磨煤机检修标准文件包》《DCS 检修标准文件包》《斗轮机检修标准文件包》《发电机检修标准文件包》等检修标准文件包。截至 2023 年底,浙能兰电共有检修标准文件包 120 个、检修卡 266 个。

（三）制度

2005—2007 年,为适应生产设备管理的需要,浙能兰电发布《设备命名、编码及标识管理》《设备分工分界管理》《设备可靠性管理》《设备油务管理》《设备评级管理》《设备点检定修管理》《设备检修管理程序》《设备检修质量管理》《给油脂管理》等标准。2011—2023 年,浙能兰电陆续发布《技术方案管理》《测量设备外部供方控制程序》《修旧利废管理》《设备防异物管理》等标准,并不断完善已有的检修管理标准制度。

浙能兰电检修工作坚持"质量为主、修必修好"的原则,贯彻《质量管理体系要求》质量管理标准,实行全过程管理,推行标准化作业,坚持以质量和效益为中心,制定检修管理质量目标,降低检修成本,严格控制检修工期,逐步扩大状态检修的比例,最终形成一套融定期检修、状态检修、改进性检修和故障检修为一体的优化检修模式。2008 年 11 月 6 日,1 号机组 C 级检修开始实行项目经理负责制,在机组检修管理临时组织机构中设立项目经理,全面负责机组检修工作。

二、计划检修

（一）计划编制

自公司成立起,浙能兰电按照国家电力行业标准《发电企业设备检修导则》,结合制造厂家的要求、同类型机组的检修经验以及设备状态评估结果等,合理安排设备检修。检修等级分为 4 级,即 A 级检修、B 级检修、C 级检修、D 级检修。两次 A 级检修的间隔为 6～8 年,其间安排 3～4 次 B 级或 C 级检修,其间隔一般为 18～20 个月。D 级检修在机组总体运行状况良好的情况下,仅对主要设备的附属系统和设备进行消缺,一般不列入年度计划和 5 年滚动计划。

2007—2017 年,浙能兰电积极推进设备治理工作,确保设备安全可靠性稳步提高,逐步尝试延长检修间隔。其中两次 A 级检修期间安排的检修次数,由 4 次减少至 3 次,有效降低检修费用。

2018 年,浙能兰电根据浙能电力《发电设备检修管理办法》,将两次 A 级检修间隔由 6 年调整为 8 年,其间安排 3 次 C 级检修,且两次检修间隔不少于 2 年或累计运行时间不少于 13000 小时,原则上不安排 B 级检修。浙能兰电机组检修停用时间见表 2-8。

表 2-8 浙能兰电机组检修停用时间

机组容量/兆瓦	检修等级		
	A 级检修/天	B 级检修/天	C 级检修/天
600	65	40	30

注:检修停用时间已包括带负荷试验所需的时间。

每年 7 月 1 日之前,浙能兰电按《发电设备检修管理办法》向上级单位(2007—2014 年报浙能集团,2015—2023 年报浙能电力)申报机组年度检修计划与重大特殊项目。年度检修计划包括机组号、检修等级、检修时间、具体日期、检修工期、上次检修时间、上次 A 级检修时间、重要技改或检修项目安排等内容。

机组检修 5 年滚动计划是对需要在后 5 年 A 级、C 级检修中安排的重大特殊项目进行预安排,滚动计划包括单位、机组号、容量、投产年份、检修等级、预定检修时间等内容。

(二)计划检修

1.机组检修前期准备

浙能兰电在检修开工前 6 个月发文成立机组检修领导小组、确定机组检修项目经理及检修工作小组等组织机构。机组检修领导小组负责全面领导及组织机组检修工作,总体协调检修准备、组织实施、启动总结等工作,协调解决重大问题,组长一般由公司分管生产的副总经理(或总工程师)担任,副组长由负责物资、后勤、保障的副总经理担任,成员包括各工作小组组长。检修项目经理由检修领导小组指定,负责机组检修的前期准备、施工协调和验收总结等各阶段的具体管理工作。机组检修领导小组下设现场指挥与协调组、检修准备与质量控制组、质量监督组、调试组、安全保卫稽查组、物资供应组、合同组、后勤保障组、宣传报道组等检修工作小组,负责组织、协调各项检修工作事宜。

浙能兰电机组检修前期准备工作包括编制设备评估报告、策划机组检修项目、确定试验项目、准备材料和备品配件及检修物资、确定检修外包单位、编制检修原则性网络计划、准备检修技术文件、编制检修管理手册等。检修策划过程贯彻《质量管理体系》《环境管理体系》《职业健康安全管理》《测量管理体系》《能源管理体系》,以实行全过程管理,推行标准化作业,通过对机组检修的项目策划、项目风险评估和进度安排来保证机组检修的安全、质量、进度和环境保护。浙能兰电检修工作准备计划见表 2-9。

表 2-9　浙能兰电检修工作准备计划

序号	机组检修准备工作项目	执行部门	完成日期
1	编制机组设备的修前运行分析报告、维护分析报告	运行部、维护部	检修 150 天前
2	编制机组修前设备状态评估报告	设备管理部门	检修 140 天前
3	试验项目的确定	运行部、设备管理部门	检修 135 天前
4	编制机组检修标准项目和特殊项目	设备管理部门各专业	检修 130 天前
5	检修项目审查确定、批准	设备管理部门、检修领导小组	检修 125 天前
6	编制机组检修备品配件、材料计划并申报	设备管理部门各专业	检修 120 天前
7	外包检修项目审查确定	设备管理部门	检修 100 天前
8	编制检修外包招标书,参修单位资质审查,发放招标书	计划部门	检修 90 天前
9	编制机组检修文件包、技术方案、异动申请、技术清单、设备解体、组装报告清单等技术文件	设备管理部门各专业	检修 50 天前
10	根据检修计划,确定检修重要节点,组织编制各专业网络进度图	设备管理部门	检修 50 天前
11	完成检修作业文件包的辨识,编制机组检修质检(监)点清单(W 点、H 点)	设备管理部门各专业	检修 30 天前
12	完成外包参修单位合同签订	计划部门、设备管理部门	检修 30 天前
13	确定机组检修原则性网络图并报检修领导小组批准	设备管理部门	检修 30 天前
14	根据检修项目,编制机组检修安全技术措施、安全风险管控方案等	设备管理部门各专业	检修 30 天前
15	完成检修电源、行车、电动葫芦、电梯、排水、消防等重要检修保障设施的修前试验和检查、检修工作	设备管理部门	检修 30 天前
16	督促各参修单位完成常用、专用、安全、测量工器具的检查和标定,完成工程机具和车辆的准备和检验,并做好记录	设备管理部门	检修 20 天前
17	确定各项目负责人和质量验收人员,并经检修领导小组批准	设备管理部门	检修 20 天前
18	完成检修管理手册的审核、发布工作,参修单位应立即组织参修人员进行学习,做好记录	设备管理部门	检修 15 天前
19	审查参修单位项目准备情况及检修策划书	设备管理部门	检修 15 天前
20	审查中标单位项目策划书,确定机组检修定置管理安排,编制完成机组检修管理手册	设备管理部门	检修 15 天前

续表

序号	机组检修准备工作项目	执行部门	完成日期
21	审批参修单位编制的技术方案、专项措施、安全风险管控方案等	设备管理部门	检修10天前
22	完成机组检修异动申请、逻辑修改单的审批、修改工作	设备管理部门各专业	检修10天前
23	督促参修单位根据机组检修原则性网络图,编制完成项目施工计划,并经机组检修项目经理批准	设备管理部门	检修10天前
24	根据项目进度制订分系统设备停役计划,并经检修领导小组批准	运行部	检修10天前
25	检查材料备品配件到货情况	设备管理部门	检修10天前
26	组织对修前准备工作做最终检查,并向检修领导小组汇报	设备管理部门	检修5天前
27	督促参修单位提供检修工器具相关检测合格报告,并对参修单位工器具的准备情况进行抽检	设备管理部门	检修5天前
28	完成参修单位人员资质审查,入场培训及安规考试名单录入,安全协议、技术协议签订等工作,并办理检修开工手续	安监部、设备管理部门	检修5天前
29	向参修人员(参修单位或检修班组)进行检修安全技术交底	设备管理部门	检修5天前
30	全面梳理机组缺陷并纳入检修项目	设备管理部门	检修5天前
31	完成运行机组和检修机组的隔离,现场地坪防护设施铺设、防护装置安装和安全、警示标志装设等工作	设备管理部门、运行部	检修1天前
32	向浙能电力生产安全部书面汇报检修准备情况	设备管理部门	检修1天前

2.检修过程管理

浙能兰电机组检修总体目标按不低于年度安全生产责任书及《发电设备检修管理办法》的"计划检修全优"要求执行,并设定具体的安全环保、管理、质量、工期、费用控制等目标,作为检修考核的指标。设备管理部负责组织项目策划和制定、研究分析设备状态,以提高机组安全稳定运行水平和节能降耗为重点,积极采用成熟可靠的新技术、新工艺、新产品。项目编制参照浙能电力《发电机组设备检修工时定额(试行)》,结合机组运行状态、修前试验分析的结果(梳理增补),确定必须停机才能消除的缺陷、安全措施和反事故措施计划、技改科技项目、技术监督整改项目等。项目审定后,同时进行检修物资准备、检修外包项目确定、检修技术文件准备、机组检修原则性网络图编制审核、工器具及辅助设施准备等工作,并编制《检修管理手册》。《检修管理手册》包含检修过程安全管理、检修过程质量管理、检修工期管理、检修备件及零星外修、项目变更、文明生产管理及定置管理、设备调试及试运行、项目现场整体验收、机组启动等内容。

浙能兰电检修质量管理实行质检点检查和三级验收相结合的方式,同时引入监理制。质检人员按照检修文件包规定,对直接影响检修质量的 H 点、W 点进行检查和签证,若检修过程中发现不合格项,填写不合格项通知单,并按相应程序处理。设备解体、检查、修理和装复的整个过程中,要求有详尽的技术检验和技术记录,所有记录应完整、准确、简明、实用。所有项目检修施工和质量验收实行签字责任制和质量追溯制,严格执行工作票制度和外包安全协议,加强安全检查,定期召开检修协调会。

3.机组检修总结、评价及考核

浙能兰电及时对检修的安全、质量、项目、工时、材料和备品配件、技术监督、费用以及机组试运行情况等进行总结并作出整体评价。

机组检修复役后 1 个月内,由检修领导小组组长主持召开检修总结会,对该机组进行热态总验收,设备管理部、维护部、运行部、安健环部等部门负责人及有关专业人员参加,对整个检修工程进行热态总结。检修总结包括检修过程安全与文明生产管理、项目工期策划与检修过程管理、项目完成情况和合理性设置、意外发现和重大质量问题的处理、技改和重大特殊项目实施情况、物资采购与备件管理、检修费用、修前修后设备可靠性及性能分析、修后遗留问题分析与跟踪等内容。

对检修工作准备、检修实施、检修总结及检修目标完成等进行全过程检查评价,对照《机组等级检修全过程综合评价表》标准化要求对机组检修全过程开展自我评价,并附在检修总结内。

评价结果纳入对参修单位的考核,计入合同结算内容。评价结果纳入上级单位对浙能兰电的年度安全生产责任制考核。机组检修质量纳入浙能兰电《综合考核标准》的设备管理考核。

4.历年机组检修情况统计

截至 2023 年底,浙能兰电已经历 39 次机组检修。2007—2023 年浙能兰电机组检修统计详见表 2-10。

表 2-10　2007—2023 年浙能兰电机组检修统计

起止日期	机组	检修性质	工期/天	主要领导和项目经理
2007-04-22—2007-06-19	1 号机组	A 修	59	王学根　何志瞧
2007-10-02—2007-11-21	2 号机组	A 修	51	王学根　滕卫明
2008-03-15—2008-05-03	3 号机组	A 修	50	王学根　滕卫明
2008-11-06—2008-11-30	1 号机组	C 修	24	王静毅　章通行
2009-01-01—2009-02-04	2 号机组	C 修	35	王静毅　章通行
2009-11-08—2010-01-15	4 号机组	A 修	69	王学根　高　毅
2010-01-29—2010-03-09	3 号机组	C 修	40	王静毅　周　斌
2010-02-23—2010-04-07	1 号机组	B 修	44	王学根　章通行
2010-10-03—2010-11-15	2 号机组	B 修	43	王学根　朱新平
2011-03-08—2011-05-17	3 号机组	B 修	71	王美树　钱和平
2011-03-18—2011-04-09	4 号机组	C 修	23	王美树　钱和平
2011-09-20—2011-10-15	1 号机组	C 修	26	王美树　舒　畅
2011-09-13—2011-10-08	2 号机组	C 修	26	王美树　舒　畅
2012-09-05—2012-10-03	3 号机组	C 修	26	王美树　朱新平
2012-09-10—2012-11-12	4 号机组	B 修	64	王美树　朱新平
2013-02-08—2013-04-12	2 号机组	A 修	64	王美树　余　程
2013-09-01—2013-11-03	1 号机组	A 修	64	王美树　郦宜进
2014-03-22—2014-06-07	3 号机组	A 修（增容）	78	吴孝炯　朱庆辉
2014-09-09—2014-10-28	2 号机组	C 修	50	吴孝炯　余　程
2015-04-10—2015-08-09	4 号机组	A 修（增容）	122	吴孝炯　舒　畅
2015-09-05—2015-12-02	1 号机组	A 修（增容）	89	吴孝炯　朱新平
2016-02-15—2016-06-03	2 号机组	A 修（增容）	110	吴孝炯　胡凯波
2016-05-25—2016-07-13	4 号机组	C 修	50	吴孝炯　胡凯波
2016-09-07—2016-12-14	3 号机组	A 修（超低）	99	何志瞧　顾扬彪
2017-03-09—2017-04-23	1 号机组	C 修	46	吴孝炯　王　飞
2017-04-20—2017-06-10	2 号机组	C 修	50	何志瞧　王　飞
2017-05-16—2017-06-15	4 号机组	B 修	30	何志瞧　卢得勇
2018-02-20—2018-05-14	3 号机组	B 修	84	何志瞧　崔科杰
2018-09-28—2018-11-06	4 号机组	C 修	40	何志瞧　卢得勇

续表

起止日期	机组	检修性质	工期/天	主要领导和项目经理	
2019-02-14—2019-04-09	1号机组	C修	55	何志瞧	王林刚
2019-09-23—2019-11-09	2号机组	C修	48	何志瞧	崔科杰
2020-03-08—2020-06-13	3号机组	C修（DCS）	98	何志瞧	周伟龙
2020-09-19—2020-11-30	4号机组	C修（DCS）	72	何志瞧	卢得勇
2021-03-01—2021-05-04	1号机组	A修	65	何志瞧	周伟龙
2021-09-30—2021-12-10	2号机组	A修（DCS）	72	何志瞧	夏志凌
2022-04-13—2022-06-15	3号机组	A修	64	何志瞧	夏志凌
2022-10-16—2022-11-16	4号机组	C修	32	何志瞧	竹小锋
2023-03-19—2022-06-01	1号机组	C修（DCS）	76	麻建中	孟鹏军
2023-11-01—2023-12-10	2号机组	C修	40	麻建中	季周盈

三、状态检测

浙能兰电为确保各专业设备设施长期处于安全稳定运行状态，对汽机、电气、锅炉等各专业的主机设备、主要辅机及其他辅助设备的运行状态进行监视与检测。该工作由运行人员通过各控制室的DCS控制系统监盘完成，同时安装其他辅助生产检测系统。

2006年，浙能兰电4台机组锅炉本体安装东北电院开元科技有限公司的BLD型锅炉承压管泄漏在线监测系统。该系统通过检测锅炉内部产生的强噪声信号，判断发现炉管早期轻微泄漏，便于及时合理安排检修策略，防止事故进一步扩大。该系统主要分为就地检测部分和操作监测部分。就地检测部分安装在锅炉现场，操作监测部分安装在13米层锅炉电子室。运行和锅炉专业人员定期检查该系统设备运行情况。

2006年，浙能兰电4台机组汽轮机安装北京华科同安监控技术有限公司的机组振动在线监测分析故障诊断系统。该系统由现场智能数据采集站、工程师站两部分组成，监测对象为汽轮发电机组轴系振动。通过现场的数据采集站采集主机振动数据和主汽温、主汽压、发电机有功、主机偏心、轴承位移等参数，送至工程师站上位机进行数据处理分析。该系统对振动信号进行频域和相位的分析，提供矢量靶图和频谱靶图等分析，为故障早期的辨识提供灵敏监测。2020—2023年，该系统随各机组DCS改造进行升级改造，主要是对测量卡件和工程师站的服务器进行升级改造,以保障现有系统的稳定运行。

2010年5月12日,浙能技术研究院利用各厂实时监控系统,开发设备故障预警及状态检测系统 V2.0(该系统软件、硬件均安装在浙能技术研究院)。浙能兰电4台机组是第二批列入实施电厂之一,于2011年4月15日正式上线运行。该系统设备的核心是基于相似性原理的建模技术,分析历史数据,建立设备和过程正常运行的高保真经验模型,能够为发电机组运行状态下的所有主要系统及时提供早期异常预警,便于电厂人员提前采取相应措施。其数据取自各机组机、电、炉及部分化学监督的实时监测系统。自2011年投入运行以来,设备故障预警及状态检测系统在安全生产中发挥了较大的辅助作用。

浙能兰电由设备管理部、运行部、维护部定期提交设备故障预警案例分析。截至2023年底,浙能兰电合计上报给浙能技术研究院发电设备故障预警周报分析137期、月度分析96期,被录用的案例分析100多篇。2016年,浙能兰电被浙能电力评为年度发电设备故障预警分析工作优秀单位。

四、可靠性管理

(一)管理

浙能兰电在基建期间和生产准备阶段即开展设备可靠性管理工作。2005年,浙能兰电配备可靠性管理专职,制定、发布《设备可靠性管理规定》。此后,该标准历经多次修订与完善。同年,浙能兰电成立由分管生产的副总经理任组长的可靠性管理领导小组,成员由总工程师、副总工程师、各生产部门主任及副主任组成。设备可靠性管理网络主要由设备管理部门专业主管、各专业专工、运行部门各专业专工、安健环部环保专职、可靠性专职等组成。

2006年,按照"三标一体"的贯标要求,浙能兰电把可靠性指标纳入"质量管理目标指标管理体系"。同年4月,浙能兰电完成发电可靠性管理信息系统(网络版)购买,软件服务器端及客户端安装、调试。同年5月,浙能兰电开始向浙能集团报送发电设备和输变电设施事件数据。

2010年,浙能兰电开始报送电除尘和脱硫系统事件数据。2015年,浙能兰电开始报送湿式电除尘系统事件数据。

2017年4月18日,浙能兰电积极响应浙能集团"能源立业"的发展思路,根据《浙能电力降低机组非计划停运行动方案》的精神,成立浙能兰电降低机组非计划停运组织机构,由总经理任领导小组组长,领导小组全面领导和协调降低机组非计划停运行动工作的开展;制定行动目标,监督指导各项措施的贯彻执行。同年5月22日,浙能兰电发布《公司降低机组非计划停运行动实施细则》,设定行动目标为机组非计划停运次数不超过1次,努力实现零非计划停运及全口径停运不超过2次。明确工作要求强化组织领导、加大奖惩力度、坚持问题导向、落实重点举措、强化技术监督、强化运行管理、加强消缺管理,强化缺陷管控、加强"反三违"管理、强化"三基"建设、坚持"四不放过"10条,落实重点反事故措施锅炉"四管"及承压部件泄漏、加强煤质管控及锅炉燃烧管理、防止保护误动、防止人员误操作、提高检修质量、确保新机稳定运行六大内容。

截至2023年底,浙能兰电可靠性管理工作获得的荣誉统计见表2-11。

表2-11　浙能兰电可靠性管理工作荣誉统计

时间	机组	荣誉
2007 年	1 号机组	浙能集团燃煤机组运行竞赛三等奖
2009 年 5 月	2 号机组	2008 年度全国发电可靠性金牌机组
2009 年 5 月	2 号机组	2008 年度浙能集团燃煤机组运行竞赛第一名
2009 年 5 月	3 号机组	2008 年度浙能集团燃煤机组运行竞赛第二名
2013 年 3 月	1 号机组	2012 年度全国发电可靠性金牌机组
2013 年 3 月	2 号机组	2012 年度全国发电可靠性金牌机组
2014 年 5 月	4 号机组	2013 年度全国发电可靠性 A 级机组
2015 年	1 号机组	2014 年度 600 MW 等级机组可靠性评价对标证书
2016 年	2 号机组	2015 年度 600 MW 等级机组可靠性评价对标证书
2017 年	1 号机组	2016 年度全国可靠性较好机组
2018 年	3 号机组	2017 年度全国可靠性较好机组
2019 年	2 号机组	2018 年度全国可靠性较好机组
2020 年	1 号机组	2019 年度全国可靠性较好机组
2021 年	1 号机组	2020 年度全国可靠性较好机组
2021 年	1 号机组	2020 年度全国发电机组可靠性标杆机组
2022 年	4 号机组	2021 年度全国可靠性较好机组

(二)指标

2014 年、2015 年、2017 年、2018 年、2020 年、2021 年,浙能兰电全年未发生非计划停运事件。截至2023年底,浙能兰电4台机组平均负荷率为68.23%,平均运行暴露率为 90.06%,平均等效强迫停运率为 0.24%,平均等效可用系数为 90.54%,平均计划停运系数为 8.45%,平均非计划停运系数为 0.33%,平均降低出力系数为 0.68%,浙能兰电机组等效可用系数和等效强迫停运率统计情况见表 2-12,浙能兰电机组运行可靠性水平保持良好态势,机组累计运行指标见表 2-13。浙能兰电机组长周期运行情况见表 2-14。

表 2-12　浙能兰电机组等效可用系数和等效强迫停运率统计情况

年份	4 台机组等效可用系数/%	4 台机组等效强迫停运率/%
2007	89.30	0.99
2008	94.79	0.24
2009	94.55	0.24
2010	90.75	0.06
2011	89.66	0.19
2012	93.6	0.07
2013	91.37	0.21
2014	91.38	0.08
2015	86.95	0.23
2016	83.00	0.33
2017	93.44	0.10
2018	92.18	0.04
2019	92.41	0.09
2020	89.03	0.00
2021	88.54	0.00
2022	88.22	0.03
2023	91.64	0.03

表 2-13　浙能兰电机组累计运行指标

机组	累计运行时间/小时
1 号机组	128921.63
2 号机组	123250.33
3 号机组	120522.38
4 号机组	121919.98

表 2-14　浙能兰电机组长周期运行情况

机组	运行周期	连续运行天数/天
1 号机组	2011 年 10 月 15 日—2013 年 1 月 30 日	473
1 号机组	2013 年 11 月 3 日—2015 年 2 月 9 日	464
1 号机组	2015 年 11 月 25 日—2017 年 1 月 20 日	422
2 号机组	2014 年 11 月 17 日—2016 年 1 月 27 日	437
2 号机组	2017 年 12 月 3 日—2019 年 1 月 27 日	420
3 号机组	2010 年 3 月 8 日—2011 年 3 月 8 日	365
4 号机组	2012 年 11 月 12 日—2014 年 1 月 18 日	431

五、设备缺陷管理

2003 年 10 月，浙能兰电筹建处发布《关于浙能兰溪发电厂筹建处部门职责的通知》，由工程部负责设备缺陷管理工作。

2005 年底，浙能兰电设备部参与机组投产前的设备缺陷管理工作，制定、发布《设备缺陷处理管理》这一标准。为加大设备整治和设备缺陷管理力度，《设备缺陷处理管理》分别于 2007 年、2009 年、2010 年、2012 年、2015 年、2018 年、2019 年、2020 年进行 8 次修订，通过不断完善，逐步将反映机组健康和设备缺陷管理的指标列入月度和年度考核考评目标。

2006 年 4 月 19 日，浙能兰电 1 号机组投入生产后，由设备部负责投产机组的设备缺陷管理工作，由工程部负责其他机组设备缺陷管理工作。同年 12 月，浙能兰电将设备缺陷管理纳入企业资产管理系统（简称"EAM 系统"），实现设备缺陷信息化管理，2009 年、2010 年、2014 年 3 次对设备缺陷管理子系统进行功能完善和模式版本升级。

2007 年 5 月 22 日，浙能兰电 4 台机组全面投产后，由设备部全面负责设备缺陷管理工作。2011 年，浙能兰电组织机构变更，设备部拆分为设备部和维护部，由设备部负责设备缺陷管理工作，按设备缺陷管理规定进行设备缺陷统计、分析并编制月报表，由维护部负责设备缺陷消缺工作。

2010 年，浙能兰电发布《综合考核标准》，将设备缺陷管理列入设备管理考核，制定设备缺陷管理考核条款，合理设置消缺率和消缺及时率底线，对从设备发现缺陷到消除缺陷的管理过程按指标进行相应的责任划分，各项管理指标在相关生产部门中得到有效分解和落实,从而提高发电设备可靠性,确保机组设备安全、经济运行。

2015年6月,因浙能集团推广 ERP 系统,浙能兰电将企业资产管理软件纳入 ERP 系统,设备缺陷管理也一并纳入 ERP 系统管理。

第六节　技术监督

2005年10月21日,浙能兰电发布《关于成立浙能兰溪发电有限责任公司技术监督组织机构的通知》,成立公司技术监督领导小组、技术监督工作小组,设立继电保护技术监督、绝缘技术监督、电测仪表技术监督、热工技术监督、化学技术监督、金属技术监督、环保技术监督、电能质量技术监督、节能技术监督9个专项技术监督网络,形成由总工程师、各专业技术监督负责人和班组指定负责人组成的技术监督网络。

2009年4月29日,浙能兰电发布《关于调整公司技术监督组织机构的通知》,成立调度自动化技术监督网络。

2018年4月,浙能兰电发布《关于调整公司技术监督组织机构的通知》,成立励磁技术监督网络,并将调度自动化技术监督网络更名为涉网自动化技术监督网络。

2019年4月,浙能兰电发布《关于调整公司技术监督组织机构的通知》,成立锅炉技术监督网络、汽轮机技术监督网络。

2021年10月,浙能兰电发布《关于调整公司技术监督组织机构的通知》,成立建(构)筑物技术监督网络、工控信息安全技术监督网络。

截至2023年底,浙能兰电根据国家、行业规定已开展15项技术监督,逐步完善技术监督网络,先后制定《技术监督管理规定》和《通讯管理规定》等标准规范技术监督工作,技术监督管理相关标准也经历年的修订逐步完善。技术监督网络成员贯彻"安全第一、预防为主、综合治理"的方针,贯彻执行国家及电力行业有关技术监督的方针、政策、法规、标准、规程、制度和技术措施,从工程设计、设备选型、主要设备的监造验收以及安装、调试运行、检修、技术改造等环节实行全方位、全过程监督管理。自开展技术监督工作以来,浙能兰电多次获上级单位嘉奖,于2010年度、2013年度、2015年度、2018年度、2020年度、2021年度、2022年度7次获浙能集团技术监督先进单位,40 余次获浙能集团及以上技术监督专项先进集体,16 人次获浙能集团及以上专项技术监督先进个人。

一、继电保护技术监督

继电保护技术监督工作是通过对继电保护全过程的技术监督,确保继电保护装置可靠运行。继电保护监督范围是 380 伏及以上继电保护装置、安全自动装置,主要包括 380 伏框架断路器保护、6 千伏厂用系统保护、发变组保护、220 千伏母线保护、220 千伏母联保护、220 千伏线路保护、500 千伏母线保护、500 千伏线路保护及直流电源系统、UPS 交流不停电系统。

继电保护技术监督网络依据浙能兰电《技术监督管理规定》附录 B《继电保护及自动装置监督实施细则》,参与一期、二期工程 4 台 60 万千瓦机组电气二次设备的设计、选型、制造、安装、调试、运行维护工作。2008 年 4 月,浙能兰电修订《继电保护及自动装置监督实施细则》并将其更名为《继电保护及自动装置监督管理实施细则》,之后结合法律、法规、规章、标准的变化共进行 6 次修订,其中《继电保护及自动装置监督管理实施细则》作为模板在浙能电力推广。

继电保护技术监督网络成立后,成员通过设备定校、试验及分析研究,先后参与并全过程监督 4 台机组发变组保护国产化改造、500 千伏四条线路保护国产化改造、500 千伏开关及短引线保护国产化改造、500 千伏母线保护国产化改造项目,提高机组及电网的运行稳定性。同时,根据国家能源局综合司《防止电力生产重大事故的二十五项重点要求继电保护实施细则》和华东网调《国家电网华东电力调控中心关于开展新版十八项反事故措施自查工作的通知》,先后参与机组 GCB 开关、500 千伏开关双跳圈与发变组双套保护一一对应等反事故措施整改工作。

截至 2023 年底,浙能兰电荣获 2008 年度、2012 年度华东电网继电保护同工种劳动竞赛先进单位,2023 年华东电网继电保护技术监督先进集体,2006 年度、2010 年度浙江电力调度继电保护技术监督工作单项先进,2017 年度浙江电力调度继电保护技术监督先进集体,2022 年度浙能集团继电保护技术监督先进集体等荣誉。

二、绝缘技术监督

绝缘技术监督是对高低压电气设备自设计、选型、审查、监造、出厂验收、安装、投产验收、运行维护、检修、技术改造,至退出运行进行全过程监督,以及对高压试验仪器仪表和绝缘工器具试验、检测和保管维护进行监督,确保高低压电气设备在良好绝缘状态下运行,防止绝缘事故的发生。

绝缘技术监督网络依据浙能兰电《技术监督管理规定》附录 A《绝缘监督实施细则》参与一期、二期工程 4 台 60 万千瓦机组电气设备的设计、选型、制造、安装、调试、运行维护全过程监督工作。2008 年 4 月,浙能兰电修订《技术监督管理规定》并将其更名为《绝缘技术监督实施细则》,之后结合法律、法规、规章、标准的变化共进行 6 次修订,其中《绝缘技术监督实施细则》作为模板在浙能电力推广。

绝缘技术监督网络成立后,成员通过设备定校、试验及分析研究,先后参与并全过程监督 1 号、2 号机组增效扩容技术改造,3 号、4 号汽轮机增效扩容技术改造中的电气设备改造工作,参与 4 号主变压器、220 千伏升压站等设备的监造和出厂试验,做到电气设备全过程绝缘。解决 1 号发电机转子膨胀不均导致振动异常、3 号发电机转子线圈空心铜导线断裂导致定冷水系统漏氢、4 号发电机转子线圈大面积磨损导致绝缘击穿、4 台发电机定子端部松动磨损、220 千伏 GIS 线路避雷器异音、4 号主变含氢量偏高、8 台循环水泵电机双速改造后改接箱电缆发热导致绝缘损坏、01 号高备变封闭母线支撑瓷瓶断裂等重大设备绝缘缺陷,防止设备绝缘事故发生。

截至 2023 年底,浙能兰电荣获 2015 年度浙能集团绝缘技术监督解决薄弱环节中有显著成绩单位、2017 年度浙能集团绝缘技术监督先进集体等荣誉。

三、电测仪表技术监督

电测仪表技术监督是按照《中华人民共和国计量法》及上级颁发的监督条例和有关规程规定,对仪器仪表和计量装置自设计、选型、审查、监造、出厂验收、安装、投产验收、运行维护、检修、技术改造,至退出运行进行全过程监督。电测标准室设于维护部,由电气二班的专职电测仪表检定人员具体负责监督范围内仪表的周期性检验、日常维护和检定工作。

电测仪表技术监督网络根据浙能兰电《技术监督管理规定》附录 C《电测仪表监督实施细则》参与一期、二期工程 4 台 60 万千瓦机组关口计量装置的设计、选型、安装、调试、运行维护、校验工作。2009 年,浙能兰电修订《电测仪表监督实施细则》,此后结合法律、法规、规章、标准的变化共进行 7 次修订。《电测仪表监督实施细则》作为模板在浙能电力推广应用。

电测仪表技术监督网络成立后，成员通过设备定校、试验及分析研究，先后参与并全过程监督 DK-34F1 型 0.2 级交直流电量变送器检定装置、3601B 型 0.2 级交直流电量变送器检定装置、JLCY-A 型 0.2 级交流采样校验装置检定装置的安装，保证浙能兰电最高等级标准仪表精度和量值传递，确保现场运行电测仪表的准确性。

截至 2023 年底，浙能兰电荣获 2019 年度、2020 年度、2022 年度浙能集团电测技术监督先进集体，2007 年度、2022 年度国网浙江省电力公司电力科学研究院电测技术监督先进集体等荣誉。

四、热工技术监督

热工技术监督是对热工仪表及控制装置的设计、设备选型、安装、调试、维护、检修、检定、调整、技术改造等过程进行监督管理，保证热工设备完好、工作正确可靠。其主要监督对象包括控制系统、热工设备、量值传递和溯源、最高计量标准等。监督范围涵盖基建期、生产期的热工技术和量值传递，量值传递监督重点监督计量人员培训、标准计量仪器的配置与使用、仪器仪表校验过程、校验周期等。

热工技术监督网络依据浙能兰电《技术监督管理规定》附录 F《热工监督管理实施细则》参与一期、二期工程 4 台 60 万千瓦机组热工仪表及控制装置的设计、选型、安装、调试、运行维护、校验工作，制定和发布《仪控系统信号强制及解除管理》《保护、联锁和报警系统投退管理》《热工定值管理》等标准。2008 年 4 月，浙能兰电修订《热工监督管理实施细则》并将其更名为《化学监督实施细则》，此后结合法律、法规、规章、标准的变化共进行 6 次修订，其中《热工监督管理实施细则》作为模板被浙能电力推广。

热工技术监督网络成立后，成员通过设备定校、试验及分析研究，先后参与并全过程监督 4 台机组 DCS、DEH 系统改造、辅控及脱硫 DCS 系统改造等项目。

截至 2023 年底，浙能兰电荣获 2010 年度、2014 年度国网浙江省电力公司电力科学研究院热工技术监督先进集体，2010 年度、2014 年度、2018 年度、2021 年度、2022 年度浙能集团热工技术监督先进集体，2019 年度、2022 年度电力行业热工自动化技术委员会颁发的热控技术管理示范单位，2021 年度、2022 年度浙江省电力学会颁发的热控十大技术贡献奖等荣誉。

五、化学技术监督

化学技术监督是根据国家、行业、上级单位有关标准的要求,实现公司范围内的所有化学及相关设备全过程监督和管理,包括锅炉补给水处理系统、凝结水精处理系统、给水加药处理系统、水汽集中取样系统、废水处理系统、供氢系统等。

化学技术监督网络根据浙能兰电《技术监督管理规定》附录D《化学监督实施细则》参与一期、二期工程4台60万千瓦机组化学相关设备的设计、选型、安装、调试、运行维护等工作。2008年4月,浙能兰电修订《化学监督实施细则》,此后结合法律、法规、规章、标准的变化共进行7次修订,其中《化学监督管理实施细则》作为模板在浙能电力推广。

化学技术监督网络成立后,成员通过设备试验及分析研究,先后参与并全过程监督4台机组炉内加氧改造、锅炉酸洗等工作,解决水汽指标异常处理、制水系统异常处理、油质异常处理等问题,实现并保持水汽品质标准值和期望值合格率99%以上、在线化学仪表投运率99%以上、在线仪表准确率99%以上、绝缘油合格率100%、汽轮机油合格率99%以上、抗燃油油质合格率98%以上、发电机氢气合格率99%以上、停炉保护率100%。

截至2024年1月,浙能兰电荣获2013年度、2022年度国网浙江省电力公司电力科学研究院化学技术监督先进集体,2019年度浙能集团化学监督先进集体等荣誉。该技术监督网络成员荣获2018年度国家电网浙江省电力有限公司电力研究院颁发的化学技术监督先进个人、2023年度浙能集团颁发的化学监督先进个人。

六、金属技术监督

金属技术监督是根据《火力发电厂金属技术监督规程》,结合国家、行业有关标准和上级单位下发的文件要求开展机组运行、检修全过程金属技术监督管理,加强金属材料、焊接质量和无损检测、理化检验的监督管理。监督范围包括400摄氏度及以上的高温承压部件、3.8兆帕及以上的承压容器、5.9兆帕及以上的承压管道、汽轮机受监部件、发电机受监部件、400摄氏度及以上的高温螺栓、锅炉钢结构等。

金属技术监督网络根据浙能兰电《技术监督管理规定》附录 E《金属技术监督实施细则》参与一期、二期工程 4 台 60 万千瓦机组热力设备厂家监造、安装过程的监督和阶段性验收监督等工作，建设金属试验室并建立受监金属设备台账。2008 年 4 月，浙能兰电修订《金属技术监督实施细则》并将其更名为《金属技术监督管理实施细则》，此后结合法律、法规、规章、标准的变化共进行 5 次修订，其中《金属技术监督管理实施细则》作为模板在浙能电力推广应用。

金属技术监督网络成立后，成员通过设备检验及分析研究，先后参与并全过程开展机组服役过程、检修阶段和承压部件失效修复等监督工作，建立并完善技术资料台账，加强焊接、热处理、无损检验的全过程管理，发现并消除热段/冷段铸造堵阀开裂、末级过热器管屏装反、TP347H 氧化皮脱落堆积、异种钢温包焊口蠕变失效、主汽阀蒸汽一号螺栓韧性下降、高导管硬度偏低、主汽再热管道弯头硬度不足均匀、折焰角出口集箱角焊缝和顶棚进口集箱角焊缝膨胀拉裂、再热减温器内套筒疲劳开裂、高导疏水管选材不合理等重大缺陷。截至 2023 年底，浙能兰电检修焊口一次合格率保持在 95% 以上，历年的"四管"爆泄率均满足 0.5 次/（年·台）的指标要求，金属受监部件故障率均满足 1.0 次/（年·台）的指标要求。

截至 2023 年底，浙能兰电荣获 2008 年度、2009 年度、2018 年度、2021 年度浙能集团金属技术监督先进集体，2008 年度、2009 年度浙江省电力试验研究院金属技术监督先进集体，2018 年度、2021 年度国网浙江省电力有限公司电力科学研究院金属技术监督先进集体，2015 年度浙能集团和国网浙江省电力公司电力科学研究院金属技术监督解决薄弱环节中有显著成绩单位等荣誉。该技术监督网络成员先后获 2010 年度、2016 年度、2017 年度、2020 年度浙能集团金属技术监督先进个人，2010 年度浙江省电力试验研究院金属技术监督先进个人，2016 年度、2017 年度、2020 年度国网浙江省电力公司电力科学研究院金属技术监督先进个人。

七、环保技术监督

环保技术监督是结合国家、行业有关标准和上级单位下发的文件要求，对环保设施的设计、选型、安装、调试、验收、运行、检修、技术改造，设备退役鉴定和生产经营等环节进行全过程监督。环保技术监督以环境监测为手段，以火电厂发电燃料、原材料、水源、环保设施和污染物排放为对象,对环保设施(设备)的健康水平及有关安全、稳定、经济运行的重要参数、性能、指标进行监督、检查、评价,保障环保设施的投运率和净化效果,防止环境污染事故的发生。

环保技术监督网络根据浙能兰电《技术监督管理规定》附录 G《环境保护监督实施细则》参与一期、二期工程 4 台 60 万千瓦机组环保设施的设计、制造、安装、调试、验收、技术改造工作。2008 年 4 月,浙能兰电修订《环境保护监督实施细则》,此后结合法律、法规、规章、标准的变化共进行 5 次修订。《环境保护监督管理实施细则》作为模板被浙能电力推广。

环保技术监督网络成立后,成员通过设备试验及分析研究,先后参与并全过程监督冷却塔降噪工程、烟气脱硝工程、机组超低排放综合改造项目、煤场封闭改造、脱硝尿素水解制氨改造、废水在线监测系统工程、火电行业排污单位自动监测数据标记项目、自动监控设施标准化提升项目、除灰脱硫控制室降噪改造、脱水机楼降噪改造等项目,参与先进二氧化碳捕集与矿化利用关键技术及万吨级集成示范、二氧化碳热转化技术研究平台项目建设工作,2014 年 8 月参与火电厂环境保护跟踪评价及分级管理试点工作。

截至 2023 年底,浙能兰电荣获 2013 年度、2014 年度、2015 年度、2016 年度、2022 年度浙能集团环保技术监督先进集体,2013 年度、2014 年度、2015 年度、2016 年度、2018 年度、2021 年度国网浙江省电力公司电力科学研究院环保技术监督先进集体。

八、电能质量技术监督

电能质量技术监督是按照国家、行业、上级单位有关标准的要求,检测、监督公司 500 千伏及 220 千伏母线电压和频率、有功曲线、电网谐波等质量情况,实现电能质量全过程监督和管理。

电能质量技术监督网络通过编制电能质量技术监督计划、组织检查和下发整改通知单等形式,将保证电能质量的具体要求层层落实到责任部门和岗位,保证机组和电网安全、优质、经济、可靠运行。运行部值长兼任电能质量监督专职工程师,负责电能质量技术监督具体工作;运行部值长及电气专工,设备管理部电气、仪控点检专工,维护部电气、仪控专工负责所在部门电能质量技术监督工作。

电能质量技术监督网络成立后,成员按照浙能兰电《技术监督管理规定》附录

I《电能质量监督实施细则》,规范化开展 500 千伏母线电压控制监督管理工作。2008 年 4 月,浙能兰电修订《电能质量监督实施细则》并将其更名为《电能监督实施细则》。2016 年 7 月,随着浙能兰电二期 4 号主变转接 220 千伏投产,220 千伏母线电压控制也纳入电能质量技术监督范围。此后结合法律、法规、规章、标准的变化,该标准共进行 7 次修订,其中《电能监督管理实施细则》作为模板在浙能电力推广。

截至 2023 年底,500 千伏母线电压、220 千伏母线电压合格率为 100%。

九、节能技术监督

节能技术监督工作严格按照《火电厂节能监督考核实施细则》要求执行,内容主要有两个方面:一是对发电设备从设计选型、制造、安装、调试、试运行到生产、检修、技术改造等各阶段开展全过程监督,主要监督指标包括发电机组的全厂综合技术经济指标、锅炉性能指标、汽轮机性能指标、节电指标、节水指标、燃料指标;二是对全厂综合技术经济指标、锅炉性能指标、汽轮机性能指标、节电指标、节水指标、燃料指标等进行统计、分析和考核。节能技术监督相关指标定义及统计计算方法参照《火力发电经济技术指标计算方法》。浙能兰电节能技术监督主要指标见表 2-15。

表 2-15　浙能兰电节能技术监督主要指标

指标类别	具体指标			
综合技术经济指标	发电量	供热量	燃油消耗量	发电水耗
	综合供电煤耗/供热煤耗/供电煤耗		综合厂用电率/发电厂用电率/供热厂用电率	
锅炉性能指标	锅炉效率	主蒸汽温度	再热蒸汽温度	再热器减温水量
	送风机入口温度	脱硝系统入口烟气温度		排烟温度
	飞灰可燃物	炉渣可燃物	空预器前氧量	空预器漏风率
汽轮机性能指标	汽轮机热耗率	主蒸汽压力	主蒸汽温度	再热蒸汽温度
	给水温度	凝汽器真空度	凝汽器端差	凝结水过冷度
	加热器端差	再热蒸汽压损率	通流部分内效率	发电机漏氢率
节电指标	磨煤机耗电率	送风机耗电率	引风机耗电率	一次风机耗电率
	电除尘耗电率	脱硫系统耗电率	给水泵耗电率	非生产耗电量
	循环水泵耗电率	空冷风机耗电率	凝结水泵耗电率	非生产耗电量

续表

指标类别	具体指标			
节水指标	化学自用水率	机组补水率	机组补水率	机组补水率
	汽水损失率	水灰比	循环水浓缩倍率	循环水排污回收率
	工业水回收率	贮存灰渣场澄清水的回收		
燃料指标	燃料检斤率	燃料检质率	入厂煤与入炉煤热值差	
	入厂煤与入炉煤水分差		煤场存损率	
其他指标	保温效果	疏放水阀门泄漏率	吹灰器投入率	煤粉细度
	除尘器漏风率	制粉系统漏风率	高加投入率	真空系统严密性
	胶球清洗装置投入率和收球率		冷却塔冷却幅高	

节能技术监督网络根据浙能兰电《技术监督管理规定》附录 H《节能监督实施细则》参与一期、二期工程 4 台 60 万千瓦机组设备设施的设计、制造、安装、调试、验收、技术改造的节能监督工作。2008 年 4 月，浙能兰电修订《节能监督实施细则》，此后结合法律、法规、规章、标准的变化共进行 6 次修订。《节能监督管理实施细则》作为模板在浙能电力推广应用。

节能技术监督网络成立后，成员建立并持续运行安全生产指标对标管理体系，先后参与并全过程监督循泵电机双速改造、供热改造、电除尘高频电源改造、开冷水系统节能优化改造、汽轮机增效扩容技术改造、冷却塔性能优化改造、一机两塔技术改造、新增高效真空泵、引风机节能改造等项目。2010 年 6 月—2011 年 8 月，参与完成能源管理体系贯标工作并获得能源管理体系认证证书。2017 年，通过金华市、浙江省节水型企业评审。2018—2022 年，编制《兰电 310 节能工程行动管理方案》《浙能兰电节能降耗实施方案》，利用运行小指标绩效竞赛系统加强节能导向作用，对设备"七漏"进行全面整治。2022—2023 年，策划推进"三改"工作，编制形成《兰溪电厂三改方案任务清单》。节能技术监督网络根据运行、检修、节能、可靠性会议，分析讨论影响机组安全性和经济性的主要因素，并提出相应解决措施，推进节能工作正常开展。

截至 2023 年底，浙能兰电荣获 2007 年度浙江省电力试验研究院节能技术监督表扬单位，2012 年度、2013 年度浙能集团和浙江省电力科学研究院节能技术监督先进集体，2014 年度浙能集团和浙江省电力试验研究院节能技术监督解决薄弱环节中有显著成绩单位，2021 年度浙江省电力科学研究院节能技术监督先进集体等荣誉。

十、涉网自动化技术监督

涉网自动化技术监督是对电气设备调度自动化监控及通信工作全过程监督，参加远动装置、测控装置、SDH、通信电源等设备的监造和出厂试验，掌握、了解新设备的结构、原理、工艺，及时找出并解除设备在制造过程中存在的问题。

涉网自动化技术监督网络成员根据浙能兰电《通讯管理规定》开展一期、二期4台60万千瓦机组电气自动化及通信设备的设计、选型、制造、安装、调试、运行维护工作。2007年，浙能兰电修订《通讯管理规定》并将其更名为《通信管理》。2009年，浙能兰电修订《通信管理》并将其更名为《调度自动化及通信管理》。此后结合法律、法规、规章、标准的变化共进行5次修订。

涉网自动化技术监督网络成立后，成员通过设备试验及分析研究，全过程监督及时发现和消除设备缺陷，有效防止发生设备事故，先后参与调度数据网、电力监控系统安全防护建设。

浙能兰电调度数据网、电力监控系统分为安全Ⅰ区、安全Ⅱ区、安全Ⅲ区，其路由器分别与浙江省电力公司通信调度中心的广域网连接。2013年，浙能兰电调度数据网业务进行双平面改造，分别接入第二平面。同年，500千伏AVC系统使用上海申贝科技发展有限公司生产的L-2000系统，采用主备模式与华东网调通信。该系统于2017年升级改造为上海历鸿电力科技有限公司生产的LH2000系统，采用双主模式与华东网调通信。2016年，4号机组由500千伏系统改接入220千伏系统，采用北京四方继保自动化股份有限公司的CSS365系列同步相量测量装置。AVC系统使用国电南京自动化股份有限公司生产的P800系统。2019年，涉网自动化技术监督网络成员发现220千伏线路地刀控制逻辑不严谨、事故总信号逻辑不合理、测控装置对时故障等问题，及时提出修改意见，监督整改。

截至2023年底，浙能兰电荣获2009年度浙江电网自动化技术监督先进单位、国家电网浙江省电力调度中心2016年度统调发电厂涉网自动化技术监督先进单位等荣誉。

十一、励磁技术监督

励磁技术监督是对励磁实行从工程设计、选型、安装、调试到运行维护全过程的技术监督管理。维护部成员负责励磁相关仪器设备的日常维护管理。运行部成员负责掌握励磁设备运行情况,负责处理日常励磁调度运行事项。2019年,浙能兰电根据上级文件精神要求编制《励磁监督管理实施细则》,并将其作为模板在浙能电力推广应用。

励磁技术监督网络成立后,成员通过电设备定检、试验及分析研究,先后参与并全过程监督1～3号机组的励磁调节器国产化改造、4台机组励磁变感应耐压试验、1～4号机组励磁变冷却风扇温控改造,对试验步骤、最高电压设置等提出建议。机组A修时,励磁技术监督网络成员负责监督励磁检修单位,进行灭磁开关的解体检修及特性试验,对有缺陷的驱动机构进行更换,对开关动作电压值及时间进行试验,确保灭磁开关的可靠性。

2023年5月10日,根据《电力系统网源协调技术导则》和《国调中心关于加强火电机组涉网性能管理的通知》文件要求,浙能兰电励磁技术监督网络在深度调峰工况下进行机组电力系统稳定器(PSS)复核检查试验,保证电力系统稳定器(PSS)能正确发挥抑制电力系统低频振荡的作用,对试验过程中定值设置、限制动作后的处理方法等提出建议。

截至2024年1月,浙能兰电荣获2020年度、2023年度浙能集团励磁技术监督先进单位等荣誉。

十二、锅炉技术监督

浙能兰电按照国家、行业、上级单位有关标准要求开展锅炉设备技术监督工作,实现锅炉本体及相关辅助设备全过程监督和管理。锅炉技术监督范围包括锅炉本体及附属管道、制粉系统、燃烧系统、烟风系统、脱硝系统、灰渣系统及其辅助系统等。

2019年9月,浙能兰电编制《锅炉技术监督管理实施细则》,规范锅炉技术监督工作。该标准作为模板在浙能电力推广应用。锅炉技术监督网络成立后,以问题为导向对公司锅炉设备存在的重大缺陷和隐患进行分析,组织专题讨论,提出相应防范措施或改造建议,并在设备改造过程中进行监督,保证技改效果。

锅炉技术监督网络成立后,成员通过设备试验和分析研究,先后参与并全过程监督以下问题:4台机组锅炉侧墙水冷壁加装炉膛吹灰器,解决炉膛异常掉焦问题;1号机组、3号机组、4号机组供热提压改造,实现机组低负荷稳定供热;4号锅炉顶棚进口集箱更换改造,消除该锅炉前墙水冷壁鳍片多次开裂泄漏的重大隐患;1B磨煤机高效新型碾磨件改造,提高磨煤机制粉出力;4台锅炉高温再热器堵阀更换,消除原铸造式堵阀阀体表面开裂的严重隐患;4台锅炉A、B磨煤机冷热混合风道加装防爆门改造,提高掺烧高挥发分煤种的设备可靠性。

截至2023年底,浙能兰电荣获2018年度、2021年度浙能集团锅炉技术监督先进集体等荣誉。

十三、汽轮机技术监督

浙能兰电按照国家、行业、上级单位有关标准的要求开展汽轮机设备技术监督工作,实现汽轮机本体及相关辅助设备全过程监督和管理。汽轮机技术监督范围包括汽轮机本体设备、辅助设备、四大管道、其他压力管道及附属系统设备等。2019年5月,浙能兰电编制《汽轮机技术监督管理实施细则》,规范汽轮机技术监督工作,该标准作为模板在浙能电力推广应用。

汽轮机技术监督网络成立后,成员通过设备试验和分析研究,先后参与并全过程监督以下问题:结合2号机组、4号机组U1~U4高中压内缸螺栓断裂情况,在1号机组C修期间将高中压内缸U1~U4四颗80A Nimonic螺栓更换为X19材质螺栓;1~3号机组高压调阀十字头连接结构改造;3号机组检修期间完成通流改造后首次低压缸开缸检修工作;1~4号机组给水泵汽轮机开缸检修工作;1~4号机组低旁阀内件防冲刷改造;针对1号机组、2号机组主机润滑油温高的问题,实施油质在线处理,效果良好。

十四、建(构)筑物技术监督

2021年11月,浙能兰电发布《建(构)筑物技术监督实施细则》,规范建(构)筑物技术监督工作,实行新建、改建、扩建、维修等项目自设计、施工、验收至使用等全过程监督。

建(构)筑物技术监督内容为常规检查建(构)筑物的外观质量,测量、检测受监建(构)筑物,按要求定期开展安全性评估,确保主体结构和基础完好,满足安全使用要求。监督范围包括主厂房及生产辅助建筑,升压站线路架构和基础,边坡、煤场及输煤栈桥(含转运站),烟囱和冷却塔建筑结构和基础,各类水池(储罐)的建筑结构和基础,电缆沟道、隧道、道路、厂区雨排水系统,灰坝及引(排)水设施建筑结构和基础等七大类。

建(构)筑物技术监督网络成立后,成员参与并全过程监督浙能兰电建(构)筑物,确保各附属设施总体情况良好。

十五、工控信息安全技术监督

工控信息安全技术监督范围包括位于生产控制大区内的工业控制系统以及相关的信息安全产品(包括用于监视和控制电力生产及供应过程的业务系统及智能设备、基于计算机及网络技术的业务系统及智能设备、作为基础支撑的通信网络与电力调度相关的纵向连接部分、以安全防护为目的的监控系统内部软件和边界安全设备)。监督工作阶段涵盖规划设计、建设实施、运行维护、废弃阶段管理,各阶段涉及等级保护工作、风险评估、密评、制度规程资料管理、服务商及外部人员管理、保密和敏感信息管理等工作。

2023年3月,浙能兰电发布《工控信息安全技术监督管理实施细则》,规范工控信息安全技术监督工作。同年6月,工控信息安全监督网络编制《工控运维操作手册》。工控信息安全技术监督网络编制《工控月度检查表》《DCS工控信息网络安全加固指南》,完善《工控资产清单》并在浙能集团工控信息安全技术监督会上交流。

工控信息安全技术监督网络成立后,成员参与并全过程监督1号和2号机DCS改造、辅控DCS改造、封闭煤场改造,提高工控系统安全性和可靠性。同时工控信息安全技术监督网络督促调度数据网纵向加密装置开启SM2算法,部署完成1~4号机组公用、辅控、脱硫工控DCS安全加固系统,部署态势感知,开展等级保护测评自评,开展风险评估自查,确保2023年所有等级保护系统测评均达到良好以上。

截至2023年底,浙能兰电荣获2022年度、2023年度浙能集团工控信息安全技术监督先进集体等荣誉。

第三章　科技与技改

　　2005年,浙能兰电科技与技改工作正式起步。2009年5月,成立科技进步领导小组和科技工作小组,对每年度科技项目的制定进行统筹规划,负责公司对国内外先进技术和装备的引进、消化吸收和创新,制定企业创新战略规划,对公司或行业领域的关键和共性技术问题进行攻关,并对公司实施的科技项目进行初步综合验收等。浙能兰电一直鼓励职工为提高企业生产经营的安全性、质量和效益,积极参加科技、技改、合理化建议等系列活动。科技项目、技术攻关、技术改造、合理化建议和QC活动的开展及科技与技改管理工作的持续改进,为进一步推动浙能兰电在安全、环保、节能、经济等领域的指标提升,解决技术难题发挥重要作用。2023年,浙能兰电与白马湖实验室(能源与碳中和浙江省实验室)合作共建兰溪二氧化碳捕集与利用研究试验基地。该基地围绕低能耗、低成本二氧化碳捕集及宽途径、高附加值二氧化碳转化利用,积极开展新材料、新工艺、新装备研究及技术示范验证。截至2023年底,浙能兰电累计获科技发明奖、科技进步奖、安全科技进步奖47项,取得专利授权123项。其中,用户侧低品位蒸汽驱动的空压机成套装备取得2022年度浙江省首台(套)装备的认证。在QC活动方面,浙能兰电64项QC活动成果获浙江省电力及以上等级QC活动奖,其中,"减少一次风机报警次数"获中国水利电力质量协会优秀质量管理小组特等奖,"新型板框式过滤器的研制"获全国电力行业QC小组优秀成果一等奖。在技术改造方面,浙能兰电累计投资174992万元,完成484个技改项目,其中,3号机组汽轮机通流改造项目被评为国家2014年煤电机组节能升级与改造示范项目。

第一节 科学技术

一、科技管理

2005年,浙能兰电发布《科技工作管理规定》,标志着浙能兰电科技工作正式起步。2006年2月20日,浙能兰电发布《关于成立科技管理领导小组的通知》,成立科技管理领导小组,在设备部设科技项目管理专职,负责科技项目的实施、检查和考核。

2009年5月,浙能兰电发布《科技工作管理》这一标准,成立以总工程师(分管副总经理)为组长的科技进步领导小组,负责科技规划、计划项目的审定、检查,技术措施的落实、考核等工作,下设科技进步工作小组,具体负责科技项目的统筹管理。同年,因机构变更,科技项目管理职责划入总师办。2011年12月,科技项目管理职责回归设备部,职责从原来的科技项目管理升级为科技创新管理,并在设备部设立科技创新管理专职,具体负责科技创新管理制度和标准的制定、实施、检查、考核,年度计划的编制、调整,项目呈报及实施的组织、协调。2015年7月,科技项目管理职责由设备部调整到更名后的设备管理部。

2016年12月,浙能兰电科技进步领导小组提出开展技术攻关工作,并将其列入2017年科技创新计划,管理上按低于科技项目、高于QC和五小课题策划。同年,浙能兰电将技术攻关工作列入《科技工作管理》,考核奖励制度列入《综合考核管理》,技术攻关活动进一步制度化、程序化和规范化。

二、重点科技项目

(一)火电厂大型自然通风冷却塔降噪研究

2005年12月1日,浙能兰电委托设计单位进行火电厂大型自然通风冷却塔降噪工程方案设计,项目启动。2006年3月,浙能兰电进行火电厂大型自然通风冷却塔降噪工程招标、决标,确定该项目由浙江东发环保工程有限公司总承包。2006年4月6日,浙能兰电与浙江东发环保工程有限公司签订兰溪发电厂冷却塔降噪工程总承包合同,在1号、2号冷却塔靠近厂界一侧的进风口位置安装高约11.8米的消声导流片,并且在两座冷却塔连接处采用声屏障工艺进行消声、隔声治理。

该工程于2006年5月20日开工,同年12月15日竣工。该项目背景:火电厂冷却塔淋水产生噪声强度在80～90分贝,而国内绝大部分电厂的冷却塔未同步设计降噪措施。浙能兰电一期工程2台60万千瓦机组配套的2台冷却塔,淋水噪声达85分贝左右,距塔水池边缘约20米处的最不利厂界点昼间实测噪声达78.48分贝,夜间实测噪声达77.68分贝,远超过《工业企业厂界噪声标准》标准,夜间噪声超标22.68分贝。其中冷却塔所面对的第一排民居离冷却塔水池边缘约70米,昼间实测噪声67.5分贝,不超标,夜间实测噪声66.2分贝,夜间敏感点超标11分贝以上。厂界离居民区较近,引起敏感点超标。项目主要研究内容为降低1号、2号冷却塔噪声对厂界及敏感点的影响,实施噪声治理工艺及措施,选择阻性消声导流片为主工艺,并根据冷却塔四周与厂界距离的不同选择不同规格的消声导流片模块组合布置,从而在保证整体降噪要求的前提下降低投资成本和阻力损失。该项目主要对冷却塔噪声特性与倍距离声衰减规律、加装消声导流片对冷却塔通风换热的影响、消声导流片不同安装角度对降噪量的影响进行分析和研究。2006年11月11日,浙江省环境监测中心监测结果显示,1号、2号冷却塔敏感点昼间噪声从67.5分贝降至59.2分贝,夜间噪声从66.2分贝降至54分贝,达到GB 12348—2008《工业企业厂界环境噪声排放标准》3类声环境功能区标准。2008年,该项目作为浙能兰电首个验收通过的科技项目荣获浙江电力科学技术进步奖二等奖。

（二）大型内陆电厂冷端系统综合治理及优化

2009年11月11日,浙能兰电向浙能集团申请2010年度科技项目及费用,该项目启动实施。2010年10月—2011年9月,浙能兰电4台机组循环水泵进行双速改造,并开展冷端优化试验,优化循环水泵运行方式。该项目背景是内陆电厂的冷端系统往往采用闭式循环,从机组热力循环的角度来分析,冷端损失占机组总热量的50%以上,是制约机组热效率提高的最主要因素,对其进行综合治理及优化调整是机组节能降耗的重要手段。该项目主要研究内容是根据机理及试验研究,确定冷端系统中汽轮机低压缸、凝汽器、凝汽器清洗系统、凝汽器抽真空系统、循环水泵及管路、冷却塔等主要设备的运行特性。通过对各冷端运行设备工作参数之间关联规则的深入研究挖掘,开展冷端设备耦合寻优,实施循环水泵、冷却塔设备、凝汽器清洗系统改造，以此实现机组冷端优化运行。2013年4月—2015年7月，浙能兰电4台机组凝汽器清洗系统进行改造，实现大数量集中喷射清洗球的在线自动清洗，确保凝汽器长周期清洁运行。2015年6月，浙能兰电4号机组冷却塔填料进行改造，增加单位体积的换热面积以及循环水在填料中的换热时间，有效降低冷却塔出水温度，提高机组运行经济性能。

4台机组的循环水泵双速改造和冷端优化，使供电煤耗平均降低0.73克/千瓦时，平均每年节省标准煤9451吨。4台机组的凝汽器清洗系统改造，使供电煤耗平均降低0.61克/千瓦时，平均每年节省标准煤5438吨。2016年，该项目获浙江能源科学技术奖、浙江电力科学技术进步奖一等奖。2019年12月，该项目获钱江能源科学技术奖。

（三）600 MW 机组 NO_x 排放和锅炉安全及经济性关系的研究

2010年11月1日，浙能兰电向浙能集团申请2011年度科技项目及费用，该项目启动实施。2011年2—5月，结合浙能兰电3号机组大修，开展锅炉冷态动力场试验，根据炉内空气动力特性，研究燃烧器特性。2011年6—11月，开展变负荷（60万千瓦、50万千瓦、40万千瓦）、变OFA风量、二次风不同的配风方式（包括碗式和非碗式配风）、变换燃烧器位置（停下排燃烧器，运行上排燃烧器）等调整。2011年12月，根据试验数据分析提出燃烧调整建议。该项目背景是浙能兰电机组投入运行以来，NO_x 的排放量比较低，锅炉两侧墙已出现高温腐蚀状况，且主燃烧区域采用分级送风燃烧技术，排放的烟气中也存在较高的CO，造成较大的热损失，主燃烧区域缺风燃烧对煤粉的燃烬也有影响。深入了解低 NO_x 燃烧（分级配风）和高温腐蚀之间的关系，调整燃烧工况，或实施恰当的改造，缓解或消除高温腐蚀已经刻不容缓。项目主要研究内容是通过试验与理论研究，确立锅炉水冷壁高温腐蚀倾向性的判别依据，采用变换煤种、变换OFA风量及风速、变换负荷、变换二次风配风方式等手段，研究锅炉效率和 NO_x 排放水平，评判 NO_x 排放与机组经济之间的关系，采用将炉内燃烧器区域水冷壁附近烟气矩阵式测点群通过钢管引出炉外的方法，取出炉内燃烧区域各个不同位置点的烟气进行成分分析，评判 NO_x 排放与锅炉安全性之间的关系。

浙能兰电以新的锅炉运行策略运行后，可以在 NO_x 排放浓度增加不多的条件下，显著提高锅炉运行的安全性与经济性。燃烧优化后，浙能兰电锅炉效率提高0.43%，发电煤耗降低1.4克/千瓦时，再热器减温水量由25.0吨/时下降到

6.5吨/时，折算发电煤耗降低0.69克/千瓦时，但NO$_x$略微有所上升（14～59毫克/立方米），扣除SCR运行费用的增加量，综合每年节约可计算成本1800余万元。2012年3月，该项目荣获浙江电力科学技术进步奖一等奖。

（四）电站镍基高温合金螺栓早期失效机理及防范技术研究

2019年1月，该项目启动实施。2019年4月—2020年11月，开展电站镍基高温合金螺栓的早期失效机理研究。2020年12月，提出Nimonic 80A在偏低温服役时"负蠕变"导致螺栓失效的规律，同时提出X19螺栓替代Nimonic 80A的方案。2020年12月—2021年7月，开展合金涂层研发和高温应力松弛试验，对工艺进行优化。2021年8月，提出镍基高温合金多道次变形过程中微观组织预测控制的方法。该项目背景：一是镍基或钴基高温合金具有优异的力学性能，其强度尤其是600～700摄氏度的高温强度远大于一般的耐热钢，在火力发电领域，电厂为实现增加电量和节能减排的目标，提高蒸汽参数（温度和压力），即蒸汽参数为620摄氏度/25兆帕以上超超临界蒸汽参数锅炉的发电机组，将镍基合金作为更高参数电站关键部件螺栓紧固件的主要备选材料是发展的趋势；二是近年来，浙能集团下属发电厂出现大量镍基高温合金螺栓早期断裂的案例，包括Nimonic 80A、B 446、Inconel 718、Alloy 783等。镍基高温合金在长时间处于500～600摄氏度服役环境下，尤其是作为紧固件遭受较大拉伸和剪切应力时，氧很容易首先在晶界位置优先渗入，在晶界附近产生脆性氧化物，使晶界变脆以及变弱，导致裂纹沿晶界快速扩展。基于上述原因，电站镍基高温合金螺栓早期失效机理及防范技术研究项目启动实施。该项目主要研究热处理和抗氧化涂层两方面：一是通过改变固溶和时效热处理温度与时间，来调节合金的晶粒大小及分布，改变在晶界上析出的碳化物相的尺寸、含量及分布，总结出一套优化的热处理工艺制度，包括加热速度、固溶和时效温度、保温时间、降温速率等工艺参数；二是在镍基合金上沉积抗氧化涂层，考虑涂层、黏结层与基体的结合力、热膨胀系数差异、涂层的抗摩擦磨损等力学性能，得到性能优良、防氧化性能好的一套涂层工艺。该项目研究应用情况如图3-1所示。

图3-1　电站镍基高温合金螺栓早期失效机理及防范技术研究应用情况

该项目围绕提升电站高温螺栓服役的安全性开展研究,揭示电站镍基高温合金螺栓的早期失效机理,提出用马氏体钢替代镍基高温合金的方案,有效解决在偏低温环境下镍基高温合金螺栓大批量断裂的问题,同时还创新镍基高温合金螺栓锻造和热处理工艺,提高国产镍基高温合金螺栓的制造质量。2023年3月,该项目荣获浙江电力科学技术进步奖一等奖。

(五)燃煤电厂燃料全流程精准控制

2019年9月,该项目启动实施。同年12月,完成项目总体规划及锅炉摸底试验。2020年8月,完成智能软件平台建模、架构与初步开发,完成智能燃料现场设备安装及网络调试,完成煤粉在线测量系统、风粉流速均衡装置、燃烧器出口功率自动调平控制系统安装与调试。2020年11月,完成平台软件开发与调试,完成DCS控制柜、IO接口卡件、流速均衡装置电动执行机构及测点等安装,完成系统调试及控制系统自动调平试验及优化系统的DCS控制逻辑设计。2020年12月,智能燃料系统投入试运行。2021年8月,完成磨煤机、锅炉、脱硝的系统性试验和建模数据采集。2021年12月,完成DCS磨煤机优化、燃烧优化、脱硝优化模型应用与调试,燃煤电厂燃料全流程精准控制系统全面投入运行。项目背景是浙能兰电4台66万千瓦燃煤机组部分设备的调控能力较弱、燃用煤种复杂、燃料系统与锅炉系统独立,在煤种复杂变化的情况下,锅炉运行操控难以做到及时精准,燃烧系统部分设备、磨煤机分离器仅能手动调节,给磨煤机及燃烧的优化控制带来较大影响。另外,燃烧系统 NO_x 及CO排放浓度波动幅度较大,工况变动时常有曲线毛刺现象,为使排放稳定达标,往往调控到更低的排放浓度,给机组安全经济运行带来不利影响。该项目主要针对上述运行现状,以锅炉燃料全流程为主要线索,提升燃料全流程范围内关键设备的自动化、智能化水平,解决各环节中的关键问题,研发燃料全流程智能化分析评估平台与先进控制策略,在燃料全流程范围内进行精准协调优化控制,实现锅炉更加安全、高效、超低污染运行。主要研究燃料精准控制技术、磨煤机精准控制技术、锅炉烟气参数精准测量、锅炉效率精准监测与效差评估、燃烧精准控制技术、锅炉关键节点精准测控与评估技术、超低排放精准控制技术。

2022年1月,浙能兰电委托杭州意能电力技术有限公司进行第三方评估测试。结果表明,在不投运燃料全流程精准控制技术、仅投运燃烧精准控制技术、仅投运磨煤机精准控制技术,以及投运燃烧精准控制技术和磨煤机精准控制技术4种工况下,实测锅炉效率分别为94.13%、94.56%、94.33%、94.61%,修正后锅炉效率分别为 94.03％、94.44％、94.27％、94.56％，锅炉效率分别提高 0.41％、0.24％、0.53％。脱硝反应器入口 NO_x 排放质量浓度分别为 324.23 毫克/标准立方米、268.06 毫克/标准立方米、283.44 毫克/标准立方米、261.28 毫克/标准立方米。燃料精准控制系统投入运行后，煤场热值损失和输煤成本均有所下降，燃料成本降低约 2.91 元/吨。烟囱总排口 NO_x 浓度排放曲线比脱硝精准控制系统投入运行前平稳，大幅度毛刺现象减少。通过燃煤电厂实行燃料全流程精准控制后，节能降耗效果明显，同时全流程范围内关键设备的自动化、智能化水平也有所提升。研发燃料全流程智能化分析评估平台与先进控制策略，在燃料全流程内进行精准协调优化控制，实现锅炉更加安全、高效、超低污染运行。

（六）智能化高效稀土永磁电机在发电厂的研究应用

2020 年 2 月 15 日，浙能集团发布《关于下达 2020 年集团科技与信息化项目计划的通知》，智能化高效稀土永磁电机在发电厂的研究应用项目作为浙能集团重点科技项目启动实施。2020 年 3 月，完成高效稀土永磁电机测试。2020 年 5 月，针对浙能兰电主要辅机系统电机开展性能测试与分析，完成电机及相关设备的设计研发工作。2020 年 11 月，在皮带机、搅拌机、磨煤机等设备上应用，实现控制性能提高与节能效率提升。环保绿色、节能高效、数字化智能是当今科技工业发展的主题。我国电机应用市场与发达国家相反，通用电机用量占比为 85％，专用电机用量占比仅为 15％，因此电机的节能增效工作必须结合具体使用行业、具体使用装备和具体使用工况，以点带面，开展整个行业的节能降耗工作。为推进节能增效工作，浙能兰电针对磨煤机、皮带机、浆液泵搅拌机开展科技研究工作，研究在不同类型负载、不同工况下智能化高效稀土永磁电机的工作特性，利用稀土永磁电机的低速大扭矩特性，挖掘系统节能潜力。该项目主要研究在不同类型负载、不同工况下智能化高效稀土永磁电机的工作特性。项目选定发电厂主要辅机系统中低速大扭矩特性具有代表意义的 630 千瓦磨煤机电动机、450 千瓦皮带机电动机、45 千瓦吸收塔搅拌机电动机为研究对象，设备转速分别为 24.2 转/分钟、60 转/分钟及 120 转/分钟。通过研究稀土永磁电机在磨煤机、皮带机、浆液泵搅拌机中的运行状况，积累运行数据与经验，分析系统最佳运行控制策略，发掘系统优化潜力，实现控制性能和节能效果的统一，指导未来火力发电厂辅机系统电机技术改造的实施和效果预测，以及辅机系统电机部分的优化选型与使用。该项目研究应用情况如图 3-2 所示。

图 3-2 智能化高效稀土永磁电机在发电下的研究应用情况

2021年6月,浙能兰电委托第三方对1号锅炉E磨煤机电机、7号B输煤皮带机电机、1号机组C吸收塔搅拌机电机进行性能测试。1号锅炉E磨煤机电机根据给煤量调整转速,降低磨煤机单位耗电量11%～14%。7号B输煤皮带轮电机改造后,折算吨耗电量降低25%,与未改造的7号A输煤皮带轮相比降低22.7%。1号机组C吸收塔搅拌机电机单位耗电量降低40%。2022年3月,该项目荣获浙江电力科学技术进步奖一等奖。

(七)火力发电厂轴流风机实时监测与管理系统研究

2020年2月15日,浙能集团发布《关于下达2020年集团科技与信息化项目计划的通知》,火力发电厂轴流风机实时监测与管理系统研究项目作为集团研发类科技项目启动实施。2020年4月,结合浙能兰电1号锅炉引风机入口烟道特点,进行轴流风机风量测量装置的研究。2020年5—8月,对运行工况实时监测,进行轴流风机运行计算模型的研究。2020年9月—2021年3月,建立轴流风机失速计算模型,实现1号锅炉引风机设备的在线性能实时监测及运行点可视化,并制定三级预警机制。2021年4—10月,结合三大风机运行情况,提出轴流式风机失速判断及保护逻辑,制定动叶可调轴流式风机失速防范及处置技术措施。2021年10月—2022年3月,完成轴流风机在线监测系统优化。项目背景是一次风机、送风机和引风机作为火电厂的三大风机,其运行的安全性与可靠性直接影响着电厂的安全经济运行。通过对轴流风机失速机理和失速原因进行分析,建立多参数运行计算模型,对风机运行参数进行实时监测,并与风机性能曲线进行拟合,当轴流风机可能发生失速时,发出预警信号。同时,从运行、设备检修、热工逻辑等方面入手研究制定预防轴流风机失速的措施和轴流风机失速后的处置措施等,从而有效降低浙能集团内电厂锅炉风机失速频次,有效提高机组运行安全经济性。另外,该研究可以为国内外电厂轴流风机实时监测与管理系统研究提供借鉴和参考。该项目主要对电站锅炉轴流式风机实时工况进行研究,建立计算模型,利用现场测试试验、理论分析等方法,将风机运行方式、效率情况与性能曲线进行拟合、修正,并实时显示,对风机检修、运行提出指导建议。同时,建立风机失速计算模型,研究轴流风机失速的判断依据,优化热工逻辑保护,实现风机失速实时预警,形成轴流风机失速预防措施和失速后的处置措施,提高风机运行的安全性和经济性。该项目研究应用情况如图 3-3 所示。

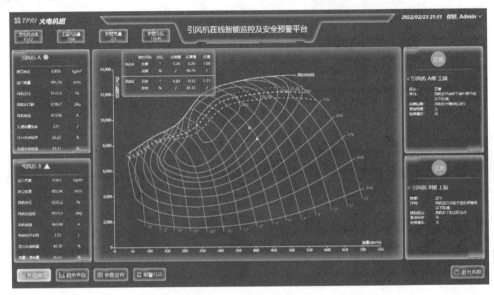

图 3-3 火力发电厂轴流风机实时监测与管理系统研究应用情况

该项目研究建立了轴流引风机运行计算实时监测模型,在此基础上结合引风机性能曲线对引风机失速的危险性提出量化指标,并制定三级预警机制,当引风机实时运行工况点靠近预警区域时,会根据预警等级发出不同级别的报警。同时还结合轴流式风机动叶开度、电流等运行参数,提出风机失速判断及保护逻辑,制定动叶可调轴流式风机失速防范及处置技术措施,提高引风机运行安全可靠性。2023 年 3 月,该项目荣获浙江电力科学技术进步奖一等奖。

（八）基于蒸汽余压驱动的撬装式压缩空气供应装置研制及应用

2020 年 2 月 15 日,浙能集团发布《关于下达 2020 年集团科技与信息化项目计划的通知》,基于蒸汽余压驱动的撬装式压缩空气供应装置研制及应用作为浙能集团研发类科技项目启动实施。2020 年 3—5 月,确定基于蒸汽余压驱动的撬装式压缩空气供应装置研制总体方案、技术路线和装置定型设计总体指标。2020 年 6—10 月,根据整机特性计算分析和整体方案设计,开展向心汽轮机、离心空压机气动设计,初步完成整机三大部件的设计。2021年5月,完成向心汽轮机、离心空压机、高速齿轮箱、润滑油站、空气冷却器、总体撬装等详细加工图纸的设计。2021年6月,开展整机控制系统设计及不间断电源详细设计。2021年7月,完成有关配件的铸造、机加工。2021年11月,完成整机总装及出厂测试。项目背景是工业园区一般通过电厂集中供热,用能企业通过自购电拖空压机供气,其中电厂集中供蒸汽管道一般按园区最末端用户的蒸汽压力倒推确定,约有1/2的用户通过减温减压装置调节蒸汽压力,降低蒸汽品位等级以满足自身生产条件,而蒸汽减温减压(向低品位转换)的过程,是一个不可逆的、熵增和焓降的过程,降低了蒸汽的做功能力,存在着能源浪费问题。当前蒸汽压力能回收主要采用背压轴流式汽轮机,受限于轴流蒸汽汽轮机结构,轴流汽轮机小型化发展尚不成熟,成熟稳定运行的装机功率一般都不低于2兆瓦,同时轴流蒸汽汽轮机占用场地较大,只能解决大流量、中高品位段的蒸汽压力能回收问题,不能解决面向用户侧的小流量、中低品位段的蒸汽压力能回收问题。该项目主要研究适用于小型离心空压机的蒸汽径向透平汽轮机驱动技术,是高端装备制造和工业节能方面的原创性应用创新,适用于蒸汽径向透平驱动小型离心空压机一体化机组的数字控制系统,具备无人值守、一键启停功能,并适应蒸汽径向透平汽轮机的小型离心空压机研制或升级改造技术,实现蒸汽压力能直接转化为无油的压缩空气。根据概念机—虚拟机—样机—产品机系列化产品机的路线,设计开发基于蒸汽余压驱动的撬装式压缩空气供应装置,形成覆盖所有电厂集中供热终端用户的蒸汽余压利用的系列化产品。该项目研制及应用情况如图3-4所示。

图3-4　基于蒸汽余压驱动的撬装式压缩空气供应装置研制及应用情况

该项目已在金华市博众新材料有限公司示范应用,运行稳定,产生25.7立方米/分钟、0.5 兆帕压缩空气,取得良好的经济效益。2022 年 8 月,该项目通过合肥通用机电产品检测院有限公司(国家压缩机制冷设备质量检验检测中心)第三方测试。基于蒸汽余压驱动的撬装式压缩空气供应装置取得 2022 年度浙江省首台(套)装备的认证。2023 年 3 月,该项目中的"用户侧低品位蒸汽驱动的空压机成套设备"荣获浙江电力技术发明奖。

(九)物联网边缘计算及网关装置的研发与应用

2021 年 5 月,物联网边缘计算及网关装置的研发与应用项目启动实施,确定项目计划,制定工作任务书,明确项目汇报方式以及风险点管理流程。2021 年 8 月,进行项目技术方案的细化,明确项目资源的规划及落实。2021 年 10 月—2022 年 4 月,完成软件平台研发,包括采集协议开发、硬件网关开发等。2022 年 3 月至 5 月,进行软件的实验室环境测试。2022 年 6 月,该项目在浙能兰电部署以及试运行,进行成果转化。边缘计算是指在靠近物或数据源头的网络边缘侧,融合网络、计算、存储、应用核心能力的分布式开放平台(架构),就近提供边缘智能服务。随着"数字浙能"的提出,浙能集团下属电厂数字化转型、万物互联、大数据的快速推进,单纯的云计算已经难以满足爆发式增长的计算需求,又由于工业互联网发展具有低延迟的特点,边缘计算、云边协同技术应运而生。该项目以浙能兰电生产场景为依托,以国产化软硬件为基础,以浙能集团能源全产业链应用为目标场景,打造一套自主可控的边缘计算网关装置及管控平台。利用边缘计算技术将能源与互联网相结合,扩充网络整体的计算和存储能力,提高业务响应的实时性及便捷性,针对工业互联网应用特点,对生产数据实现采集、传输、汇聚的管理,让数字化真正成为浙能集团发展的催化剂、加速器。

2023 年 3 月,该项目在杭州召开验收会,正式通过验收。

(十)浙江省太阳能利用与节能技术重点实验室建设(先进二氧化碳捕集与矿化利用关键技术及万吨级集成示范)

2022 年 3 月,该项目土建基础开工并完成捕集区域桩基施工。2022 年 4 月,主设备技术规范评审完成。2022 年 5 月,启动主要设备的招标工作并召开"尖兵"计划项目启动会。2022 年 7 月,完成主要物资合同的签订。2022 年 8 月,完成捕集区域钢结构基础承台施工,钢结构吊装开始施工,烟气及循环水管道开始施工。2022 年 10 月,完成主要设备的安装。电仪设备开始安装;2022 年 12 月,完成设备安装,进行送电调试及其他生产前准备工作。2023 年 1 月,设备单体调试完成。2023 年 3 月,完成捕集系统调试并具备进吸收剂试验条件。2023 年 4 月,完成吸收剂制备及投料、完成矿化区域设备单体调试。2023 年 6 月,利用区域厂房钢结构吊装开始施工。2023 年 8 月,利用区域设备基础开始安装。2023 年 11 月,利用区域设备管道安装完成、MCC 柜受电。该项目背景是在能源"双控"和煤炭消费减量替代巨大压力下,燃煤发电企业对低碳发展与固废治理有重大需求,而化学吸收技术因其捕集效率高和适应性好,是目前具有大规模捕集二氧化碳潜力的技术路线之一,能够通过使用创新溶剂、捕集设备的标准化和大规模部署,实现二氧化碳及其衍生产品在工业中形成规模经济和得到广泛利用。捕集的二氧化碳可以用于制造碳酸饮料、金属保护焊接、合成有机化合物、灭火、制冷等,其衍生物干冰可替代水冰用于食品的冷链运输和工业模具清洗,可利用自然界或工业过程中产生的钙镁基矿物转化二氧化碳形成碳酸盐,可利用加气砌块等灰渣基混凝土预制件进行矿化固定二氧化碳,具有较好的经济、环境效益和市场前景。该项目是以高效、低能耗的二氧化碳捕集并协同废弃物综合治理为目标,研究新一代低能耗二氧化碳捕集和矿化利用集成技术,形成自主知识产权,推动 CCUS 等关键碳中和技术国产化,率先在国内发电行业进行二氧化碳捕集与矿化利用装备、工艺集成示范。项目通过研究新一代二氧化碳化学吸收捕集和矿化养护建材全流程技术,形成基于新型二氧化碳两相吸收剂的捕集工艺和基于碳酸化胶凝建材配方的矿化养护工艺。在此基础上,在浙能兰电建设 1.5 万吨/年二氧化碳捕集系统,在兰溪天达环保建材有限公司建设 1 万吨/年二氧化碳矿化系统和 0.5 万吨/年二氧化碳液化干冰系统。二氧化碳捕集与矿化利用关键技术及万吨级集成示范建设情况如图 3-5 所示。

图 3-5　二氧化碳捕集与矿化利用关键技术及万吨级集成示范建设情况

该项目在浙能兰电建设的 1.5 万吨/年二氧化碳捕集系统,于 2023 年 11 月 16 日由兰溪天达环保建材有限公司利用区域建设的矿化系统调试完成。2024 年

1月25日，该项目正式移交运行部。2024年4月1日，通过72小时运行试验，标志着全国首个煤电二氧化碳捕集与矿化利用全流程耦合示范项目具备投产条件。该项目形成一套集成新一代吸收剂、高效塔器、胺逃逸控制与节能技术的先进化学吸收碳捕集核心工艺，并完成每年万吨级二氧化碳工艺包，在国际上首次将低能耗二氧化碳两相吸收剂及胺逃逸控制装置应用于工业示范，再生能耗不高于2.4吉焦/吨二氧化碳，处于国际先进水平。下一步将形成二氧化碳矿化养护制加气砌块的配方及生产工艺，建成万吨级二氧化碳捕集与矿化利用集成工业示范装置，获得膜电极单池电催化二氧化碳还原反应器设计方案，高效二氧化碳电催化剂制备工艺，形成经济高效且稳定的催化剂电催化二氧化碳还原燃料化技术方案，建成全国首个万吨级煤电二氧化碳捕集与矿化利用全流程耦合示范基地，可作为全国领先的二氧化碳捕集与多途径利用研发与示范平台，为燃煤电厂二氧化碳捕集利用技术的持续研发提供坚实的平台支撑。在矿化利用上，国内首次将二氧化碳矿化加气砌块技术应用于工程实践，建材活性组分矿化固定率大于100千克/吨。

（十一）二氧化碳热转化技术研究平台项目（绿电制氢耦合二氧化碳合成绿色甲醇关键技术研究）

2023年2月，绿电制氢耦合二氧化碳合成绿色甲醇关键技术研究项目开工，确定整体工艺路线，启动电解水制氢及二氧化碳加氢合成甲醇设备采购。2023年3—6月，开发高效电解水制氢及二氧化碳加氢制甲醇关键材料，土建开工，电解水制氢设备安装。2023年7月，土建完工。2023年8月，完成整体设备安装工作。2023年9月，完成整体调试，开展中试平台连续运行测试，并优化绿色甲醇生产工艺参数，项目完工。项目背景是全国首个煤电二氧化碳捕集与矿化利用全流程耦合示范项目落户浙能兰电，年捕集二氧化碳15000吨，开展绿电制氢耦合二氧化碳合成绿色甲醇关键技术研究，有利于浙能兰电继续深入开拓二氧化碳资源化、高值化利用的新途径。以二氧化碳和绿氢为原料制备甲醇是最契合"双碳"战略的工艺路线。以电为能源、二氧化碳为原料生产绿色甲醇的成本到2050年有望降至250美元/吨～630美元/吨，与化石燃料制甲醇成本相当，绿色甲醇将具备更大的市场竞争力。开发高效电解水制氢及二氧化碳加氢制甲醇催化剂，打通电解水制氢耦合二氧化碳加氢制绿色甲醇工艺流程，建立关键技术试验平台，优化合成工艺条件，形成波动电源条件下系统工艺优化与调控策略，实现甲醇连续生产，合成甲醇产能不小于100吨/年，合成甲醇单位耗电量小于12000千瓦时/吨,电解水制氢系统出力为 50 标准立方米/时,甲醇合成系统出力为 14 千克/时,可再生能源消纳能力不小于 120 万千瓦时/年,形成可再生能源发电—电解水制氢—二氧化碳捕集—二氧化碳加氢制甲醇—粗甲醇精馏系统深度耦合技术,甲醇合成系统调节范围为 20%～110%,完成合成甲醇整体技术经济性评估,形成大规模可再生能源制绿氢及二氧化碳资源化工艺方案。该项目建设情况如图 3-6 所示。

图 3-6　二氧化碳热转化技术研究平台项目建设情况

该项目已全部建设完成,已能正常生产纯度符合要求的甲醇。2023 年 10 月 8 日,杭州第 19 届亚运会主火炬塔首次采用绿色甲醇作为火炬燃料,二氧化碳热转化技术研究平台为杭州第 19 届亚运会提供部分绿色甲醇燃料制备及供应。后续,该项目将对甲醇生产的各项性能进行再优化、再改进。

三、科技成果

(一)科技项目获奖情况

2008—2023 年,浙能兰电科技项目共立项 76 项,已完成 72 项,科技项目投资 21839.18 万元,获得科技发明奖、科技进步奖、安全科技进步奖 47 项。按颁发奖项级别分,省部级奖项 2 项,市级奖项 45 项;按奖项等级分,一等奖 7 项,二等奖 11 项,三等奖 27 项,优秀奖 2 项。2008—2023 年浙能兰电科技成果获奖情况见表 3-1。

表 3-1　2008—2023 年浙能兰电科技成果获奖情况

获奖年份	项目名称	奖项	获奖等级
2008	火电厂大型自然通风冷却塔降噪研究	浙江电力科学技术进步奖	二等奖
2009	国产 600 MW 超临界机组 FCB 功能研究	浙江电力科学技术进步奖	三等奖
2012	600 MW 机组 NO_x 排放和锅炉安全及经济性关系的研究	浙江电力科学技术进步奖	一等奖
2013	电厂全过程能量管理及成本优化系统开发	浙江电力科学技术进步奖	二等奖
2013	600 MW 发电机定子线圈温差偏大问题研究	浙江电力科学技术进步奖	三等奖
2013	600 MW 发电机定子线圈温差偏大成因分析及解决对策	浙江能源科学技术奖	二等奖
2013	电厂全过程能量管理及成本优化系统开发	浙江能源科学技术奖	三等奖
2014	600 MW 机组前后墙布置旋流燃烧器节能减排配风方式的试验研究	浙江能源科学技术奖	二等奖
2014	分散控制系统安全防护及监控的试验研究	浙江能源科学技术奖	三等奖
2014	东汽 600 MW 超临界机组汽轮机配汽系统优化	浙江能源科学技术奖	三等奖
2014	600 MW 机组前后墙布置旋流燃烧器节能减排配风方式的试验研究	浙江电力科学技术进步奖	二等奖
2014	东汽 600 MW 超临界机组汽轮机配汽系统优化	浙江电力科学技术进步奖	三等奖
2014	分散控制系统安全防护及监控的试验研究	浙江电力科学技术进步奖	三等奖
2015	高温锅炉管内壁氧化皮脱落问题综合研究	浙江能源科学技术奖	二等奖
2015	进口煤的燃烧特性、分类及其适烧性试验研究	浙江能源科学技术奖	三等奖
2015	GGH 在线新型化学清洗工艺研究	浙江能源科学技术奖	优秀奖
2015	高温锅炉管内壁氧化皮脱落问题综合研究	浙江电力科学技术进步奖	三等奖
2015	进口煤的燃烧特性、分类及其适烧性试验研究	浙江电力科学技术进步奖	三等奖
2016	大型内陆电厂冷端系统综合治理及优化	浙江能源科学技术奖	一等奖
2016	SCR 脱硝系统及催化剂的运行优化研究	浙江能源科学技术奖	二等奖
2016	发电集团网格化继电保护整定及管控系统研究开发	浙江能源科学技术奖	三等奖
2016	环境友好型发电厂节水技术研究	浙江能源科学技术奖	三等奖
2016	大型内陆电厂冷端系统综合治理及优化	浙江电力科学技术进步奖	一等奖
2016	发电集团网格化继电保护整定及管控系统研究开发	浙江电力科学技术进步奖	二等奖

获奖年份	项目名称	奖项	获奖等级
2016	SCR 脱硝系统及催化剂的运行优化研究	浙江电力科学技术进步奖	二等奖
2016	环境友好型发电厂节水技术研究	浙江电力科学技术进步奖	优秀奖
2017	660 MW 超临界燃煤机组低负荷运行适应性研究	浙江电力科学技术进步奖	三等奖
2017	660 MW 超临界燃煤机组低负荷运行适应性研究	浙江能源科学技术奖	三等奖
2019	660 MW 机组全负荷脱硝技术研究	浙江电力科学技术进步奖	三等奖
2019	660 MW 机组全负荷脱硝技术研究	浙江能源科学技术奖	三等奖
2019	发电厂可移动式工控安全运维设备的研究与开发	第一届(中国)安全科技进步奖	三等奖
2019	大型内陆电厂冷端系统综合治理及优化	钱江能源科学技术奖	一等奖
2020	MFEDI 在锅炉补给水制备中的试验研究	浙江电力科学技术进步奖	三等奖
2020	发电厂可移动式工控安全运维设备的开发	浙江电力科学技术进步奖	三等奖
2020	发电厂可移动式工控安全运维设备的开发	浙江能源科学技术奖	三等奖
2020	MFEDI 在锅炉补给水制备中的试验研究	浙江能源科学技术奖	三等奖
2021	低 NO_x 燃烧系统改造后的煤种采购、掺烧与燃烧优化	浙江电力科学技术进步奖	二等奖
2021	基于 PI 的发电企业智能运行应急指挥系统研发	浙江电力科学技术进步奖	三等奖
2021	电力监控系统网络安全纵深防护开发	浙江电力科学技术进步奖	三等奖
2022	基于高效永磁电机的大型发电厂辅机驱动系统关键技术研究及应用	浙江电力科学技术进步奖	一等奖
2022	基于高效永磁电机的大型发电厂辅机驱动系统关键技术研究及应用	中国电力科学技术进步奖	三等奖
2023	用户侧低品位蒸汽驱动的空压机成套设备	浙江电力技术发明奖	三等奖
2023	火力发电厂轴流风机实时监测与管理系统研究	浙江电力科学技术进步奖	一等奖
2023	电站镍基高温合金螺栓早期失效机理及防范技术研究	浙江电力科学技术进步奖	一等奖
2023	发电厂继电保护智能化运检技术研究与开发	浙江电力科学技术进步奖	二等奖
2023	基于声谱分析的大型旋转机械隐性故障在线监测技术研究	浙江电力科学技术进步奖	三等奖
2023	电力市场环境下厂站端涉网数据的研究与开发	浙江电力科学技术进步奖	三等奖

（二）专利情况

2017 年以来，浙能兰电积极营造科技创新氛围，推进专利申请、专利管理工作。2022 年，技术攻关课题《热风气动快关门行程装置漏灰整治》对热风气动快关门行程装置时常发生卡涩且漏灰情况进行攻坚克难，最终解决问题并取得"耐高温非接触型传递直行程位移装置和闸板阀"专利授权，目前该专利已在浙能兰电得到推广，并形成批量生产。

截至 2023 年底，浙能兰电累计获专利第一权人专利授权 104 项，非第一专利权人专利授权 19 项，浙能兰电为第一专利权人的专利成果统计见表 3-2，浙能兰电为非第一专利权人的专利成果统计见表 3-3。

表 3-2　浙能兰电为第一专利权人的专利成果统计

专利名称	专利号	专利类型
耐高温非接触型传递直行程位移装置和闸板阀	202321958333.6	实用新型
一种磨煤机稀土电机功率的快速响应系统及其方法	201111215061.6	发明
一种具有稀土电机转速控制系统的磨煤机	201111216118.4	发明
一种纵联差动保护装置的 5G 无线通信转换器	202121707667.7	实用新型
一种基于配电网的 5G 纵联差动保护装置	202121707671.3	实用新型
发电厂电能量冗余采集系统及发电厂	202222987767.0	实用新型
翻车机振动煤箅子支撑装置	202221580093.6	实用新型
发电机氢冷器冷却系统	202220864510.3	实用新型
风机叶轮拆卸装置	202220634270.8	实用新型
夹持部和接线装置	202123392375.1	实用新型
发电厂辅助指令下发系统	202220088702.X	实用新型
一种断路器的重合闸控制装置	201721232434.X	实用新型
油站冷却系统	202121531690.5	实用新型
锅炉脱硝系统	202121567360.1	实用新型
燃煤电厂吹灰系统	202121531940.5	实用新型
明杆式闸阀阀杆保护套	202120790631.3	实用新型
一种缩短汽轮机冷态启动时间的方法	202110448841.9	发明

续表

专利名称	专利号	专利类型
饮水桶支架	202120634190.8	实用新型
阀杆保护套	202120581265.0	实用新型
锅炉火检冷却风系统	202120763095.8	实用新型
汽源控制方法及汽源控制装置	202110359639.9	发明
燃煤机组停机优化控制方法及控制装置	202110359642.0	发明
单元机组循环水节能系统	202022678121.5	实用新型
磨煤机喷嘴环磨损量的检测装置	202022194384.9	实用新型
发电机组停机后辅助设备系统的控制方法及控制装置	202011239945.0	发明
线性控制燃煤锅炉排烟温度恒定在设计值的方法及系统	202011377631.7	发明
积煤清理装置和给煤机	202021743010.1	实用新型
积煤清理装置、给煤机以及给煤机落煤口防堵方法	202010836749.5	发明
用于超临界机组锅炉水冷壁超温的控制方法	202110068186.4	发明
全流程工作票的应用系统	202021878508.9	实用新型
高效析水渣仓	202120829419.3	实用新型
全流程工作票的监管方法及应用系统	202010904361.4	发明
阀座密封面铰削装置	202010517003.8	发明
阀座密封面铰削装置	202021042864.7	实用新型
一种发电企业设备位置查询系统	202020672226.7	实用新型
燃煤锅炉烟气一氧化碳调节方法、装置以及系统	202010357448.4	发明
电动调节阀	202020410289.5	实用新型
辊盘式磨煤机喷嘴环的磨损检测方法	201911359249.0	发明
辊盘式磨煤机拉杆上密封装置、辊盘式磨煤机拉杆及辊盘式磨煤机	201921873735.X	实用新型
阀门标识牌	201922334532.X	实用新型
超临界锅炉再热汽温调节系统及方法	201910628331.2	发明
发电厂阀门标识牌管理系统	201921175237.8	实用新型
用于提高SCR脱硝装置入口烟温的烟气系统及方法	201710615654.9	发明
燃煤锅炉二次风风箱积灰清理装置	201920376424.6	实用新型

续表

专利名称	专利号	专利类型
一种具备双方向自动切换功能的厂用电源快速切换装置	201920351057.4	实用新型
板框式空气过滤器	201720383021.5	实用新型
蒸汽管道保温结构	201820497191.0	实用新型
电厂阀门的监控方法及电厂阀门的监控装置	201810161317.1	发明
燃煤机组的 SCR 脱硝控制系统及方法	201810049087.X	发明
变负荷空气分级动态控制系统及方法	CN202010761457.X	发明
一种用于定位的肩章	CN202320935059.4	实用新型
一种电气工程用红外温度检测设备	CN202320258764.5	实用新型
一种电机状态监测设备	CN202320489670.9	实用新型
一种变压器电压检测装置	CN202320258775.3	实用新型
一种变电设备运行状态检测装置	CN202320258780.4	实用新型
一种异步电机控制系统过流硬件保护装置	CN202320154288.2	实用新型
光波通信定位接收机（可穿戴）	CN202230841960.6	外观设计
一种磨煤机高效碾磨耦合装置	CN202222445976.2	实用新型
一种电力工控系统跨区安全监测方法、装置及系统	CN202010763184.2	发明
一种具有多机组网协调控制的螺杆空压机	CN202221817015.3	实用新型
一种电力设备运行检测装置	CN202221538799.6	实用新型
一种大数据平台运行状态监控预警装置	CN202221308212.2	实用新型
一种翻车机自动化脱钩平台连接装置	CN202220665544.X	实用新型
一种翻车机圆弧齿条自动化清理装置	CN202220667485.X	实用新型
一种基于多路激光测距的输煤皮带撕裂检测装置	CN202221126615.5	实用新型
一种火电厂烟气脱硫检修装置	CN202221673520.5	实用新型
一种适用多种环境的互感器二次绝缘多点接地检测装置	CN202220119117.1	实用新型
一种亚硫酸盐测试电极的保护清洗装置	CN202220798530.5	实用新型
脱硝烟气 NO_x 快速测量装置	CN202220156301.3	实用新型

专利名称	专利号	专利类型
一种基于面阵激光雷达的落渣实时检测系统	CN202122974597.8	实用新型
一种运维协助的装置	CN202122642924.X	实用新型
一种便于安装的互感器二次多点接地实时监控设备	CN202220119115.2	实用新型
一种湿法脱硫浆液循环泵优化方法	CN202210314241.8	发明
轴流风机本体流量计	CN202220231051.5	实用新型
一种基于配电网的5G纵联差动保护装置	CN202121707671.3	实用新型
一种运维通信解析装置	CN202122642940.9	实用新型
一种运维通信隔离装置	CN202122642939.6	实用新型
一种辅控网络私有云工控机设备	CN202120531799.2	实用新型
一种新型空压机结构	CN202122715751.X	实用新型
一种ERTU的通道协调采集装置	CN202120834621.5	实用新型
一种汽轮机汽缸通流间隙测量专用器具	CN202121782151.9	实用新型
一种纵联差动保护装置的5G无线通信转换器	CN202121707667.7	实用新型
一种用于光伏发电的辅助装置	CN202121550188.9	实用新型
一种应用稀土电机技术的循泵系统	CN202022722627.1	实用新型
一种电厂热工仪表的检测装置	CN202120412652.1	实用新型
一种电路检修便捷的电厂控制器仪表自动化控制设备	CN202120416802.6	实用新型
一种可对线路进行收纳防护的电气二次回路控制装置	CN202022661562.4	实用新型
一种防脱落的电气二次回路检测用线路连接头	CN202022658634.X	实用新型
一种火力发电厂煤粉炉点火助燃油供给装置	CN202022421587.7	实用新型
一种通过物理隔离器的设备状态感知装置	CN202022267844.6	实用新型
一种凝泵变频器	CN202021793645.2	实用新型
一种碳化硅陶瓷的钎焊方法	CN202110199641.4	发明
一种汽轮机运行安全辅助设备	CN202022113170.4	实用新型
一种励磁系统小电流试验集成装置	CN202021792197.4	实用新型

专利名称	专利号	专利类型
一种敞车翻车机用机器人自动摘钩执行装置	CN202021607657.1	实用新型
一种设备健康管理用记录装置	CN202021628040.8	实用新型
一种便携式智能图像识别检测设备的安装支架	CN202021646833.2	实用新型
一种提高磨煤机碾磨效率的装置	CN202021617689.X	实用新型
一种电厂浆液箱搅拌器	CN201921683998.4	实用新型
基于PI的运行应急事件定位装置	CN201921005204.9	实用新型
脱硝催化剂性能监测装置	CN201822271735.4	实用新型
一种制备锅炉补给水的处理系统	CN201920062967.0	实用新型
一种防护性好的空压机用稀土电机	CN201920591424.8	实用新型
一种通信控制装置	CN201821763495.3	实用新型

表 3-3　浙能兰电为非第一专利权人的专利成果统计

专利名称	专利号	专利类型
一种微小型蒸汽余压驱动的离心空气压缩机防喘振方法	CN202210567930.X	发明
一种磨煤机的稀土电机集成装置及方法	CN202011211462.X	发明
一种旋转机械滚动轴承振动信号降噪解调方法	CN202210137748.0	发明
一种笼型异步电机转子断条故障诊断方法	CN202111026279.7	发明
一种微小型蒸汽余压涡轮机	CN202122722753.1	实用新型
基于稀土电机变速调节实时控制中速磨煤机煤粉细度的方法	CN202110148654.9	发明
一种烘干分级一体的稀土电机型磨煤机	CN202120293782.8	实用新型
轴流风机进口防堵压力测点装置	CN202120908498.7	实用新型
一种稀土电机变速调节降低中速磨煤机磨煤单耗的节能控制方法	CN202110810478.0	发明
磨煤机的稀土电机集成装置	CN202022504836.9	实用新型
一种具有粒序分级功能的稀土电机型磨煤机	CN202110142763.X	发明
基于稀土电机变速调节实时控制中速磨煤机煤粉细度的方法	CN202110148654.9	发明
一种磨煤机的稀土电机控制方法	CN202110148621.4	发明

专利名称	专利号	专利类型
基于蒸汽余压撬装式压缩空气供应系统	CN202020328057.5	实用新型
一种应用稀土电机的集成空压机	CN201921596492.X	实用新型
一种智能温升控制低速大力矩高效稀土电机	CN201921967663.5	实用新型
脱硝催化剂全负荷运行性能试验装置	CN201822272590.X	实用新型
一种便于调节的大功率稀土电机	CN201920591423.3	实用新型
一种断路器的重合闸控制装置	CN201721232434.X	实用新型

（三）兰溪二氧化碳捕集与利用研究试验基地

2022年,浙能集团积极探寻煤电企业"碳中和"实施路径,牵头浙江省2022年度"尖兵"研发攻关计划项目——二氧化碳捕集与资源化利用关键技术和装备,项目包含在浙能兰电建设的万吨级/年二氧化碳捕集与资源化利用集成示范装置。2023年,浙能兰电联合白马湖实验室进一步拓宽二氧化碳利用途径,建设二氧化碳热转化试验平台。

2024年3月,白马湖实验室二氧化碳捕集与利用研究试验基地在浙能兰电正式揭牌,其为浙能集团牵头并联合浙江大学、西湖大学共建,浙能兰电合作建设的能源与"碳中和"浙江省实验室在CCUS方向打造的重要产学研创新基地。该基地揭牌仪式如图3-7所示。

图3-7 白马湖实验室二氧化碳捕集与利用兰溪研究试验基地在浙能兰电揭牌

该基地位于浙能兰电厂区内，依托先进的火电机组与完善的厂区硬件配置，围绕烟气二氧化碳捕集，直接空气碳捕集，二氧化碳矿化、催化转化制备绿色甲醇、烯烃、高附加值化学品等技术，积极开展新材料、新工艺研究及技术示范验证。在二氧化碳捕集方面，当前建有 1.5 万吨/年燃煤电厂烟气二氧化碳捕集技术试验验证（示范）平台；在二氧化碳利用方面，当前建有 1 万吨/年二氧化碳矿化养护混凝土砌块技术试验验证平台、14 千克/小时绿色甲醇制备技术研究试验验证平台。规划中建设的二氧化碳捕集利用装置包括 2500 立方米/小时燃煤烟气二氧化碳与硫氧化物协同脱除技术验证平台、100 吨/年空气源二氧化碳捕集验证平台、二氧化碳加氢制备绿色烯烃技术研发平台等。

（四）其他成果

2021 年 8 月，浙能兰电成功申报浙江省电力学会"电力科普教育基地"，如图 3-8 所示。该基地设置九大主题展区，全面应用声、光、电联动等新媒体技术，每年接待学生科普教育参观 300 余人次，践行国有企业社会责任。

图 3-8　浙能兰电成功申报成为浙江省电力学会"电力科普教育基地"

2023 年 1 月，浙能兰电用户侧低品位蒸汽驱动的空压机成套装备（型号 ZNKY-22045）取得 2022 年度浙江省首台（套）装备的认证，并取得当年的成果转化与运用。

2023 年 11 月，浙能兰电科技项目低功耗可穿戴型光波传感通信定位系统入选国际半导体照明联盟（ISA）"全球半导体照明创新 100 佳"。

第二节 技术改造

一、技改管理

2005年底,浙能兰电制定《设备技术改造管理》。后随着新机组不断投入运行和标准化工作全面铺开、上级单位标准变化等原因,该标准历经2007年、2009年、2011年、2012年、2019年、2020年共6次修订。

2007年初至2009年,浙能兰电技改管理工作由设备部负责。2009年,技改管理工作调整为总师办负责。2012年初,该项工作调整为设备部负责。

技术改造工作按项目立项、方案编制、施工管理、竣工验收、后评估流程开展全过程管理。浙能兰电在实施过程中分阶段进行检查、验收和考核,确保技术改造项目发挥预期效益。2007—2023年浙能兰电技术改造项目完成情况见表3-4。

表3-4 2007—2023年浙能兰电技术改造项目完成情况

年 份	完成项目	投入资金/万元	年份	完成项目	投入资金/万元
2007	8	534	2016	22	40245.27
2008	12	6315	2017	17	4891.66
2009	35	6816.6	2018	18	3592.85
2010	30	3105	2019	28	3883.14
2011	31	2848	2020	34	19415.30
2012	27	3879	2021	35	8712.85
2013	46	9501	2022	31	6543.58
2014	38	10195	2023	32	4377.47
2015	40	40135.86	—		

二、技改项目

(一)磨煤机冷一次风道改造

2007年11月,磨煤机冷一次风道改造技改项目开工,2009年12月全面完成。实施背景是浙能兰电机组投产后，发现一次风压在10千帕左右时制粉系统冷一次风量不足，即冷一次风调节门开度较大，在夏季工况下开度达到80%以上，需调节余量。当系统需要冷一次风量的时候没法加上去，只能将一次风机压力提高到12千帕，才能满足制粉系统满出力的要求。风量无法投自动，造成磨煤机限制出力运行且因一次风压偏高易造成一次风机失速，影响设备安全运行。根据现场风道布置情况及流速计算，将冷一次风道母管整体更换，风道截面积由1200毫米×1000毫米改为1500毫米×1300毫米，冷一次风道母备到每台磨煤机进口支管的截面积由800毫米×600毫米改为800毫米×800毫米。该项目实施后，炉冷一次风道按照上述方案进行改造，一次风压降至10千帕，所有磨煤机60万千瓦负荷下冷风门开度降至60%～70%，风量可正常投自动。改造后，一次风机运行安全可靠性提高，一次风机运行电流由153安降至125安，风机用电量为原用电量的2/3，节电率为33%。

（二）凝结水泵变频改造

2009年12月，凝结水泵变频改造项目开工，2011年5月28日全面完成。改造基于浙能兰电每台机组配置有2台容量为2200千瓦的凝结水泵，电机在启动时，启动电流一般为额定电流的6～8倍，对电动机定子绕组绝缘层的冲击大，严重影响电动机的使用寿命。而采用变频调速系统可使运行的稳定性和经济性有较大改善。2009年1月，浙能兰电委托浙江省电力设计院对变频器小室的土建部分进行设计。改造内容包括土建、暖通、仪控、电气设备的安装施工，采用上海西门子公司生产的变频器，改造后采用一拖二手动切换带旁路方案，正常运行为变频泵运行，工频泵备用。新建凝结水泵变频器小室，位于汽机房6.85米层27—28轴/E—F轴之间。该项目实施以来，凝结水泵系统运行正常，运行的稳定性和经济性有较大改善，取得良好的节能效果。为验证运行效果和经济效益，随机选取3号机组运行的凝结水泵，对比变频改造前后的电流和电量数据，在同一负荷工况下，凝结水泵的运行电流相差较大，负荷越低时，节能效果越明显。浙能兰电3号机组凝结水泵变频改造前后电量和节电率统计见表3-5。

表3-5　浙能兰电3号机组凝结水泵变频改造前后电量和节电率统计

时间	电量统计/千瓦时	
	变频改造前	变频改造后
第一天	66150	49038
第二天	71530	49613

续表

时间	电量统计/千瓦时	
	变频改造前	变频改造后
第三天	68013	50641
第四天	67103	50991
第五天	67910	46069
第六天	66913	50135
累计	407619	296486

节电率统计				
初始用电量/千瓦时	节约用电量/千瓦时	节电率/%	目标节电率/%	预期效果
407619	111133.3	27.26	25	达到

（三）升压站扩建项目

2009 年 4 月 20 日，浙能集团发布《关于下达 2009 年技术改造计划的通知》，同意浙能兰电进行"升压站扩建"技术改造。2009 年 8 月 20 日，该技改项目开工，2010 年 2 月 28 日完工。改造基于兰溪芝堰变新扩建及出线安全稳定性需要，满足金华地区中西部供电需求，以及优化网架结构，促进电网的节能降耗。该项目新增两条 500 千伏出线（兰芝 5803 线和兰堰 5804 线）及新增第四串 5041、5042、5043 开关。项目内容包括：2 条母线扩建，新增 2 条 500 千伏出线（兰芝 5803/兰堰 5804）及其安装调试，新增第四串 5041、5042、5043 开关及其安装调试，新增 2 套线路保护、断路器保护、短引线保护、安稳装置等。主设备 GIS 安装完毕后按照交接试验规程及预防性试验规程进行 500 千伏 GIS 交流耐压试验、局部放电等常规和特殊试验，并进行电气整套启动试验。改造前，浙能兰电机组通过 500 千伏电压等级、2 回线（1 个同塔双回通道）接入 500 千伏电网。改造后，浙能兰电机组通过 4 回（2 个同塔双回通道）500 千伏线路接入 500 千伏电网，增加了电厂送电的渠道，有利于提高电厂送电可靠性，增强并提高金华地区中西部电网尤其是芝堰供区的供电能力，缓解双龙变主变超限问题，优化电网结构。

（四）供热改造（厂内部分）

2010 年 7 月 19 日，浙能兰电向兰溪市发展和改革局申请对 4×60 万千瓦燃煤发电机组进行供热改造，项目开始启动。2011 年 4 月 8 日，兰溪市发展和改革局批复同意实施兰溪发电厂供热改造工程。2011 年 4 月 26 日，浙能集团在杭州组织召开浙能兰电供热改造工程初步设计内部审查会，同意供热改造厂内与厂外的改造方案，并批准立项。2011年9月17日，供热改造工程厂内部分开工。2011年11月7日，支吊架、管道安装完成并验收。2011年11月22日，1号、2号机组冷段至联箱水压试验完成。2011年12月21日，厂内部分安装调试工作全部完成。2012年5月21日，供热改造工程厂内部分竣工验收合格并投入使用。供热改造工程厂内部分主要是从1号、2号机组冷段抽汽接管至A集箱，从3号、4号机组冷段抽汽接管至B集箱，组成两用两备方式供汽。主要完成Φ377毫米×22毫米管道500米、Φ60毫米×3.5毫米管道260米、Φ38毫米×2.8毫米管道400米、Φ25毫米×2毫米管道50米、联箱2只及相关的阀门安装和控制系统等。该项目基于节能和改善环境要求，既符合国家节能政策，又促进地方经济。同时兰溪市地方政府发布《2011—2015年兰溪市热力规划》，明确将浙能兰电作为区域集中供热的主要热源点，浙能兰电提出对现有的燃煤机组进行供热改造。项目改造后投入运行初期，供热蒸汽量约50吨/小时，最大达到60吨/小时，基本达到预期的供热量。

随着供热用户增加，原再热冷段抽汽供热无法满足兰溪市上华至诸葛集中供热蒸汽参数要求，甚至需开启汽机高压旁路阀来提高供热蒸汽压力。为提高机组低负荷运行时供热的可靠性和灵活性，浙能兰电于2017年申请进行供热提压改造来满足兰溪市上华至诸葛等用热企业需求。

2018年3月，浙能电力发布《关于下达2018年生产性技术改造计划的通知》，同意开展浙能兰电"1号、3号机组供热提压改造"技改项目。2020年3月，浙能电力发布《关于下达2020年生产性技术改造计划的通知》，同意开展浙能兰电"2号机组供热提压改造"技改项目。2018年4月27日—2019年8月11日，3号机组完成供热提压改造。2019年3月15日—8月1日，1号机组完成供热提压改造。2020年10月18日—2021年12月25日，4号机组完成供热提压改造。供热提压改造新增一套减温减压器系统，锅炉屏过出口集箱开孔引出抽汽管道，经减温减压后接入原机组再热冷段抽汽供热管道，设计抽汽供热流量为100吨/时，热力站分汽缸出口蒸汽参数不低于2.0兆帕/300摄氏度。供热提压改造工程设计最大供热量为87吨/小时，平均供热量为64.5吨/小时，最小供热量为32吨/时，设置供热联箱2只，布置于2号、3号机组间主厂房给煤机层，汽源分别来自4台机组的低温再热管道。厂内部分改造范围为从4台机组低温再热器管道至厂内集汽集箱之间的设备。改造后单台炉屏过抽汽供热达到设计流量,共有 3 台机组在低负荷时可以通过锅炉屏过抽汽进行供热,提高了公司机组低负荷运行时供热的可靠性和灵活性,满足了兰溪市上华至永昌等地热用户用热需求。

(五)1~4 号机组增效扩容技术改造

2012 年 10 月 16 日,浙能集团在杭州组织专家对《浙江浙能兰溪发电有限责任公司汽轮机增效扩容技术改造可行性研究报告》进行评审。项目改造目标为通过实施汽轮机通流改造,机组额定负荷热耗率降至 7640 千焦/千瓦时以下,供电煤耗下降 6 克/千瓦时以上,机组增容至 63 万~66 万千瓦,提高机组的安全可靠性和启动灵活性,解决机组变形的安全隐患,解决影响机组安全可靠运行的其他缺陷问题,预计投入回收期在 4 年左右。2014 年 9 月 30 日,国家能源局综合司发布《关于下达 2014 年煤电机组节能升级与改造示范项目的通知》,确定浙能兰电 3 号机组汽轮机通流改造项目为 2014 年煤电机组节能升级与改造示范项目。2014 年 10 月 30 日,浙能集团发布《关于下达 2014 年技术改造计划的通知》,同意开展浙能兰电"1 号、2 号、3 号、4 号汽轮机增效扩容技术改造"项目。2014 年 3 月—2016 年 6 月,浙能兰电 4 台机组陆续完成该技改项目。该项目基于浙能兰电 4 台汽轮机系东方汽轮机有限公司引进日本日立技术设计制造的超临界、一次中间再热、冲动式、单轴三缸、四排汽凝汽式汽轮机(型号为 N600-24.2/566/566,机组铭牌功率为 60 万千瓦),引进的技术不够先进,机组自投产以来一直存在运行效率偏低,机组热耗率较大地偏离设计值的问题。从运行统计指标来看,这些机组的发供电煤耗率指标与水平先进的同类型机组相比,尚有一定的差距,节能潜力较大。改造采用全新的高中低压内缸及转子。高压缸采用部分进汽方式,使用全新的高强度、阻尼大的自带围带冲动式调节级,最大限度地提高部分负荷效率。高中压缸其余压力级采用高效率反动式设计,高压通流极数增加为 10 级。优化叶片的节圆直径,增大顶部/底部半径比值,叶片越长,效率越高,蒸汽余速也越低。动叶选用更先进的叶型,隔板采用先进的三维型线的静叶。低压缸采用高性能反动式通流设计,每个流道各增加 1 级。除低压末级动叶,其余叶片均采用具有整体围带的全三维设计。除末 2 级静叶外所有静叶和动叶均采用 12%~13% 的铬合金加工而成,并钎焊巴氏合金,具有极好的抗水蚀性。改造后,按负荷 60 万千瓦、利用小时数 5500 小时、厂用电率 5% 计算,单台机组年节约标准煤 21004 吨,供电煤耗下降明显,达到甚至超过预期目标,具有较好的节能减排效益。浙能兰电 1~4 号机组汽轮机增效扩容技术改造供电煤耗下降量情况见表3-6。

表3-6 浙能兰电1～4号机组增效扩容技术改造供电煤耗下降量情况

机组	1号机组	2号机组	3号机组	4号机组
增效扩容技术改造时间	2015年9月5日—11月19日	2016年2月15日—6月3日	2014年3月22日—6月15日	2015年4月10日—8月9日
供电煤耗下降量/（克/千瓦时）	8.48	8.30	6.70	7.90

（六）机组超低排放综合改造

2014年3月4日，浙能集团在杭州主持召开《浙江浙能兰溪发电有限责任公司1～4号机组烟气超低排放改造项目可行性研究报告》评审会，对建设必要性、设计主要原则、工程设想以及技术和经费方面进行评审。2014年9月1日，该技改项目开工。2016年12月8日，浙能兰电1～4号机组的超低排放改造全面完成。该项目主要对现有的脱硝、除尘、脱硫系统进行提效，采用高效协同脱除技术，使机组烟气的主要污染物排放浓度达到天然气燃气轮机组的排放标准，实现烟气超低排放的目标。低低温电除尘系统改造包括新增2套管式GGH与低低温电除尘设备及其辅助设备和附件的改造，增设2套处理100％BMCR烟气量的湿式静电除尘器装置及其辅助设备和附件。改造完成后，烟气主要排放物指标达到烟尘质量浓度≤5毫克/标准立方米，二氧化硫质量浓度≤35毫克/标准立方米，氮氧化物质量浓度≤50毫克/标准立方米。该项目基于浙江省政府工作报告对重点工作责任的分解，以及《浙江省大气污染防治行动计划（2013—2017）》的要求和浙能集团年度工作会议精神。结合浙能集团新一轮节能环保改造协调部署会的有关要求，浙能集团对系统内的300兆瓦及以上燃煤机组进行超低排放改造。改造完成后通过试验，整体运行良好，各项指标满足技术要求，达到改造预期目标，顺利通过环保性能评估。浙能兰电1～4号机组超低排放改造时间见表3-7。

表3-7 浙能兰电1～4号机组超低排放改造时间

机组	改造时间
1号机组	2014年11月1日—2015年12月24日
2号机组	2015年10月1日—2016年4月16日
3号机组	2015年10月30日—2016年12月8日
4号机组	2014年9月1日—2015年7月30日

浙能兰电4台机组SCR脱硝提效改造前NO_x的年排放量为3853吨（均按年利用小时数5000小时），SCR脱硝提效改造后NO_x的年排放量为1927吨，消

减量为 1926 吨。干式电除尘、脱硫吸收塔、湿式电除尘系统的除尘效率分别为 99.91％、50％、85％，4 台机组除尘提效改造前烟尘的年排放量为 1285 吨，除尘提效改造后烟尘的年排放量为 193 吨，消减量为 1092 吨。脱硫系统的脱硫效率为 98％，4 台机组脱硫提效改造前 SO_2 的年排放量为 4752 吨，脱硫提效改造后 SO_2 的年排放量为 1498 吨，消减量为 3254 吨，对进一步改善浙能兰电地区环境空气质量起到良好的作用。

（七）机械搅拌澄清池排污水处理改造

2014 年 4 月 4 日，浙能兰电为进一步提高水资源的回收利用率，推进废水的梯级回用，向上级提交《关于调整 2014 年度技改项目及费用的报告》，申请实施机械搅拌澄清池排污水处理改造项目。2014 年 10 月 30 日，浙能集团发布《关于下达 2014 年生产性技术改造计划的通知》，同意浙能兰电开展"机械搅拌澄清池排污水处理改造"技改项目。该技改项目于 2014 年 8 月 16 日开工，2015 年 9 月 15 日完工。该项目利用 2 座原污泥预沉池和 1 座原污泥沉淀池作为污泥调节池。新增圆形辐流式污泥浓缩池 3 座，对污泥调节池来泥进行浓缩。通过离心脱水机对浓缩后的污泥进行脱水干化处理。脱水后的泥饼外运填埋，滤液则返回澄清池配水井回收利用。改造后，公司排污水实现零排放，每年减少对外废水排放量约 100 万吨，同时每年减少对外取水量 100 万吨。每年减少取水费约 20 万元。

（八）4 号机组由 500 千伏改接至 220 千伏系统

2014 年 10 月 8 日，浙能集团在杭州组织召开《浙能兰电 4 号机组由 500 千伏改接至 220 千伏系统项目可行性研究报告》审查会，认为 4 号机组由 500 千伏改接至 220 千伏系统项目的实施是可行和必要的，要求浙能兰电与电网公司工作同步协调，按照机组年度检修计划，抓紧开展项目的前期准备工作。2015 年 4 月 29 日，浙能电力发布《关于下达 2015 年生产性技术改造计划的通知》，同意开展浙能兰电"4 号机组由 500 千伏改接至 220 千伏系统"技改项目。该技改项目于 2016 年 2 月 25 日开工。2016 年 4 月 30 日，土建主体工程完工。2016 年 5 月 1 日，电气安装工程开工。主要改造内容是新建三层混凝土结构网控楼 1 座、150 米长电缆隧道 1 座，将原 500 千伏主变拆除、安装新 220 千伏主变并调试，安装户外 220 千伏 GIS 设备并调试，安装主设备 GIS、主变并按照交接试验规程及预防性试验规程进行 220 千伏 GIS 交流耐压试验、220 千伏主变交流耐压试验及局部放电等常规和特殊试验，进行电气整套启动试验、AVC 试验、发电机进相试验、励磁调节器建模及 PSS 试验。2016 年 6 月 30 日，GIS 倒送电同时完成相关试验并合格。

2016 年 7 月 5 日，4 号机组首次并网运行。2016 年 7 月 13 日，该技改项目竣工，移交生产。改造后，增强了金华地区中西部电网尤其是双龙供区的供电能力，缓解了双龙变主变超限问题。通过电源分层分压接入，提高了电厂送电可靠性，降低了全厂停电风险。

（九）锅炉低氮燃烧器改造

2015 年 4 月 29 日，浙能电力发布《关于下达 2015 年生产性技术改造计划的通知》，同意开展浙能兰电"1 号、4 号锅炉低氮燃烧器改造"技改项目。2016 年 2 月 25 日，浙能电力发布《关于下达 2016 年生产性技术改造计划的通知》，同意开展"2 号、3 号机组低氮燃烧改造"技改项目。2015 年 4 月—2017 年 5 月，浙能兰电 4 台机组陆续完成该技改项目。项目基于浙能兰电各台锅炉炉膛出口 NO_x 排放浓度较高、燃烧器设备磨损严重。为解决上述设备问题，计划结合机组超低排放改造进行锅炉低氮燃烧器技术改造。

该项目内容包括：更换原有除等离子点火燃烧器外的 30 只 DRB-4Z 燃烧器，选用 AireJet 超低 NO_x 双调风旋流燃烧器；更换原有 16 只 OFA 喷口，优化 OFA 喷口位置，新 OFA 喷口抬高 3340 毫米，距离上层燃烧器 7000 毫米；改造 OFA 风箱、风道，OFA 分风道截面由 2400 毫米×2400 毫米增大为 3000 毫米×3000 毫米。改造后锅炉 SCR 入口氮氧化物质量浓度降至 240 毫克/标准立方米以下，比改造前（400 毫克/标准立方米）降低了 40%。锅炉低氮燃烧器改造后，整体运行情况良好，各项性能指标满足技术要求，达到改造预期目标，锅炉运行总风量降低约 200 吨/时，可降低风机电耗，节能明显，SCR 入口 NO_x 浓度大幅降低，尤其是高负荷情况下，可减少 SCR 的运行费用和维护费用。浙能兰电 1～4 号机组锅炉低氮燃烧器改造时间见表 3-8。

表 3-8　浙能兰电 1～4 号机组锅炉低氮燃烧器改造时间

机组	改造时间
1 号机组	2015 年 9 月 6 日—2016 年 4 月 8 日
2 号机组	2016 年 2 月 19 日—12 月 29 日
3 号机组	2016 年 9 月 15 日—2017 年 5 月 27 日
4 号机组	2015 年 4 月 13 日—10 月 30 日

（十）煤场增设干煤棚项目

2015 年 4 月 29 日，浙能电力发布《关于下达 2015 年生产性技术改造计划的通知》，同意浙能兰电开展"煤场增设干煤棚"技改项目，在浙能兰电 2 号煤场进行。2016 年 6 月 5 日,该技改项目开工。2016 年 12 月 27 日,该项目通过整体竣工验收。干煤棚建筑总面积为 12800 平方米,网架主体结构为螺栓球节点正方四角锥双层三心圆柱面网壳,跨度约 103 米,长度为 124 米,最高点约 46 米,网架最大挠度 106 毫米。鉴于建成以后对干煤棚钢结构进行防腐保养难度较大,该工程采用冷喷涂锌＋防腐油漆或者热喷涂锌＋防腐油漆对网架钢结构进行防腐处理。

实施该项目是为了解决浙能兰电来煤运输距离长,在雨水季节因来煤较湿造成给煤机堵煤、排烟的热损失增加等问题。改造后磨煤机、给煤机的故障率明显降低,提高了机组的调节性能和负荷的快速响应能力。

(十一)化学水处理系统扩容改造项目

2017 年 2 月 21 日,浙能电力发布《关于下达 2017 年生产性技术改造计划的通知》,同意浙能兰电开展"化学水处理系统扩容改造"技改项目。该项目于 2018 年 1 月 1 日开工,2019 年 9 月完工。扩容主要在原水预处理区域机械搅拌澄清池后增设 4 座 200 立方米/时的 V 形滤池,并设置 1 座反洗水池(容积为 350 立方米),配套 2 台反洗水泵、2 台反洗用罗茨风机,V 形滤池出水进入工业水池。在原有基础上增设 1 套出力为 140 立方米/时的卧式内压式超滤装置和 1 套出力为 125 立方米/时的反渗透装置,增加预脱盐系统的出力,并将原有反渗透保安过滤器整体更换掉,将内部滤芯更换成大流量滤芯,拆除原有反渗透加热器,新增 2 台反渗透加热器,对原制水区域腐蚀、老化严重的加药装置进行整体更换,提高系统可靠性。增加除盐水泵 2 台、反渗透低压冲洗水泵 1 台、化水清水泵 1 台等,进一步提高整体制水能力和设备可靠性、稳定性。

该技改项目背景是随着对外供热量的增加,除盐水供应能力存在不足。原除盐水制水能力最大为 200 吨/小时,为缓解浙能兰电对外供热量渐增而制水能力不足的矛盾,需对化学水处理系统进行扩容。扩容改造后,除盐水制水能力增加 100 吨/小时。

(十二)煤场封闭改造

2018 年 11 月 5 日,浙能集团生产安全监察部下发《关于做好省内燃煤电厂煤场封闭初步方案上报的通知》。2019 年 3 月 26 日,浙能集团生产安全监察部在杭州组织召开《浙江浙能兰溪发电有限责任公司封闭煤场项目可行性研究报告》审查会,对浙能兰电煤场封闭结构的采用、消防安全措施、监控措施、桩基优化以及投资核实优化等进行审核和建议。综合经费情况及专家评审意见,浙能兰电煤场封闭改造采用干煤棚扩建＋新建气膜煤棚方案。2019 年 3 月 28 日,浙能电力发布《关于下达 2019 年生产性技术改造计划的通知》，同意浙能兰电开展"煤场封闭改造"技改项目。2019 年 11 月 25 日，浙能兰电煤场干煤棚扩建子项开工。2020 年 11 月 23 日，该项目完工。2020 年 4 月 22 日，浙能兰电 1 号、3 号气膜煤场改造子项开工。2021 年 9 月 30 日，该项目完工。

该项目主要对 1 号、3 号煤场进行气承膜结构封闭，1 号煤场封闭后跨度为 111.9 米（围墙外边距），长度为 340 米，高度为 41 米，3 号煤场封闭后跨度为 108.9 米（围墙外边距），长度为 340 米，高度为 41 米。根据 2 号煤场钢结构煤棚结构合理性、室内贮煤及设备的布置与使用情况，对其尺寸进行调整，北端扩建 1 座干煤棚，南端扩建 1 座干煤棚。扩建后 2 号煤场封闭煤棚总长度为 351 米（内侧柱网中心距），挡煤墙高度 2.6 米。煤场封闭改造基于国务院于 2018 年 6 月 27 日发布的《国务院关于印发打赢蓝天保卫战三年行动计划的通知》以及浙江省于 2018 年 10 月发布的《燃煤电厂大气污染物排放标准》要求储煤场采用封闭或半封闭措施。

浙能兰电煤场封闭改造项目竣工后，大大减少了煤场的扬尘，提高了区域环境空气质量，减少了输煤系统煤水的处理量。

（十三）脱硝尿素水解制氨改造

2020 年 9 月，浙能集团发布《浙江浙能兰溪发电有限责任公司脱硝尿素制氨改造项目可行性研究报告评审会议纪要》，同意实施该项目。2021 年 2 月 3 日，浙能电力在杭州组织召开《浙能兰电脱硝尿素水解制氨改造项目初步设计》审查会，原则同意项目初步设计。2021 年 4 月 1 日，浙能兰电脱硝尿素水解制氨改造项目开工，土建及设备安装交叉进行施工。2021 年 6 月 9 日，机务设备安装开工。2021 年 10 月 30 日，尿素水解制备系统完成安装。2021 年 11 月 26 日，2 号机组尿素水解系统投入试运行。2021 年 12 月 6 日，2 号机组尿素水解系统移交代保管。2022 年 3 月 4 日，1 号机组尿素水解系统移交代保管。2022 年 3 月 14 日，4 号机组尿素水解系统移交代保管。2022 年 6 月 21 日，3 号机组尿素水解系统移交代保管。2022 年 9 月 30 日，原氨区拆除工作完成。

该项目新增 4 台尿素水解反应器与 4 套尿素溶液循环装置，由尿素水解替代液氨作为脱硝还原剂。单台水解反应器的供氨能力满足单台机组 100％BMCR 工况下氨耗量的 200％，设计产氨量为 482 千克/时。水解反应器产生的含氨混合气进入氨/空气混合器内，被热风稀释混合成浓度小于 5％的氨/空气混合气，由氨喷射系统喷入脱硝系统。该项目改造基于国家能源局于 2019 年 4 月 2 日发布的《国家能源局综合司关于切实加强电力行业危险化学品安全综合治理工作的紧急通知》，要求采用液氨作为脱硝还原剂的燃煤电厂应积极开展氨区重大危险源整治，加快推进尿素替代升级改造进度。另外，浙能兰电现有的脱硝控制存在喷氨量难以精准控制，脱硝装置出口 NO_x 浓度波动大、分布不均匀等问题。

改造完成后，浙能兰电 4 台机组脱硝用还原剂均为尿素制氨供给，拆除原氨区，顺利实现消除重大危险源的目的。

（十四）机组 DCS 系统国产化改造

2019 年 3 月 28 日，浙能电力发布《关于下达 2019 年生产性技术改造计划的通知》，同意浙能兰电开展"3、4 号机组及辅控 DCS 系统改造"技改项目。2019 年 7 月 17 日，浙能集团生产安全监察部在杭州组织召开《浙能兰电 3、4 号机组 DCS 系统改造可行性研究报告》审查会，同意进行 3、4 号机组 DCS 系统改造，并对改造的方式和范围提出建议。2020 年 3 月 8 日，3 号机组 DCS 系统国产化改造开工，2020 年 6 月 26 日完工。2020 年 9 月 22 日，4 号机组 DCS 系统国产化改造开工，2020 年 11 月 30 日完工。2021 年 3 月 25 日，浙能集团生产安全监察部在杭州组织召开《浙能兰电 1、2 号机组 DCS 控制系统改造可行性研究报告》审查会，同意延续 3、4 号机组 DCS 系统改造对 1、2 号机组 DCS 系统进行改造。2021 年 3 月 30 日，浙能电力发布《关于下达 2021 年生产性技术改造计划的通知》，同意浙能兰电开展"1、2 号机组及辅控 DCS 系统改造"技改项目。2021 年 9 月 30 日，2 号机组 DCS 系统国产化改造开工，2021 年 12 月 10 日完工。2022 年 4—6 月，完成辅控部分 DCS 系统改造。2023 年 3 月 19 日，1 号机组 DCS 系统国产化改造开工，2023 年 6 月 1 日完工。4 台机组 DEH 系统即脱硫 DCS 系统改造随 DCS 系统改造同步完成。

该项目对 DCS、DEH、脱硫 DCS、辅控控制系统同步进行改造，原系统相关硬件设备拆除，DCS 系统改型为浙江中控 ECS-700 系统，同时将旁路、捞渣机、循泵蝶阀、氢气干燥装置等就地 PLC 控制系统纳入 DCS 系统，DEH 系统改型为上海新华 XDC800 系统。项目改造基于浙能兰电机组 DCS 系统选用北京 ABB 贝利工程有限公司的 Symphony 系统，汽机 DEH 控制系统选用日本日立 H5000M 系统，旁路控制系统采用瑞士苏尔寿的 AV6 系统，脱硫控制系统选用北京 ABB 贝利工程有限公司的 Symphony 系统，辅控系统采用施耐德昆腾系列 PLC 系统，监控画面采用 IFIX3.5 系统，这些系统运行近 20 年来，卡件老化现象日益严重，维护成本快速上升，各项技术指标已越来越不能满足机组安全、经济运行的要求，特别是 DEH、AV6 旁路及吹灰等控制系统出现故障率升高、维护成本高、系统界面不够友好等问题，主机 DEH、旁路系统硬件已不再生产等情况。

各机组项目竣工后，各项指标达到预期，自动控制系统全部投入正常运行，自动投入率达100%，保护投入率达100%，DAS测点投入率也达100%，控制品质良好，机组运行正常，成功进行甩负荷、超速、AGC、RB等DCS、DEH系统改造后试验。机组的长期运行和各项试验表明，改造后逻辑设计合理，控制策略和方法适合机组特点，提高了控制水平，为国内同类型机组的DCS、DEH系统改造工作提供了借鉴。

（十五）输煤系统DCS改造

2022年10月，浙能电力发布《关于下达2023年生产性技术改造计划的通知》，同意浙能兰电开展"输煤系统DCS改造"技改项目。2023年12月，输煤系统DCS改造开工。截至2024年4月30日，A翻车机系统、渣煤水系统已完成DCS改造，设备试运行正常投入使用。输煤皮带机A路系统已完成改造。

该项目改造范围包括翻车机、渣煤水、输煤程控系统，即将原输煤PLC系统全部拆除，包括所有上位机、控制器机柜、网络设备等，安装新DCS系统设备，包括所有上位机、机柜、网络设备等。项目改造基于浙能兰电输煤系统DCS于2005年12月建成投产，翻车机、渣煤水、输煤程控系统采用PLC程控控制（施耐德昆腾系列模块），各类控制系统已运行超17年，卡件老化现象日益严重，PLC维护成本迅速上升，同时存在上位机画面时常出现数据丢失、程序无故丢失、PLC死机、以太网卡故障等问题。

通过对输煤系统DCS控制系统的一体化改造，可以解决公司DCS控制系统老化及部分备品配件缺乏的问题，提高控制系统的可靠性，减少故障率，大大提高系统的可靠性和可用性。改造完成后，新的控制系统将能保持10年以上的稳定运行，为机组安全、稳定、经济地连续运行提供可靠的保障。

第三节　科技创新活动

一、创新创效

2019年4月，浙能兰电组织首届"兰电杯"创新创意大赛。自此，该赛事每年举行，并且向上级选送优秀项目。2019—2023年累计举办5届"兰电杯"创新创意大赛,收到参赛课题 102 项。

2019 年 6 月,浙能兰电选送 6 项课题参加第二届浙江省青工创新创效大赛。

2020 年 6 月,选送 2 项课题参加第三届浙江省青工创新创效大赛。

2020 年 5—12 月,选送 3 项课题参加浙能集团建设管理部、生产安全监察部、科技与信息管理部共同举办的争先创优竞赛考评。

2023 年 8—11 月,选送 3 项课题参加第四届"浙能杯"创新创效大赛,《基于电力市场下的燃煤电厂实时发电成本数学模型构建》项目获科技创新类优秀奖、《锅炉火检冷却风系统优化》项目获 QC 五小类创意奖。

二、合理化建议

2007 年 12 月,浙能兰电发布《合理化建议管理》这一标准。2008 年 5 月,浙能兰电成立合理化建议管理领导小组,由工会主席担任组长、各部门主任担任组员,负责合理化建议的采纳、最终评审奖励工作,并开始在全厂范围开展群众性的合理化建议活动。

2009 年 5 月,修订《合理化建议管理》,将合理化建议归口管理部门由设备部改为公司工会,分别在行政楼、各生产部门设立合理化建议收集箱,方便职工参与合理化建议活动。

2010 年 10 月,将《合理化建议管理》更名为《合理化建议和技术改进管理》,重新界定合理化建议范围及优化评审程序,合理化建议归口管理部门由公司工会调整为总经理工作部。

2012 年 8 月,浙能兰电重新发布《合理化建议管理》,同时废止《合理化建议和技术改进管理》,合理化建议归口管理部门由总经理工作部改为工会办公室。

2017 年 11 月,浙能兰电修订《合理化建议管理》,将纸质审批流程改为在浙能兰电工作流"合理化建议"模块中提起建议并审批,细化评审流程,评审机构分为部门和公司两级,部门完成初评之后由设备管理部以及工会办公室分别负责组织公司级评审。

2018 年 10 月,浙能兰电修订《合理化建议管理》,扩大合理化建议适用范围并加大评审奖励金额。

2020 年 4 月,浙能兰电修订《合理化建议管理》,优化评审环节,由设备管理部完成生产技术类合理化建议初评，工会办公室完成行政管理类合理化建议初评，工会办公室汇总初评结果后组织公司合理化建议评审委员会开展终评。

2023 年 10 月，浙能兰电修订《合理化建议管理》，修订后的标准对各部门相应的管理职责规定得更加清晰，评审次数由一年两次改为每年按实际需要开展合理化建议评审。合理化评审委员会由副总经理、工会主席、总工程师、副总工程师和各部门负责人组成，由分管生产的副总经理任评审委员会主任，负责合理化建议的最终评审。

截至 2023 年底，浙能兰电共收到合理化建议 1498 条。

三、QC 活动

2006 年 7 月，浙能兰电发布《浙能兰溪发电有限公司 QC 活动管理办法（暂行）》，规定 QC 管理机构及分工、QC 小组活动要求、活动的工作程序、成果发布和评选奖励办法等。

2006 年 10 月，浙能兰电发布《关于成立 QC 活动管理领导小组的通知》，成立 QC 活动管理领导小组，由公司副总经理担任组长，领导小组下设 QC 活动办公室，办公室日常事务由设备部负责处理，保证 QC 活动持续有效地进行。

2007 年，浙能兰电开始着手组织开展 QC 小组活动与登记注册工作。

2008 年 1 月 28 日，浙能兰电召开首次 QC 小组活动成果发布会。自 2008 年开始，浙能兰电每年召开 QC 成果发布会，推选 QC 成果参加上级评比，QC 活动逐步得到加强。2007—2020 年，共计 9 次修订发布《QC 小组活动管理办法》，推动 QC 小组活动的持续改进。浙能兰电将 QC 活动作为推动职工参与全面质量管理，促进工作过程质量和产品质量持续提升的重要形式。

2008 年 9 月，浙能兰电结合"全国质量月"举办相关专题活动，讲解 QC 活动基本知识和解答公司 QC 小组活动中存在的普遍问题。

2012 年 5 月，浙能兰电组织相关人员参加中国质量协会组织的 QC 活动诊断师考评培训。参加专业培训后，公司先后 35 人次取得中国质量协会、中国水利电力管理质量协会、浙江省质量协会颁发的 QC 小组诊断师资格证书。为持续提高 QC 小组活动水平，浙能兰电注重 QC 知识的培训工作，多次组织有关领导和班组骨干参加 QC 知识培训班，邀请浙江省质量协会、浙江省电力行业协会专家讲课，参加公司 QC 小组活动座谈会并现场点评 QC 活动。

截至 2023 年底，浙能兰电累计登记注册的 QC 小组有 564 个。每年选拔优秀 QC 小组参加各级 QC 邀请赛评比，其中 64 项 QC 活动成果获浙江省电力行业协会及以上等级 QC 活动奖。2008—2023 年浙能兰电获浙江省电力行业协会及以上等级 QC 活动奖项汇总见表 3-9。

表 3-9 2008—2023 年浙能兰电获浙江省电力行业协会及以上等级 QC 活动奖项汇总

年份	小组名称及课题	组长	获奖等级
2008	设备部汽机一班"确保小机高压主汽阀的开关灵活性，提高设备的可靠性"QC 小组	蒲贤超	浙江省电力行业协会优秀质量管理小组成果二等奖
2008	运行部五值"♯4 机组 A 凝汽器真空偏低原因查找"QC 小组	席志骏	浙江省电力行业协会优秀质量管理小组成果三等奖
2009	运行部五值"机组夏季工况时开冷水用量调查及改进措施"第一 QC 小组	席志骏	中国水利电力质量管理协会二等奖
2009	燃料部电仪班"提高翻车机本体运行的可靠性"QC 小组	过庆红	中国水利电力质量管理协会二等奖
2010	运行部五值"改进 6KV 输煤 F＋C 开关负荷侧绝缘测量方法"第三 QC 小组	李彦猛	中国水利电力质量管理协会 QC 小组优秀奖
2010	设备部仪控二班"降低二次小风门执行机构故障率"QC 小组	顾华平	中国水利电力质量管理协会 QC 小组优秀奖
2013	维护部汽机班"改进♯7 低压加热器疏水不畅问题"QC 小组	苏青松	浙能集团第三届青年 QC 发布会三等奖
2013	维护部锅炉二班"提高捞渣机导轮运行可靠性"QC 小组	陈 勇	浙江省电力行业协会优秀质量管理小组成果一等奖、浙江省优秀质量管理小组成果发布会一等奖
2013	维护部仪控一班"排除真空泵入口压力高开关频繁报警"QC 小组	郑 斌	浙江省电力行业协会优秀质量管理小组成果二等奖
2013	运营部二值二单元"解决♯4 炉 350 MW 负荷附近后水前屏温度偏高"QC 小组	秦登辉	浙江省电力行业协会优秀质量管理小组成果三等奖
2013	运营部三值二单元"完善机组冷态启动操作票，提高机组启动操作的安全性及合理性"QC 小组	柳善甫	浙江省电力行业协会优秀质量管理小组成果三等奖
2014	维护部仪控一班"降低燃烧器壁温故障率"QC 小组	竹小锋	浙江省电力行业协会优秀质量管理小组成果一等奖、浙江省优秀 QC 成果二等奖
2014	维护部汽机班"降低密封油真空泵故障率"QC 小组	苏青松	浙江省电力行业协会优秀质量管理小组成果一等奖、浙江省优秀 QC 成果二等奖
2014	维护部锅炉二班"提高锅炉火检冷却风机滤网的工作周期"QC 小组	谢冬林	浙江省电力行业协会优秀质量管理小组成果三等奖

续表

年份	小组名称及课题	组长	获奖等级
2014	运营部一值二单元"基于 PI 系统的运行主参数分析与预警"QC 小组	叶　翔	浙江省电力行业协会优秀质量管理小组成果三等奖、浙江省优秀 QC 成果二等奖
2014	维护部仪控二班"降低磨煤机磨辊温度故障率"QC 小组	崔科杰	浙江省优秀 QC 成果一等奖
2015	维护部锅炉二班"降低♯3 捞渣机的链条磨损速度"QC 小组	冯　珑	中国水利电力质量管理协会优秀 QC 成果一等奖、浙江省电力行业协会优秀成果一等奖
2015	维护部仪控二班"降低♯3 炉磨煤机一次风流量缺陷率"QC 小组	竹小锋	浙江省电力行业协会优秀成果一等奖、浙江省优秀 QC 成果一等奖
2015	运营部除灰脱硫班"降低除雾器冲洗水泵的电耗"QC 小组	奚伟锋	浙江省电力行业协会优秀成果二等奖
2015	维护部继保班"减少♯4 炉电除尘高频整流器控制柜与灰控通讯故障"QC 小组	朱永军	浙江省电力行业协会优秀成果三等奖
2015	维护部仪控一班"降低脱硫 GGH 差压故障率"QC 小组	徐　晃	浙江省电力行业协会优秀成果三等奖
2016	维护部锅炉二班"新型落煤管清煤工具的研制"QC 小组	冯　珑	浙江省电力行业优秀成果一等奖、浙江省优秀成果一等奖
2016	运行部四值二单元"降低锅炉低负荷运行时水冷壁较严重及以上超温次数"QC 小组	张同喜	浙江省电力行业协会优秀成果二等奖、浙能集团青年 QC 三等奖
2016	维护部电气二班"减少机组凝泵变频器的故障次数"QC 小组	顾吴根	浙江省电力行业协会优秀成果三等奖
2016	维护部仪控一班"减少♯1A 循环水泵电机温度故障次数"QC 小组	李晨晖	浙江省电力行业协会优秀成果三等奖
2016	维护部仪控二班"降低♯1 炉热风快关门缺陷率"QC 小组	姜文涛	浙江省优秀 QC 成果二等奖
2017	维护部锅炉一班"新型板框式过滤器的研制"QC 小组	冯　珑	全国电力行业 QC 小组优秀成果一等奖、浙江省电力行业协会 QC 成果一等奖
2017	运行部四值二单元"降低 4 号炉低负荷运行时 SCR 入口烟气 NO_x 浓度"QC 小组	张同喜	浙江省电力行业协会 QC 成果二等奖
2017	燃料部运行四班"降低♯1 皮带机跑偏故障次数"QC 小组	吕　木	第五届"省质协杯"QC 成果发布会二等奖
2017	维护部仪控一班"提升♯2F 磨煤机一次风流量测量准确性"QC 小组	吴可泽	第五届"省质协杯"QC 成果发布会二等奖
2017	维护部仪控二班"降低♯2 机燃煤机组气动调节阀定位器故障率"QC 小组	周　寅	浙江省电力行业协会 QC 成果三等奖

年份	小组名称及课题	组长	获奖等级
2017	维护部电气二班"减少输煤快切装置误动作次数"QC 小组	郑美芬	浙江省电力行业协会 QC 成果三等奖
2018	维护部锅炉二班"减少♯1 渣仓放渣口漏水量"QC 小组	琚　敏	浙江省电力行业协会 QC 成果一等奖、浙江省质量协会优秀 QC 成果二等奖
2018	运行部六值一控"提高我厂♯1～♯4 炉再热汽温"QC 小组	张同喜	浙江省电力行业协会 QC 成果一等奖、浙江省质量协会优秀 QC 成果一等奖
2018	运行部化学运行班"减少机械搅拌澄清池翻池次数"QC 小组	陈　晨	浙江省电力行业协会 QC 成果三等奖
2018	燃料部电仪班"提高翻车机系统翻卸效率"QC 小组	陈　辉	浙江省电力行业协会 QC 成果三等奖
2019	维护部锅炉二班"减少♯4 炉引风机液压油站缺陷数"QC 小组	琚　敏	浙江省电力行业协会 QC 成果一等奖、浙江省质量协会优秀 QC 成果一等奖
2019	维护部仪控一班"降低♯1A 循环水泵清污机进口液位测量故障次数"QC 小组	韩宁青	浙江省电力行业协会 QC 成果一等奖
2019	维护部仪控二班"减少♯1 炉给煤机故障次数"QC 小组	邵江舸	浙江省电力行业协会 QC 成果三等奖
2019	运行部六值一控"降低♯1 炉 SCR 入口CO 含量"QC 小组	张同喜	浙江省电力行业协会 QC 成果三等奖
2020	维护部电气二班"减少光伏系统后台数据异常次数"QC 小组	钱科锋	浙江省电力行业协会 QC 成果二等奖
2020	维护部锅炉二班"减少一次风机报警次数"QC 小组	邢天彪	中国水利电力质量协会优秀质量管理小组特等奖、浙江省电力行业协会 QC 成果一等奖
2020	维护部电气一班"降低排泥水回收水泵开关故障次数"QC 小组	孙佳和	浙江省电力行业协会 QC 成果三等奖
2020	维护部汽机班"降低汽泵前置泵运行中轴承温度"QC 小组	吴神通	浙江省电力行业协会 QC 成果三等奖
2021	维护部锅炉二班"减少 02 期空气干燥器缺陷次数"QC 小组	邢天彪	中国水利电力质量协会优秀质量管理小组一等奖、浙江省电力行业协会 QC 成果一等奖、第三届"浙能杯"创新创意大赛优秀 QC 成果三等奖
2021	运行部 6 的阶乘"降低我厂机组停机后凝结水泵耗电量"QC 小组	张同喜	浙江省电力行业协会 QC 成果二等奖、浙江省质量协会优秀 QC 成果二等奖
2021	维护部汽机班"减少汽泵再循环调节阀盘根泄漏次数"QC 小组	张　骥	浙江省电力行业协会 QC 成果三等奖

续表

年份	小组名称及课题	组长	获奖等级
2021	运行部化学运行"减少反渗透化学清洗次数"QC小组	唐春梅	浙江省电力行业协会QC成果三等奖
2021	运行部运行一值一单元"降低一号炉中间过热器壁温一般超温次数"QC小组	方良铖	浙江省能源业联合会优秀QC成果二等奖
2021	维护部仪控一班"减少♯4炉空预器一次风进出口差压故障次数"QC小组	张学博	浙江省能源业联合会优秀QC成果二等奖
2021	运行部运行一值一单元"降低我厂机组停机后汽机侧厂用电量"QC小组	张同喜	浙江省质量协会优秀QC成果三等奖
2022	维护部电气一班"降低电除尘绝缘子电加热故障次数"QC小组	孙佳和	浙江省电力行业协会QC成果二等奖
2022	维护部精益求精"减少♯4B定冷水泵故障次数"QC小组	张 骥	浙江省电力行业协会QC成果一等奖、浙江省质量协会QC成果二等奖
2022	运行部运行一值一单元"在线降低我厂机组空预器差压"QC小组	方良铖	浙江省电力行业协会QC成果三等奖、浙江省质量协会QC成果三等奖
2022	运行部环保运行"降低我厂机组电除尘耗电量"QC小组	冯 聪	浙江省电力行业协会QC成果三等奖
2022	燃料部燃料运行"降低♯7B皮带机跑偏故障次数"QC小组	俞 晶	浙江省能源业联合会优秀QC成果二等奖
2022	运行部运行一值二单元"降低♯4机组低负荷时锅炉贮水箱高水位调节阀的开度"QC小组	鲍小华	浙江省能源业联合会优秀QC成果二等奖
2023	维护部锅炉二班"减少集中供气缺陷数"QC小组	冯 珑	中国水利电力质量管理协会优秀质量管理小组一等奖、浙江省电力行业协会QC成果一等奖
2023	燃料部机务班"降低翻车机振动煤算子支撑结构故障发生率"QC小组	韩永强	浙江省能源业联合会优秀QC成果二等奖
2023	运行部化学化试"延长精处理氢型混床失效累计流量"QC小组	王 开	浙江省电力行业协会QC成果二等奖
2023	维护部电气二班"缩短继电保护设备检修时二次回路绝缘测量时间"QC小组	黄 徐	浙江省能源业联合会优秀QC成果三等奖
2023	维护部仪控二班"减少锅炉过热器出口电磁泄压阀动作误动次数"QC小组	李晨晖	浙江省电力行业协会QC成果三等奖
2023	运行部环保运行"降低♯4湿电循环水浊度"QC小组	龚旭刚	浙江省电力行业协会QC成果三等奖
2023	维护部电气一班"降低励磁变冷却风扇故障次数"QC小组	李彬华	浙江省质量协会QC成果三等奖

第四章　安全与环保

浙能兰电始终坚持"安全第一、预防为主、综合治理"的安全生产方针,坚持把人的生命健康安全放在首位,建立安全管理组织,建立健全安全保障体系和安全监督体系,推行职业健康安全管理体系建设。2006年7月,浙能兰电通过ISO 45001职业健康安全体系认证。2012年9月,浙能兰电获得国家电力监管委员会授予的"电力安全生产标准化一级企业"称号,成为浙江省首家电力安全生产标准化一级企业。2017年,浙能兰电启动风险分级管控和隐患排查治理双重预防工作,对生产、消防、交通、保卫、职业健康各方面实施全方位安全管理,积极推进安全生产标准化工作,确保公司生产符合法律法规和相关标准要求。

浙能兰电环境保护工作贯彻落实国家有关环境保护法律法规要求,落实环保设施与主体工程同时设计、同时施工、同时投产的"三同时"制度,工程同步建设脱硫和除尘系统。浙能兰电积极推行环境管理体系建设,2006年7月通过ISO 14001环境管理体系认证。浙能兰电深入推进灰、渣、尘、废水、废气、噪声治理。2012—2014年,完成4台机组脱硝改造。2014—2016年,完成4台机组超低排放改造。同时,先后完成煤场挡风抑尘墙、干煤棚和气膜煤场、冷却塔降噪、脱硫控制室降噪、脱硫氧化风机房降噪、脱水机房降噪等抑尘和噪声治理工程。浙能兰电构建四季常青、绿草如茵的公园式厂区环境。

第一节　安全管理

一、组织机构

2003年10月20日，浙能兰电筹建处发布《关于成立浙江浙能兰溪发电厂工程项目前期安全委员会的通知》，成立浙江浙能兰溪发电厂工程项目前期安全委员会，由柯吉欣任主任，王学根、王作民任副主任，秦刚华、王静毅、王美树等8人为成员。又设立安全监察办公室，由王学根任主任，王静毅、刘权任副主任，沈云表、方志胜、陈正东为成员。

2004年5月，浙能兰电筹建处设立质量安全部，负责公司安全生产管理、质量、环保和职业健康安全3个体系管理与文明生产管理。

2006年3月30日，浙能兰电发布《关于发布三级安全监督网络的通知》，建立三级安全监督网络，进一步完善公司安全监督网络。

2006年10月12日，浙能兰电发布《关于成立浙能兰溪发电有限责任公司安全生产委员会的通知》，成立公司安全生产委员会，由总经理柯吉欣任主任，孙华芳、韩忠良、王学根、胡康生、吴光中任副主任，各部门行政正职为成员，并下设安全生产监察办公室，由王学根任主任，王美树、王静毅、傅坚钢任副主任。

2007年3月29日，质量安全部更名为安健环部。同年5月25日，因人事变动，浙能兰电发布《关于调整公司安全生产委员会成员的通知》，由张基标任主任，孙华芳、韩忠良、王学根、胡康生、吴光中、韦东良任副主任，王美树、王静毅、傅坚钢等8人为成员。同年9月24日，因人事变动，浙能兰电发布《关于调整公司安全生产委员会成员的通知》，由张基标任主任，韩忠良、王学根、胡康生、韦东良、孙自强任副主任，王美树、王静毅、傅坚钢等11人为成员。

2008年8月26日，因人事变动，浙能兰电发布《关于调整公司安全生产委员会组织机构的通知》，由张基标任主任，王学根、胡康生、韦东良任副主任，王美树、王静毅、滕卫明等11人为成员。同时调整安全监察办公室，由滕卫明任主任，麻建中任副主任，陈正东、李耀远、周斌等8人为成员。

2011年1月14日，因人事变动，浙能兰电发布《关于调整公司安全生产委员会及安全监察网络成员的通知》，由程光坤任主任，黄祖平、王学根、胡康生、王美树任副主任，吴孝炯、沈云表、方建立等13人为成员。同时调整安全生产委员会办公室，由章通行任主任，李耀远、麻建中任副主任，何利华、严安斌、丁仲勃等8人为成员。

2011年4月12日，因人事变动，浙能兰电发布《关于调整公司安全生产委员会及安全监察网络成员的通知》，由虞国平任主任，黄祖平、王静毅、王美树任副主任，吴孝炯、沈云表、方建立等13人为成员。同时调整安全生产委员会办公室，由章通行任主任，李耀远任副主任，何利华、颜安斌、凌庆仪等9人为成员。

2012年2月14日，因人事变动，浙能兰电发布《关于调整公司安全生产委员会及安全监察网络成员的通知》，由虞国平任主任，黄祖平、王静毅、王美树、吴孝炯任副主任，沈云表、方建立、章通行等15人为成员。同时调整安全生产委员会办公室，由章通行任主任，李耀远任副主任，何利华、颜安斌、凌庆仪等12人为成员。

2013年12月25日，因人事变动，浙能兰电发布《关于调整公司安全生产委员会及安全监察网络成员的通知》，由章良利任主任，黄祖平、王静毅、王润之、吴孝炯、徐书德任副主任，何志瞧、方建立、章通行等15人为成员。

2015年9月23日，因人事变动，浙能兰电发布《关于调整公司安全生产委员会及安全监察网络成员的通知》，由章良利任主任，黄祖平、王静毅、王润之、吴孝炯、何志瞧任副主任，方建立、章通行、麻建中等16人为成员。同时调整安全生产委员会办公室，由李耀远任主任，何利华、阙钧宇、方坤梁等17人为成员。

2016年11月29日，因人事变动，浙能兰电发布《关于调整公司安全生产委员会及安全监察网络成员的通知》，由章良利任主任，王润之、吴孝炯、张小根、何志瞧任副主任，方建立、麻建中、李耀远等18人为成员。同时调整安全生产委员会办公室，由李耀远任主任，何利华、方坤梁等17人为成员。

2017年9月20日，因人事变动，浙能兰电发布《关于调整公司安全生产委员会及安全监察网络成员的通知》，由傅小森任主任，吴孝炯为第一副主任，张小根、何志瞧任副主任，麻建中、章通行等18人为成员。同时调整安全生产委员会办公室，由项文杰任主任，任捍真、何利华任副主任，方坤梁、过庆红、黄标等16人为成员。

2018年1月24日，因人事变动，浙能兰电发布《关于调整公司安全生产委员会及安全监察网络成员的通知》，由傅小森任主任，吴孝炯为第一副主任，张小根、何志瞧、裘小萍、麻建中任副主任，章通行、项文杰、严建成等18人为成员。同时调整安全生产委员会办公室，由项文杰任主任，任捍真、何利华任副主任，方坤梁、过庆红、王献灵等 16 人为成员。

2019 年 7 月 30 日，浙能兰电发布《关于调整公司安全生产委员会及安全监察网络成员的通知》，由吴孝炯任主任，张小根为第一副主任，何志瞧、裘小萍、麻建中任副主任，章通行、项文杰等 17 人为成员。同时调整安全生产委员会办公室，由项文杰任主任，过庆红任副主任，方坤梁、丁仲勃、唐夏冰等 18 人为成员。

2020 年 6 月 30 日，因人事变动，浙能兰电发布《关于调整公司安全生产委员会及安全监察网络成员的通知》，由吴孝炯任主任，张小根为第一副主任，何志瞧、裘小萍、方昌勇、麻建中任副主任，项文杰、朱新平、林文辉、严建成等 16 人为成员。同时调整安全生产委员会办公室，由项文杰任主任，过庆红任副主任，方坤梁、丁仲勃、唐夏冰等 18 人为成员。

2021 年 1 月 26 日，因人事变动，浙能兰电发布《关于调整公司安全生产委员会及安全监察网络成员的通知》，由吴孝炯任主任，张小根为第一副主任，何志瞧、裘小萍、方昌勇、麻建中任副主任，项文杰、朱新平、林文辉、严建成等 18 人为成员。同时调整安全生产委员会办公室，由过庆红任主任，朱小强任副主任，方坤梁、丁仲勃、唐夏冰等 15 人为成员。

2022 年 7 月，浙能兰电将外包长协班组纳入三级安全监督网络，网络成员根据人员变动及时更新。

2023 年 6 月 2 日，因人事变动，浙能兰电发布《关于调整以及撤销部分公司非常设组织机构的通知》，调整安全生产委员会，由傅洪军任主任，何志瞧为第一副主任，麻建中、王宇、朱新平任副主任，严建成、林文辉等 20 人为成员。同时调整安全生产委员会办公室，由过庆红任主任，刘奕俊任副主任，方坤梁、丁仲勃、唐夏冰等 16 人为成员。

二、责任落实

2003 年 10 月 28 日，浙江浙能兰溪发电厂工程项目前期安全委员会召开第一次会议，专题部署工程建设安全生产工作。此后每季度召开工程安全生产委员会会议，研究、部署工程安全生产工作，直至基建期结束。

2004 年 1 月 19 日，浙能兰电筹建处组织签订 2004 年度安全生产责任书。此后，每年年初逐级签订安全生产责任书。浙能兰电安全管理部门负责公司年度安全、环境、职业健康目标指标的管理，各部门根据公司年度安健环目标及主要工作,制定本部门细化的分目标、指标及管理方案。浙能兰电每年年初发布 1 号文件,提出年度安全生产工作要点,明确安全生产目标和保证措施,层层分解落实,把安全责任落实到人、到岗位。安全管理部门每半年对公司安健环目标、指标及方案的实施情况进行一次检查,并提出考核意见。

2006 年 2 月 24 日,浙能兰电安全生产委员会召开首次会议,会议由总经理柯吉欣主持,孙华芳、韩忠良、王学根等公司领导以及各部门负责人参加,浙能集团生产安全部副主任邵志跃出席。此后浙能兰电每季度召开一次安全生产委员会会议,汇报安全生产法律法规,党中央、国务院和浙江省委、省政府及其他上级部门关于安全生产工作决策部署的贯彻落实情况,安全责任、安全投入、安全培训、安全管理、应急救援到位情况,分析安全生产形势,提出工作薄弱环节,对存在的重大安全生产问题提出具体的整改措施,布置下一阶段安全生产工作重点任务及具体措施。

三、安全例会

(一)安全生产委员会会议

安全生产委员会会议从 2006 年 2 月开始,每季度召开一次。该会议由浙能兰电安全生产委员会主任主持,安全生产委员会成员、各部门主任、各部门安全员参加。会议主要内容包括安全生产法律法规,党中央、国务院和浙江省委、省政府及其他上级部门关于安全生产工作决策部署的贯彻落实情况,安全责任、安全投入、安全培训、安全管理、应急救援到位情况,分析安全生产形势,提出薄弱环节和存在问题的具体解决整改措施,下一阶段安全生产工作重点任务及具体措施。

(二)安全文明生产例会

安全文明生产例会从 2007 年 6 月开始,每月召开一次。该会议由分管生产的副总经理或总工程师主持,副总工程师、各部门负责人、各部门安全员参加。会议主要内容包括各部门汇报上月安全文明生产情况,月度安全工作计划完成情况,安全措施、反事故措施项目完成情况,安全文明生产工作问题分析,提出下一阶段安全文明生产工作重点,公司领导布置下个月安全文明生产工作。

四、制度建设

2003 年 11 月 6 日,浙能兰电筹建处发布《安全管理实施细则(试行)》《各级人员安全生产责任制（试行）《工程安全、文明施工管理制度（试行）《安全一票否决权使用规定（试行）《工地人身、设备事故调查和报告的规定（试行）《安全施工奖惩办法（试行）《现场安全文明施工处罚规定（试行）等 7 个管理制度。2004 年 5 月 18 日，浙能兰电第一次股东会暨一届一次董事会通过上述 7 个管理制度和《工程施工、质量、监理、设备、档案管理》。

2005 年，浙能兰电陆续起草、修订发布《安全生产监督管理》《安全生产责任制管理》《外包工程与外包用工安全管理》《检修现场安全文明管理》《工作票管理》《操作票管理》《动火工作票管理》《劳动防护用品管理》《文明生产管理》《安全工器具管理》《事故调查与处理管理》《供氢站、油库安全管理》《安全奖惩管理》《消防管理》《环境保护管理》《防误操作管理》《运行岗位交接班、巡回检查、定期切换管理》《反事故演习管理》《厂内机动车辆管理》《电梯管理》《二次系统及全厂网络安全防护管理》共 21 个安全文明生产管理标准。

2006—2009 年，结合法律、法规、规章、标准的变化及企业规范化、标准化管理要求，浙能兰电陆续起草发布《放射设备及放射源管理》《反违章管理》《危险源辨识、风险评价与控制管理程序》《危险化学品管理》《特种作业人员及特种设备作业人员管理》《安全教育管理》《职业健康保护管理》《检修电源和临时电源使用管理》《气瓶安全管理》《保温、油漆、脚手架管理》《生产区门禁管理》《起重机具与起重作业管理》《防台防汛管理》《治安保卫管理》《电力二次系统安全防护管理》《设备带压堵漏管理》共 16 个安全生产管理标准。浙能兰电修订《操作票管理》《供氢站、油库安全管理》，修订《外包工程与外包用工安全管理》并将其更名为《外包工程安健环管理》，修订《事故调查与处理管理》并将其更名为《事故、事件管理》，修订《消防管理》并将其更名为《消防安全管理》，修订《防误操作管理》并将其更名为《电气防误操作管理》，形成比较完善的安全文明生产管理体系。

2010 年，随着安全管理水平的不断提升，浙能兰电陆续起草、修订发布《安全生产标准化及安全绩效评定管理》《氨区管理》《特殊危险作业安全管理》《电焊机及电焊作业安全管理》《领导人员下基层、现场带班、值班管理》《有限空间作业管理》《班组建设管理》《"两票三制"旁站评估管理（试用）《安全生产费用管理》《应急管理》《高处作业安全工作规程》等 58 个安全生产管理标准。

2018 年，浙能兰电对有限空间作业、电焊作业、起重作业、脚手架和油漆、氨区等相关管理制度修订和完善，为避免重复，废除《特殊危险作业安全管理》。

2020 年，浙能兰电推进长协外包单位同质化管理工作。2021 年 11 月，浙能兰电修订发布《外包工程安健环管理》，明确对长协外包单位执行统一纳入发包方安健环管理体系、统一管理标准、统一实施监督检查与考核的三个"统一"要求，对外包单位的管理与对内部部门的管理一样，对外包单位员工的管理与对内部员工的管理一样，对触及"红线"行为的外包单位实行"一票否决"。

2023 年 2 月，随着脱硝尿素制氨技术改造竣工，浙能兰电废除《氨区管理》这一标准。同年 10 月，修订《危险源辨识、风险评价与控制管理程序》并将其更名为《危险源辨识、风险分级管控管理》。

五、安全生产标准化

2010 年，浙能兰电被浙江省安监局确定为浙江省地方标准《电力企业安全生产管理规范》贯标试点单位，在总结分析"四标一体"、安全性评价与电力安全标准化贯标工作异同点的基础上，进行贯标工作策划。同年 12 月，下发实施方案。通过发动、培训以及多轮自下而上的检查整改，基本形成现场标识明晰、安全设施完善、责任体系健全、生产管理规范的安全生产格局。

2011 年 11 月 30 日，根据国务院安全生产委员会《关于深入开展企业安全生产标准化建设的指导意见》和国家电监会《关于深入开展电力企业安全生产标准化工作的指导意见》精神，浙能兰电制定发布《浙江浙能兰溪发电有限责任公司电力企业安全生产标准化达标实施方案》，全面规范公司的安全管理，强化公司安全生产基础管理工作，促进安全生产关口前移，实现企业安全生产本质化的要求。

2012 年 5 月 25 日，浙能兰电以 93.45 分通过安全生产标准化达标现场评审，成为浙江省首家通过电力安全标准化达标现场评审的发电企业。同年 6 月 14 日，浙江省发电企业安全生产标准化达标经验现场交流会在浙能兰电召开，会议总结浙江省发电企业安全生产标准化工作情况，交流电力安全生产标准化达标工作经验，部署下一阶段电力安全生产标准化达标工作重点，并组织参观浙能兰电安全生产标准化现场建设情况。同年 9 月 25 日，中央和浙江省属企业安全生产工作互查组来到浙能兰电，就电力安全生产情况进行检查，一致认为浙能兰电电力安全生产标准化建设工作成效显著。

自 2012 年起，浙能兰电每年开展一次安全生产标准内部评审。在 2017 年 11 月、2022 年 11 月，浙能兰电均顺利通过中国电力企业联合会科技开发服务中心的现场评审，被认定为"电力安全生产标准化一级企业"。

六、安全教育培训

2004年，浙能兰电安全活动按公司、部门、班组三级开展。安全活动主要内容包括传达上级有关安全生产文件、政策、法令、法规、事故通报、电力安全信息，同时学习安全、技术知识，如安全工器具使用、职工安全卫生知识等，以增强职工的自我保护意识。自此，各部门每月组织1次安全活动，公司领导及各职能部门领导、生产管理人员每月参加班组安全活动不得少于1次。浙能兰电所有新进员工和实习人员均要经三级安全教育并考试合格，每年开展年度安规考试和三种人考试。2017年5月，搭建年度安规考试系统，将其应用于年度安规考试和三种人考试，自此实现无纸化考试。2021年11月，搭建入厂安全教育考试系统，对外包单位员工入厂安全教育培训开始执行"三个100％"原则，即100％培训、100％考试、100％合格。截至2023年底，浙能兰电培训外包单位员工累计4794人次。

2004年以来，浙能兰电每年举办紧急救护法、班组长安全管理知识、安全管理人员取证等培训班，同时根据培训计划开办各种安全知识讲座、电化教育和安全知识竞赛、技术比武等。浙能兰电每年围绕不同主题开展职业病防治法宣传周、"安全生产月"、"安康杯"竞赛等宣传教育活动，以安全工作座谈会、安全知识竞赛、实物和图片展览、展板和横幅、网络视频和新媒体推送以及专家讲座和演讲等多种宣传形式，普及安全技术知识，开展有针对性、形象化的宣传教育，按照"四不放过"原则，不定期组织事故事件和典型事故案例的学习教育，全面提高职工安全意识和安全技能。

2006年11月6—8日，根据浙江省安全生产委员会《全省全员安全培训工程实施方案》文件精神及浙能集团的有关要求，浙能兰电举办3期全员安全培训班，来自各部门的近500名职工听取浙江工业大学李振明教授的讲课。

2007年5月，浙能兰电起草、发布《安全教育管理》标准，明确安全教育工作管理内容与要求，由安健环部负责组织编制安全教育计划并监督实施，以新入厂的生产人员（含实习、代培人员）、部门管理人员以及班组长、长期外包维护人员为重点开展全员安全培训工作。安全教育内容主要包括三级安全教育、新上岗生产人员教育、特种作业人员教育、特种设备作业人员教育、员工换岗安全教育、复工安全教育、安全警示教育、员工在岗安全教育、入厂（场）教育，以及安全交底、临时来厂人员安全教育和其他安全教育等。该标准明确班组安全活动包括班前会、班后会安全教育、班组安全会，每季度安全警示教育等。班组安全会每月2次，时长不少于2小时。各部门对安全学习效果定期抽查,同时定期进行有针对性的专业技能培训、现场考问、反事故演习、技术问答、事故预想、应急演练等技术培训活动。安健环部对班组安全活动情况进行不定期抽查,对检查情况和发现的问题通知班组及时整改。

2014 年 12 月,浙能兰电修订《安全教育管理》,明确安全教育培训以自主培训为主,明确各级人员培训的课时要求和课时的统计标准,同时要求根据培训计划委托具备安全教育培训条件的机构,对从业人员进行安全教育培训,取得各类安全资格证书,确保持证上岗。

2018 年 9 月,浙能兰电修订《安全教育管理》,增加安全教育培训档案、换岗(复工)安全教育卡等内容。

2020 年 11 月和 2022 年 12 月,浙能兰电安全警示教育室分两期先后建成,包括 VR 新阵地分事故警示体验区、VR 安全带体验区、高风险作业风险防控与隐患排查体验区、心肺复苏培训区,通过 VR 身临其境地体验典型事故案例。浙能兰电运用"正向实训、逆向体验、安全互动"的电力安全培训新模式,旨在使公司和外包员工理解认同安全理念,增强安全意识,提升安全风险防控水平,不断提高公司安全管控能力。安全警示教育室建成后,新员工入职公司、外包单位人员入厂均需完成警示教育,浙能兰电职工现场作业人员每季度开展 1 次警示教育。浙能兰电安全警示教育室如图 4-1 所示。

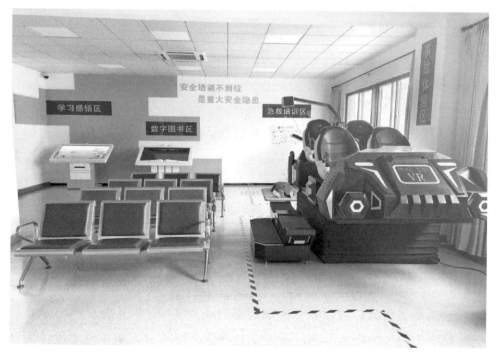

图 4-1 浙能兰电安全警示教育室

2022 年 3 月，浙能兰电组织开展红十字救护员取证培训。截至 2023 年底，浙能兰电共有 445 人取得红十字救护员证，取证比例达 85.6%。

七、班组建设

2018 年 11 月，浙能兰电起草、发布《班组建设管理》标准，对管理组织、制度建设、台账管理和劳动纪律等作出具体规定，明确每年对班组进行定级考评 1 次，并细化评级条件。此后，根据上级管理要求及公司实际，多次对相关管理标准进行优化完善。

2020 年，浙能兰电将长协外包班组列入班组建设管理，制定《长协外包单位班组管理办法（试行）》，首次将长协外包单位（班组）管理纳入公司安全生产管理体系，由项目主管部门负责长协外包单位班组建设管理的监督指导。2021 年 2 月，浙能兰电被评为浙能集团班组建设先进单位。同年 6 月，浙能兰电运行部一值一单元被浙能集团评为标杆班组，并通过后续的浙能集团标杆班组复评。

截至 2023 年底，浙能兰电 25 个内部班组及 23 个长协外包班组实现 100%标准化达标，其中浙能兰电有 1 个标杆班组、7 个六星班组、9 个五星班组、7 个四星班组、2 个三星班组，长协外包单位有 8 个三星级班组、3 个二星级班组、7 个一星级班组及 5 个达标班组。

八、职业健康

2004 年 7 月和 2006 年 10 月，浙能兰电在工程建设可行性研究阶段委托中国疾病预防控制中心职业卫生与中毒控制所分别开展一期、二期工程职业病危害预评价，在竣工验收阶段进行职业病危害控制效果评价，做到职业病危害防护设施与主体工程同时设计、同时施工、同时投产使用。

浙能兰电每年委托专业机构开展职业病危害因素检测和职业健康体检，每三年安排一次职业病危害现状评价。2007 年，浙能兰电设立职业健康劳动保护领导小组和工作小组，由公司总经理任领导小组组长，分管生产的副总经理担任工作小组组长，成员由公司领导和有关职能部门负责人、职业卫生专（兼）职人员组成，每年结合安全生产委员会会议或安全月度例会合并召开职业健康保护领导小组会议。

浙能兰电安全管理部门每年年初组织编制安全技术劳动保护措施计划,年底对年度计划完成情况、完成率、实际效果、未完成主要原因以及存在的问题进行总结。

九、风险管控和隐患治理

2005 年,浙能兰电在危险源辨识、风险评价的基础上,发布《生产安全突发事件综合应急预案》。2007 年,浙能兰电发布《危险源辨识、风险评价与控制管理程序》,对危险源辨识、风险评价与控制工作实施标准化管理。2016 年 12 月,浙能兰电坚持开展风险分级管控工作的"落地"运用推广,遵循"全员参与、全过程管控、精准管控、有效运行、持续改进"的原则,全面开展安全风险分级管控工作。2018 年 11 月,浙能兰电将检修、维护作业类安全风险清单导入 ERP 系统并开始使用。2019 年 4 月,浙能兰电将操作票风险预控票导入 ERP 系统开始使用。此后,根据危险源辨识、风险评价的动态辨识及时更新风险清单。2023 年 10 月,浙能兰电修订、发布《危险源辨识、风险分级控制管理》,进一步明确风险辨识的方法和概念,规范内因、外因、可能发生的事故后果(含人身、设备两类)的内容,使作业人员在风险辨识时更加容易操作、理解。

2008 年,浙能兰电起草、发布《安全生产检查及隐患排查与治理管理》,明确安全隐患定义和各部门管理职责、安全检查主要内容、隐患治理程序、处置要求等内容。此后结合法律、法规、规章、标准的变化,该标准于 2009 年、2010 年、2012 年、2013 年、2015 年、2017 年、2019 年、2021 年共进行 8 次修订,增加安全隐患分级分类及一般事故隐患、重大事故隐患定义、追溯管理,建立隐患举一反三排查整改机制,针对上级单位安全稽查通报、会议纪要、事故事件快报、技术监督单等问题,对照实际情况开展专项排查,将检查发现的问题列入安健环平台整改闭环。2023 年 12 月,浙能兰电修订《安全生产检查及隐患排查与治理管理》,进一步明确其与反违章、设备缺陷和分析管理、管理评审、安全性评价、安全评估、安全生产标准化、体系管理等之间的关系,形成公司重大事故隐患适用清单,明确一般隐患的判定标准,建立安全、环保、消防、网络等隐患示范清单,同时将编制重大事故隐患、一般隐患排查手册列入下一年计划,以进一步提升隐患排查治理能力。

十、安全检查和反违章

2007 年 7 月,浙能兰电结合公司年度安全目标和生产计划制定反违章检查及隐患排查治理工作方案，成立反违章检查及隐患排查治理领导小组。领导小组下设 12 个检查组，每月开展检查、考核工作。此后每年年初编制发布反违章检查及隐患排查治理工作方案，制订月度检查计划，每月由安健环部组织，公司领导、有关部门负责人、各部门安全员参加安全检查。每季度由公司主管领导组织设备管理部有关专业人员、安监人员对全厂主设备、主要系统进行设备安全隐患检查。在机组大修期间，各生产部门负责人、安健环部、各部门安全员必须巡视检修现场，对不安全现象随时指出纠正。同年，浙能兰电起草、发布《反违章管理》，此后结合法律、法规、规章、标准的变化先后进行 6 次修订。

2008 年，浙能兰电在《安全生产检查及隐患排查与治理管理》中明确，安全检查项目包括日常检查、周检查、月度检查、专项安全检查、节假日前检查、春季安全大检查、秋季安全大检查等。此后每年开展季节性和专项安全大检查，3—5 月开展春季安全大检查，6—9 月开展迎峰度夏安全检查，5—10 月开展防台防汛安全检查，9—11 月开展秋季安全大检查，11—12 月开展迎峰度冬安全检查，逢元旦、春节、五一、国庆等法定节假日，由安健环部和保卫、消防人员进行节前安全、保卫、防火专项检查。浙能兰电根据安全生产检查情况编写发布《安健环检查情况通报》，并将查出的问题列出，下发整改单进行闭环管理。截至 2023 年底，《安健环检查情况通报》累计发布 141 期。

2017 年，浙能兰电结合多年来反违章工作经验，从中筛选出部分具有代表性的典型违章示例，汇编成册，职工人手一册，大力营造违章可耻、守规光荣的浓厚文化氛围。2023 年，浙能兰电开始实行安全教育消分机制，员工两次违章或违章记分达到 4～6 分，由主管部门通知其参加安全教育培训。浙能兰电通过强化违章现象考核并给予曝光，有效遏制违章违规行为。

十一、应急建设

（一）应急预案体系

2006 年，浙能兰电成立应急预案编制工作组，由公司总经理任组长，各部门生产、技术、设备、安全、行政、人事、财务专业人员为成员，明确工作职责和任务分工，制订工作计划，组织开展应急预案编制工作。预案编制工作邀请相关救援队伍以及周边相关企业、单位或社区代表参加。2006 年 5 月，公司发布《储氢站、油库安全管理》《事故应急救援总体预案》《火灾应急预案》《防台防汛应急预案》《锅炉压力容器爆炸事故应急预案》《燃油系统跑油事故应急预案》《废水站事故应急预案》《供氢站事故应急预案》《酸、碱等化学品泄漏的应急预案》等9个应急预案。同年12月,新增《全厂停电应急预案》《地震应急预案》《雷电灾害应急预案》《人员急救应急预案》《食物中毒应急预案》《灰系统泄漏及灰坝坍塌事故应急预案》《燃煤低库存应急预案》等7个应急预案。

2010年6月,浙能兰电邀请同行业单位、地方安监局、电力监管机构、上级主管单位的领导、专家组成评审组,对《生产安全突发事件应急预案体系》进行评审,并获得通过。

2023年8月,浙能兰电根据GB/T 29639—2020《生产经营单位生产安全事故应急预案编制导则》修订公司应急预案体系,发布《生产安全事故应急预案》《突发公共卫生事件应急预案》和《突发社会安全事件应急预案》等3个应急预案体系。浙能兰电应急预案体系框架见表4-1。浙能兰电生产安全事故现场处置方案清单见表4-2。

表4-1　浙能兰电应急预案体系框架

	综合应急预案	
生产安全事故应急预案	专项应急预案	1.人身事故专项应急预案
		2.有限空间事故专项应急预案
		3.危险化学品和易燃易爆品泄漏事故专项应急预案
		4.火灾事故专项应急预案
		5.电力设备事故专项应急预案
		6.大型施工机械事故专项应急预案
		7.全厂停电事故专项应急预案
		8.碧霞宫灰场事故专项应急预案
		9.电力监控系统防护专项应急预案
		10.网络信息系统安全事件专项应急预案
		11.道路交通事故专项应急预案
		12.环境污染事件专项应急预案
		13.防汛防台、防强对流天气专项应急预案
		14.防雨雪冰冻灾害专项应急预案
		15.地震灾害专项应急预案
	现场处置方案	生产安全事故现场处置方案清单(详见表4-2)

续表

突发公共卫生事件应急预案	专项应急预案	1.传染病、群体不明原因疾病专项应急预案
		2.食物中毒专项应急预案
	现场处置方案	3.传染病、群体不明原因疾病防控现场处置方案
		4.食物中毒现场处置方案
突发社会安全事件应急预案	专项应急预案	1.反恐怖袭击专项应急预案
		2.群体性事件专项应急预案
		3.突发新闻媒体事件专项应急预案
	现场处置方案	1.恐怖袭击防控现场处置方案
		2.发现疑似恐怖分子现场处置方案
		3.发现可疑爆炸物现场处置方案
		4.被恐怖分子劫持现场处置方案
		5.遇到枪击现场处置方案
		6.化学恐怖袭击现场处置方案
		7.人员入侵、无人机入侵现场处置方案
		8.公司内发生群体性事件现场处置方案
		9.公司外发生群体性事件现场处置方案
		10.突发新闻媒体事件现场处置方案

表 4-2　浙能兰电生产安全事故现场处置方案清单

序号	名　称
1	人员受伤现场处置方案
2	火灾伤害现场处置方案
3	触电现场处置方案
4	淹溺现场处置方案
5	化学腐蚀品灼烫现场处置方案
6	高温蒸汽灼烫现场处置方案
7	危化品中毒现场处置方案
8	高温中暑现场处置方案
9	有限空间中毒与窒息事故现场处置方案
10	气膜封闭煤场中毒与窒息事故现场处置方案
11	危化品运输车辆泄漏事故现场处置方案
12	化学腐蚀品系统泄漏事故现场处置方案
13	氢气泄漏、火灾爆炸事故现场处置方案

续表

序号	名　称
14	柴油泄漏、火灾爆炸事故现场处置方案
15	燃油罐区泄漏、火灾爆炸事故现场处置方案
16	汽轮机油泄漏、火灾爆炸事故现场处置方案
17	特种材料库泄漏、火灾爆炸事故现场处置方案
18	发电机火灾事故现场处置方案
19	油浸变压器火灾事故现场处置方案
20	电缆火灾事故现场处置方案
21	蓄电池火灾事故现场处置方案
22	配电室火灾事故现场处置方案
23	计算机房火灾事故现场处置方案
24	控制室火灾事故现场处置方案
25	制粉系统火灾事故现场处置方案
26	输煤皮带火灾事故现场处置方案
27	气膜封闭煤场火灾事故现场处置方案
28	档案室火灾事故现场处置方案
29	大楼火灾事故现场处置方案
30	锅炉爆炸事故现场处置方案
31	汽轮机超速、轴系断裂事故现场处置方案
32	汽水压力容器及压力管道爆炸事故现场处置方案
33	电梯人员被困事故现场处置方案
34	气膜煤棚坍塌事故现场处置方案
35	通信中断现场处置方案
36	起重机械事故现场处置方案
37	淡水供应异常现场处置方案
38	燃煤低库存现场处置方案
39	全厂停电现场处置方案
40	碧霞宫灰场事故现场处置方案
41	突发水污染环境事件现场处置方案
42	大气污染环境事件现场处置方案
43	电力监控系统网络安全事件现场处置方案
44	网络信息系统安全事件现场处置方案

序号	名　称
45	道路交通事故现场处置方案
46	公司内交通事故现场处置方案
47	设备管理部防汛防台现场处置方案
48	运行部防汛防台现场处置方案
49	维护部防汛防台现场处置方案
50	燃料部防汛防台现场处置方案
51	行政事务中心防汛防台现场处置方案
52	周边水库溃坝现场处置方案
53	运行部防暴雨现场处置方案
54	维护部防暴雨现场处置方案
55	燃料部防暴雨现场处置方案
56	雷电灾害现场处置方案
57	运行部防雨雪冰冻灾害现场处置方案
58	维护部防雨雪冰冻灾害现场处置方案
59	燃料部防雨雪冰冻灾害现场处置方案
60	行政事务中心防雨雪冰冻灾害现场处置方案
61	地震灾害现场处置方案

（二）队伍建设

2010 年 11 月 22 日,浙能兰电发布《关于发布公司应急组织体系组成人员名单的通知》,成立公司应急组织体系,由应急领导小组、应急领导小组办公室、各应急指挥部组成。公司总经理程光坤任应急领导小组组长,设备部、运行部、燃料部、工程部、质量与安全部、计划与合同部、综合办、财务部等各部门领导为组员。各应急指挥部由火灾应急指挥部,防汛防台应急指挥部,锅炉、压力容器爆炸事故应急指挥部,燃油系统跑油事件应急指挥部,废水排放事故应急指挥部,酸、碱等化学品泄漏及放射源事故应急指挥部,供氢站事故应急指挥部,地震应急指挥部,雷电灾害应急指挥部,人员急救应急指挥部,全厂停电事故应急指挥部,碧霞宫灰场溃坝应急指挥部,重大交通事故应急指挥部,燃煤低库存应急指挥部,电力二次系统防护应急指挥部组成,公司领导任各应急指挥部总指挥,各部门领导为各应急指挥部成员。

2011年6月29日,浙能兰电发布《关于成立公司应急救援队伍的通知》,成立应急救援队,并将公司专职消防队列为专职应急救援队伍,纳入公司应急体系建设规划。同年9月,公司特邀兰溪市人民医院专家,对公司76名应急救援队员进行医疗急救知识培训。浙能兰电将应急预案的培训纳入安全生产培训工作计划,采取多种形式开展应急预案的宣传教育,普及生产安全事故避险、自救和互救知识,提高员工的安全意识与应急处置技能。应急组织机构相关人员每年至少参加1次公司组织的应急预案培训,培训的主要内容包括应急预案体系构成、应急组织机构及职责、应急资源保障情况以及针对不同类型突发事件的预防和处置措施等,使有关人员了解应急预案内容,熟悉应急职责、应急处置程序和措施。

2023年8月,浙能兰电建立应急处置专家队伍培养机制,建立相应专家数据库,并开展专家会商、研判、培训和演练等活动。各专项应急预案管理部门负责人、主管或专工为公司应急处置专家,公司将应急处置专家纳入应急处置指挥部,参与预警、指挥、抢险救援和恢复重建等应急相关工作,为应急处置工作提供专业技术支撑和科学决策支持。

（三）应急演练

自2006年5月起,浙能兰电结合安全生产和应急管理工作实际情况,采取实战演练或桌面演练方式定期组织应急演练,以不断检验和完善应急预案,提高应急管理和应急技能水平。所有专项应急预案至少每三年开展一次演练,并根据公司的事故风险特点,每年制定发布公司级应急演练周期表,公司领导需参加公司级的应急演练。浙能兰电应急预案演练周期见表4-3。

表4-3 浙能兰电应急预案演练周期

序号	应急预案名称	管理部门	演练周期
1	人身事故应急预案	安健环部	1年
2	有限空间事故应急预案	安健环部	1年
3	危险化学品和易燃易爆品泄漏事故应急预案	运行部	3年
4	火灾事故应急预案	安健环部	2次/年
5	电力设备事故应急预案	设备管理部	1年
6	大型施工机械事故应急预案	设备管理部	3年
7	全厂停电事故应急预案	运行部	1年
8	碧霞宫灰场事故应急预案	燃料部	3年
9	电力监控系统防护应急预案	设备管理部	1年

续表

序号	应急预案名称	管理部门	演练周期
10	网络信息系统安全事件应急预案	信息中心	3 年
11	道路交通事故应急预案	行政事务中心	3 年
12	环境污染事件应急预案	运行部	1 年
13	防汛防台、防强对流天气应急预案	安健环部	1 年
14	防雨雪冰冻灾害应急预案	安健环部	3 年
15	地震灾害应急预案	安健环部	3 年
16	传染病、群体不明原因疾病应急预案	办公室	3 年
17	食物中毒应急预案	行政事务中心	3 年
18	反恐怖袭击应急预案	安健环部	3 年
19	群体性事件应急预案	办公室	3 年
20	突发新闻媒体事件应急预案	党群工作部	3 年

（四）应急响应

浙能兰电位于兰溪市下梅片防洪保护区内，兰溪市历史上洪涝灾害频发，是全省防洪重点县市区之一。2006 年，浙能兰电制定、发布《防台防汛应急预案》。同年，成立防汛办，每年组织召开防台防汛工作会议，编制汛前、汛期、汛后检查大纲，各部门按照要求开展防汛防台安全检查，及时安排整改，使防汛防台工作处于受控状态并实施闭环管理。

浙能兰电应急组织机构落实信息收集、报送工作，并根据各应急预案设置的条件及时启动预警及应急响应。截至 2023 年底，浙能兰电共启动应急响应 18次，具体情况见表 4-4。

表 4-4　浙能兰电启动应急响应情况

启动日期	启动原因	响应内容	解除日期
2011 年 6 月 16 日	预报兰江水位达到 33.72 米	防台防汛一级应急响应	2011 年 6 月 20 日
2014 年 6 月 23 日	预报兰江水位达到 32.20 米	防台防汛二级应急响应	2014 年 6 月 24 日
2015 年 7 月 10 日	受 9 号强台风"灿鸿"影响	防台防汛二级应急响应	2015 年 7 月 11 日
2016 年 1 月 21 日	受低温寒潮天气影响	极端气候（低温寒潮）二级响应	2016 年 1 月 26 日
2016 年 6 月 30 日	预报兰江水位达到 30.20 米	防台防汛一级应急响应	2016 年 7 月 2 日
2017 年 6 月 25 日	预报兰江水位达到 30.60 米	防台防汛一级应急响应	2017 年 6 月 27 日
2018 年 1 月 26 日	受低温寒潮天气影响	雨雪冰冻灾害三级应急响应	2018 年 1 月 30 日
2018 年 1 月 31 日	受低温寒潮天气影响	雨雪冰冻灾害三级应急响应	2018 年 2 月 5 日

续表

启动日期	启动原因	响应内容	解除日期
2019 年 7 月 5 日	预报兰江水位达到 30.11 米	防台防汛二级响应	2019 年 7 月 8 日
2019 年 8 月 9 日	受 9 号台风"利奇马"影响	防台防汛应急二级响应	2019 年 8 月 10 日
2019 年 10 月 1 日	受 18 号台风"米娜"影响	防台防汛二级应急响应	2019 年 10 月 4 日
2020 年 6 月 30 日	预报兰江水位达到 31.0 米	防台防汛二级应急响应	2020 年 7 月 1 日
2020 年 12 月 31 日	受低温寒潮天气影响	雨雪冰冻灾害三级应急响应	2021 年 1 月 3 日
2021 年 1 月 8 日	受低温寒潮天气影响	雨雪冰冻灾害三级应急响应	2021 年 1 月 9 日
2021 年 7 月 23 日	受 6 号台风"烟花"影响	防台防汛二级应急响应	2021 年 7 月 27 日
2021 年 9 月 12 日	受 14 号台风"灿都"影响	防台防汛二级应急响应	2021 年 9 月 13 日
2022 年 6 月 20 日	预报兰江水位达到 30.60 米	防台防汛一级应急响应	2022 年 6 月 21 日
2023 年 12 月 21 日	受低温寒潮天气影响	防雨雪冰冻灾害专项应急预案一级响应	2023 年 12 月 25 日

（五）新冠疫情防控

2020 年 1 月 23 日,针对新冠疫情防控,浙江省启动重大公共突发卫生事件一级响应。同年 1 月 24 日,浙能兰电启动公司传染病疫情及群体性不明原因疾病三级应急响应。2022 年 3 月 26 日,浙能兰电启动公司传染病疫情及群体性不明原因疾病二级应急响应。同年 4 月 9 日,浙能兰电解除公司传染病疫情及群体性不明原因疾病二级应急响应。同年 4 月 17 日,浙能兰电启动公司传染病疫情及群体性不明原因疾病二级应急响应。同年 4 月 26 日,浙能兰电解除公司传染病疫情及群体性不明原因疾病二级应急响应。2023 年 1 月 8 日,浙能兰电解除公司传染病疫情及群体性不明原因疾病三级应急响应。

2020 年 1 月 26 日,浙能兰电发布《新型冠状病毒防控应急工作方案》。同年 1 月 30 日,浙能兰电发布《浙江浙能兰溪发电有限责任公司新型冠状病毒肺炎防控工作方案》。同年 2 月 9 日,浙能兰电发布《浙江浙能兰溪发电有限责任公司新冠疫情防控期间能源供应保障工作方案》。同年 3 月 20 日,浙能兰电修订完善《传染病疫情及群体性不明原因疾病事件应急预案》,提高新冠疫情防控能力。同年 6 月 2 日,浙能兰电发布《能源保供与疫情防控专项工作方案》。

新冠疫情防控期间,浙能兰电及时调整完善常态化防控工作方案 67 次,开展一系列新冠疫情防控工作:2021 年 2 月 3 日、2022 年 1 月 26 日、2022 年 7 月 4 日三次组织新冠疫情防控桌面应急演练,由公司总经理任演习总指挥。2021 年 3 月 25 日,首次组织新冠疫苗接种。截至 2022 年 12 月 20 日,完成第 1 剂疫苗接种 501 人,完成全程疫苗加强针 487 人。2021 年 12 月 20 日,配合灵洞乡新冠疫情防控部门组织进行核酸检测演练工作。2022 年 3 月 19 日—12 月 19 日,根据新冠疫情防控需要共组织 71 次核酸检测,参加人员达 41000 余人次。

新冠疫情防控期间,浙能兰电严控人员进出和外来人员管理,及时进行行程轨迹摸排,对于行程轨迹涉及疫情防控风险地区人员按照常态化疫情防控措施采取隔离措施观察,按照国家和地方疫情防控部门的要求及时开展新冠疫苗接种和核酸检测工作。

十二、安全记录

2005 年,浙能兰电编制发布《事故事件管理》标准。2007 年 11 月 24 日,浙能兰电二期工程顺利通过安全竣工验收,标志着浙能兰电所有机组均通过浙江省安监局建设项目安全竣工验收。2008 年 1 月,浙能兰电成立总经理任组长的考核领导小组,对公司的各项考核工作进行全面领导,对公司内部事故事件进行考核。截至 2023 年 12 月 31 日,浙能兰电连续无事故安全日累计 5546 天。2008—2023 年浙能兰电各类事故统计见表 4-5。

表 4-5　2008—2023 年浙能兰电各类事故统计

（次）

年份	设备事故		人身事故			未遂		二类障碍
	考核障碍	一类障碍	死亡	重伤	轻伤	恶性	一般	
2008			1					12
2009		2					2	11
2010							2	10
2011		2					2	23
2012								13
2013		2					1	9
2014		1					1	14
2015							2	13
2016		3					1	8
2017							2	17
2018							3	16

续表

年份	设备事故		人身事故			未遂		二类障碍
	考核障碍	一类障碍	死亡	重伤	轻伤	恶性	一般	
2019		1						8
2020							1	5
2021							3	5
2022	1							7
2023	1	2						5

（一）人身伤亡

2008 年 10 月 23 日上午，3 号斗轮机检修完毕准备调试，燃料部要求运行部对 3 号斗轮机开关送电。13 时 45 分，运行部单元长梁某某安排电气巡检阮某某对 3 号斗轮机开关送电，并联系维护部高压班邵某某、胡某某协助。阮某某操作至合 3 号斗轮机上控制变压器开关时发现该开关合不上。14 时 23 分，邵某某擅自解锁打开开关柜柜门进行检查处理，不慎左手小臂触及 3 号斗轮机上控制变压器开关柜内 6 千伏带电部件，导致头顶与开关柜上框、左背部与柜门放电，当即触电倒地。在场人员立即就地进行紧急抢救，同时拨打 120，将邵某某送至兰溪市人民医院抢救，但其终因伤势过重抢救无效，于 17 时死亡。

（二）考核障碍

2022 年 3 月 8 日，4 号锅炉供热提压改造项目进行热态试运行时，浙江华业电力工程有限公司人员吴某某在进行 4 号锅炉屏过抽汽供热流量计管路排污工作时，未准确核对设备标识，误开启主给水流量变送器排污阀，因主给水流量变送器 B 故障，导致"水冷壁流量低低"MFT 保护动作。

（三）一般未遂

2014 年 9 月 10 日，运行人员（操作人：刘某某；监护人：林某某）在执行 380 伏除尘 2A、2B 段联络开关由热备用改运行，2B 除尘变由运行改冷备用操作过程中，误合 380 伏除尘 3A、3B 段联络开关，误拉 380 伏除尘 3B 段工作电源开关，导致 380 伏除尘 2B 段母线失电。

2015 年 6 月 5 日，操作员舒某关闭 3 号锅炉 B 磨煤机热风快关门时，误关 3 号炉 E 磨煤机热风快关门，导致 3 号锅炉 E 磨煤机一次风量从 90 吨/时下降至 46 吨/时，引起 3 号锅炉 E 磨煤机跳闸。

2016 年 5 月 12 日，运行主值沈某在启动 12B 皮带机进行上仓作业前，未仔细确认设备状态,在 12B 皮带 1C 犁煤器处在落犁位置的情况下,启动 12B 皮带机,导致燃煤进入正在 1 号锅炉 C 制粉系统 B 级检修的 1C 煤仓。

2017 年 3 月 24 日,环保运行潘某某、朱某某未认真核查 4 号锅炉 C 吸收塔再循环泵是否处于检修状态,误将 4 号锅炉 C 吸收塔再循环泵电动阀送电。该电动阀因连日阴雨天气进水,导致就地手操"开"按钮、"远方/就地切换"按钮被接通,致使电动阀自动开启,4 号吸收塔浆液泄漏。

2020 年 4 月 16 日,维护部李某某对 1 号锅炉 A 磨煤机液压油站内部进行清扫时,误碰 1 号锅炉 A 磨煤机液压油手动换向阀,导致磨煤机液压油压力下降至 0 兆帕,磨煤机跳闸。

2021 年 8 月 6 日,化学运行人员吴某、张某某对 3 号机组 B 前置过滤器进行自动反洗时,未发现 3 号机组 B 前置过滤器出水阀门存在内漏,开启 3 号机组 B 前置过滤器反洗排水阀,造成 3 号机组凝结水精处理系统大量泄漏,3 号机组负荷下降至 230 兆瓦,3 号机组凝汽器热井水位最低至 −450 毫米,除氧器液位最低至 −600 毫米。

2021 年 12 月 30 日,浙江华业电力工程有限公司检修人员炼某进行 4 号锅炉磨煤机油站及筒体打扫时,误碰手动换向阀操作手杆,导致 4 号锅炉磨煤机液压油压力下降至 0 兆帕,磨煤机跳闸。

（四）一类障碍

2009 年 8 月 12 日,3 号发电机中性点侧 CT 的 A 相电缆绝缘不好,造成中性点侧电流减小,达到发电机第一套差动保护动作条件,导致 3 号发电机开关跳闸、汽机跳闸、锅炉 MFT。

2009 年 10 月 11 日,浙江华业电力工程有限公司人员包某某等 3 人在进行 2 号锅炉 B 侧省煤器输灰管漏灰焊接处理作业时,引起送风机、一次风机振动跳变,导致风机跳闸、锅炉 MFT。

2011 年 1 月 31 日,2 号发电机组 GU001 压变 A 相、GU002 压变 C 相熔丝熔断,引起发电机过激磁反时限动作跳闸,导致机组跳闸。

2011 年 10 月 11 日,2 号机组大轴接地碳刷与发电机基座没有可靠接地,转速跳变触发 ACC 保护动作,导致机组跳闸。

2013 年 7 月 9 日,1 号锅炉中间过热器出口集箱温包断裂,引起机组故障停炉。

2016 年 5 月 12 日,2 号机组进行 A 级检修后仪控机电炉大联锁试验。电气二班王某某在发变组保护 C 屏保护装置上误发引起"差动保护"信号,导致 2 号主变跳闸。

2019 年 8 月 22 日,3 号锅炉 A 一次风机进口消音器积灰引起进口阻力增大,在特定情况下发生失速,导致磨煤机风量不足,出力下降,触动汽轮机主汽温度低保护动作,机组跳闸。

2023年2月23日,4号机组B高压主汽阀阀座上疏水管接座泄漏,导致机组停机检修。

十三、内部交通

2004年8月1日,浙能兰电综合办公室发布《车辆及交通安全管理规定》,明确公司交通管理程序和职责。2005年,浙能兰电发布《场(厂)内机动车辆管理》。2007年3月,浙能兰电设立安环部(安健环部),交通管理工作划归安环部负责。同年,成立交通安全组织机构,由张基标任主任,胡康生任副主任,起草、发布《交通管理》《机动车辆管理办法》,分别明确交通和车辆管理要求。

《交通管理》明确相关部门职责、驾驶员管理关系、准驾证、交通工具、厂区道路、交通违章等方面的管理要求,此后结合法律、法规、规章、标准的变化,于2010年、2012年、2016年、2017年、2022年共进行5次修订。

《机动车辆管理办法》明确公务用车、通勤车的使用范围、车辆使用和调度、外借和租用、维修保养、油料使用和安全管理的相关要求,此后结合法律、法规、规章、标准的变化,分别于2008年、2009年、2010年、2012年、2014年、2016年、2018年、2020年共进行8次修订。

2007年,浙能兰电对专职驾驶员、兼职驾驶员全部实行准驾审批制度。同年,考虑到厂区范围较广,为方便距离较远的区域作业,给生产部门配备自行车作为交通工具。

2011年1月,为改善厂区生产环境,营造一流电厂氛围,浙能兰电购买5辆电瓶观光车作为交通工具,对厂区实施公交化管理,设驾驶员7人,遵照公司《交通管理》《机动车辆管理办法》落实管理,但规定厂内除巡检需要外禁止使用。同年2月13日,浙能兰电发布《厂区公共交通方案(试行)》,践行倡导"低碳、节能、经济、和谐"理念,确立"步行为主、公交为辅"的厂区公共交通模式,实行统一电话叫车。严禁私家车进入生产区域并指定停车场集中停放,2号、5号门岗增加电瓶车及自行车停车棚,施工单位所有车辆(包括摩托车、电瓶车、自行车)停放在2号或5号门停车位或停车棚,早上、中午用餐时间增加电瓶车接送,夜间安排1辆电瓶车满足职工夜间用车需求。

第二节　消防安保

一、消防建设

（一）组织和制度

2005 年 6 月，浙能兰电成立以公司总经理为主任、公司其他领导为副主任、各部门主任为成员的消防安全委员会。消防安全委员会贯彻落实国家、上级有关消防安全的法律、法规、标准和规定，建立健全消防安全责任制和规章制度，建立健全消防安全保证和监督体系，制定并落实公司消防安全目标，定期研究、部署公司的消防安全工作。消防安全委员会设委员会成员若干名，辖专职消防队、志愿消防队，下设消防安全委员会办公室，负责处理消防安全日常工作，办公室设在综合办。

2007 年 3 月，浙能兰电职代会讨论通过《浙能兰溪发电有限公司生产期定岗定编及岗位归级方案》，成立安健环部，消防安全委员会办公室设在安健环部。安健环部设消防保卫专职 2 名，负责消防队的管理、监督工作。此后，根据公司机构和人员的变动，及时调整公司消防安全委员会人员。

2015 年 6 月 12 日，浙能兰电发布《关于成立公司人武部及任捍真等同志任职的通知》，成立人民武装部，与安健环部合署办公，消防工作由人民武装部管辖。2022 年 6 月 21 日，浙能兰电发布《关于撤销公司人民武装部及确定综合发展部组织管理关系的通知》，决定撤销人民武装部，消防工作转回安健环部。

2017 年 5 月 26 日，浙能兰电发布《关于调整公司消防安全组织机构的通知》，消防安全委员会主任改由浙能兰电党委书记担任，设立第一副主任，由浙能兰电总经理担任，其他成员不变。浙能兰电以部门辖区划分消防安全责任区，建立公司、部门和班组三级防火责任制，明确浙能兰电董事长为消防安全责任人，对公司消防安全工作全面负责，明确总经理、分管生产的副总经理为消防安全管理人，对公司的消防安全责任人负责，明确各部门主任为部门消防安全责任人，对部门的消防安全工作全面负责，设置兼职消防联络员，配合做好所在部门的消防工作，建立健全部门消防台账，明确班组长（或单元长）为班组（或单元）消防安全责任人。

2005 年 12 月 8 日，浙能兰电发布《消防管理规定》，明确各级人员的防火责任，明确建立防火检查整改制度、消防宣传教育制度、消防设施和消防器材检查制度等要求。2007年12月,浙能兰电修订《消防管理规定》并将其更名为《消防安全管理》。此后结合法律、法规、规章、标准的变化,该标准分别于2009年、2010年、2012年、2014年、2016年、2017年、2018年、2020年、2022年、2023年共进行10次修订。

(二)队伍和应急

2006年10月,浙能兰电专职消防队入驻消防楼,2台消防车配置到位,专职消防队投入运作。2007年4月5日,根据兰溪市消防救援大队《关于组建浙江浙能兰溪发电有限责任公司专职消防队的批复》,浙能兰电专职消防队正式挂牌仪式在消防大楼举行。截至2023年底,浙能兰电专职消防队仍由浙能消防服务有限公司提供消防安全服务工作,设正、副队长各1名,专职消防队员20名。专职消防队司职浙能兰电的火灾扑救、动火监护及抢险救灾工作,负责全厂移动式消防器材的检查、配置、更换维护及消防巡查,配合开展消防演练和消防知识培训,同时受兰溪市消防救援大队管理,接受其月度、季度、年度考核检查及训练指导,支援配合辖区内火灾扑救和抢险救援工作。

2008年8月,浙能兰电志愿消防队组建,有247名队员,由消防安全委员会办公室负责日常管理。志愿消防队负责普及消防设施、消防器材和正压式消防空气呼吸器的教育培训,开展岗位火灾隐患排查治理、扑救初起火灾和现场动火作业的消防监护等工作。

2016年10月21日,浙能兰电专职消防队在浙江省第三届专职消防队业务技能竞赛的水罐泡沫车枪炮协同操作项目比赛中,取得第五名。2018年8月30日,浙能兰电专职消防队获金华市应急救援技能竞赛团体第五名。同年10月,浙能兰电专职消防队在浙江省公安消防总队组织的消防队职业技能大赛中,荣获2018年度浙江省专职消防队员职业技能竞赛企业组优胜奖。

2018年12月16日,浙能兰电专职消防队接到兰溪市消防救援大队请求增援电话:"兰溪市金兰北线上地下长河边山水阁寺庙发生火灾,要求增援。"值班队长按程序请示后立即出警,带领班长和各号员以及驾驶员驾驶1号消防车前往现场增援,成功扑救山水阁寺庙火灾。

(三)演练和教育

2004年10月,浙能兰电安排专人根据"四懂四会"的要求,对第一批入厂新员工进行岗前消防安全培训,主要内容包括消防法规、消防安全制度、岗位火灾危险性和防火措施、消防设备操作规程,以及消防器材性能、配置及使用方法与报火警、扑救初起火灾、自救逃生的知识和技能等。之后每年开展岗前消防安全教育，除此之外，不定期组织专项消防安全知识培训或教育活动。

2007年3月8日，浙能兰电专职消防队在消防大楼举行消防业务技能汇报表演，这是公司成立以来首次举行消防技能表演。

2011年3月15日，浙能兰电举行"珍爱生命，关注消防"消防技能比武，来自公司各部门的8支代表队参加比赛。同年7月20日，浙能兰电举行1号值班楼火灾演习，进一步增强公司干部职工的消防安全意识及对灭火扑救工作的组织能力和处理能力，强化公司的消防管理。同年8月9日，浙能兰电邀请浙江杭州六进消防安全教育培训中心教官为公司中层领导、管理人员、专工、班组长等近70人开展题为"珍惜生命，远离火灾"的消防培训。

2014年11月6日，浙能兰电与灵洞乡中心学校联合举办一场消防知识培训活动，帮助灵洞乡中心学校进一步做好消防安全工作，时任公司党委书记黄祖平、党委副书记王润之、灵洞乡派出所所长李颖、灵洞乡中心学校校长方晓军，以及灵洞乡中心学校小学部、初中部共计1000余名师生参加活动。

2015年11月10日，浙能兰电"消防日"活动走进校园，浙能兰电与灵洞乡中心学校联合再次举办"消防日"走进校园知识培训活动。

2016年3月2日，兰溪市消防救援大队与浙能兰电开展消防交流，并联合开展氨区消防演练，为保障G20峰会期间公司消防安全夯实基础。同年11月10日，浙能兰电到灵洞乡中心学校开展消防演练，普及消防知识。

2018年11月20日，浙能兰电团委联合安健环部前往兰溪市马达中心小学开展消防应急演练活动，向师生普及消防知识，实现企地消防安全资源友好共享，助力地方校园师生强化消防安全意识。

浙能兰电每年按计划组织开展火灾应急演练，有效检验专职消防队伍应急救援、事故处理的实战能力，提高各级人员在遇到紧急情况时的应急组织疏散能力，强化各级领导的火灾应急指挥能力和各级组织、人员对火灾事故应急的配合、协调和处理能力。

二、治安保卫

（一）组织和队伍

2003年10月21日，浙能兰电筹建处向浙能集团提交《关于成立"浙能兰溪发电厂前期现场保卫工作小组"的请示》。2004 年 1 月 2 日,浙能集团下发《关于成立浙能兰溪发电厂现场保卫工作小组的通知》,同意成立浙能兰溪发电厂前期现场保卫工作小组,由柯吉欣任组长,孙华芳、车进、姚伟林任副组长,王静毅、傅坚钢、李江标等人为成员。同年 4 月,成立保安队,配备队长 1 名、队员 12 名,负责全厂的治安保卫及巡逻任务,并配合当地公安部门开展工作,隶属综合办公室管辖。

2005 年 8 月 31 日,浙能集团下发《关于成立浙能兰溪发电厂工程施工现场保卫工作小组的通知》,同意成立保卫工作领导小组,由柯吉欣任组长,孙华芳、胡康生、车进等 6 人任副组长,李江标、傅坚钢、戴志林等 16 人为成员。同时成立现场保卫办公室,由胡康生任主任,李江标、徐涌军、励伟元任副主任,郑绍勤、李耀远、朱新等 7 人为成员。

2010 年 8 月,浙能兰电治安保卫工作由安健环部管辖。2015 年 6 月 12 日,浙能兰电成立人民武装部。人民武装部与安健环部合署办公,管辖保卫反恐工作。2022 年 6 月 21 日,人民武装部撤销,保卫反恐工作转由安健环部负责。

截至 2023 年,浙能兰电安保队伍由金华市保安公司派遣,由 40 人组成,其中队长 1 名,班长 3 名,安保人员 36 名,均取得安保资格从业证。下设 3 个班组和 1 个巡逻组,每个班组 11 人,实行三班二倒模式。巡逻组由 2 人组成,负责厂区白天巡逻任务,夜间由当班班组抽调班长及 1 名队员负责巡逻任务,担负 1 号门岗、2 号门岗、5 号门岗、天达联通岗、轨道衡岗、兰能热力岗共 6 处门卫及治安、警卫和日常维护管理工作,形成治安防范网络。

（二）设施装备

2005 年 3 月,浙能兰电开始建造围墙,于 2005 年 8 月 15 日完工。职工通过 2 号门岗、5 号门岗时由保安人员检查岗位证,岗亭配备金属探测器随时抽查。2010 年 3 月,浙能兰电 2 号门岗增加 1 套云台摄像机,轨道衡岗增加 6 套摄像机。同年 5 月,电子围栏安装完成,报警主机设在 1 号门岗。2016 年 8 月,门岗门禁系统完成改造,实现全员职工门禁刷卡进出,并岗配备智能访客系统,用于外部来访人员入厂管理。1 号门岗配备与当地公安联网的一键报警系统,可在遇有特殊紧急情况时启动一键报警联通当地公安接警中心。2019 年,浙能兰电对原本分散的监控设施进行整合,在 1 号门建立单独的视频监控中心,设专门人员负责视频监控中心监控工作,对 1 号门、2 号门、5 号门、天达联通、轨道衡、兰能热力等重要出入口及油灌区、特殊材料库、氢站等重要场所进行 24 小时实时监控。

浙能兰电自保安队建立后，根据《中华人民共和国反恐怖主义法》规定，在各门岗配置警棍、盾牌、对讲机等设备。2017年11月，增设辣椒水、腰叉、钢叉、金属探测器、防刺背心、防爆毯、阻车器等应急反恐器材。

（三）管理和行动

2006年1月4日，浙能兰电制定《施工现场治安保卫管理制度》。2009年10月，浙能兰电起草、发布《治安保卫管理制度》，该制度于2010年、2015年、2018年、2019年、2022年共进行5次修订。

2011年，浙能兰电制定并实施《企地和谐共建实施方案》，成立公司维护稳定和社会管理综合治理领导小组，通过建立治安保卫联防机制等形式，积极与当地政府、乡镇开展和谐共建活动，推进企地和谐。

2016年9月，浙能兰电发布《关于进一步加强安全保卫工作的通知》，确保G20峰会期间公司安保工作平稳有序。

2021年8月，浙能兰电根据公安部发布的《电力系统治安反恐防范要求第2部分：火力发电企业》，组织排查治理，做到合法合规。每年组织两次反恐应急演练和反恐器材使用培训，节假日及重大活动期间，制定专项治安保卫方案。

2022年12月，浙能兰电被浙江省人民防空办公室评为重要经济目标防护建设示范单位。

2023年9月，浙能兰电根据《平安护航亚运会（亚残运会）工作方案》发布《决战阶段加强安全保卫工作的通知》，平安护航杭州亚运会（亚残运会）。

2024年1月5日，浙江省公安厅对浙能兰电反恐工作进行查评，浙能兰电通过重要经济目标治安反恐一级单位验收。

第三节　环境保护

一、管理机制

（一）组织机构

2005年12月8日，浙能兰电发布《环境保护管理规定》，设立环境保护领导小组。组长由总经理担任，是公司环境保护的第一责任人，对国家环保法律负责。

领导小组由有关部门负责人及环保专责工程师组成,负责研究制定环境保护的方针及措施,提出规划要求,领导和组织环境保护工作。浙能兰电设立环保专责工程师1名,由其负责公司环保工作,开展环保具体工作。

2018年9月5日,浙能兰电发布《环境运行管理程序》,明确董事长是公司环境保护的第一责任人,对公司环境保护负全面领导责任,总经理任环境保护领导小组组长,是公司日常环境保护的第一责任人,对公司日常环境保护全面负责,分管生产的副总经理、总工程师任副组长,副总工程师、各部门主任为环境领导小组成员。环境保护领导小组下设环境保护工作小组,环境保护工作小组设在安健环部,由安健环部主任任组长,安健环部副主任、各部门主管环保的领导任副组长,成员为安健环部环保主管及专职人员,运行部锅炉、化学、环保专工,设备管理部锅炉、仪控、化学主管及点检,维护部锅炉、仪控、化学、环保专工,燃料部运行专工,计划营销部计划统计专职人员等;设立环保监测站,配备环境监测员3名及相应的仪器设备,定期对全厂各类污染因子进行监测、分析,不断完善环保措施。

(二)管理制度

2005年12月8日—2021年7月12日,浙能兰电陆续发布《环境运行管理程序》《环境保护监督管理实施细则》《放射设备及放射源管理》《废弃物管理》《碳资产管理》《环境因素识别和评价管理程序》《法律、法规和标准规范识别、获取、更新、发布及其合规性评价管理》《突发环境事件应急预案》《废水排放事故应急预案》《燃油系统跑油应急预案》《酸、碱等化学品泄漏应急预案》《碧霞宫灰场溃坝应急预案》等标准,以及《事故事件管理》《综合考核标准》和《外包工程安健环管理》等一整套环保管理制度和环保事故事件考核、外包工程环保安全管理及考核办法,规范环保管理工作。

(三)环保体系和荣誉

2006年7月,浙能兰电通过中国质量认证中心的审核,获得ISO 14001环境管理体系认证证书。自此,根据体系要求,每年制定年度环境保护管理目标并予以实施。

2012年9月,浙能兰电获得浙江省清洁生产阶段性成果企业荣誉称号。同年12月,浙能兰电获得浙江省绿色企业称号。

2014年7月8日,浙能兰电"火电厂环境保护跟踪评价及分级管理试点项目"被环境保护部环境工程评估中心评为甲级环境保护企业。

2016年10月,浙能兰电获得浙江省第七届绿色低碳经济标兵企业称号。同年 12 月，浙能兰电环境友好型发电厂节水技术研究被浙江省电力学会、浙江电力科学技术奖励办公室授予浙江电力科学技术奖优秀奖。

2017 年 3 月，浙能兰电获 2016 年度浙能集团环保工作先进集体荣誉称号。同年 6 月 29 日，浙能兰电编写《环境保护专项检查迎检方案》。

2018 年 3 月，浙能兰电被浙江省经济和信息化委员会、浙江省住房和城乡建设厅、浙江省水利厅、浙江省节约用水办公室授予 2017 年度浙江省节水型企业。同年 4 月 9 日，浙能兰电编写《"蓝天保卫"1 号专项执法检查迎检方案》，助力浙能兰电在各级环保部门 30 余次环保核查中获得良好口碑。

（四）环保设施"三同时"

2005 年 11 月 29 日，浙能兰电召开第一次环境保护网络会议，贯彻落实国家有关环境保护和职业安全卫生设施"三同时"规定，制定环保设施与主体工程同时设计、同时施工、同时投产的"三同时"制度，落实施工及机组启动主动向地方环保部门通报审批噪声、烟气等影响因素的要求。

2006 年 3 月 2 日，1 号机组电除尘系统与机组同步投入运行。同年 7 月 15 日，2 号机组电除尘系统与机组同步投入运行。同年 11 月 16 日，3 号机组电除尘系统与机组同步投入运行。2007 年 4 月 14 日，4 号机组电除尘系统与机组同步投入运行。浙能兰电每台锅炉配备 2 台双室四电场电除尘器，在设计煤种下，保证除尘效率在 99.68% 以上。

2006 年 5 月 31 日，浙能兰电一期工程同步建设首套脱硫工程投入商业运行。同年 10 月 19 日，浙能集团发布《关于浙能兰溪发电厂一期工程环保设施竣工验收的请示》。同年 11 月，浙江省环境监测中心对浙能兰电新建 2 台 60 万千瓦机组工程实施工程环境保护专项验收监测，监测数据表明废气、废水、厂界及敏感点噪声等符合国家有关环保标准要求，固体废物得到综合利用，企业环境保护管理机构和环境监测体系基本建立，环境保护规章制度较完善。

2007 年 2 月 7 日，浙能兰电一期 2 台 60 万千瓦机组工程通过国家环保总局组织的环境保护专项验收。同年 5 月 22 日，浙能兰电二期工程同步建设 2 套脱硫工程全部投入商业运行。同年 11 月 27 日，浙能集团发布《关于浙能兰溪发电厂二期工程环保设施竣工验收的请示》。2008 年 12 月 29 日，浙能兰电二期 2 台 60 万千瓦机组工程通过环境保护部工程竣工环境保护专项验收，工程环境保护手续齐全，主要污染物基本达标排放，环保投资 4.3 亿元，占项目投资的 11.3%。

2012 年 3 月 30 日，浙江省发展和改革委员会核准浙能兰电 4 台 60 万千瓦机组烟气脱硝项目。同年 4 月 17 日,该项目破土动工,初设批准投资 40853.42 万元,实际完成投资 35067.34 万元,节约投资 5786.08 万元。1~4 号机组烟气脱硝工程分别于 2013 年 11 月 22 日、2013 年 4 月 26 日、2014 年 6 月 18 日、2012 年 11 月 27 日建成并投入运行,采用"引风＋脱硝＋增压"的"三合一"联合引风机方案,并同步取消原有的增压风机和脱硫旁路烟道。脱硝装置采用选择性催化还原脱硝工艺,使用液氨为还原剂,设计脱硝效率为 80%,脱硝系统可用率为 98% 以上,工艺系统年利用小时数按 5500 小时设计。烟气脱硝项目投产后,烟气中氮氧化物排放值将小于 100 毫克/标准立方米,削减氮氧化物排放量 1 万多吨。

　　2013 年 6 月、10 月及 2014 年 3 月、10 月,浙江省环保厅对 4 台锅炉脱硝环保设施分别进行专项竣工验收。2014 年 8 月 20 日,浙能兰电发布《关于浙江浙能兰溪发电有限责任公司 4×60 万千瓦燃煤机组烟气脱硝项目环境保护验收的请示》。同年 11 月 5 日,浙江省环境保护厅下达《关于浙江浙能兰溪发电有限责任公司烟气脱硝项目环境保护设施竣工验收意见的函》,原则同意 4 台 60 万千瓦燃煤机组烟气脱硝项目投入运行。工程投产一年后,1~4 号锅炉出口烟气氮氧化物排放质量浓度平均为 78.28 毫克/标准立方米、87.78 毫克/标准立方米、77.49 毫克/标准立方米和 78.81 毫克/标准立方米,均达到国家现行标准规定的排放质量浓度限值和设计要求。2015 年 7 月 7 日,浙江省发展和改革委员会在兰溪市主持召开浙能兰电烟气脱硝工程竣工验收会议,进行工程项目的竣工验收。同年 8 月 4 日,浙江省发展和改革委员会发布《浙江浙能兰溪发电有限公司烟气脱硝工程竣工验收意见》的通知,同意浙能兰电烟气脱硝工程项目通过竣工验收,正式投产使用。

二、固废治理

(一)灰的治理

　　浙能兰电电除尘排灰、锅炉省煤器排灰均采用气力输送至灰库,干灰干排,粗细分排。省煤器灰斗出口设 1 台仓泵,每台炉共设 4 个容积为 0.7 立方米的仓泵,使用大块分离器将省煤器灰斗飞灰中的杂物分离。为防止输送堵塞,以 2 台省煤器仓泵为一个输送单元,通过一根普通输灰管将飞灰输送至电除尘器一电场输灰单元,与之混合送至灰库。电除尘器下每个灰斗设 1 只仓泵,每台炉共设 32 只仓泵,仓泵按电场分为 12 个输送单元,根据各输灰单元负荷情况,每个输灰单元依次进行输送、等待周期,并通过 3 根输灰管分别将飞灰输送至相应的灰库。

2005 年 9 月,1 号锅炉飞灰输送系统开工建设,2006 年 1 月竣工,并于同年 2 月与 1 号机组同步投入运行。

2006 年 2 月,2 号锅炉飞灰输送系统开工建设,同年 7 月竣工,当月与 2 号机组同步投入运行。

2006 年 8 月,3 号锅炉飞灰输送系统开工建设,同年 10 月竣工,同年 11 月与 3 号机组同步投入运行。

2006 年 11 月,4 号锅炉飞灰输送系统开工建设,2007 年 3 月竣工,同年 4 月与 4 号机组同步投入运行。

（二）渣的治理

浙能兰电采用水浸式机械除渣,炉底固态排渣,水力输送渣,渣脱水,渣水回用。每台炉设 1 台可变速的水浸式刮板捞渣机,其正常出力为 9.3 吨/时～21.3 吨/时,最大出力为 50 吨/时,满足锅炉满负荷时设计。锅炉排出的炉渣经过渡渣斗落入水浸式刮板捞渣机内,经冷却、粒化后与石子煤输送系统输送过来的石子煤混合,由捞渣机连续捞出,直接排至有效容积为 100 立方米的渣仓内储存。

2005 年 7 月,1 号锅炉除渣系统开工建设,2006 年 1 月竣工,同年 2 月与 1 号机组同步投入运行。

2006 年 2 月,2 号锅炉除渣系统开工建设,同年 7 月竣工,同年当月与 2 号机组同步投入运行。

2006 年 6 月,3 号锅炉除渣系统开工建设,同年 10 月竣工,同年 11 月与 3 号机组同步投入运行。

2006 年 12 月,4 号锅炉除渣系统开工建设,2007 年 3 月竣工,同年 4 月与 4 号机组同步投入运行。

2006 年机组运行后,灰、渣均由浙能兰电委托浙江华业物流有限公司自卸汽车外运销售,灰库中的灰及渣仓内的渣均可作为建筑材料。

2008 年 12 月 20 日,浙能兰电与兰溪天达环保建材有限公司签订关于固体废弃物无害化处理服务的合作协议,明确 2 台 60 万千瓦机组的固废处理要求,主要涵盖粉煤灰、脱硫石膏(含水泥缓凝剂)等固废物综合治理销售,以及加气砌块和脱硫剂加工生产销售等业务。2009 年 4 月 24 日,浙能兰电与兰溪天达环保建材有限公司签订关于固体废弃物无害化处理服务的合作协议及补充协议,明确 4 台 60 万千瓦机组全部固体废弃物的无害处理要求。2018 年 12 月 21 日,浙能兰电与兰溪天达环保建材有限公司签订关于固体废弃物无害化处理服务的合作协议，明确由其负责进行 4 台 66 万千瓦机组的固废处理。截至 2023 年底，浙能兰电粉煤灰累计治理 1132 万吨，脱硫石膏累计治理 156 万吨，加气混凝土砌块累计生产销售 262 万立方米，水泥缓凝剂累计生产销售 163 万吨。

（三）灰尘治理

2006 年 1 月 10 日，考虑到文明生产除尘需要，浙能兰电采购 1 套功率为 56 千瓦的移动式负压吸尘装置并完成性能验收，其最大风量为 3653 吨/时，最大输送距离为 300 米，最大吸尘量为 20.4 吨/时，最大负压为 51 千帕，4 个 2 寸吸嘴同时工作，抽气速率为 61 立方米/分钟，同步建设、安装车载式高真空吸尘装置管路并完成调试，对灰尘治理起到较大作用。2012 年，因设备损坏无法修复且年限过长，申请报废。

2012—2019 年，浙能兰电采用人工清扫和压缩空气吹扫方式，清理锅炉检修作业后现场遗留的粉尘。

2019 年 9 月，浙能兰电采购 1 台功率≥75 千瓦的拖曳式负压吸尘装置，其额定粉尘输送量≥220 千克/分钟，输送距离≥250 米，空载风量≥4800 立方米/时，过滤效率效果达 99%，排气口含尘量≤25 毫克/立方米。当锅炉房开展外部清灰或现场吸尘等工作时，吸尘装置投入运行对防止粉尘的二次飞扬起到较大作用。

（四）煤尘治理

2006 年，输煤系统沿线布置翻车机喷雾抑尘装置、皮带机除尘系统、皮带机水喷雾装置、输煤系统沿线水冲洗装置以及煤仓间真空吸尘装置，对煤尘的飞扬起到抑制作用。

2006 年 11 月 22 日—2007 年 7 月 23 日，浙能兰电进行煤场挡风抑尘墙工程，新建挡风抑尘墙在煤场的东北和西北侧。2017 年 8 月 16 日—2018 年 1 月 18 日，浙能兰电进行煤场挡风抑尘墙改造工程，新建挡风抑尘墙在煤场的东南和西南侧，总长度约为 728 米，高度为 15 米，与原有的挡风抑尘墙在煤场周围形成"口"字形封闭，加大煤场扬尘污染的治理力度。2020 年 3 月 18 日—11 月 23 日，浙能兰电进行 2 号钢结构干煤棚煤场封闭改造。2020 年 5 月 22 日—2021 年 10 月 15 日，浙能兰电进行 1 号、3 号膜结构干煤棚煤场封闭改造，以降低输煤系统的粉尘浓度。煤场封闭改造后，储煤场的扬尘被有效隔绝在封闭的煤棚中。封闭煤场内部采用除尘雾炮和旋转喷淋装置进行抑尘，改善生产作业环境。燃料部做好除尘设备的运行和维护工作，确保设备的正常投用。

三、废水治理

2006 年 4 月 18—29 日、2006 年 8 月 22 日—9 月 8 日、2006 年 12 月 23 日—2007 年 1 月 12 日、2007 年 5 月 20 日—6 月 7 日，国家环境保护总局环境影响评价管理司分别组织对浙能兰电新建工程 1 号、2 号、3 号、4 号机组进行废水监测。通过取样监测，4 台机组的废水处理系统出口、达标排放口水样、雨水泵房前池、生活污水处理系统出口水质均符合 GB 8978—1996《污水综合排放标准》中一级标准的要求。

浙能兰电自机组投产后，实施"一水多用，污水回用，循环利用"的节水策略，根据废水的种类进行分类归集，采取有针对性的处理工艺进行处理，处理后的达标废水回用于生产、绿化、供第三方使用，提高水资源利用率。

2011 年 12 月 27 日—2012 年 7 月 20 日，浙能兰电对灰渣水、煤水及煤场雨水处理系统实施改造。

2014 年 8 月 16 日—2015 年 9 月 15 日，浙能兰电进行净水站排泥水处理系统改造项目，投资费用共计 2311 万元。改造后，净水站排泥水实现零排放，每年减少对外废水排放量约 100 万吨，同时每年减少对外取水量 100 万吨，每年减少取水费约 20 万元。

2014 年 12 月 5 日—2015 年 1 月 30 日，浙能兰电进行雨水泵旁路启闭机安装工程，投资费用共计 19 万元。安装调试完成后，能实现双向阻断，既能防止江水倒灌，又能及时阻止废水外排，确保对外排水全部实现达标排放。

2015 年 2 月 3 日—12 月 10 日，浙能兰电新建 2 台处理能力为 10 吨/时的油污水处理系统，投资费用共计 236.9 万元。经混凝、曝气、去渣等工艺处理，含油废水中动植物油含量低于 5 毫克/升，实现深度除油。

2015 年 9 月 27 日—12 月 20 日，浙能兰电进行生活污水处理系统改造工程，投资费用共计 228.01 万元。改造后，其处理容量为 2 台 20 吨/时，每年回收利用生活用水约 10 万吨。

2016 年 12 月 6 日—2017 年 7 月 25 日，浙能兰电进行工业废水分类收集改造项目，投资费用共计 399.7 万元。改造后，高、低盐废水实现梯级利用，每年回收利用废水 3 万吨以上。

2017 年 7 月 20 日—2018 年 8 月 7 日，浙能兰电进行额定出力为 200 吨/时的雨水收集回用项目,投资费用共计 855.1 万元。该系统用于收集整个厂区的雨水,经混凝、沉淀、气浮、消毒、过滤等工艺处理,净化后的雨水回用至循环冷却塔或作为绿化用水,实现雨水零排放,年可回收利用雨水 79 万吨。

2017 年 7 月,为推进"五水共治"工作,保障金华江费垅断面上游水质稳定达到地表水Ⅲ类水质要求,浙能兰电实施截污纳管。截污纳管主要针对脱硫废水清水池内废水、离子交换废水池内高盐废水与空预器冲洗水的 3 种废水进行截污纳管处理,处理能力为 100 立方米/时,截污纳管接入点定在 2～3 号冷却水塔之间。

2018 年 3 月,浙能技术研究院完成浙能兰电废水零排放项目可行性研究报告,提出通过全厂工业废水处理系统改造项目的实施,实现绝大部分水资源的回用,少量难回用废水通过旁路烟道干燥固化,实现各类水资源的合理利用和全厂工业废水"零排放"的目标。

2023 年 3 月,浙能兰电开展 WTC 浓水反渗透系统在电厂锅炉补给水回用中的应用研究,投资费用 295 万元。该项目主要解决反渗透浓水外排导致的水资源利用率低、经济效益差的问题,为具有自主知识产权的 WTC 浓水反渗透系统开发提供宝贵的基础数据。截至 2023 年底,该项目已发表论文 1 篇,获得专利 3 项,其中 1 项为发明专利。

2023 年上半年,由浙能技术研究院对浙能兰电用水情况进行水平衡测试,试验期间实际平均单位发电量取水量为 1.68 立方米/兆瓦时,低于国内同类型机组电厂单位发电量取水量的平均值。浙能兰电废水的排放情况见表 4-6。

表 4-6　浙能兰电废水的排放情况

废水名称		排放方式	处理设施(措施)	去向
渣煤水		间断	渣煤水处理系统	回用于输煤系统及煤场的水冲洗、冲击式除尘器用水、水喷雾用水
脱硫废水		间断	脱硫废水处理系统	达标排放
含油废水		间断	含油废水处理系统	回用至冷却塔
生活污水		间断	生活污水处理系统	回用至冷却塔或回用水池
工业废水	反渗透浓水	间断	—	回用至冷却塔、反洗水箱或达标排放
	低盐废水	间断	—	回用至净水站混水井回用至冷却塔和制水系统
	高盐废水	间断	工业废水处理系统	回用至冷却塔
厂区雨水		间断	雨水收集回用处理系统	回用至冷却塔

四、废气治理

2006—2007 年,浙能兰电 1～4 号机组电除尘系统、脱硫系统与机组同步投入运行。

2012 年 11 月—2013 年 10 月,4 台机组进行高频电源节能改造,采用高频电源供电装置代替原电源整流变压器,运行情况良好。改造后在保持除尘效率满足设计要求的基础上,电除尘器电场高压供电总能耗约由 700 千瓦降至 200 千瓦,节能效果明显。

2011 年 5 月—2014 年 6 月,浙能兰电先后完成 4 台锅炉的烟气脱硝改造。2014 年 9 月—2016 年 12 月,4 台机组进行超低排放改造,采用高效协同脱除技术,对原有的脱硝、除尘、脱硫系统进行提效。除尘提效主要是低低温电除尘系统改造,包括新增 2 套管式 GGH 与低低温电除尘设备及其辅助设备和附件的改造,增设 2 套处理 100%BMCR 烟气量的湿式静电除尘器装置及其辅助设备和附件。

锅炉空预器出口的烟气经管式 GGH 烟气冷却器降温后,进入低低温静电除尘器进行除尘,由引风机送入吸收塔,吸收塔出口的烟气进入湿式静电除尘器,进一步除尘净化后通过烟囱排放,其中干式电除尘、脱硫吸收塔、湿式电除尘系统的除尘效率分别为 99.91%、50%、85%,机组除尘提效改造前烟尘的年排放量为 1285 吨,而除尘提效改造后烟尘的年排放量为 193 吨,消减量为 1092 吨。

五、噪声治理

(一)冷却塔降噪改造

2006 年,为减少冷却塔噪声对周边村民的影响,浙能兰电实施 1 号、2 号冷却塔降噪改造工程。该工程于 2006 年 5 月 20 日开工,2006 年 12 月 15 日竣工,投入资金 748 万元。2006 年 11 月 11 日,浙江省环境监测中心监测结果显示,1 号、2 号冷却塔敏感点昼间噪声从 67.5 分贝降至 59.2 分贝,夜间噪声从 66.2 分贝降至 54 分贝,达到《工业企业厂界环境噪声排放标准》3 类声环境功能区标准。

2018 年,为落实浙能兰电相关环境影响报告书的批复要求,同时改善厂区声环境,浙能兰电实施 3 号、4 号冷却塔降噪工程。该工程于 2018 年 10 月 26 日开工,2019 年 5 月 26 日竣工,投入资金 1063.76 万元。2019 年 12 月 11 日,浙江建安检测研究院有限公司监测结果显示,3 号、4 号冷却塔厂界昼间噪声从 59.4～70.5 分贝降至 48～54 分贝,夜间噪声从 58.9～70.5 分贝降至 45～50 分贝,达到《工业企业厂界环境噪声排放标准》3 类声环境功能区标准。

（二）脱硫控制室降噪改造

2010 年 12 月,浙能兰电与浙江东发环保工程有限公司签订脱硫集控室噪声治理工程合同。该工程主要是对脱硫集控室内的部分分隔墙体进行吸隔声处理,对吊顶以及地面进行吸隔声改造。该工程于 2011 年 2 月 19 日开工,2011 年 4 月 25 日竣工。2011 年 11 月 15 日,浙江省环境监测中心监测结果显示,除灰脱硫控制室噪声值为 53.6～53.8 分贝,符合《工业企业噪声控制设计规范》要求。

（三）脱硫氧化风机房降噪改造

2010 年 12 月,浙能兰电与浙江东发环保工程有限公司签订脱硫氧化风机房噪声治理工程合同。该工程于 2011 年 4 月 1 日开工,2011 年 10 月 31 日竣工,所采取的降噪措施包括:在 1～4 号锅炉脱硫氧化风机房壁面及顶面四周安装吸隔声壁面;拆除原有普通门,更换为 DF-ADG 系列隔声门;拆除原有通风百叶,安装专业进风消声百叶;在原壁面轴流风机外侧安装排风消声器,同时配套变径;拆除原有氧化机罩壳,新增可拆卸模块式隔声罩。此外,对 2 号锅炉脱硫氧化风机房空压机管道进行阻尼吸隔声包扎。2011 年 11 月 15 日,浙江省环境监测中心监测结果显示,脱硫氧化风机房监测点噪声值降至 80.6～89.8 分贝。

（四）脱水机房降噪改造

2018 年 10 月,浙能兰电与浙江东发环保工程有限公司签订脱水机房降噪项目合同。该项目于 2019 年 4 月 20 日开工,2019 年 12 月 31 日竣工,降噪范围包括:对一层有楼梯侧门和吊物孔侧门两扇门进行隔声处理,安装隔声门;对二楼窗户进行隔声处理,安装隔声窗;在二楼百叶窗处安装进口消音器。脱水机设备降噪工程范围:在 1 号、2 号和 3 号脱水机外设置隔声罩,配置温控和新风系统;脱水机房一楼为污泥出料口和运泥车辆运输层,安装隔声电动卷帘门,配置新风系统。2020 年 1 月 6 日,浙江省环境监测中心监测结果显示,改造后脱水机附近区域环境噪声符合《工业企业噪声控制设计规范》要求,脱水机 1 米以外范围的噪声值降至 75 分贝以下,燃料部办公楼区域的噪声值降至 55 分贝以下。

六、环境绿化

2004 年 5 月 18 日,浙能兰电环境绿化工作归口综合办公室管理,绿化养护委托外包单位管理。2009 年 10 月 10 日,浙能兰电起草、发布《绿化管理》标准,建立职责明确、保障有力的绿化管理工作机制。2010 年 4 月 2 日,环境绿化管理职能由综合办公室调整至采购部。2011 年 12 月 27 日,环境绿化的管理职能由采购部调整至行政事务中心,由其负责绿化工作的计划编制、实施、监督和考核。

2005 年 12 月 29 日,浙能兰电与金华市黄大仙园林绿化有限公司签订河里新村职工宿舍绿化工程施工合同。2006 年 2 月 22 日,浙能兰电与杭州兴业园林环境工程有限公司签订景观绿化工程Ⅰ、Ⅱ、Ⅲ标段施工合同,并于 2007 年 1 月 22 日签订景观绿化Ⅲ标段施工补充协议。

2009 年 3 月,浙能兰电与杭州华远绿化工程有限公司签订浙能兰电 1 号门绿化工程施工合同。同年 5 月,完成 1 号门绿化工程。

2010 年 4 月,浙能兰电与萧山凌飞环境绿化有限公司签订厂前区绿化改造工程,进行厂前区绿化景观改造工程设计及施工。同年 11 月,厂前区绿化景观改造工程完工。

2011 年 12 月,浙能兰电与嵊州市杭忠园林建设工程有限公司签订厂区车位及景观改造工程施工合同。2012 年 2 月,完成厂区车位及景观改造。浙能兰电厂区绿化乔、灌、草、花立体复合配置,季相分明,植物配置符合生态特性和造园艺术,绿化布局与环境、建筑有机结合,映照"家园、校园、公园"企业文化。

截至 2023 年底,浙能兰电厂区总占地面积约 120 万平方米,绿地约占 1/3,合计绿地面积约 40 万平方米,其中绿化面积约 30 万平方米。厂区共栽植各类植物品种合计 150 余种,其中乔木 70 余种,灌木 40 余种,草本、藤本、竹类及水生植物 40 余种,铺种暖季型草坪约 10 万平方米。秋冬季混播冷季型草,构建四季常青、三季见花、绿草如茵的厂区环境。另外,浙能兰电厂区重要场所、班组及办公室摆放时令盆花约 1500 盆,打造出清新悦目的室内工作环境。

七、综合指标

浙能兰电注重环保建设,基建期投资 18 亿元建设脱硫装置、电除尘装置、冷却塔消声导流片、煤场挡风抑尘墙等环保设备。机组配套脱硫设施与主体工程同步投入运行,成为全国首批60万千瓦超临界机组脱硫工程与主体工程"三同时"的单位。2012—2021年,浙能兰电相继完成脱硝改造、超低排放改造、4台冷却塔节能技改、煤场封闭改造等,环保投资累计超过35亿元。

2019年7月,浙能兰电完成全国碳排放登记系统及交易系统的开户注册,积极参与全国碳市场建设。

2021年5月,浙能兰电成立碳资产管理领导小组,优化燃料管理、负荷控制和供热协同控制,探索入炉煤皮带秤实测和采样的规范性,助力实现"双碳"目标。同年完成全国碳市场2019—2020年第一个履约周期的碳配额清缴履约工作。

2022年3月10日,全国首个煤电二氧化碳捕集与矿化利用全流程耦合示范项目在浙能兰电建设开工。该项目可捕集烟气中的二氧化碳1.5万吨/年,捕集的二氧化碳用于加气砌块砖的生产及干冰的制作,是2022年浙江省重点研发计划项目及浙江省减污降碳第二批标杆示范项目。

截至2023年底,浙能兰电环保设施运行稳定,未发生因环保设备原因出现的环境污染事件。2006—2023年浙能兰电主要环保指标汇总见表4-7。

表4-7 2006—2023年浙能兰电主要环保指标汇总

年份	指标									
	灰分/%	硫分/%	烟尘排放量/吨	二氧化硫排放量/吨	氮氧化物排放量/吨	废水排放量/万吨	排污费(环保税)/万元	烟尘质量浓度/(毫克/立方米)	SO₂质量浓度/(毫克/立方米)	NOₓ质量浓度/(毫克/立方米)
2006	24.73	0.5	115	1160	4295	32	359	—	—	—
2007	28.09	0.6	341	2184	15153	72	1247	—	—	—
2008	24.22	0.79	375	5164	17379	63	1676	21.8	91.4	284.4
2009	21.86	0.7	505	5844	15079	65	1492	32.9	134.6	268.1
2010	20.63	0.64	362	8071	16618	64	1518	27.8	105.5	278.1
2011	18.94	0.72	633	9733	17258	64	1490	24.6	130.5	319.1
2012	20.28	0.69	681	7715	15705	63	1344	22.6	120.9	339
2013	18.04	0.75	662	5497	9614	77	1019	15	126.9	219.5
2014	17.67	0.63	501	4564	4250	84	859	12.6	112.3	111.4
2015	19.36	0.65	444	2972	2649	92	726	9.6	79.3	74.6
2016	17.92	0.55	103	898	1535	81	198	3.8	27.8	43.9
2017	16.48	0.56	81	705	1590	63	152	2	16.6	37.8

年份	指标									
	灰分/%	硫分/%	烟尘排放量/吨	二氧化硫排放量/吨	氮氧化物排放量/吨	废水排放量/万吨	排污费(环保税)/万元	烟尘质量浓度/(毫克/立方米)	SO$_2$质量浓度/(毫克/立方米)	NO$_x$质量浓度/(毫克/立方米)
2018	16.64	0.52	88	770	1674	67	161	2.2	17.8	39.3
2019	18.65	0.55	71	750	1405	61	233	1.9	19.8	36.5
2020	19.8	0.63	61	717	1152	78	211	1.9	22.9	36.1
2021	20.78	0.72	85	1035	1687	79	322	1.9	24.4	39.2
2022	19.94	0.68	92	1053	1675	96	348	2.1	24.2	38.3
2023	19.09	0.64	84	1070	1665	117	331	1.7	21.8	34.1

第五章　经　营

浙能兰电建厂初期即着力加强信息网络建设。2004年建设基建工程管理信息系统,开启信息化建设工作。2007年成立网络与信息安全领导小组,建立健全网络安全管理体系,完善网络安全工作机制,将网络安全纳入年度责任制考核体系,并持续开发应用优化信息平台,推进经营管理流程化,提升管理效率。

浙能兰电以计划和目标管理为主线,2004年发布《公司目标管理及绩效考核办法(试行)》,建立严格考核制度,推行目标绩效考核管理,严格招投标管理,规范施工与服务类和物资采购招投标程序及流程。开展安全文明、职业健康和环境保护"三合一"管理体系贯标论证,2009年发布首个标准化建设三年规划。实行"定岗定责、定编定员"管理,2019年和2023年两次稳步实行全面竞争上岗,优化人力资源配置,打造超临界机组人才基地。

浙能兰电建立由股东会、董事会、监事会构成的法人治理结构,成为有限责任公司性质的企业,实行以成本管理为中心的经济责任制考核,独立核算、自负盈亏。2006年实行全面生产成本核算,每季度召开经营分析会推进提质增效,2009年以全面预算工作为切入点,全面推进精细化管理,实践工作经验汇编成《发电企业精细化管理》一书,"发电企业精细化管理实践与探索"获浙能集团战略研究课题二等奖。

面对电力市场改革和电力市场竞争加剧的严峻形势,浙能兰电加强与先进发电企业的全口径对标,做优燃煤管理、采购和物资库存管理,挖掘公司潜力,调整优化库存结构,加快培育、形成和建立成本领先优势。在强化发电主业基础上,深挖资源和空间优势,2010年成立子公司开拓供热市场,2016年开始建设厂区光伏发电项目,2021年成立新能源项目开发专班,进行浙江省外新能源项目开发,发挥审计风控职能作用,筑牢风险管理防线,实现"电厂＋"多元发展。

浙能兰电先后荣获全国标准化良好行为企业AAAAA级、全国电力行业信息化与工业化深度融合先进企业、浙江省标准创新型企业、浙江省重点建设项目档案管理示范项目,3次获评国家电力标准化工作先进集体,2次获评浙江省生产统计先进集体,8次获评浙能集团优秀企业,11次获评浙能集团财务工作先进集体,3次获评浙能集团组织(人力资源)工作先进集体,2次获评浙能集团信息化工作先进集体,38人次获评浙能集团及以上经营管理类先进个人。

第一节　管理体制

一、体制沿革

2003年6月10日,浙能集团发文成立浙能兰溪发电厂筹建处,负责浙能兰溪发电厂的前期筹备工作。

2004年5月18日,浙能兰电召开第一次股东会暨董事会一届一次会议、监事会一届一次会议。浙能兰电首届董事会一次会议如图5-1所示。会议确定成立

图5-1　浙能兰电首届董事会一次会议

浙江浙能兰溪发电有限责任公司,选举产生浙能兰电首届董事会、监事会,谢国兴任董事长,孙朝阳为监事长,聘任柯吉欣为总经理,秦刚华、孙华芳、王学根为副总经理,讨论审议浙能兰电章程,签署股东协议。浙能兰电股东方为浙能集团、浙江东南发电股份有限公司、兰溪市电力发展投资有限公司、中国电力工程顾问集团公司,出资比例分别占公司资本金的 64%、25%、8%、3%。浙能兰电董事长任职情况见表 5-1。2004 年 6 月 16 日,浙能兰电经工商登记注册成立,浙能兰溪发电厂筹建处自行撤销。

表 5-1　浙能兰电董事长任职情况

姓名	任职时间
谢国兴	2004 年 5 月—2006 年 10 月
张　谦	2006 年 10 月—2014 年 5 月
胡松如	2014 年 5 月—2017 年 9 月
傅小森	2017 年 9 月—2019 年 2 月
吴孝炯	2019 年 5 月—2023 年 5 月
傅洪军	2023 年 5 月—2024 年 12 月
金晓东	2024 年 12 月至今

注:任职时间依据浙能集团文件推荐任职时间确定。

二、行政领导更迭

2003 年 6 月 27 日,浙能集团聘任柯吉欣为筹建处主任,秦刚华、王学根为筹建处副主任。同年 12 月,浙能集团聘任孙华芳为筹建处副主任。浙能兰电(筹建处)行政领导任职情况见表 5-2。

表 5-2　浙能兰电(筹建处)行政领导任职情况

单位名称	职位	姓名	任职时间
浙能兰电筹建处 (2003 年 6 月—2004 年 6 月)	主任	柯吉欣	2003 年 6 月—2004 年 5 月
	副主任	秦刚华	2003 年 6 月—2004 年 5 月
		王学根	2003 年 6 月—2004 年 5 月
		孙华芳	2003 年 12 月—2004 年 5 月

单位名称	职位	姓名	任职时间
浙能兰电 （2004 年 6 月至今）	总经理	柯吉欣	2004 年 5 月—2007 年 4 月
		张基标	2007 年 4 月—2009 年 12 月
		程光坤	2009 年 12 月—2011 年 2 月
		虞国平	2011 年 3 月—2013 年 11 月
		章良利	2013 年 11 月—2017 年 9 月
		吴孝炯	2017 年 9 月—2019 年 5 月
		张小根	2019 年 5 月—2022 年 8 月
		何志瞧	2022 年 10 月至今
	副总经理	秦刚华	2004 年 5 月—2004 年 10 月
		王学根	2004 年 5 月—2011 年 2 月
		孙华芳	2004 年 5 月—2007 年 8 月
		韩忠良	2004 年 10 月—2008 年 4 月
		吴光中	2006 年 6 月—2007 年 8 月
		韦东良	2007 年 3 月—2010 年 2 月
		孙自强	2007 年 8 月—2008 年 6 月
		王静毅	2010 年 9 月—2014 年 6 月
		王美树	2012 年 1 月—2013 年 11 月
		吴孝炯	2013 年 11 月—2017 年 3 月
		张小根	2016 年 9 月—2019 年 5 月
		何志瞧	2017 年 3 月—2022 年 10 月
		方昌勇	2020 年 5 月—2023 年 5 月
		麻建中	2022 年 11 月至今
		王 宇	2023 年 3 月至今
	总工程师	王美树	2009 年 4 月—2012 年 1 月
		吴孝炯	2012 年 1 月—2013 年 11 月
		徐书德	2013 年 11 月—2015 年 8 月
		何志瞧	2015 年 8 月—2017 年 3 月
		麻建中	2017 年 12 月—2022 年 11 月
		朱新平	2022 年 11 月至今

注：任职时间依据浙能集团文件推荐任职时间确定。

三、机构设置

2003 年 7 月 15 日,浙能兰电筹建处设立工程部、生产技术部、计划合同部、财务部、综合办公室。2004 年 7 月,浙能兰电设立质量安全部。2005 年 6 月,因工程进度推进,生产准备进入实质性阶段,浙能兰电对内部机构进行及时调整:设立设备部、运行部、燃料部,撤销生产技术部,并在 8 月发布《公司基建生产过渡期组织机构设置、岗位归级及工资分配办法》,确保基建转生产过程人力资源配置。2007 年 3 月,质量安全部更名为安健环部,同年 4 月设立政治工作部,同年 8 月设立总师办,同年 12 月撤销工程部。2008 年 12 月,浙能兰电设立监察审计室。2010 年 4 月,浙能兰电设立人力资源部,综合办公室更名为总经理工作部,运行部更名为运营部,计划合同部更名为采购部,监察审计室更名为监察审计部。同年 9 月,因发展需要,浙能兰电成立兰能热力公司筹建处。2011 年 12 月,浙能兰电撤销总师办,新设维护部(原设备部所有班组划到维护部)、行政事务部和工会办公室。调整后,浙能兰电由总经理工作部、政治工作部、监察审计部、采购部、财务部、人力资源部、安健环部、设备部、运营部、维护部、燃料部、兰能热力、行政事务部、工会办公室 14 个部门组成。

2015 年 6 月,浙能兰电成立人民武装部,与安健环部合署办公。同年,7 月,成立党委组织部,与人力资源部合署办公。同年根据浙能集团 ERP 项目实施及浙能兰电岗位标准化的要求,增设计划营销部和信息中心,将设备部更名为设备管理部,将运营部更名为运行部,将采购部更名为物资采购部,将财务部更名为财务产权部,将政治工作部更名为党群工作部,将行政事务部更名为行政事务中心。

2017 年 10 月,浙能兰电将总经理工作部更名为办公室。同年 12 月,浙能兰电决定成立综合发展部(临时机构),加快综合能源服务市场开拓,作为公司发展的综合归口部门,与办公室合署办公。2019 年 5 月,因工作需要撤销综合发展部,相关职能并入兰能热力。同年 8 月,将监察审计部更名为纪检审计室。2022 年 6 月,因工作需要成立综合发展部,撤销人民武装部。

截至 2023 年底,浙能兰电共设办公室等 16 个部门,1 个子公司。2023 年浙能兰电管理机构设置如图 5-2 所示。

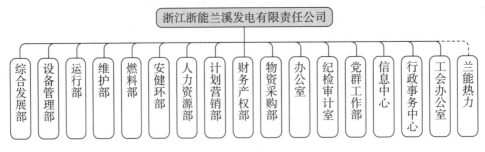

图 5-2 2023 年浙能兰电管理机构设置

第二节 信息管理

一、管理职能

2005 年,信息化管理职能归属设备部。2010 年 7 月 15 日,根据浙能兰电《浙江浙能兰溪发电有限责任公司定岗定编定级方案(试行)》,信息化管理职能调整至总师办。2011 年 12 月 27 日,根据浙能兰电《关于调整公司组织机构的通知》,撤销总师办,信息化管理职能调整至设备部。2015 年 7 月 20 日,浙能兰电信息化管理职能从设备部分离出来,调整到新成立的信息中心。

二、计算机网络建设

2004 年,浙能兰电在临时办公楼搭建临时信息机房,部署基建期各楼宇光纤及网络、安全服务器等设备,并以基建工程管理信息系统(简称"基建 MIS 系统")的建设为起点,启动厂区信息化建设工作。

2005 年,浙能兰电在临时信息机房配置 1 台 CISCO Catalyst 3750 作为核心交换机,通过单模光纤千兆连接实现厂区网络互通。同年,浙能兰电上架中心交换机及二级交换机,利用 VPN 打通与浙能集团的网络连接。

2007 年,浙能兰电完成行政楼信息中心机房及厂前区弱电的建设工作,建成以 2 台华为 S8512 为核心的负载均衡互备式千兆交换网络,为后续各业务系统的上线提供数据通信基础。同年,临时信息机房相关设备迁移至行政楼信息中心机房。

2008年,浙能兰电启动对电厂网络结构的拓展、改造、优化以及网络安全建设工作,主要包括 IPS、应用服务器、主存储系统、数据库、备份软件、网管软件、杀毒软件、防火墙、日志审计、堡垒机、上网行为、入网检测、VPN 等系统和设备的上线。同年,浙能兰电完成浙能集团广域网链路建设。建成以电信双百兆光纤接入、双天融信 TG-5030 防火墙互备及 3com TippingPoint 1200 IPS 为基础的出口安全防御环境。同年,浙能兰电建成电力二次安全防护网络,上架以 Cisco Catalyst4507R(双引擎)为核心的 I 区、II 区中心交换机和以 Cisco Catalyst3750G 为核心的 III 区中心交换机,并以天融信防火墙 NGFW4000 TG-4424 作为 III 区、IV 区分界,在确保网络安全的前提下打通各业务系统间的数据传输。2012年,浙能兰电电力二次安全防护网络荣获中电联电力行业信息化与工业化深度融合先进企业奖牌。

2010年,浙能兰电日志审计系统投入使用,并于2013年增设堡垒机系统,保证操作留痕,日志集中存储,便于审计回溯及故障排查。2010—2023年,浙能兰电多次进行浙能集团广域网线路的扩容升级改造,目前互备2条带宽为200M的集团广域网链路专线。

2019年,浙能兰电完成态势感知平台的建设工作,建立与上级单位联动的态势感知平台,实现对工控网络和管理信息网络威胁的动态感知、预警。根据浙能集团科信部相关部署,2020年9月,浙能兰电启动行政楼信息中心机房改造工作。改造后,机房内划分为办公设备管理、操作间、生产设备管理3个区域,更新精密空调、新风系统、智能监控和消防报警系统,并将空调制冷改为冷池方式,在设备的物理安全、抗电磁干扰能力、环境温湿度均得到改善的同时,节省空调制冷所消耗的电力。

2021年5月,浙能兰电态势感知平台进行升级,并于同年获评工业互联网融合创新应用电力行业优秀案例。

2022年2月,浙能兰电内外网隔离改造完成,办公内网与办公互联网正式分割。内网计算机断开互联网连接并禁止 USB 移动存储设备接入,降低办公终端设备感染病毒遭遇数据破坏或重要数据泄露的可能性。同年3月,浙能兰电统一部署打印服务器,实现各计算机终端间的二层和三层隔离。各终端只能与服务器区及浙能集团业务进行通信,降低终端间病毒传播和被渗透的风险,提高内部局域网的安全性。

三、软件开发与应用

（一）基建 MIS 系统

2004 年 7 月 10 日，浙能兰电基建 MIS 系统开发工作正式启动。基建 MIS 系统是为浙能兰电与监理、工程承包商之间提供网上业务处理，提高管理效率，实现资源共享的管理信息系统。基建 MIS 系统由北京大唐兴竹软件技术有限公司负责实施，于 2004 年 10 月 15 日正式上线试运行。2005 年 8 月 30 日，在经过 10 个月的试运行后，浙能兰电基建 MIS 系统正式通过浙能集团项目竣工验收。基建期结束后，基建 MIS 系统功能逐渐停用，2012 年，基建 MIS 系统正式停用。

（二）生产辅助管理系统（简称"朗坤系统"）

2006 年 5 月，浙能兰电朗坤系统上线，该系统包含运行管理、燃料管理、计划统计管理、合同管理、安环卫管理、技术监督管理、党团工会管理、班组管理等业务模块。2009 年，由于其开发功能受限，为减少数据孤岛，朗坤系统停止使用，相关模块功能迁移至 EAM 系统。

（三）EAM 系统

2005 年 3 月，浙能集团 EAM 系统试点项目在浙能兰电开发实施。2007 年，EAM 系统正式上线，与朗坤系统实行双轨运行。该系统包括人员管理、项目合同管理、设备管理、固定资产管理、物资管理、办公管理、班组管理、安全管理、值班管理等业务模块，实现浙能兰电业务处理、信息共享、信息集成的全过程管理。2009—2013 年，EAM 系统功能模块逐步完善，新增计划统计管理、运行管理、技术监督管理、燃料管理等模块。2014 年 10 月，EAM 系统全面升级为 MAXIMO7.5 平台，实现对设备管理、工单管理、工作票管理、物资采购管理、仓储管理、项目管理、服务采购管理、燃料管理、运行管理、日志管理、台账管理等模块的全面升级和优化。2015 年 11 月 1 日，由于其功能与 ERP 系统重合，相关模块迁移至 ERP 系统，EAM 系统停用。

（四）财务信息管理系统（简称"FMIS 系统"）

2006 年 5 月 16 日，浙能兰电成立 FMIS 系统项目实施组织机构，配合浙能集团做好 FMIS 系统建设工作。2008 年，浙能兰电正式上线 FMIS 系统及报表管理系统，FMIS 系统具有财务核算、总账管理、应付账款管理、应收账款管理、固定资产管理、现金管理、报表和查询等功能，有利于规范和优化财务管理的业务流程，改进和创新财务管理模式、管理手段和管理制度,提高财务管理水平。2015 年 11 月 1 日,由于其功能与 ERP 系统重合,相关模块迁移至 ERP 系统,FMIS 系统停用。

(五)图档管理系统

2006 年 8 月,浙能兰电图档管理系统(SEAS7.0)上线,该系统包括文件管理、档案管理、借阅管理等业务模块,涵盖图文资料收集、数据录入、图文流转、图书借阅、案卷管理等功能,实现了对档案收、存、管、用的系统性管理。2011 年 1 月,浙能兰电将 SEAS7.0 系统升级为 SEAS7.5 系统,全面实现传统档案数字化转换。2020 年 9 月,浙能兰电将 SEAS7.5 系统升级为 SEAS8.0 系统,实现档案数据的海量存储和重要图纸、文件的全文检索。

(六)ERP 系统

2015 年 5 月 8 日,浙能集团 ERP 项目建设启动。浙能兰电采用 SAP 软件,以 EAM 系统涵盖的业务模块为基础开发 ERP 系统。同年 8 月 10 日,浙能兰电 ERP 系统上线试运行。试运行期间实现与 EAM 系统双轨并行。同年 11 月 1 日,浙能兰电 ERP 系统通过验收并正式单轨运行,EAM 系统停用。浙能兰电 ERP 系统集人资管理、财务管理、物资管理、项目管理、生产管理、燃料管理、销售管理、合同管理、寻源管理、厂级 BI 系统等于一体,标准化、一体化层次高,进一步规范管理标准和提高管理水平。

2018 年 5 月 8 日,浙能兰电 ERP 统一权限管理平台上线运行,ERP 系统部分权限由信息运维中心统一维护调整为浙能兰电信息人员自行维护。权限调整从此更为高效便利。同年 7 月,浙能兰电 ERP 系统移动审批功能上线,员工可通过移动 APP 对系统流程进行审批操作。

(七)门禁控制系统

2008 年,浙能兰电在生产区域建设门禁控制系统。该系统通过 485-TCP/IP 通信转换器实现门禁控制器、局域网与控制中心的连接,具有远程设置、查询、监视等功能。2019 年 4 月,浙能兰电对门禁控制系统进行升级改造。升级后,该系统实现对生产区门禁系统的统一管理,并在员工管理上与浙能集团 AD 域同步,同时在区域划分、实时处理能力、灵活权限管理、僵尸卡管理、实时监控等模块进行优化。

(八)门户综合系统

2010 年,浙能兰电门户综合系统正式上线,该系统集成电厂各应用系统数据,展现各关键信息,是一个面向整体决策层、管理层以及业务层的信息沟通、查询和展示平台。门户综合系统基于 MOSS 2010 平台开发而成,创建了具有门户身份认证和权限管理、单点登录、业务流程化处理、工作平台、新闻管理、标准化管理、多数据源搜索、指标展现等功能的集成化应用环境,并具有扩展足够数量虚拟子门户的功能。

2013 年 5 月,浙能兰电对门户综合系统进行初次优化。基于微软架构及 Microsoft Office SharePoint Server 2010 应用服务架构,对系统的应用集成及数据集成进行改造。实现门户到浙能兰电各类应用系统的单点登录,完成协同工作平台和应用集成平台的建设。

2017 年 8 月,浙能兰电对门户综合系统进行二次升级和优化。工作平台中相关审批流程关闭。

(九)人力资源管理系统

2011 年 10 月,浙能兰电人力资源管理系统建设工作正式启用,该系统采用金蝶 K3 软件,具有组织机构管理、岗位管理、人员管理、招聘管理、劳动合同管理、绩效考核管理、考勤休假管理、薪酬福利管理、保险业务管理、培训管理、外事管理、专业技术资格及职业资格管理、统计报表与查询分析等功能模块。在各类人员的管理上形成由进到出,录用、变动、离职、薪酬分配的计算机自动处理工作流程。2015 年 11 月 1 日,由于其功能与 ERP 系统重合,相关模块迁移至 ERP 系统,人力资源管理系统停用。

(十)协同办公系统(简称"OA 系统")

2004 年 5 月,OA 系统项目启动。OA 系统是浙能集团建设的首个业务应用系统,基于 IBM Domino 6.5 软件,采用 C/S 架构,分布式部署。同年 9 月,OA 系统建成并投入应用。

2012 年 9 月,浙能兰电完成对 OA 系统的升级改造工作,升级后的系统基于 IBM Domino 8.5 软件,采用 B/S 架构,集成电子印章功能,并与电子传真、短信等系统集成,通过浙能集团门户系统实现单点登录。

2022 年 8 月,浙能兰电作为第一批试点单位启动新 OA 系统的双轨试运行工作,新 OA 系统在原系统的基础上进行全面升级,公文办理由本地编辑模式更新为在线双屏编辑模式。同年 11 月 26 日,新 OA 系统正式启用,老 OA 系统终止服务。

(十一)环保信息管理系统

2013 年,浙能兰电环保信息管理系统投入使用,该系统包括煤模块管理、石灰石管理、石膏管理、液氨管理、脱硫管理、脱硝管理、电除尘器管理、废水管理、机组报警等模块,保证环保数据传递的及时性、准确性和完整性。2023 年 7 月,浙能兰电将环保信息管理系统迁移至工作流系统,并对煤、石灰石、液氨、脱硫等模块进行功能完善。

(十二)工作流系统

2017 年 11 月 1 日,浙能兰电工作流系统上线试运行。该系统对企业业务流程进行重新设计、流程开发、前台展示查询及后台管理的部署,并将原门户综合系统工作平台中相关审批流程进行迁移,具体包括标准化管理、IT 资产管理、车辆管理、文件分发、效能监督、工资个税、合理化建议、信息流程等模块。2018 年 4 月,浙能兰电工作流系统通过验收正式运行。

2019 年 9 月,根据浙能兰电《公司"最多跑一次"改革工作方案》的要求,浙能兰电工作流系统进行二次优化。基于各业务部门实际办公需求,对部分纸质流程进行电子化改造,实现浙能兰电企业办公无纸化。

(十三)智能感知系统

2021 年 12 月,浙能兰电智能感知系统上线运行。该系统以 3D 可视化管理平台为基础,以浙能集团 AD 域、安健环平台、ERP 系统数据为依据,采用 AI 感知技术和机器学习技术相结合的方式,实现厂区人员分布监控、人数实时统计、人员行为分析、电子围栏、设备状态感知等功能。同年,浙能兰电智能感知系统入选兰溪市"两化"融合重点项目。

四、网络与信息安全

2007 年 9 月 10 日,浙能兰电成立网络与信息安全领导小组,将网络安全工作纳入安全生产管理体系,建立健全网络安全管理体系,完善网络安全工作机制,并将网络安全纳入年度生产责任制考核体系。

2008 年,浙能兰电首次开展信息系统安全等级保护定级备案和等级测评工作,并于 2009 年定级和备案 2 个三级信息系统及 4 个二级信息系统。

2019 年,浙能兰电按照《正版软件管理工作指南》要求成立软件正版化工作领导小组,深入开展正版软件宣传教育工作,完善正版软件资产管理制度,形成软件正版长效化工作机制。截至 2023 年底,浙能兰电办公软件正版化率达到 100%,杜绝由于使用盗版软件而造成信息安全事件的可能性。

2021 年 7 月,浙能兰电将网络监控系统及电力调度自动化控制和电能量管理系统合并为电力调度及网络监控系统,将办公网络各信息系统及基础网络设备统一定级为管理信息系统。同年 12 月,新增灰库分布式光伏电站监控系统、厂级分布式光伏电站监控系统。同年,浙能兰电入选浙能集团护网优秀案例。截至2023 年底,浙能兰电共有三级信息系统 3 个、二级信息系统 3 个,所有信息系统等级保护测评分均达到 80 分以上,评级为良好。

2019—2022 年,浙能兰电多次完成由公安部统一组织的网络安全攻防实战演习,做好门户网站系统、邮件系统、新工作流系统、虚拟化系统等的安全防护,防止系统被攻击入侵、网页被篡改。

2023 年 8—10 月,浙能兰电连续参加省级、国家级和五省一市网络安全护网演练及杭州亚残运会网络安全保障工作。该系列演练为最高规格的网络攻防实战演习。演习期间,浙能兰电根据护网演练方案及网络安全工作保障方案要求,执行网络安全零报告制度,7×24 小时值班值守和实时监测,完成网络安全保障任务。

第三节 计划与营销

一、计划

2003 年 10 月 21 日,浙能兰电筹建处发布《浙能兰溪发电厂筹建处部门职责（试行）》,明确计划合同部为计划管理工作的职能管理部门,负责电厂工程项目建设和运营的计划管理工作。

2005 年 12 月 8 日,浙能兰电发布《计划管理规定》,细化各部门的计划管理职能、内容与要求,明确计划合同部是生产经营综合计划的职能管理部门,其他部门根据部门职能编制相关专项计划,配合完成公司计划管理工作。专项计划为年度计划,主要包括发电、燃煤、检修、物资、科技、技改、管理费用、人力资源等年度专项计划,涵盖各个方面的管理工作。各部门结合上级单位和政府主管部门要求按时编制各年度专项计划并经审批流程后,完成上报。计划合同部每月下旬组织各部门根据公司年度目标指标和各年度专项计划,编制公司下月度生产经营计划,月底前完成综合平衡、汇总,形成公司、部门月度工作计划,由总经理主持的月度工作例会讨论审定后,以月度工作计划任务书的形式发文,将月度工作计划下达到各部门。计划合同部负责整理、汇总各部门当月各项工作完成情况,提出分析意见,并对未完成工作提出考核建议,提交月度例会审定,确定考核结果,完成工作计划的闭环。通过对月度工作计划的监督、检查、考核、调整,确保各年度专项计划的完成。

2009年10月10日,浙能兰电发布《目标及计划管理》标准,综合计划管理职能转移到综合办公室,该标准对公司长期战略目标、年度目标、年度专项计划的管理进行整合,形成以年度目标落实公司长期战略目标、以各年度专项计划落实年度目标的计划管理系统。

2010年4月,综合办公室更名为总经理工作部,综合计划管理职能转入总经理工作部。

2015年7月,浙能兰电增设计划营销部,综合计划管理职能转入计划营销部。

二、统计

2005年3月,浙能兰电在计划合同部设统计专职,负责基建期新建项目的投资统计工作,包括电力固定资产完成情况、工程形象进度、新增生产能力等数据的统计。

2006年4月19日,浙能兰电第一台机组投产,公司进入生产期,正式开始各项生产报表的统计和编制。

2006年5月,浙能兰电统计管理系统(朗坤系统)上线,统计工作实现信息化管理,公司生产统计工作日趋规范。浙能兰电严格按国家相关统计管理要求,开展各项电量、能耗生产经营数据统计工作,并按时完成各项定期生产经营报表的编报工作。同时通过线上线下不同形式,完成上级单位及国家各级统计机构下达的各类定期和不定期的生产、经营类统计报表编报和各项临时统计调查任务。

2010年4月,综合办公室更名为总经理工作部,计划合同部更名为采购部,统计职能由计划合同部转入总经理工作部。

2012年1月1日,EAM统计管理模块上线,统计管理功能从朗坤系统迁移到EAM统计管理模块,同时根据供热业务实际开展情况,在EAM统计管理模块中增加供热相关指标的统计,各项报表数据得到完善。

2015 年 7 月，浙能兰电增设计划营销部，统计职能由总经理工作部转入计划营销部。

2018 年 5 月，浙能兰电分布式光伏发电项目投产，各类统计报表中增加光伏发电相关指标的统计数据。

2021 年 1 月 1 日，统计管理系统迁移到浙能兰电工作流平台，统计信息化水平得到提高。

2022 年 3 月，浙能兰电开展对外供压缩空气业务，统计报表数据范围进一步扩大，新增压缩空气和相关能耗指标统计数据。

截至 2023 年底，浙能兰电已形成全方位完整反映生产经营情况的统计报表系统，报表类型分为日报、周报、月报、季报、年报，内容涵盖煤机发电、供热、光伏发电、供压缩空气，接收对象包括浙能兰电内部、上级单位、政府统计部门。

三、电力市场

2006 年 4 月 19 日，浙能兰电第一台机组投产，浙能兰电的运营模式为按浙江省政府下达的年度发电计划安排发电，按政府核定的上网电价与国网浙江省电力公司完成结算。

2014 年 9 月，《浙江省电力用户与发电企业直接交易试点实施方案（试行）》发布，浙能兰电开始以与电力用户协商、签订直购电协议的形式，参与浙江省电力市场化工作。同年 12 月 19 日，浙能兰电与中国重汽集团杭州发动机有限公司签订浙江省内第一份直购电协议，按直购电协议确定的电量和电价，浙能兰电直接向用户售电。签订直购电协议后，浙能兰电年度发电仍执行政府下达的年度发电计划，政府按签约直购电量的一定比例，在原有年度发电计划以外给予浙能兰电部分发电奖励。

2016 年 1 月 1 日，根据浙江省物价局《浙江省物价局关于电价调整有关事项的通知》（浙价资〔2016〕2 号文）中"将内陆统调机组上网电价调低 1.3 分/千瓦时的同时，将其他统调机组上网电价调低 3.3 分/千瓦时"的内容，浙能兰电享受 2 分/千瓦时的差别电价。

2018 年 9 月，浙能兰电下达《关于成立公司电力市场化改革应对工作领导小组的通知》，针对电力市场推进形势成立公司电力市场化改革应对工作领导小组，研究电力市场应对策略。

2019年5月,浙江电力现货市场启动试运行。浙江电力市场主要包括现货市场和合约市场,市场模式为"中长期差价合约＋现货全电量集中出清"。后续,浙能兰电参与2019年9月20—26日、2020年5月12—18日、2020年7月、2021年3—5月、2021年12月全部5次现货市场结算试运行工作,历经全年多场景模拟,进一步积累电力市场经验。

2021年11月,浙江省发展和改革委员会下发《2021年浙江省深化煤机发电上网电价市场化改革实施方案》,从2021年12月起,浙能兰电上网电量计划全部通过市场交易确定,浙能兰电上网电价通过市场交易,按"基准价＋上下浮动不超过20％"的原则确定。

2022年,浙能兰电年度发电量、上网电价全部通过"年度、月度中长期交易＋现货交易"的方式确定,年度合约电量为127.32亿千瓦时,实际完成上网电量为134.94亿千瓦时。2023年,浙能兰电通过交易确定的年度合约电量为146.27亿千瓦时,实际完成上网电量为137.38亿千瓦时。

四、其他产品销售

2008年12月20日,浙能兰电与兰溪天达环保建材有限公司签订《关于固体废弃物无害化处理服务之合作协议书》,商定由兰溪天达环保建材有限公司无偿处理浙能兰电生产过程中产生的粉煤灰和石膏。

2011年6月1日,浙能兰电与兰溪天达环保建材有限公司友好协商,签订《兰溪天达固体废弃物无害化处理补充协议》,兰溪天达环保建材有限公司从浙能兰电进行固体废弃物无害化处理过程中取得的粉煤灰,按正价值处理,结算价格为9元/吨。每个月初,根据浙能兰电运行部核对后的上月粉煤灰和石膏数量,计划营销部按合同价格完成结算。

2011年12月29日,浙能兰电通过控股子公司兰能热力正式开始对外供热,兰能热力负责外部热力用户的开拓和热力销售,浙能兰电通过与兰能热力签订年度热力供应合同向兰能热力供热,并由计划营销部按月完成与兰能热力的供热结算。

2018年5月,浙能兰电与国网浙江兰溪市供电有限公司签订《光伏电站并网调度协议》和《分布式光伏发电项目购售电合同》,浙能兰电厂内分布式光伏发电项目全面投产,正式开始向电网供电,由浙能兰电计划营销部每月按合同完成情况与国网浙江兰溪市供电有限公司进行光伏上网电费结算。

2018年12月21日,浙能兰电和兰溪天达环保建材有限公司续签新一轮合同,约定粉煤灰和石膏均按正价值处理,结算价格分别为20元/吨和5元/吨。

2022年3月1日,浙能兰电完成压缩空气供应技改项目,正式开始对兰溪新奥华纺织科技有限公司供应压缩空气,每月初,根据运行部核对后的月度供压缩空气量,计划营销部按合同价格完成上月压缩空气的结算。

五、总平管理

2007年,随着1～4号机组建成,浙能兰电一期、二期工程建成,厂区布置格局初步形成。1～4号机组为西北—东南向布置。厂区呈三列式布置,自西南往东北依次为升压站、主厂房、煤场。主厂房汽机房朝向西南,固定端朝西北;升压站在厂区西面;4个自然通风冷却塔集中布置在固定端侧、厂区的北面;煤场布置在厂区东北面,上煤系统采用单路上煤方式,从主厂房中部上煤;厂区工艺及辅助附属建筑在主厂房区、条形煤场与冷却塔之间的区域;行政管理区设在厂区西北面,靠近金兰中线。主厂区占地面积为714347.3平方米,建筑物占地面积为152352.12平方米。厂区正门为1号门,进正门即为中心广场,行政楼、1号值班楼、2号值班楼、食堂沿中心广场呈半圆弧形布置。厂区2号门在1号门东南方向350米处。

2011年5月,浙能兰电4台60万千瓦燃煤机组烟气脱硝工程改造完成,坐落于1～4号机组的东北面。

2014年9月—2016年12月,浙能兰电4台60万千瓦燃煤机组超低排放改造先后完成,坐落于1～4号机组的东北面。

2018年6月,浙能兰电综合楼(职工活动中心)建设完成,坐落于厂区2号门的东北面。

2020年7月,浙能兰电配合S313省道兰溪段改建工程,将1号门向内平移15米,2号门向内平移30米。

2022年12月,二氧化碳捕集示范项目建设完成,坐落于4号机组的东南面。

2023年8月,二氧化碳热转化技术研究平台项目建设完成,坐落于煤场的东南面。

第四节　项目与发展

一、管理职能

2010年9月19日,兰能热力前期开发以及公司开办等事项由兰能热力公司筹建处负责。2011年7月22日,兰能热力负责拓展供热业务的同时,也兼具其他对外投资、项目开发以及"电厂＋"业务拓展等职责。2015年,对外投资、项目开发以及"电厂＋"业务拓展等工作职责调整至计划营销部。2017年12月,对外投资、项目开发以及"电厂＋"业务拓展等工作职责调整至综合发展部(临时机构),综合发展部与办公室合署办公。2019年5月,对外投资、项目开发以及"电厂＋"业务拓展等工作职责由综合发展部(临时机构)调整至兰能热力。2022年6月21日,浙能兰电综合发展部成立,对外投资、项目开发以及"电厂＋"业务拓展等工作职责调整至综合发展部。

二、集中供热

(一)兰能热力

2010年9月19日,浙能兰电发布《关于成立兰能热力公司筹建处的通知》,成立兰能热力公司筹建处,负责兰能热力前期建设、可行性研究、市场调研、项目报批、外部协调、公司注册等开办事宜。2011年7月15日,召开首届兰能热力董事会,选举虞国平为公司董事长。兰能热力董事长任职情况见表5-3。

表5-3　兰能热力董事长任职情况

姓名	任职时间
虞国平	2011年7月—2014年5月
王静毅	2014年6月—2015年4月
章良利	2015年4月—2018年6月
张小根	2018年6月—2021年1月
李志敏	2021年1月至今

2011年7月22日,兰能热力正式通过兰溪市工商行政管理局批准登记注册成立,负责管网建设和运营,注册资本为3300万元,由浙能兰电(90％)、兰溪市鸿业城镇建设有限公司(10％)共同出资建设,分别出资2970万元、330万元。

2017年8月22日,兰能热力股东会临时会议决议,通过《关于投资兰溪市上华至诸葛集中供热管线项目并增加注册资本的议案》,增加公司注册资本3700万元,由浙能兰电认缴增资3330万元,兰溪市鸿业城镇建设有限公司认缴增资370万元。本次增资后,公司注册资本为7000万元。

(二)浙能兰电供热改造工程

2011年4月8日,兰溪市发展和改革局发布《关于浙能兰溪发电厂供热改造工程核准的批复》,核准浙能兰电供热改造工程项目(简称"热网1号管线项目")。该项目对浙能兰电4台60万千瓦燃煤发电机组进行设备、系统改造。热网1号管线项目管道从锅炉侧接出,沿灵马公路建至330国道后转向建至兰溪市经济开发区(江南片区),管线设计温度为300摄氏度,压力为2.2兆帕,主干管道长10千米,最大管径为500毫米,设计负荷为157吨/时,概算投资为11817.86万元。

2011年9月13日,热网1号管线项目工程开工。同年11月26日,水压试验合格。同年12月29日,兰溪天达环保建材有限公司、浙江嘉宝化工有限公司(现更名为浙江物产生物科技有限公司)正式通汽。

2012年10月30日,供热管网全线通汽,开始对兰溪经济开发区(江南片区)企业供汽。同年11月6日,厂区至兰溪经济开发区(江南片区)热网工程完成168小时试运行,移交生产。

2013年7月11日,热网1号管线项目通过达标投产检查,浙能集团授予其"达标投产工程"称号。同年12月19日,兰溪市发展和改革局发布《关于浙能兰溪发电厂供热改造工程项目综合(竣工)验收意见》,同意通过热网1号管线项目综合竣工验收。项目实际总投资8216.27万元,较概算总投资节约30.48％。热网1号管线项目工程建成时同步建成味海支线及爱宁支线1千米。同年11月5日,兰能热力引进热用户金华市巨宏清洁能源有限公司,实现跨地区集中供热。

2014年12月15日—2016年10月27日,因供热需要分别建设一新支线、创业园支线、亿派斯支线共计1.275千米。2017年12月26日—2018年3月6日,因用户产能扩大,对味海支线进行扩容改造并新建博众支线0.27千米。

(三)兰溪市上华至诸葛集中供热管线项目

2016年2月28日,兰能热力申请建设供热管道项目兰溪市上华至诸葛集中供热管线项目(简称"热网 2 号管线项目")。同年 6 月 28 日,热网 2 号管线项目取得《兰溪市发改局受理通知书》。同年 10 月,浙江城建煤气热电设计院有限公司编制完成该项目可行性研究报告。热网 2 号管线项目从现有热网 1 号管线灵马路金华江大桥过江后接出管径 600 毫米的蒸汽管道,至灵马公路 330 国道路口前与原有管网联通转管径 500 毫米管道,向兰溪市西部片区(上华街道、兰江街道、赤溪街道、永昌街道)进行集中供热。工程至永昌街道管线投影长度为 23.75 千米,管线设计参数为压力 2.20 兆帕、饱和蒸汽温度 300 摄氏度。工程建设完成后可承担兰溪市西部片区平均供热负荷 70 吨/时。管网的设计最大热负荷为 90 吨/时。

2017 年 2 月 27 日,兰溪市发展和改革局核准批复,批准项目建设,投资概算 14811 万元。热网 2 号管线项目初步设计于同年 5 月 11 日、8 月 21 日分别通过集团评审、兰溪市发展和改革局评审。同年 11 月 16 日,热网 2 号管线项目开工。

2018 年 8 月 17 日,全面完成衢江大桥段管道吊装、连接工作。同年 8 月 24 日,完成项目灵马公路段主管道水压试验。

2019 年 3 月 31 日,项目主体工程建设完成,实现对兰溪开发区供汽。同年 9 月 5 日,实现对永昌街道片区用户供汽。同年 9 月 10 日,通过 168 小时试运行。同年 12 月 30 日,完成全部 5 个单位工程专项验收。

2020 年 1 月 20 日,浙能集团授予热网 2 号管线工程"集团 AAAA 达标投产工程"。2021 年 12 月 29 日,全面完成项目综合(竣工)验收,项目实际总投资 13459.69 万元。2022 年 1 月 12 日,热网 2 号管线项目通过浙能电力评审,浙能电力肯定项目取得良好的社会效益和经济效益。

2021 年,兰能热力签约热用户 44 家,为热用户签约数量最多年度,年供汽量 103.83 万吨,首次破 100 万吨。截至 2023 年底,兰能热力热网管线供热总长度 41.5 千米,签约热用户 39 家,主要涉及医药、化工、纺织、泡塑、金属材料等行业。2023 年 12 月 26 日,日供汽量首次突破 4000 吨。

三、集中供应压缩空气

2018 年 8 月 1 日,为全面落实"电厂＋"综合能源供应产业布局,浙能兰电评审通过《兰溪电厂对外供压缩空气项目方案》,适时启动"电厂＋压缩空气"项目。2019 年 11 月 21 日,浙能兰电评审通过《浙江浙能兰溪发电有限责任公司压缩空气供应项目可行性研究报告》。同年 12 月 13 日,该项目可行性研究报告通过浙能集团评审。2020 年 7 月 6 日，压缩空气供应技改项目在兰溪市经济和信息化局完成备案，项目代码为 2020-330781-44-03-145451。2021 年 4 月 21 日，项目投资议案通过浙能集团董事会决策。

2021 年 4 月 23 日，压缩空气供应技改项目正式启动开工报审工作。同年 5 月 26 日，该项目初步设计评审通过。同年 12 月 31 日 23 时 56 分，浙能兰电首次对外供气成功。2022 年 3 月 1 日 17 时 3 分，浙能兰电正式开始对兰溪新奥华纺织科技有限公司进行商业供气。同年 3 月 24 日，该项目竣工验收。该项目建设 1 台每分钟 170 标方和 1 台每分钟 300 标方的电动离心式空气压缩机组，以及 1 台每分钟 52 标方的电动螺杆式空气压缩机组，空压机排气压力为 0.75 兆帕，同时配套建设干燥机、管道、土建、建筑、冷却水系统、电气、控制等辅助设施。

2022 年 9 月，浙能兰电与浙能技术研究院基于蒸汽余热余压回收应用的研究，合作研发"用户侧低品位蒸汽驱动的空压机成套装置"申报浙江省装备制造业重点领域首台（套）产品，并于当月获得浙江省电力学会对该项目的科技成果鉴定，于 2023 年 1 月获得认证证书。2022 年度浙江省制造业首台（套）产品证书如图 5-3 所示。

图 5-3　2022 年度浙江省制造业首台（套）产品证书

四、厂区光伏

2016 年 5 月 18 日，经浙能电力决策同意，浙能兰电厂区光伏发电项目正式立项并开展前期工作。同年 10 月 26 日，《浙能兰溪发电厂厂区光伏发电项目可行性研究报告》通过浙能电力组织的内部评审。同年 11 月 18 日，子项目"浙能兰电 1.973 兆瓦灰库分布式光伏发电项目"完成备案，项目代码为 2016-330781-44-03-028107-000。同年 12 月 21 日，子项目"浙能兰电 1.752 兆瓦厂区分布式光伏发电项目"完成备案,项目代码为 2016-330781-44-03-034760-000。2017 年 9 月 8 日,该项目通过浙能集团董事会投资决策。

厂区光伏发电项目主要利用厂区内铁路东北侧空闲土地(约 3 公顷)、灰库和周边空地(约 3.33 公顷),安装 285 瓦单晶硅电池组进行发电,总面积达 63334 平方米,总装机容量为 0.3737 万千瓦,设计寿命为 25 年。厂内铁路东北侧闲置土地总装机容量为 0.1756 万千瓦,选用 2 台升压变(1 台 1000 千伏安、1 台 800 千伏安)升压至 10 千伏,以 1 回 10 千伏线路并入电网发电。灰库及周边空地总装机容量为 1.981 兆瓦,采用 2 台 1000 千伏安升压变升压至 10 千伏,以 1 回 10 千伏线路并入电网发电。该项目由浙能兰电出资建设,设计单位为中国能源建设集团浙江省电力设计院有限公司,施工单位为浙江华业电力工程有限公司,监理单位为浙江德邻联合监理有限公司。

2017 年 12 月 5 日,国网浙江兰溪市供电有限公司出具接入电网意见函。同年 12 月 29 日,灰库子站光伏项目土建工程正式开工。2018 年 4 月 13 日,首块单晶硅太阳能光伏组件顺利完成安装。同年 4 月 25 日,灰库子站用电电源合闸一次成功,光伏预制舱内设备进入全面调试阶段。同年 5 月 15 日,经国网浙江兰溪市供电有限公司验收通过,灰库子站光伏项目成功并网发电。同年 5 月 30 日,厂内子站光伏项目并网,该项目全面投产,进入生产试运行发电阶段。同年 8 月 23 日,该项目顺利通过安全、职业病防护设施竣工验收。截至 2023 年 12 月 31 日,浙能兰电厂区光伏发电项目已平稳运行 2056 天,该项目在 20 年运营周期中预计总发电量 8747.7 万千瓦时,年均利用小时数 936.4 小时,与相同发电量的火电厂相比每年可节约标准煤约 1067 吨,每年可减少碳排放量 2863 吨、二氧化硫排放量 21.8 吨、氮氧化物排放量 7.4 吨。2018—2023 年浙能兰电厂区光伏发电量情况见表 5-4。

表 5-4　2018—2023 年浙能兰电厂区光伏发电量情况

(万千瓦时)

年份	项 目		
	厂内子站	灰库子站	厂区光伏总发电量(容量为 0.3737 万千瓦)
2018	94.720	122.118	216.838
2019	153.597	200.898	354.495
2020	139.950	183.714	323.664
2021	156.387	196.542	352.929
2022	149.325	194.094	343.419
2023	169.653	201.759	371.412

五、浙江省外新能源开发

2021年5月14日，浙能兰电根据《浙能集团"十四五"风光电发展行动计划》，成立以公司党委书记为组长、副总经理为副组长的山西工作组，在山西省太原市设立常驻办事机构，开展新能源项目开发工作。山西工作组长期驻外工作，主要开展现场调研、可行性研究、合作洽谈、项目前期申报等工作。

截至2023年底，山西工作组共计走访山西、河北、山东等省份120余个县（市、区），跟踪、对接200多个风光储等新能源项目，完成公司内部立项21个，与当地民营企业合资成立公司7个，合资成立的新能源公司信息见表5-5。山西工作组重点推进2个项目，即山西省长治市上党区44.3兆瓦分布式光伏发电项目与河北张家口怀来县20万千瓦风光互补项目。

表5-5 浙能兰电合资成立的新能源公司信息

公司名称	浙能兰电所占股比/%	注册资本/万元	成立时间	存续状态
山西浙能新能源有限责任公司	30	100	2021年12月1日	存续
石家庄兰能新能源科技有限责任公司	40	100	2022年5月19日	存续
石家庄兰旭新能源科技有限责任公司	40	100	2022年6月16日	已注销，注销时间为2024年11月12日
石家庄兰神新能源科技有限责任公司	40	100	2022年7月13日	已注销，注销时间为2024年6月13日
杭州翊坦新能源有限公司	30	50	2021年7月1日	已注销，注销时间为2021年12月21日
山西兰能金智新能源发展有限公司	32	100	2022年6月17日	已注销，注销时间为2023年10月17日
山西兰盛能源有限责任公司	30	100	2022年7月11日	已注销，注销时间为2023年9月7日

2022年9月9日，山西省长治市上党区44.3兆瓦分布式光伏发电项目立项。该项目采用预收购模式，场址位于山西省长治市上党区境内，项目利用南宋镇北山村、北坡村、赵村及西池乡西故县村、坟上村2个乡镇5个村相关土地，建设8个分布式光伏并网子项目，总计44.3兆瓦，采用"全额上网"消纳模式，各子项目分别接入周边10千伏公共电网。该项目于2023年9月6日开工建设，其中坟上

村园亭 4.9 兆瓦子项目于 2024 年 3 月 15 日成功并网。浙能兰电 44.3 兆瓦分布式光伏发电项目备案情况见表 5-6。

表 5-6　浙能兰电 44.3 兆瓦分布式光伏发电项目备案情况

序号	子项目名称	项目代码	备案时间
1	北山锦凡 4.4 兆瓦林光互补分布式光伏项目	2210-140404-89-03-434134	2022 年 10 月 24 日
2	北山思琴 5.9 兆瓦林光互补分布式光伏项目	2210-140404-89-03-634274	2022 年 10 月 24 日
3	北山园亭 5.9 兆瓦林光互补分布式光伏项目	2206-140404-89-03-565004	2022 年 6 月 9 日
4	西故县思琴 5.9 兆瓦农光互补分布式光伏项目	2206-140404-89-03-533448	2022 年 6 月 9 日
5	坎上村园亭 4.9 兆瓦农光互补分布式光伏项目	2206-140404-89-03-813339	2022 年 6 月 2 日
6	雄山锦凡 5.9 兆瓦林光互补分布式光伏项目	2304-140404-89-03-596508	2023 年 4 月 12 日
7	雄山思琴 5.5 兆瓦林光互补分布式光伏项目	2304-140404-89-03-706915	2023 年 4 月 26 日
8	雄山园亭 5.9 兆瓦林光互补分布式光伏项目	2304-140404-89-03-641635	2023 年 4 月 12 日

2022 年 8 月 25 日，河北张家口怀来县 20 万千瓦风光互补项目立项，系浙能兰电与合作方河北云神和新能源科技有限公司、西安华仁卓能源有限公司联合成立公司申报的项目。2023 年 7 月 4 日，该项目在怀来县发改局完成项目备案，具体为怀来县 100 兆瓦构网型风光互补发电示范项目（风电部分）（保障性项目）、怀来县 100 兆瓦构网型风光互补发电示范项目（风光部分）（储备类项目）。

2023 年 7 月 13 日，河北省发展和改革委下发《关于下达河北省 2023 年风电、光伏发电年度开发建设方案的通知》，项目正式取得保障性 100 兆瓦和储备类 100 兆瓦的新能源建设指标。截至 2023 年底，保障性项目已取得项目选址意见书、土地预审意见，以及林草、环保、水务、文旅、军事等部门的核查意见。

六、贸易运输

2006 年 5 月 31 日，浙能兰电与浙江浙能长兴发电有限公司等多家单位共同出资 1.5 亿元，成立浙江浙能运输贸易有限公司（简称"浙能运贸"），购买自备列车，以解决燃煤运输问题。出资比例为浙能兰电 50％、浙江浙能长兴发电有限公司 25％、富兴公司 15％、上海铁路物流有限公司 5％、淮南矿业（集团）有限责任公司 5％。新建公司由富兴公司负责运营。该公司拥有 384 辆自备车（60 吨/辆），分 8 列，每列 48 辆成列运行。同年 7 月 24 日，首列自备列车驶进浙能兰电，正式向电厂运输燃煤。

2008 年，年初大雪致铁路停滞断运、2 月全国性铁路运力抢运电煤、"5·12"汶川地震铁路运力调整以及迎峰度夏抢运电煤、保奥运运输安全大检查等时段，自备列车运输发挥可控、可调、定向优势，提供了坚实的运力保障。

2006—2016 年，自备车运行约 35 万节次，运输煤炭约 2119 万吨。2016 年，因淮南煤炭采购量萎缩，且自备列车日常维修成本较高，经浙能运贸董事会和浙能集团同意，自备列车完成拍卖处理。2017 年 1 月，自备列车全部处置（出售）完毕，不再承担浙能兰电煤炭运输工作。同年 12 月 15 日，浙江浙能运输贸易有限公司注销。

第五节　人力资源

一、定员

2005 年 8 月 22 日，浙能兰电发布《公司基建生产过渡期组织机构设置、岗位归级及工资分配办法》，正式定员数 430 人，其中公司领导与行政职能部门 24 人。

2007 年 3 月 29 日，浙能兰电发布《浙能兰溪发电有限公司生产期定岗定编及岗位归级方案》，正式定员数 519 人。其中，公司领导 5 人、总经理助理 1 人、副总工 2 人、部门中层 26 人、生产管理 62 人、其他科室管理 32 人、运行 220 人、维护 171 人。

2008 年 5 月 9 日，浙能兰电发布《关于印发公司岗位规划的通知》，正式定员数 512 人（不含公司领导、副三总师）。

2010 年 7 月 15 日，浙能兰电发布《浙江浙能兰溪发电有限责任公司定岗定编定级方案（试行）》，正式定员数 515 人。其中，公司领导 6 人，总经理助理 1 人，副总师 3 人，科室定编 75 人。

2015 年 8 月 20 日，浙能兰电发布《浙能兰溪发电有限责任公司定岗定编定级方案》,正式定员数 547 人。其中,公司领导 6 人,总经理助理 1 人,副总师 3 人,科室定编 80 人。

2018 年 11 月 19 日,浙能电力下达《关于浙江浙能兰溪发电有限责任公司"三定"方案的批复》,核定浙能兰电定员为 566 人(不含公司领导,含 31 位储备人员)。其中中层管理岗位 36 人(不含值长),管理岗位 78 人。

2023 年 8 月 23 日,浙能电力下达《关于浙江浙能兰溪发电有限责任公司"三定"方案的批复》,核定浙能兰电定员为 534 人(不含副总师及以上领导人员,含储备人员 31 人),其中管理岗位定员为 85 人(含中层管理人员 38 人)。

二、工资

(一)工资制度

2004 年 8 月 17 日,浙能兰电发布《浙能兰溪发电有限公司工资分配办法(试行)》,建立工资分配激励机制。2005 年 8 月 12 日,浙能兰电发布《公司基建生产过渡期组织机构、岗位归级及工资分配办法》,《浙能兰溪发电有限公司工资分配办法(试行)》废止。2006 年 8 月 24 日,浙能兰电制定《关于发放保健食品补贴的规定》。2007 年 10 月 22 日,浙能兰电制定《公司工资分配办法(生产期试行)》,《公司基建生产过渡期组织机构、岗位归级及工资分配办法》废止。

2007 年 12 月 1 日,浙能兰电制定《工资总额使用管理》标准,《公司工资分配办法(生产期试行)》《关于发放保健食品补贴的规定》废止。此后,浙能兰电多次修订《工资总额使用管理》,2011 年 1 月 25 日,《工资总额使用管理》主要新增综合奖,部门主任奖励基金,借用、退休人员待遇规定和中层人员奖金发放规定等内容。2015 年 4 月 27 日,主要新增月度补贴的内容,修订部门主任奖励基金和中层领导综合奖金发放相关规定等内容。2016 年 5 月 31 日,主要修订各部门名称及借到外单位工作的人员待遇相关规定等内容。2017 年 10 月 25 日,主要新增 ERP 相关流程规定和奖金二次分配相关规定,修订部门年度三项责任制考核兑现办法等内容。2018 年 1 月 25 日,主要修订工资总额使用原则及部门、中层干部年度三项责任制考核兑现办法等内容。2019 年 8 月 20 日,主要新增异地补贴相关规定。2020 年 12 月 1 日,主要新增确定岗位岗级的管理制度,修订部门二级分配指导原则等相关内容。2022 年 8 月 11 日,主要修订部门主任奖励基金标准,新增产假延长假、育儿假、独生子女陪护假待遇等相关规定。2023年8月29日，主要修订中层领导月度奖金发放规定。2023年12月11日，主要新增新录用应届毕业生安家费发放规定。

（二）工资管理

2004年7月，浙能兰电工资分配遵循以岗定薪、易岗易薪的原则，职工工资发放实行岗位工资制，包括基本工资和岗位工资。2007年9月，浙能兰电确定职工工资实行岗薪工资制，转正后岗薪工资均按所任岗级的2薪确定，职工工资由岗薪工资、工龄工资、津补贴组成。

2004年7月，工龄工资按5元/年标准另行计入基本工资。2005年8月，工龄工资按工龄分段计算另行计入基本工资。2011年11月，提高各分段的工龄工资，按以下标准分段计发：工龄≤10年，月发放标准为工龄×8；10年＜工龄≤20年，月发放标准为$10 \times 8 + (工龄-10) \times 15$；20年＜工龄≤30年，月发放标准为$10 \times 8 + 10 \times 15 + (工龄-20) \times 23$；工龄＞30年，月发放标准为$10 \times 8 + 10 \times 15 + 10 \times 23 + (工龄-30) \times 30$。

2006年1月起，浙能兰电发放保健津贴，按如下标准纳入工资发放：甲等全年保健标准为0.75元/天，乙等全年保健标准为0.6元/天，丙等全年保健标准为0.5元/天。

2006年4月起，浙能兰电发放运行岗位津贴，发放标准与岗位系数挂钩。2007年12月，运行岗位津贴更改为运行工龄津贴，兰电公司运行工龄津贴标准为20元/年，调入人员外单位运行工龄津贴标准为10元/年。浙能兰电岗薪工资标准见表5-7。

表5-7　浙能兰电岗薪工资标准

	岗级	薪级区间	2	4	7	9	11	13	15	17	19	21	23	25	27	29	31	33	35	37	39	41	43	45	47	49	52
工资标准			1	2	3	4	5	6	8	10	12	14	16	18	20	22	24	26	29	31	33	35	38	40	42	44	47
薪级序号	01年标准	02年标准	二	三	四	五	六	七	八	九	十	十一	十二	十三	十四	十五	十六	十七	十八	十九	二十	廿一	廿二	廿三	廿四	廿五	廿六
49	4151	7885																									26
48	4050	7581																									2
47	3951	7290																									1
46	3855	7009																								25	
45	3761	6740																								2	

续表

岗级	薪级区间		2	4	7	9	11	13	15	17	19	21	23	25	27	29	31	33	35	37	39	41	43	45	47	49	52
工资标准			1	2	3	4	5	6	8	10	12	14	16	18	20	22	24	26	29	31	33	35	38	40	42	44	47
薪级序号	01年标准	02年标准	二	三	四	五	六	七	八	九	十	十一	十二	十三	十四	十五	十六	十七	十八	十九	二十	廿一	廿二	廿三	廿四	廿五	廿六
44	3651	6481																							24	1	
43	3545	6231																							2		
42	3442	5992																						23	1		
41	3342	5761																						2			
40	3244	5540																					22	1			
39	3150	5327																					2				
38	3058	5122																					1				
37	2969	4925																				21					
36	2882	4735																				2					
35	2798	4553																			20	1					
34	2704	4378																			2						
33	2612	4210																		19	1						
32	2524	4048																		2							
31	2439	3892																	18	1							
30	2356	3742																	2								
29	2266	3598																	1								
28	2178	3460																17									
27	2095	3327																2									
26	2014	3199															16	1									
25	1937	3076															2										
24	1862	2958														15	1										
23	1791	2844														2											
22	1722	2735													14	1											
21	1655	2629													2												
20	1592	2528												13	1												
19	1523	2431												2													
18	1458	2337											12	1													
17	1395	2248											2														

续表

岗级薪级区间			2	4	7	9	11	13	15	17	19	21	23	25	27	29	31	33	35	37	39	41	43	45	47	49	52
工资标准			1	2	3	4	5	6	8	10	12	14	16	18	20	22	24	26	29	31	33	35	38	40	42	44	47
薪级序号	01年标准	02年标准	二	三	四	五	六	七	八	九	十	十一	十二	十三	十四	十五	十六	十七	十八	十九	二十	廿一	廿二	廿三	廿四	廿五	廿六
16	1335	2161										11	1														
15	1277	2078										2															
14	1217	1998									10	1															
13	1159	1921									2																
12	1103	1847								9	1																
11	1051	1776								2																	
10	1001	1708							8	1																	
9	953	1642							2																		
8	908	1579						7	1																		
7	865	1518					6	2																			
6	823	1460				5	2	1																			
5	784	1404			4	2	1																				
4	743	1350		3	2	1																					
3	705	1298	2	2	1																						
2	668	1248	2	1																							
1	633	1200	1																								

三、奖金

（一）奖金制度

2004 年 7 月—2007 年 10 月，浙能兰电职工奖金先后依据《浙能兰溪发电有限公司工资分配办法（试行）》《公司基建生产过渡期组织机构、岗位归级及工资分配办法》《奖金考核分配及奖惩管理（试行）》发放。

2004 年 8 月 11 日，浙能兰电发布《公司目标管理及绩效考核办法（试行）》，用于兑现季度绩效考核奖。

2007 年 10 月 10 日，浙能兰电发布《浙能兰溪发电有限公司奖金考核分配及奖惩办法（试行）》，规定公司奖金分配及奖惩的考核原则、考核组织、考核程序、通用考核条款及奖金考核分配办法，《公司目标管理及绩效考核办法（试行）》废止。同年 12 月，浙能兰电制定《工资总额使用管理》标准。

2009年2月4日,浙能兰电制定《浙江浙能兰溪发电有限责任公司月度考核办法》,规定公司月度、专项考核工作的原则,考核组织,考核程序及具体考核条款,《浙能兰溪发电有限公司奖金考核分配及奖惩办法(试行)》废止。

2010年10月15日,浙能兰电制定《综合考核标准》,规定公司的年度、月度考核管理职能及考核程序等,《浙江浙能兰溪发电有限责任公司月度考核办法》废止。此后,浙能兰电多次修订细化该标准,增加机组降非停专项考核、经营发展贡献奖、管理提升贡献奖等,提高专项考核奖励标准,突出业绩导向,优化考核指标,加大奖惩力度,持续完善激励机制。

(二)奖金管理

2004年7月—2007年9月,浙能兰电职工奖金包括月度奖金、季度绩效考核奖和年度效益考核奖,季度绩效考核奖在下一季度的第一个月计发,年终绩效考核奖在次年第一季度计发。2007年10月起,职工奖金分配与岗位系数挂钩,岗位系数计算方式如下(奖金系数标准分A、B、C三类)。

A类:生产、职能科室管理人员,综合事务人员,仓库班长,仓库保管员。

$$A=岗级×0.2,奖金系数=1.12×A+A^3÷20$$

B类:所有检修班组人员、化试班人员;安健环部环保、安全岗位人员;运行部、维护部、燃料部专业技术岗位人员(综合专职人员除外);设备管理部各专业技术人员及综合组主管,安全、土建、金相、起重岗位人员。

$$B=(岗级+0.6)×0.2,奖金系数=1.12×B+B^3÷20$$

C类:所有倒班的运行班组人员。

$$C=(岗级+1.2)×0.2,奖金系数=1.12×C+C^3÷20$$

浙能兰电岗位等级和奖金系数对应情况见表5-8。

表 5-8　浙能兰电岗位等级和奖金系数对应情况

岗级	5	6	7	8	9	10	11	12
A	1.17	1.4304	1.7052	1.9968	2.3076	2.64	2.9964	3.3792
B	1.3246	1.5934	1.878	2.1808	2.5043	2.8508	3.2228	3.6226
C	1.4841	1.7621	2.0573	2.3723	2.7093	3.0708	3.4591	3.8768

岗级	13	14	15	16	17	18	19	—
A	3.7908	4.2336	4.71	5.2224	5.7732	6.3648	6.9996	—
B	4.0526	4.5153	5.013	—	—	—	—	—
C	4.3261	4.8095	5.3294	5.8882	—	—	—	—

此外,浙能兰电还有月度考核和年度考核。月度考核根据《综合考核标准》的相关规定,由考核部门对各部门上一个月的月度工作进行考核后,各部门根据考核结果对考核奖进行二次分配,考核结果在月奖中兑现。年度考核则由浙能兰电各部门通过签订年度三项责任制的形式落实上级单位与公司签订的三项责任制考核内容,将各部门年度管理目标和任务完成情况同职工、部门领导的年收入挂钩,通过三项责任制结算的方式兑现。

四、社会保险

（一）组织机构

2005 年 6 月 29 日,浙能兰电综合办公室是社会保险管理工作的职能部门,负责各项社会保险的日常管理工作。

2010 年 4 月 2 日,浙能兰电发布《关于调整公司组织机构的通知》,将社会保险管理的职能部门由综合办公室调整为人力资源部。

（二）基本社保制度

2004 年 7 月起,浙能兰电职工基本养老保险、工伤保险由浙江省社会保险经办机构负责管理。浙能兰电职工基本医疗保险缴纳在浙江省医保中心,单位缴费比例为 8%,个人缴费比例为 2%。浙能兰电职工生育保险由浙江省社会保险经办机构负责管理,单位缴纳比例为 0.5%。

2005 年 6 月 29 日,浙能兰电发布《社会保险管理办法》,规范职工基本养老保险、企业年金、基本医疗保险、补充医疗保险、工伤保险、生育保险等各项社会保险的缴交方式和缴纳比例。

2008 年 9 月起,浙能兰电增加职工失业保险,缴纳在兰溪社会保障服务中心,单位缴费比例为 2%,个人缴费比例为 1%。

2009 年 4 月 30 日,浙能兰电发布《社会保险管理》标准,增加失业保险相关内容,调整住房公积金缴纳比例,同时《社会保险管理办法》废止。同年 7 月开始,基本养老保险企业缴费比例由 20% 调整为 14%,个人缴费比例保持 8% 不变。此后对《社会保险管理》进行多次修订,主要内容为:

2010 年 9 月 3 日,《社会保险管理》新增住房公积金补贴等内容。

2015 年 1 月起,失业保险单位缴费比例由 2% 调整为 1.5%,个人缴费比例由 1% 调整为 0.5%。同年 5 月 18 日,《社会保险管理》新增基本养老保险转接相关内容,修订基本医疗保险报销起付标准等内容。同年 10 月起,工伤保险单位缴纳比例由 0.5％调整为 0.45％。

2016 年 8 月起,失业保险单位缴费比例由 1.5％调整为 1％,个人缴费比例不变。

2017 年 1 月起,基本医疗保险个人缴费比例由 2％调整为 1.5％,单位缴费比例不变。同年 12 月 18 日,《社会保险管理》新增企业年金权益归属,修订基本医疗保险个人账户构成比例等内容。同年 6 月起,失业保险单位缴费比例由 1％调整为 0.5％,个人缴费比例不变。

2020 年 1 月起,生育保险和职工基本医疗保险合并实施,单位缴纳比例为 0.3％。

2022 年 8 月 1 日,《社会保险管理》新增企业年金缴纳标准,修订就医管理中外地就医报销等内容。

(三)补充医疗保险

2005 年 4 月 4 日,浙能兰电发布《公司补充医疗保险试行办法》,规定补充医疗经费由个人缴费和公司补充两部分组成,个人按缴费基数的 0.5％缴纳,公司按缴费基数的 5％缴纳,职工个人账户计算方式与职工收入挂钩。2007 年 10 月 10 日,浙能兰电发布《浙能兰溪发电有限公司补充医疗保险办法(试行)》,简化补充医疗保险金的报销流程,同时《公司补充医疗保险试行办法》废止。2010 年 1 月 1 日起,为便于职工补充医疗保险账户管理,浙能兰电委托中国平安人寿保险股份有限公司金华中心支公司管理职工补充医疗保险,同年《浙能兰溪发电有限公司补充医疗保险办法(试行)》废止。

(四)企业年金

2004 年,浙能兰电企业年金纳入浙能集团归口管理。浙能兰电企业年金缴纳标准见表 5-9。

表 5-9 浙能兰电企业年金缴纳标准

时间	月缴纳基数	个人缴纳标准	企业缴纳标准	个人账户月标准
2004-06-01—2015-12-31	职工个人效益工龄工资＋(职工个人年初岗级－1)×3	2 份	10 份	12 份
2016-01-01—2019-02-28	职工个人缴费为单位缴费的 25％ 备注:职工单位年度缴费＝(S×5％－T)×20％×职工的工龄/(参加年金计划职工的总工龄数－保底职工的总工龄数)＋(S×5％－T)×80％×该职工年缴费基数/(参加年金计划职工的年缴费基数总额－保底职工的年缴费基数总额) 其中:S 为参加企业年金职工上一会计年度实际发放工资总额;T 为按年金方案计算出来的企业缴费分配金额低于现方案人员的现方案年度企业缴费总额(托底人员企业缴费总额)	1 份	4 份	5 份

续表

时间	月缴纳基数	个人缴纳标准	企业缴纳标准	个人账户月标准
2019-03-01至今	职工个人缴费为单位缴费的 25％ 备注：职工单位年度缴费＝S×8％×20％×职工工龄/（参加年金计划职工的总工龄数＋S×8％×80％×该职工年缴费基数）/参加年金计划职工的年缴费基数总额 其中：S 为参加企业年金职工上一会计年度实际发放工资总额	1 份	4 份	5 份

第六节　财务与产权

一、核算体制

2003 年 10 月 21 日，浙能兰电筹建处成立财务部，根据会计制度建立完善的财务核算体系。

2004 年 6 月，浙能兰电组织形式变更为有限责任公司，财务部根据《中华人民共和国会计法》《企业会计准则》《企业内部控制基本规范》等各项法律法规，以实际发生的经济业务为依据，准确、及时、真实、全面地核算收入、成本、费用及其他经营业务事项，反映资产、负债及股东权益，编制财务报表。会计核算以权责发生制为基础，实行以成本管理为中心的经济责任制考核体系，独立核算、自主经营、自负盈亏，产生的利润按股东的股权比例统一分配。

2015 年 7 月 22 日，财务部更名为财务产权部。

二、产权结构

2004 年 5 月 18 日，浙能兰电组织召开股东会第一次会议，审议浙能兰电资本金投入计划。根据股东协议确定首期注册资本为 1.32 亿元，其中浙能集团占64％、浙江东南发电股份有限公司占 25％，兰溪市电力发展投资有限公司占 8％，中国电力工程顾问集团公司占 3％。

2008 年 7 月 2 日，浙能兰电组织召开股东会临时会议。兰溪市电力发展投资有限公司和浙能集团签署《股权转让协议》,兰溪市电力发展投资有限公司将其持有的全部股权转让给浙能集团。转让后,浙能兰电注册资本的股权比例为:浙能集团占72%,浙江东南发电股份有限公司占25%,中国电力工程顾问集团公司占3%。同时,会议决议浙能兰电注册资本金由1.32亿元增加到16.455亿元。其中浙能集团增资10.8972亿元,浙江东南发电股份有限公司增资3.78375亿元,中国电力工程顾问集团公司增资0.45405亿元。

2010年4月28日,浙能兰电组织召开2010年第二次临时股东会。会议审议同意浙能集团将其持有的72%的股权划转至浙江省电力开发有限公司,中国电力工程顾问集团公司将其持有的3%的股权划转至中国电力工程顾问集团科技开发有限公司。

2012年2月28日,浙能兰电组织召开2012年第一次股东会。决议股东方名称变更,浙江省电力开发有限公司变更为浙能电力。

2014年6月27日,浙能兰电召开2014年第一次股东会,通过股东股权承继的议案。由于浙能电力吸收合并浙江东南发电股份有限公司,因此浙江东南发电股份有限公司持有的25%的股权资产及对应的权利义务将由浙能电力承接,浙能电力将共计持有浙能兰电97%的股权。

2015年6月18日,浙能兰电组织召开2015年股东会第一次会议。会议审议通过因股东方名称变更,将中国电力工程顾问集团科技开发有限公司修改为中国电力工程顾问集团投资有限公司。

截至2023年,浙能兰电注册资本金为16.455亿元。由浙能电力97%控股,中国电力工程顾问集团投资有限公司3%参股。

三、电价

2006年4月19日,浙能兰电第一台机组投产后,浙能兰电1~4号机组均按浙江省物价局下达电价文件中确定或调整的电价标准,按月与国网浙江省电力公司进行电费结算。2014年,浙江省发展和改革委员会组织发电厂与部分电力用户开展直购电交易,通过直购电协议确定一定的直购电量和相应的直购电价,超出直购电协议的上网电量仍执行浙江省物价局下达电价文件中确定或调整的电价标准。2021年12月1日,浙能兰电全部上网电量和电价均通过电力市场化交易确定。2006—2021年浙能兰电电价情况见表5-10。

表 5-10　2006—2021 年浙能兰电电价情况

时间	电价/(元/兆瓦时)	备 注
2006 年 4 月 19 日—2006 年 5 月 31 日	355.50	—
2006 年 6 月 1 日—2008 年 6 月 30 日	383.37	浙价资〔2006〕191 号、313 号《浙江省物价局电价调整通知》,浙价资〔2007〕290 号《浙江省物价局电价调整通知》
2008 年 7 月 1 日—2008 年 8 月 19 日	376.60	浙价资〔2008〕205 号《浙江省物价局电价调整通知》
2008 年 8 月 20 日—2009 年 11 月 19 日	398.00	浙价资〔2008〕263 号《浙江省物价局电价调整通知》
2009 年 11 月 20 日—2011 年 11 月 30 日	390.60	浙价资〔2009〕276 号《浙江省物价局电价调整通知》
2011 年 12 月 1 日—2013 年 9 月 24 日	411.90	浙价资〔2011〕383 号《浙江省物价局关于调整省电网统调电厂上网电价通知》、浙环函〔2013〕218 号《脱硝电价落实》、浙价资〔2012〕242 号《脱硝电价试行办法》
2013 年 9 月 25 日—2014 年 8 月 31 日	400.80	浙价资〔2013〕265 号《浙江省物价局电价调整通知》、发改价格〔2013〕1651 号《国家发展改革委关于调整可再生能源电价附加标准与环保电价有关事项的通知》、发改价格〔2013〕1942 号《国家发展改革委关于调整发电企业上网电价有关事项的通知》
2014 年 9 月 1 日—2014 年 12 月 24 日	391.40	浙价资〔2014〕210 号《浙江省物价局关于电价调整有关事项的通知》
2014 年 12 月 25 日—2015 年 4 月 19 日	399.90	《浙江省物价局 浙江省环保厅关于燃煤发电机组超低排放临时电价补偿有关事项的通知》
2015 年 4 月 20 日—2015 年 12 月 31 日	389.00	浙价资〔2015〕94 号《浙江省物价局关于电价调整有关事项的通知》
2016 年 1 月 1 日—2018 年 4 月 30 日	377.90	浙价资〔2016〕2 号《浙江省物价局关于电价调整有关事项的通知》、浙价资〔2016〕2 号《浙江省物价局关于电价调整有关事项的通知》
2018 年 5 月 1 日—2019 年 3 月 31 日	381.20	增值税从 5 月 1 日起调为 16%
2019 年 4 月 1 日—2019 年 6 月 30 日	391.40	增值税从 4 月 1 日起调为 13%
2019 年 7 月 1 日—2019 年 12 月 31 日	381.90	浙发改价格〔2019〕306 号《省发展改革委关于调整部分电厂上网电价有关事项的通知》
2020 年 1 月 1 日—2020 年 8 月 11 日	378.90	浙发改价格〔2019〕527 号《省发展改革委关于电价调整有关事项的通知》
2020 年 8 月 12 日—2021 年 11 月 30 日	383.93	浙发改价格〔2020〕281 号《省发展改革委 省能源局 浙江省能源监管办关于进一步明确 2020 年度省内统调燃煤电厂上网电量综合价的通知》

注:均为不含税价。

四、成本

2006年,浙能兰电实行全面生产成本核算,财务部门为成本核算中心。从成本事前、事中、事后三方面入手,建立经营活动分析例会制度,每季召开一次经营分析会议,对各项成本、费用、收入、利润等进行全面分析,特别是对燃料成本、修理费等进行专项控制。同时,通过与各部门签订经济承包责任书,分解费用指标到部门。根据年度生产指标,将各项指标任务以经营责任制指标方式分解下达至各职能部门。建立动态对标管理机制,对相关指标进行定期跟踪,定期召开经营对标活动开展情况分析会并形成会议纪要分发至各职能部门。各指标牵头部门通过与标杆企业标杆值比较,查找差距和不足,并制定相应措施,确保各指标处于可控状态。

2018年,浙能兰电积极响应浙能电力"提质增效、成本领先行动"专题会议精神,结合工作实际,制定并实施"提质增效、成本领先行动"方案,以提升核心竞争力和盈利可持续发展为目的,深入挖潜增效。2020年,浙能兰电在浙能集团公布的争先创优竞赛评比中取得了"优+"的好成绩。浙能兰电通过预测、计划、控制、核算、分析和考核,正确地反映企业生产经营情况,挖掘降低成本潜力,保证利润最大化。2006—2023年浙能兰电发电成本构成情况见表5-11。

五、税金和利润

2004年,浙能兰电作为独立核算的发电企业,按销项税额扣除可抵扣进项税额计算当期增值税应纳税额,不足抵扣部分和多交增值税额结转下期抵扣或抵减下期应纳税额。印花税、个人所得税、房产税、城镇土地使用税等依据国家规定税率缴纳。浙能兰电缴纳的税费有增值税、企业所得税、城市建设维护税、教育费附加、营业税(营业税改增值税后取消)、车船使用税、房产税、城镇土地使用税、印花税、个人所得税、水利建设专项基金(2016年11月取消)、残疾人保障金。

2016年5月1日,根据"营改增"进程,浙能兰电各相关部门适时转变对应税服务的原有观念,学习研究相关政策法规,做好新旧政策的衔接。财务产权部提高税务筹划意识,同业务部门一起强化甄别可纳入增值税进项税抵扣的应税服务,实现增值税应抵尽抵,力争使企业的相关业务税费下降。

表 5-11　2006—2023 年浙能兰电发电成本构成情况

年份	合计/万元	变动成本/万元				固定成本/万元			单位成本/(元/1000千瓦时)
		燃料	水费	购入电力费	工资及福利	折旧	修理费	其他	
2006	97918.05	73112.15	—	—	2765.85	19274.75	1894.81	870.49	266.31
2007	349382.80	261002.33	415.38	—	5277.01	62825.77	13504.81	6357.50	287.70
2008	501960.97	424621.82	552.30	85.77	6098.26	51151.35	10774.36	8677.11	360.24
2009	377586.64	301598.40	427.13	81.07	6029.87	51000.07	10651.61	7798.49	311.44
2010	456785.79	374216.64	433.82	59.13	6941.70	50886.07	13612.14	10636.29	340.42
2011	499531.34	419946.85	443.51	39.06	7381.65	50906.69	11523.48	9290.10	358.17
2012	475822.78	382227.90	462.98	42.02	9118.68	51188.66	13953.36	18829.18	364.71
2013	466483.35	355516.68	461.65	49.29	11735.16	58346.66	17001.28	23372.63	339.62
2014	390286.36	288763.29	412.25	42.84	9816.78	62738.01	13631.08	14882.11	330.66
2015	329791.88	221045.28	745.05	52.12	11255.37	61515.10	19863.16	15315.80	313.87
2016	308064.35	213743.52	671.60	56.20	10258.85	49640.95	19004.01	14689.22	298.17
2017	391978.91	304685.65	596.04	34.05	12839.00	49899.16	10672.91	13252.10	344.02
2018	402454.34	317096.64	549.57	28.14	12409.54	47210.79	11650.11	13509.55	348.02
2019	355693.19	275707.27	488.13	32.90	13167.62	42460.87	12822.64	11013.76	349.16
2020	309775.34	229608.72	798.34	28.94	13137.94	43155.10	11952.43	11093.87	344.55
2021	548250.47	458693.99	888.18	32.15	12328.63	44003.90	17275.46	15028.16	436.82
2022	679859.66	598941.73	984.66	27.65	15507.35	34168.20	15243.36	14986.71	503.82
2023	590693.05	511216.29	942.64	27.09	19544.35	23539.52	16126.81	19296.35	429.96

　　浙能兰电跟进国家减税降费相关政策,加强与地方政府及税务部门的沟通协调,争取各项政策优惠,缓解资金压力。2022年5月和2023年3月分别享受房产税、城镇土地使用税全额减免。2004—2023年浙能兰电缴纳税费情况见表5-12,2006—2023年浙能兰电实现利润情况见表5-13。

表 5-12　2004—2023 年浙能兰电缴纳税费情况

（万元）

年份	项目				
	增值税	所得税	城建税及教育费附加	房产税及城镇土地使用税	其他税费
2004	—		—	—	18.31
2005					151.51
2006	10409.12	1017.87	1223.10	—	342.21
2007	31751.93	9753.12	3751.68	340.22	656.46
2008	38142.97	12341.27	4647.26	466.44	1336.67
2009	27549.81	4098.37	3672.02	1011.39	1274.80
2010	24626.67	6448.34	2721.76	827.55	1358.87
2011	17257.37	6144.03	1938.17	834.87	1192.44
2012	21961.05	5181.14	2635.45	821.37	1113.28
2013	30401.41	15304.84	3648.17	919.76	1350.55
2014	26253.47	13429.74	3150.42	870.56	1696.59
2015	20669.31	14385.76	2480.80	1168.06	1303.19
2016	20758.31	10888.25	2491.46	1126.27	1207.97
2017	21209.01	6505.59	2545.08	1128.47	1150.79
2018	16392.09	4584.63	1967.05	564.23	1025.85
2019	12004.06	6980.54	1440.49	1704.59	568.16
2020	13602.49	3223.19	1540.12	—	561.65
2021	6234.56	2616.47	748.15	1154.26	650.95
2022	4815.51	0.28	27.53	—	929.97
2023	8344.35	—	—	—	1214.04

表 5-13　2006—2023 年浙能兰电实现利润情况

（万元）

年份	实现利润总额	实现净利润总额
2006	6471.75	316.90
2007	44293.00	30169.64
2008	−28784.01	−21869.01
2009	64658.99	47200.93
2010	32111.68	32111.68
2011	12756.51	9407.39
2012	23740.98	17755.99
2013	56459.18	41955.38
2014	47977.08	36231.99
2015	46727.06	35065.10
2016	57722.25	43784.79
2017	20865.13	15701.15
2018	19380.28	14807.09
2019	21629.68	16590.21
2020	27919.52	22036.34
2021	−77376.85	−57212.11
2022	−100053.75	−99785.28
2023	4766.98	2845.29

六、预算管理

2004 年 9 月，浙能兰电按照制定的《全面预算管理办法》开始推行全面预算管理，从事前控制、事中监督和事后检查全方位入手，对项目建设、生产经营过程中的各个层面实施控制，将财务管理从被动管理转为超前控制。2007 年 12 月，财务部对原有的管理办法进行梳理，编制《全面预算管理》并于 2008 年 1 月 1 日开始实施。同时，成立全面预算委员会、财务预算管理工作领导小组，建立财务预算管理体系，由财务部门负责预算日常工作，根据实际需求，围绕控制目标编制年度预算和月度预算。

每年 11 月，财务部门以公司预算、生产经营总目标为预算大纲编制下一年度财务预算，以邮件通知、全面预算启动会等形式向各归口部门提出预算总体要求。

各归口部门根据预算大纲,结合部门具体实际编制下一年度部门预算并上报财务部门。财务部门再根据各归口部门上报预算进行汇总平衡,编制全年总预算,经公司审查后报浙能电力。上级审核批准后,最终确定年度预算。

财务部门会同相关职能部门把批准的预算细化,将管理费用中的办公费等费用分解到各部门执行,并将预算费用纳入各部门经济责任书。财务部门统计预算费用使用情况,并反馈给各部门,各部门根据预算费用使用情况进行合理安排和控制。同时,财务部门每月对总预算的各项指标实际执行情况与预算指标进行书面比较,找出差异,分析原因。年末,公司考核领导小组根据各部门预算执行情况对各部门实施奖惩。

2009 年,浙能兰电实施精细化管理,推进全面预算工作,秉承并发扬持续改进的核心要求,大力开展精细化管理探索与实践,并将实践工作经验汇编成《发电企业精细化管理》(见图 5-4)。

图 5-4 浙能兰电精细化管理成果

2015 年,浙能兰电积极配合浙能集团信息化工作的统一部署,预算编制引进海波龙全面预算管理信息化系统。由各业务部门预算编制员按照浙能电力的预算编制指导意见分别填列相关业务数据,财务部门填列财务产权类预算,再由各业务部门负责人审批提交到财务部门,经财务部门审批后,由公司领导分级审批上报至浙能电力财务产权部。浙能电力在系统里或通过 OA 下达各稿预算意见,浙能兰电按上述流程修改后再上报至系统。2016 年开始,浙能兰电的各业务部门编制填报年度预算工作均从该系统发起,互相配合,层层联动,体现一体化、专业化及精细化管理需求,达到业务与财务联动效果。

七、资金管理

2008年5月27日,浙能兰电制定《资金管理》标准,规范资金的运作程序,建立严格的授权批准制,明确审批人对资金业务的权限、程序、责任和相关控制措施,集中统一管理各项资金。2010年,根据浙能集团"三重一大"(重大决策、重要人事变动、重大项目安排和大额度资金的使用)的有关规定,浙能兰电重大资金运作均经领导班子集体讨论决定,保证企业稳定发展。浙能兰电对资金管理按照集中统筹安排的原则,采用"收支两条线"的账户模式,设立收入户和支出户,并在浙江省能源集团财务有限责任公司开设内部结算户。所有收入的现金都必须进入收入户,不得利用收入账户坐支。收入账户中的余额于每日下班前上划至开立在财务公司的内部结算户。

2013年12月19日,浙能兰电按照浙能电力的规定,将资金归集到浙江省能源集团财务有限责任公司统一管理。根据请款计划每天向财务公司请款,资金汇入支出户后凭资金计划和付款依据支付款项。月末保留公司一定的余额,多余部分上划至开立在浙江省能源集团财务有限责任公司的内部结算户,确保资金归集率。浙能兰电在浙江省能源集团财务有限责任公司代理支付上线后,严格执行"以代理支付为主,少量自主支付相结合"的模式。合同相关部门及时提供大额合同的相关扫描件,财务部门进行各项大额支付备案及配额,及时上报资金的月预算和周预算,尽量按计划完成每周、每月资金的支付使用。2019年11月,工资也开始由浙江省能源集团财务有限责任公司集中代理支付,其账户成为日常生产经营支出的常用账户,其他银行账户多为扣缴水电费等日常业务使用,严格控制资金的流入和支出,提高资金的运作效率。

2022年,浙能兰电按照上级要求取消账户"收支两条线",完成银行账户的清理,确定必要账户且办理直连账户,把各账户的资金归集到浙能兰电开立的内部结算户中,按规定对支出账户实行资金定额管理。同时,利用九恒星智能平台,上报月资金、周资金计划。浙能兰电在资金管理上,本着"量出为入,统筹兼顾,保证重点"的原则,严格把握资金流量,加强资金精细化管理,浙能兰电对外资金使用率均达99%以上(剔除特殊因素)。

八、固定资产管理

2004 年,浙能兰电固定资产管理实行归口管理和分级管理相结合的原则,定期清查固定资产,编制固定资产盘点报告。2008 年 5 月 27 日,浙能兰电制定《固定资产核算管理》标准,规定固定资产的管理职能、管理内容和归口管理部门职责。2010 年 10 月 15 日,该标准更名为《固定资产管理》,历年按需对其进行梳理、细化,根据最新要求修订并实施。2022 年,浙能兰电固定资产的管理实行两级管理模式,由财务产权部、设备管理部、物资采购部、行政事务中心、办公室、信息中心和各使用部门进行分级管理,建立责任体系,将管理责任落实到人,保障企业财产完整无损,促进国有资产保值增值。2003—2023 年浙能兰电固定资产原值、折旧情况见表 5-14。

表 5-14　2003—2023 年浙能兰电固定资产原值、折旧情况

（万元）

年份	项目		
	固定资产原值	累计折旧	固定资产净值
2003	478.44	23.93	454.51
2004	927.92	144.17	783.75
2005	1540.34	353.82	1186.51
2006	655436.37	19716.11	635720.26
2007	828467.92	82537.34	745930.58
2008	810423.31	132697.00	677726.31
2009	811406.26	183341.77	628064.49
2010	811641.52	233869.48	577772.04
2011	817117.09	283986.36	533130.73
2012	823231.11	331951.37	491279.74
2013	832060.58	383140.98	448919.59
2014	828603.76	426846.85	401756.91
2015	830590.17	451131.31	379458.86
2016	837859.71	473996.28	363863.43
2017	849430.94	523523.72	325907.22
2018	854770.71	569640.95	285129.76
2019	856082.51	611232.01	244850.50

年份	项目		
	固定资产原值	累计折旧	固定资产净值
2020	854226.28	647936.51	206289.77
2021	866428.27	688595.32	177832.95
2022	871110.88	716693.13	154417.75
2023	872234.85	735340.81	136894.04

九、融资

2004 年,浙能兰电除注册资本以外所需的资金,根据生产经营实际资金需求,分别以融资租赁、项目贷款等形式向银行业金融机构及非金融机构贷款进行融资。浙能兰电根据融资计划,与中国建设银行兰溪市支行、中国工商银行兰溪市支行、中国银行股份有限公司浙江省分行、交通银行杭州分行营业部等多家银行签订贷款合同,建立良好的银企合作关系。浙能兰电始终追求并实行资金精细化管理,统筹协调好资金的筹集和使用。每年探寻和抓住利好的节点,如利用利率下行等有利窗口,通过长短期借款置换、延缓到期年限等不同方式,降低融资成本,节约财务费用。截至 2023 年底,累计融资余额 15.88 亿元。2003—2023 年浙能兰电融资情况详见表 5-15。

表 5-15　2003—2023 年浙能兰电融资情况

（万元）

年份	期末融资余额	年份	期末融资余额
2003	27000.00	2014	337007.69
2004	83000.00	2015	277007.69
2005	236000.00	2016	193707.69
2006	447000.00	2017	182300.00
2007	451000.00	2018	155300.00
2008	602000.00	2019	124900.00
2009	520000.00	2020	104500.00
2010	470000.00	2021	100300.00
2011	443000.00	2022	161962.08
2012	420000.00	2023	158823.90
2013	371000.00		

十、财务信息系统

2004 年,浙能兰电使用用友 U8 财务软件进行会计核算。在用友财务软件系统中,主要使用总账、固定资产、UFO 报表、库存管理和存货核算等模块。

2008 年,浙能兰电根据浙能集团的部署,正式启用 FMIS 系统。该系统采用美国 ORACLE 公司的电子商务套件作为应用系统。按照浙能集团的统一要求,启用的 FMIS 系统在系统构架上与浙能集团本部相对独立,采取分布式的架构。在当时的信息技术和软件平台的条件限制下,主要与已经上线的 EAM 系统进行集成,实现财务系统和业务系统的有效集成,促进基础管理和业务流程规范化、信息化。FMIS 系统中启用的主要模块和功能有总账管理、应收管理、应付管理、资产管理、项目管理、预算管理、合同管理、MAXIMO 软件的接口系统、财务分析、综合查询等。

2015 年,浙能兰电被浙能集团选定为 ERP 系统会计核算试点单位,初期采用 ERP 系统与 FMIS 财务软件并轨运行。2015 年 11 月,正式采用 ERP 系统单轨运行,项目结算、服务采购、燃料出入库、销售结算、材料采购等由各业务前端发起,财务审核过账,报销业务仍由手工制单、财务审核完成。

2018 年,浙能兰电成为财务共享首批试点用户。公司现通过财务共享平台处理一般总账、费用报销、合同支付等业务,该系统运行平稳。

第七节 采购管理

一、采购流程

(一)需求计划

2003 年 10 月,浙能兰电筹建处发布《浙能兰溪发电厂筹建处部门职责(试行)》,明确计划合同部是项目基建期合同管理部门,负责基建物资、施工与服务项目的采购。2005 年 6 月,浙能兰电发布《关于公司内部机构调整的通知》,设备部成立,负责生产期物资采购。

2006年7月，浙能兰电生产期物资采购由设备部转移到计划合同部，采购流程管理工作分施工与服务类采购和物资采购两类，且对需求计划的提报时间要求有所不同。物资需求计划分月度维修物资需求计划、检修物资需求计划、技术改造（科技）物资需求计划、小型基建物资需求计划、紧急物资需求计划及非生产物资需求计划。其中A、B类检修及技术改造所需物资应在项目实施前6个月编报，C类检修所需物资应在项目实施前3个月编报，进口备品备件应在项目实施前6个月编报，小型基建需求计划应在项目实施前4个月编报。

2008年4月起，浙能兰电物资采购需求计划的提报时间调整为：A、B类检修按专业及项目申报，技术改造按项目申报，所需物资应在项目实施前130天编报；C类检修所需物资应在项目实施前60天编报；进口备品备件应在项目实施前180天编报。

2018年10月，浙能兰电物资需求计划调整为年度、月度、紧急三类进行管理。年度物资需求计划根据浙能兰电年度综合计划和预算，结合历年的采购需求确定；月度需求计划按月度维修、计划检修、技术改造及非生产工作需求确定；紧急采购计划属不可预知的突发因素带来的物资需求。月度物资需求计划是采购需求管理的主体，按物资性质需提前2～6个月确定。施工与服务类项目采购需求计划，需提前3个月提出。

（二）采购

2006年，浙能兰电将生产期采购管理整合到EAM系统中，安排计划合同部负责物资、施工与服务项目的采购，并于次年发布《合同管理》标准，明确计划合同部负责拟定项目合同管理标准，负责与合同相关的授权审核管理，负责合同承办、审核、监督、跟踪全过程管理。此标准于2010年、2012年、2013年、2015年、2016年、2018年、2019年、2021年和2023年分别进行修订。EAM系统上线后，实现物资计划、外包项目立项、物资领用、送外修理、合同审批等工作流程审批电子化，提高了工作效率，通过业务流程的规范化、信息的标准化，确保采购管理制度的严格执行。

2010年4月，计划合同部更名为采购部，合同管理的职能由计划合同部转移到采购部。

2015年ERP系统上线后，根据ERP部门标准化实施方案，公司进行组织机构调整，采购职能分解到新成立的计划营销部和物资采购部，计划营销部负责施工与服务采购类合同管理，物资采购部负责物资采购类合同管理。采购工作集中到 ERP 系统的子系统,即浙能集团采购寻源及供应商管理系统(简称"SRM 系统")上进行。

2016 年 1 月 1 日,浙能集团合同管理系统(简称"CM 系统")正式上线,浙能兰电明确合同的"管办分离"原则,明确总经理工作部为合同归口管理部门,计划营销部为施工与服务采购类合同的具体承办部门,物资采购部为物资采购类等合同的具体承办部门。同年 1 月 8 日,浙能兰电《2016—2018 年铁路专用线疏通保障合同》作为浙能集团 CM 系统上线的第一个合同,顺利走完会签、审批流程,进入合同用印、生效阶段。至此,浙能兰电合同管理全部转到 ERP 系统上进行,实现采购及合同管理质的变化,信息更为公开透明,采购更为便捷高效,实现绿色环保无纸化。

2017 年 10 月,总经理工作部更名为办公室。合同归口管理的职能由总经理工作部转移到办公室。

2022 年 6 月,浙能兰电采购工作转移到浙能集团智慧供应链一体化平台(简称"ZSRM 系统")上进行。ZSRM 系统是 SRM 系统的升级优化版,功能更强大更健全。ZSRM 系统融合采购计划管理、采购寻源管理、采购合同管理、监督管理、供应商管理、专家信息管理、废旧物资管理、"浙能云采"网上商城等功能模块,将基建项目、生产技改及科技信息化项目等采购业务纳入统一管理,实现与浙能集团 ERP 系统、合同管理系统、基建管理系统等信息化工作平台互联互通。

二、仓储管理

2003 年 10 月,工程部负责组织基建物资到货验收和监督管理工作。2005 年 6 月,仓储管理职能转入设备部,负责物资的接运、验收、仓储及发放等工作,以及库存物资的盘点、物资盘盈盘亏的申请、报损物资的处理。仓储管理采用计算机管理和手工账管理并举,以手工账管理为主。此后,仓储管理的职能随着物资采购职能一并调整。

2006 年 6 月,仓储管理随着物资管理整合到 EAM 系统中,仓库按物资种类分设机务备品库、电气仪控库、五金三材库、化工工具库、危险品库、综合库。

2011 年 12 月,仓库搬迁至材料库。材料库共分 A、B 两个区,总建筑面积 6570 平方米,A 区为两层结构,存放可以上货架的小型备品备件,B 区为单层结构,配有 25 吨行车一台,用来存放大型备品备件。

2015 年 7 月，配合 ERP 系统投用，材料库按物资种类分设大件库、电气仪控库、机务备品库、五金三材库、综合工具库、环保化学库、恒温库、焊条库、特殊材料库、闲置库 10 个仓库。2016 年 5 月起，小于 100 万元的物资入库验收签字在 ERP 上进行，金额在 100 万元以上（含本数）或在现场验收的物资，验收需填写"到货物资验收单"。随着 ERP 系统的投用，仓储管理也实现信息化，各部门人员均能及时掌握物资库存情况，通过该系统进行物资验收、入库、发放等工作。

三、废旧物资管理

2008 年 4 月，浙能兰电计划合同部负责废旧物资的管理，明确废旧物资指在生产和其他工作中产生的已经丧失原有使用价值但可回收的有利用价值的废弃物质资料（如旧设备、旧工具、报废的零部件、废油、废胶带、废钢材、废电缆等）。要求废旧物资移交必须填写"废旧物资交库清单"，若是固定资产还应出具"固定资产报废及毁损表"。自此，废旧物资的管理职能随着物资采购进行调整。

2018 年 10 月，浙能兰电废旧物资指已办理固定资产报废手续的物资、已办理流动资产报废手续的库存物资、已办理非固定资产报废手续的低值易耗品和其他废弃物资等，分为处置能产生收益的正价值废旧物资和处置需支付费用的负价值废旧物资两类。其中，危险废物的移交应填写"危险废物交库清单"，按要求填写废物名称、主要成分与性质、数量等。

2021 年 12 月，浙能兰电危险废物的移交在新工作流上填写并提交移交单，按要求填写废物名称、规格、单位、数量等。各部门移交前按照危险废物特性分类进行收集暂存，并在新工作流上做部门暂存台账。

2023 年 8 月，浙能兰电正价值废旧物资处置分为竞标和竞拍处置，原则上应采用公开方式进行，采用非公开方式的应说明理由，根据限额管理原则审批同意后实施。采用公开方式处置的，处置方案中回收商短名单原则上不得少于 5 家，邀请处置的不得少于 7 家，且不得位于同一县（市、区）。不足要求数量的，应说明情况，报上级单位审批。

第八节 燃料管理

一、管理职能

2005 年,浙能兰电煤炭管理工作职能由燃料部具体负责,对外与富兴公司、各港口、供煤单位、铁路部门等单位进行协调,对内负责编制年度与月度的燃煤计划、燃煤数量与质量的验收监督工作,负责燃煤储存和入炉煤掺配管理,负责煤款及其他附加费的结算工作,负责燃煤管理相关统计、分析等工作。

二、燃煤供应

2005 年,浙能兰电燃煤由富兴公司统一采购,设计煤种为淮南烟煤。同年 12 月 13 日,浙能兰电铁路专用线正式开通。厂内铁路专用线设有走行线 2 股,股道编号为电 1 道、电 2 道,电 1 道、电 2 道各安装有动态称重轨道衡一台;存车线 2 股,股道编号为电 3 道、电 6 道,线路终端设有空车调车机;卸车线 2 股,股道编号为电 4 道、电 5 道,线路终端设有翻车机和重车调车机;临修线一股,股道编号为电 7 道。浙能兰电向浙江省八达物流有限公司租用火车机车(包括司机),车辆的取送车作业由功塘站负责调度,车辆列检和货检分别由杭州北车辆段和金华货运中心(2023 年金华货运中心撤并为杭州铁路物流中心)负责,专用铁路维护委托杭州工务段、杭州电务段和上海通信段负责。

2006 年,浙能兰电到达煤种有淮南洗混、优混、山东混、皖北洗混、兖州煤和淮混 2 号等 6 个煤种。同年,浙能兰电煤炭运输铁路直达煤占比 86%,海铁联运占比 14%,其中铁路直达分别从安徽、山东直接运到功塘站,海铁联运是通过北方港分别运到上海南浦、宁波镇海、温州龙湾,再从二港中转经铁路运到功塘站。

2010 年,浙能兰电到达煤种淮南煤占比明显下降,替代煤种主要有优混、蒙混、澳煤等。随着煤炭市场变化,到达煤种日趋复杂。

2014—2016 年 4 台机组完成通流改造后,浙能兰电燃煤设计煤种改为"优混煤:蒙煤=6:4"。

2023 年，浙能兰电到达煤种多达 19 个，分别为大混、淮混、优混、蒙混、澳煤/澳煤1、俄煤、哥伦比亚动力煤、印尼煤、混煤(新集)、平混 9 号、陕煤、澳煤 4/高水澳优、外购5000、外购 5500、富动 45 号(神乌)、富动 52 号(神乌)、富动 24 号(优混)、沫煤(新疆)、平混 5 号(优混)。同年，浙能兰电煤炭运输铁路直达占比 3%，海铁联运占比 97%。其中，铁路直达分别从安徽、新疆直接运到功塘站，海铁联运是通过北方港分别运到宁波镇海、温州乐清湾，再从二港中转经铁路运到功塘站。到达功塘站前的全部运输由富兴公司负责，功塘站至翻车机的厂内专用铁路运输由浙能兰电负责。

三、燃煤接收

2005 年，浙能兰电煤炭入厂经自动轨道衡称重，自动轨道衡定期检定合格，由国家轨道衡计量站检定。轨道衡称重的数量作为与富兴公司的商业结算依据。火车来煤由翻车机翻卸至皮带机。浙能兰电并列布置两台折返式双车翻车机卸煤装置，编号为 A 翻车机、B 翻车机，单套翻车机翻卸效率为 15 循环/时，相应系统出力为 2000 吨/时。翻车机将火车上的煤卸到煤斗，煤斗里的煤再由振动给料机传送到 1A、1B 皮带机，经各皮带机输送至斗轮机，由斗轮机将煤堆到煤场或分流至煤仓，也可由斗轮机取煤经皮带机输送至煤仓。

2006—2011 年，浙能兰电入厂煤采样利用火车车厢顶部人工采样。2012 年开始，入厂煤采用皮带煤流机械采样装置采样。入厂煤机械采样装置有两套，分别安装在 3A、3B 皮带中部。浙能兰电入厂煤以第三方检测单位出具的化验结果作为商业结算依据，入厂煤检测工作(包括采样、制样和化验)由富兴公司全权委托宁波越华能源检测有限公司(后变更为浙江越华能源检测有限公司)完成，浙能兰电运行部负责入厂煤的本方化验工作，化验数据用作与第三方检测数据对比。当对入厂煤检测结果有争议时，双方协商重新检测或送存查样到双方共同认可的第三方权威检测机构进行仲裁化验。

四、燃煤储存

2005 年，入炉煤采样、制样工作由浙能兰电燃料部负责，入炉煤化验工作由浙能兰电运行部负责。

2021 年 4 月，浙能兰电完成封闭煤场改造工程，3 个储煤场全部改造为封闭结构,其中 2 号煤场为钢结构煤场,1 号煤场、3 号煤场为气膜煤场;改造后,3 个储煤场设计储煤量为 41 万吨。每个储煤场设有一台斗轮机,单台斗轮机额定堆煤出力为 2500 吨/时,额定取煤出力为 1600 吨/时。浙能兰电共有 3 个储煤场,每个储煤场分设 A、B 两侧,原设计储煤量为 46.5 万吨。

2021 年 5 月 17 日起,入炉煤制样工作委托浙江越华能源检测有限公司负责,入炉煤采样工作仍由浙能兰电燃料部负责,入炉煤化验工作仍由浙能兰电运行部负责。入炉煤碳元素检测由浙江越华能源检测有限公司负责。燃煤储存过程中,通过分堆存放、存新取旧、推压煤、测温、有序清场等方法降低损耗,同时煤场设有喷雾、冲洗水和消防水,可对煤堆进行抑尘、浇水和应急灭火。通过储煤场的中转实现入炉煤掺配,根据发电需要,进行分炉、分仓、分时段上仓,合理搭配不同煤种和煤质。2006—2023 年浙能兰电燃煤入厂情况见表 5-16。

表 5-16　　2006—2023 年浙能兰电燃煤入厂情况

(万吨)

年度	入厂煤	年度	入厂煤
2006	220	2015	436
2007	553	2016	422
2008	645	2017	466
2009	499	2018	477
2010	562	2019	437
2011	608	2020	374
2012	537	2021	550
2013	550	2022	608
2014	491	2023	618
合计			9053

第九节　依法治企

一、机构与制度

2006 年 11 月 30 日,浙能兰电发文成立"五五"普法领导小组和普法办公室,负责浙能兰电法制宣传教育等日常工作。

2007年，浙能兰电制定《法律、法规及合规性评价管理程序》，规定了质量、职业健康安全、环境、能源、测量管理体系法律法规与其他要求的识别、评价和管理的职责、程序和要求。该标准于2009年、2010年、2012年、2016年、2018年分别进行修订。2022年2月7日，该标准更名为《法律、法规和标准规范识别、获取、更新、发布及其合规性评价管理》。

2011年7月26日，浙能兰电发文成立"六五"普法领导小组。此后，于2014年1月7日、2015年3月25日进行机构调整。

2012年10月9日，浙能兰电发文成立法律事务管理机构，归口总经理工作部管理。同年，浙能兰电制定《法律事务管理》标准，明确规定各部门职能、管理内容和要求、检查与考核等。该标准于2016年、2019年分别进行修订。

2014年8月，浙能兰电设置专职法律事务管理岗位，归口总经理工作部管理。

2017年5月31日，浙能兰电发文成立"七五"普法领导小组，此后，于2018年5月15日、2019年8月13日进行机构调整。

2017年11月23日，因组织机构变更和人事变动，浙能兰电发文调整了法律事务管理机构，归口办公室管理。2020年6月22日，浙能兰电发文对法律事务管理机构进行调整。

2019年11月12日，浙能兰电制定《合规管理办法》，明确公司合规管理工作的职责、合规风险预防与控制、合规审查、合规宣传与培训等具体要求，完善公司风险管理体系建设。

2022年3月17日，浙能兰电发文成立"八五"普法领导小组和普法办公室。此后，于2023年6月2日、2024年5月7日进行机构调整。

2023年6月2日，浙能兰电将法律事务管理机构更名为法律（合规）管理机构，并于2024年5月7日进行机构调整。

二、法务与合规管理

2007年3月29日，浙能兰电印发"五五"普法规划，明确"五五"普法期间的指导思想、总体目标和工作原则等，致力于提高浙能兰电领导干部和广大职工的法律素质和企业依法治企能力。

2011年12月22日，浙能兰电印发"六五"普法规划，明确"六五"期间普法工作指导思想、工作原则、总体要求和主要任务,进一步培育企业"法制浙能"文化,提高全员法律意识和法律素质,提高浙能兰电依法决策、依法经营、依法管理和制度治企水平。

2014年,浙能兰电组织各部门编制法律(合规)风险控制清单,明确各项法律(合规)风险、责任后果、风控措施。同年,浙能兰电印发年度法治合规建设工作要点,进一步细化年度法治合规工作任务,系统推进企业法治能力提升。此后,浙能兰电法律(合规)风险控制清单和年度法治合规建设工作要点编制发布,工作每年常态化开展。

2018年4月18日,浙能兰电制定《宪法法律进企业工作活动实施方案》《贯彻落实法治宣传教育责任清单的具体实施方案》,构建了分工明确、各司其职、齐抓共管的法治宣传教育工作格局,进一步提升浙能兰电依法治企的意识和能力,为全面推进浙能兰电改革发展提供法治保障。

2019年,浙能兰电制定《企业主要负责人履行推进法治建设第一责任人职责及领导干部集中学法实施办法》。

2022年3月17日,浙能兰电印发《关于开展法治宣传教育的第八个五年规划(2021—2025年)》,明确公司开展法治宣传教育的工作体系和保障体系,推进企业依法合规工作,提升企业依法治理、依法经营、合规管理能力。

三、法治宣传教育

2017年6月1日,浙能兰电开展《兰电大事件——网络安全法特辑》普法微电影拍摄活动,强化网络安全警示教育。同年7月,浙能兰电在企业内刊《浙能兰电》中开辟"法言法语"专栏。

2018年9月5日,浙能兰电开展"金融风险防范法治宣传教育专项活动",活动主题主要有"防范P2P网络借贷平台套路深"和"正确树立理财观念"两个方面。

2019年6月5日,浙能兰电组织开展全面巡察、审计以及专项巡察问题剖析合规性案例教育培训会,提升员工法治意识,促进企业依法合规经营。

2020年,浙能兰电开展"防控疫情·法治同行"专项法治宣传行动、全民国家安全教育日活动、"民法典"专题宣贯、"浙能说法"企业微信公众号答题活动、"法治浙能大讲堂"合规讲座等15余次普法宣传活动,通过形式多样的法律宣传工作,实现普法教育全覆盖的同时创新普法形式,增强普法长效性和广泛性。"民法典"专题宣贯是浙能兰电与兰溪市普法办首次合作,活动微视频和专稿在兰溪市普法微信公众号上刊登,被浙江普法微信公众号的"之江法云"微普法收录。专稿《兰兰能能普法记》围绕浙能兰电自导自演的节目,讲述了职工日常生活中经常遇到的形形色色的法律问题,带大家一起学法。

2021年3月15日,浙能兰电在职工书屋开设"法律图书角",开辟浙能兰电普法定点宣传阵地。

2021年,浙能兰电开展宪法、习近平法治思想、安全生产法、"碳达峰、碳中和"等专项法治宣传行动,其中,安全生产法宣传行动不仅开展现场培训,还开展线上授课。同年,浙能兰电组织参加2021年能源行业民法典知识竞赛、党内法规知识学习竞赛、宪法等法律法规的线上答题、法治浙能大讲堂等普法宣传活动,累计参加人数达500余人次。

2022年6月10日,浙能兰电组织开展以"遵守安全生产法、当好第一责任人"为主题的线上答题活动,持续推动安全生产法学习宣传,强化全员安全法治意识。同年,浙能兰电部署落实法治宣传教育责任清单制度,建立学法考核和年度法律知识考试等制度,组织《中华人民共和国民法典》年度法律知识考试。

2023年,浙能兰电组织重点学法对象开展法治合规讲座,以分包管理风险防范为切入点,重点学习研讨工程合同管理法律实务。此外,通过电子横幅、宣传海报、安全警示教育室观看短视频等多种形式,围绕宪法、职业病防治法、安全生产法、亚运——法治同行等主题开展法治宣传活动,推进法治宣传教育工作。同年,浙能兰电微信公众号"纪法园地"专栏连续开展《酒驾醉驾害人害己》《向毒品说"不"》《保持平和心态,不做"好斗的公鸡"》等三期纪法主题教育活动,加强纪法教育。

四、荣誉与成果

2017年4月7日,浙能兰电被评为2016年度浙能集团法律事务管理工作先进集体;浙能兰电员工王雪凤被评为2016年度浙能集团法律事务管理工作先进个人。

2018年3月29日,浙能兰电被评为2017年度浙能集团法律事务管理工作先进集体。

2019年8月25日,浙能兰电组织员工参加浙能集团"我与宪法"微视频征集活动,获得活力奖。

2020年3月24日,浙能兰电员工谭倩倩被评为2019年度浙能集团依法治企先进个人。同年,浙能兰电组织员工参加浙能集团"民法典与我"微视频征集活动,获得二等奖。

2021年3月16日,浙能兰电被评为2020年度浙能集团依法治企先进集体。

第十节　审计风控

一、机构和制度

2003年10月10日,浙能兰电发布《中共浙能兰溪发电厂筹建处党总支委员会党总支办公室工作职责(试行)》,纪检审计工作归口党总支办公室管辖。2007年3月29日,浙能兰电发布《浙能兰溪发电有限公司生产期定岗定编及岗位归级方案》,设置审计专职岗位,归口政工部管辖。2008年12月23日,浙能兰电设立监察审计室,监察审计室与政工部合署办公。2010年4月2日,监察审计室更名为监察审计部。2010年7月15日,浙能兰电发布《浙江浙能兰溪发电有限责任公司定岗定编定级方案(试行)》,审计专职更名为监审专职。2019年8月9日,根据浙能集团关于推进企业纪检监察体制改革的工作要求,监察审计部更名为纪检审计室。

2010年9月3日,浙能兰电制定并发布《内部审计管理》标准,规定浙能兰电内部审计工作的管理职能、管理内容与要求、检查与考核。此标准于2015年、2019年、2023年分别进行修订。2022年8月9日,浙能兰电制定并发布《全面风险管理》标准,规定浙能兰电风险管理工作流程和内容,明确风险管理职责和要求。2022年11月16日,《内控手册》纳入标准化管理,之后根据内控管理情况滚动修订。

二、审计管理

2004年4月28—30日,浙能集团对浙能兰电2003年度的基本建设情况、财务情况进行审计。

2011年5月4—6日，浙能集团对浙能兰电原总经理程光坤开展离任审计。

2014年5月9—30日，浙能集团对浙能兰电原总经理虞国平开展离任审计。

2017年3月1日—11月30日，浙能兰电开展综合楼（职工活动中心）项目审计，主要审查：项目立项及程序执行、招标管理、合同管理、变更管理、工程管理、财务管理。

2017年4月25日，浙江省审计厅、浙能集团对浙能兰电3号机组增效扩容改造项目的资本经营预算执行情况进行审计。

2018年4月10日—5月30日，浙能兰电开展职工食堂运行管理审计，主要审查：制度建设、采购管理、仓储管理、合同管理、验收管理、销售管理、食堂固定资产管理。

2018年10月26日，浙能集团对浙能兰电原总经理章良利开展离任审计。

2019年2月12日，浙能集团审计部门提供审计问题清单。浙能兰电党委高度重视这些问题，把审计问题整改作为重大政治任务，针对这些问题，浙能兰电于同年2月13日、17日前后两次召开专题分析会并完成问题整改。

2019年7月1日—9月30日，浙能兰电开展兰能热力内控管理审计，主要审查：制度建设、成本控制、四项费用、采购及合同管理、销售与收款、资产及工程管理、资金管理等内控管理。

2020年3月25日—5月14日，浙能兰电开展综合类施工和服务项目审计，主要审查：综合类施工和服务项目的采购、合同管理。

2021年3月1日—6月10日，浙能兰电开展外包项目管理专项审计，主要审查：外包项目的制度建设、采购管理、合同签订、合同履行、合同结算。

2021年11月8日，浙能兰电审计对如何利用大数据开展内审工作进行思考与探索，管理实践课题《内部审计在ERP环境下的风险管控作用发挥》获浙江省内部审计协会2021年度优秀论文三等奖。

2022年4月15日—6月10日，浙能兰电开展兰能热力内控管理专项审计，主要审查：制度建设、价格管理、资金管理、合同管理、生产运行维护管理。

2022年9月5日—23日，浙能集团对浙能兰电开展综合性审计。2023年2月6日，浙能集团审计组反馈审计报告，浙能兰电高度重视审计组反馈的意见，压实各级整改责任。2023年3月3日，根据要求完成整改并行文上级单位。

2023年7月1日—8月11日，浙能兰电开展浙能兰电新设企业内控管理专项审计,主要审查:项目公司(平台公司)成立前项目前期管理、项目公司(平台公司)成立后项目建设管理、项目公司(平台公司)投后管理、并收购项目管理。

三、内部控制管理

2014 年 8 月 27 日,根据浙能集团和浙能电力关于内部控制管理工作相关要求,浙能兰电成立内控体系建设组织机构,明确内部控制体系领导责任、机制运行责任,开展内部控制体系的建设工作。此组织机构于 2015 年、2016 年、2017 年、2018 年、2019 年、2020 年、2021 年、2022 年分别进行调整,不断健全覆盖各业务领域、部门、岗位的内控责任体系。

浙能兰电根据浙能电力内控工作要求,每年定期开展年度内控风险评估和内部控制自我评价工作,内控风险评估报告和评价结果上报浙能电力。

2014 年 10 月 24 日,浙能兰电召开内控体系建设推进会,系统性地解读内控体系的相关概念,强调其重要意义,并对下一阶段的内部控制制度优化、制度运行评价、穿行测试等工作做详细安排。

2017 年 7 月 17 日,浙能电力对浙能兰电开展为期一周的内控审计,同年按要求整改并上报整改材料。此后,每年浙能电力对浙能兰电开展内控审计,浙能兰电按照要求整改并上报整改材料。

四、风险控制管理

2022 年 8 月 8 日,根据浙能集团和浙能电力关于全面风险管理工作相关要求,浙能兰电首次组织开展全面风险评估工作,各部门依据风险评估标准,从战略风险、财务风险、市场风险、运营风险、法律风险五大方面进行风险识别与评估,共识别 180 条风险,并对风险进行动态管控、防范和化解。

2022 年 8 月 23 日,浙能兰电成立全面风险管理体系建设组织机构,开展风险体系的建设工作。

2022 年 11 月 15 日,浙能兰电全面风险管理实践课题《应用全面风险管控模式提升国企内部审计价值》获浙江省内部审计协会 2022 年度优秀论文三等奖。

2023 年 9 月 30 日,浙能兰电在浙能集团数字化风控平台完成 2023 年度全面风险评估上线工作。

第十一节　管理体系

一、标准化体系

2005年5月,浙能兰电开始着手生产期的标准化体系建设。

2006年1月1日,浙能兰电《企业标准化管理规定》发布实施。同年6月26日,浙能兰电召开首次标准化工作会议暨生产期标委会。同年7月10日,浙能兰电发布《关于成立浙能兰溪发电有限责任公司标准化委员会的通知》,成立标准化组织机构。组织机构下设九个专业分委会和标准化办公室,标准化办公室设在质量安全部。浙能兰电首次标准化工作会议如图5-5所示。

图5-5　浙能兰电首次标准化工作会议

2007年3月,因部门名称变更,质量安全部变更为安健环部,标准化办公室调整至安健环部。同年7月4日,浙能兰电发布《关于调整公司标准化委员会和标准化三级网络成员的通知》,将标准化组织机构调整为技术、管理、工作标准三个分委会,设置标准化各部门网络成员,同时因部门名称变更,质量安全部变更为安健环部,标准化办公室调整至安健环部。同年 7 月 5 日,浙能兰电将《企业标准化管理规定》细分为《标准化工作导则第 1 部分:企业标准化管理办法》《标准化工作导则第 2 部分:企业标准编写规定》《标准化工作导则第 3 部分:企业标准体系表》,第 3 部分明确企业标准体系结构为基础、技术、管理、工作四大标准体系。

2009 年 2 月,浙能兰电启动"电力标准化良好行为"创建活动,发布《关于发布标准化方针、目标的通知》,发布标准化目标、方针发布令,首次提出"管理精细、标准精良、运行精确、精益求精"的标准化工作方针。同时发布首个标准化建设三年规划(2009—2011)。同年 4 月 30 日,企业标准体系发布。同年 12 月,浙能兰电通过标准化良好行为企业 AAA 级确认,成为首批电力"标准化良好行为企业"试点企业。

2010 年,浙能兰电标准化办公室调整至总经理工作部,门户系统标准化管理模块正式投入运行。同年 1 月 18 日,浙能兰电通过浙江省质监局专家评审,获得 2009 年"浙江省标准创新型企业"称号。同年 9 月 3 日国家标准化管理委员会、国家电力监管委员会发布《关于开展第一批电力企业"标准化良好行为企业"试点工作的通知》,将浙能兰电列入全国第一批电力企业"标准化良好行为企业(AAAA)"试点单位。同年 9 月 23 日,浙能兰电标准化方针修改为"引领先进,系统推进,持续改进"。同年,浙能兰电组织人员参与国家、行业、团体等外部标准的编制。2011 年 11 月 16 日至 17 日,经电力企业标准化良好行为试点及确认办公室专家组现场确认,浙能兰电成为浙江省首家按《电力企业标准化良好行为试点及确认工作实施细则》通过 AAAA 级确认的企业。截至 2023 年底,浙能兰电先后组织 37 人次参与 17 个国际、国家和电力行业等外部标准的编写,具体参编情况见表 5-17。

表 5-17　浙能兰电参与外部标准编写情况

标准编号	标准名称	参与编写人员
DB33/787—2010	电力企业安全生产管理规范(火力、水力发电厂部分)	何利华
DL/T 775—2012	火力发电厂除灰除渣控制系统技术规程	滕卫明
DL/T 485—2012	电力企业标准体系表编制导则	方晨群
DL/T 800—2012	电力企业标准编制导则	方晨群
DL/T 1320—2014	电力企业能源管理体系实施指南	吕 海
GB/T 15498—2017	企业标准体系 基础保障	方晨群
DL/T 485—2018	电力企业标准体系表编制导则	方晨群

标准编号	标准名称	参与编写人员
DL/T 800—2018	电力企业标准编写导则	方晨群
IEC PAS 63312:2021	锅炉火焰检测系统技术规范	何志瞧、余程
T/CEEMA 026—2021	火电厂锅炉防磨防爆检查规范	何志瞧、包文东、卢得勇、李海强
T/CEEMA 027—2021	火电厂锅炉防磨防爆检查工程师培训考核规范	何志瞧、包文东、卢得勇、琚敏
T/CEEMA 028—2021	火电设备振动检测诊断技术导则	麻建中、朱新平、周伟龙、琚敏
T/CEEMA 029—2021	火电厂超声检测诊断技术导则	麻建中、黄友桥、寿奎原
T/CEEMA 02002—2023	火电厂离心水泵状态检修技术导则	朱新平、季周盈、孟鹏军
T/CEEMA 02003—2023	火电厂轴流风机状态检修技术导则	麻建中、琚敏、卢得勇
T/CEEMA 02004—2023	火电厂中速磨煤机状态检修技术导则	严建成、余程、寿奎原
DL/T 2655—2023	发电企业安全生产标准化实施指南	何志瞧、麻建中、项文杰

2012 年 3 月 2 日,浙能兰电编制发布标准化建设五年规划(2012—2017)。

2016 年 2 月 16 日,浙能兰电将《企业标准编写规定》《企业标准体系表》整合至《企业标准化管理办法》。2016 年 4 月 21 日,浙能兰电通过电力企业"标准化良好行为企业"试点工作现场审核并保持 AAAA 级,是全国 30 家首批获得电力企业"标准化良好行为企业"中首家通过现场复审的企业。

2018 年初,对门户综合系统工作平台进行升级和优化工作,新标准化模块投入试运行。同年 10 月 8 日,浙能兰电编制发布第二个标准化建设五年规划(2018—2023)。同年 12 月 29 日,浙能兰电根据标准化系列国家标准及行业标准的变化将企业标准体系结构调整为技术标准、管理标准、岗位标准三大体系。标准化组织机构调整为技术标准、管理标准、岗位标准三个分委会,因部门名称变更,标准化办公室由总经理工作部调整至办公室。

2020 年 9 月 17—19 日,浙能兰电通过标准化 AAAAA 级现场确认,成为浙江省电力行业首家通过 AAAAA 级"标准化良好行为企业"现场确认的企业。

二、质量、环境、职业健康安全整合管理体系

2004 年 3 月 18 日,浙能兰溪发电厂筹建处发布《关于成立兰溪发电厂整合管

理体系贯标领导小组的通知》，推行质量、职业健康安全和环境"三合一"管理体系，规范工程建设管理。同年5月首次发布基建期"三合一"管理体系文件。

2005年3月17日，浙能兰电向各部门、浙电监理公司兰电项目部、各参建单位发布《二○○五年质量、环境和职业健康安全管理体系工作计划》，进一步规范工程建设过程中的质量、环境和职业健康安全管理工作。

2006年7月11日，浙能兰电获得中国质量认证中心的"火电工程建设管理"的质量、职业健康安全和环境三个体系认证证书。

2007年7月，浙能兰电发布《发电运营质量环境职业健康安全整合管理体系整合工作计划》，任命管理者代表、成立整合管理体系领导小组及工作小组，规范生产期发电运营过程的质量、环境和职业健康安全管理工作。同年12月1日，浙能兰电发布《质量、职业健康安全和环境整合管理体系管理手册》及相关体系文件，明确质量、职业健康安全和环境管理方针为"循规蹈矩 人企共进 安全环保 高效和谐"。

2009年4月到5月，浙能兰电整合管理体系获得全面进入生产期后的首次质量、职业健康安全和环境管理三标体系认证证书，同时还获得国际认证联盟（IQNET）的国际互认证书。自2009年开始，浙能兰电每年接受一次认证中心的监督审核，每三年接受一次复审确认认证资格、更换认证证书。

2010年7月22日，浙能兰电修订"三合一"体系管理方针为"本质安全、全面质量、环境友好、顾客满意；预防为主、综合治理、文化引领、持续改进"。

2012年2月7日，《质量、职业健康安全和环境整合管理体系管理手册》与《能源管理手册》合并为《质量、职业健康安全、环境、能源管理体系管理手册》，并将管理方针修订为"本质安全、质量可靠、环境友好、节能降耗；预防为主、综合治理、文化引领、持续改进"。

三、能源管理体系

2010年7月，浙能兰电发布《关于成立能源管理体系组织机构的通知》，建立并推进能源管理体系在公司的应用。同年10月15日，浙能兰电发布《能源管理手册》及相关程序文件，明确能源管理方针为"管理提升、结构优化、设备可靠、技术进步、循环生产、艰苦奋斗"。

2011年8月16日，浙能兰电首次获得能源管理体系证书，获批能源管理体系认证注册。

自 2012 年开始，浙能兰电每年接受一次认证中心的监督审核，每三年接受一次复审确认认证资格、更换认证证书。

四、测量体系

2010 年 4 月，浙能兰电发布《关于成立公司测量管理体系组织机构的通知》及测量管理体系建设工作计划。

2011 年 2 月 25 日，浙能兰电发布《测量管理体系管理手册》及相关体系文件。同年 12 月，浙能兰电测量管理体系正式通过测量管理体系 AAA 级认证。

自 2012 年开始，浙能兰电每年接受一次认证中心的监督审核，每五年接受一次复审确认认证资格、更换认证证书。

第十二节　档案

一、管理设置

2004 年，浙能兰电成立技档室，归属工程部，主要负责工程档案管理，管理方式采用全过程计算机管理。

2008 年，浙能兰电成立综合档案室，技档部并入综合档案室，归属综合办公室。档案管理实行统一领导、分级管理的原则，由总工程师、各部门主任或副主任、兼（专）职档案员组成档案管理领导小组及管理网络，全面负责并落实档案管理任务。

2010 年 4 月，由于行政机构调整，综合办公室更名为总经理工作部，综合档案室归属总经理工作部。

2017 年 10 月，总经理工作部更名为办公室，综合档案室归属办公室。综合档案室主要负责除人事档案外的所有档案。

截至 2023 年底，浙能兰电配备专职档案员 4 名（包括 2 名外协人员），其中，设档案主管 1 名，科技档案管理员 2 名，文书档案管理员 1 名，每年均参加浙江省档案局的业务培训考核，持证上岗；各部门设兼职档案员 1 名，负责本部门资料收集、联络等工作。综合档案室位于行政楼一楼，实行档案库房、办公室、阅览室三分开制度,共计面积 300 平方米,库房内配备档案密集架 25 列、防磁柜 5 个、七氟炳烷灭火系统 1 套、中央空调等设施,配有计算机 5 台、激光打印机 1 台、扫描仪 2 台、工程打印机 1 台等设备,严格按照《企业档案管理标准》《工程档案管理标准》《项目工程文件编码管理标准》等开展工作。

二、档案分类

2003 年,浙能兰电档案室库藏档案按种类分为文书、科技、会计和特种载体四种类型。按专业分为 0—9 大类,其中 0—5 大类是文书档案,6—9 大类是科技档案,分类依据《电力工业企业档案分类表(0—5 大类)》和《火电企业档案分类表(6—9 大类)》(修订本)进行划分,企业档案的保管期限分为永久、长期、短期三种。2013 年以后,企业档案的保管期限更改为永久、定期两种,其中,定期一般分为 30 年、10 年。

(一)文书档案

文书档案是指反映党务、行政管理等活动的档案。主要内容包括各级有关部门出台的有关政策性文件、重要会议、重要业务文件材料、计划总结、人事任免、管理办法以及签订的目标责任书等,均以年度为单位按件整理排架。文书档案分为行政管理、党群工作、经营管理等类目。保管期限:永久用"1"表示,定期 30 年用"2"表示,定期 10 年用"3"表示。

2003—2013 年,文书档案档号编制采用"年度—类目号—流水号"形式,2013 年以后,文书档案档号编制为"年度—类目号—保管期限—流水号";各部门兼职档案员在次年 3 月底前完成上年度的文书资料整理移交工作,其中,收发文由办公室机要文书整理立卷后,向档案室移交。

(二)科技档案

科技档案是指国家机构、社会组织以及个人从事各项社会活动形成的,对国家、社会、本单位和个人具有保存价值的,应当归档保存的科技文件。按照《火电企业档案分类表(6—9 大类)》(修订本)执行,分为六大类电力生产;七大类科学技术研究;八大类基本建设;九大类设备。

2003 年,科技档案档号编制采用"目录代号—分类号—案卷流水号"形式。"目录代号"6、7 大类采用年度标识,由三位数字表示;8、9 大类采用"工程代码＋机组号"标识,由四位数字表示,前二位分别用二位数 01、02 表示,代表一期、二期工程；后二位代表机组号，全厂公用工程用00；1号机组及1号、2号机组公用工程用01；2号机组用02；3号机组及3号、4号机组公用工程用03；4号机组用04。

技术改造、新设备安装、改建、扩建和小型基建项目、科研项目、零星工程等在项目竣工后一个半月内向档案室移交；机组大、小修后，各部门各专业的检修方案、技术监督报告、大小修总结等文件材料，在机组报复役后一个月内向档案室移交；运行形成的技术文件于次年一季度内向档案室移交。

（三）会计档案

会计档案是指会计凭证、会计账簿和财务报告等会计核算专业材料，是记录和反映单位经济业务的重要史料和证据。由公司财务、公司工会财务、公司食堂财务等部分组成，按照《电力工业企业档案分类表（0—5大类）》规定，将会计档案分为报表（430）、账册（431）、工资单（432）、凭证（433）；会计档案移交、销毁清册（434）五个类别，档号编制采用"年度—类目号—流水号"形式，由公司财务部门分类、整理、立卷，并在财务部门继续保管一年，于隔年二季度内向档案室移交。

（四）特种载体档案

特种载体档案是指除纸质载体档案外的所有其他载体档案，包括声像档案和实物档案，如照片、影片、录像、录音磁带、光盘、荣誉实物等。档号编制采用"年度—代码—流水号"形式，代码分别为：光盘（G）、录像带（L）、录音带（Y）、软盘（R）、实物档案（S）、照片档案（Z）。

特种载体档案一般要求随时归档，锦旗、奖牌、奖状、奖杯等公司级集体荣誉实物档案交工会办公室拍照登记，后由工会办公室在一个月内统一移交到档案室，照片档案每年移交两次，首次为当年7月底前，移交当年1—6月的照片，末次为次年1月底前，移交去年7—12月的照片。

三、档案利用

2003年，浙能兰电档案利用主要通过传统纸质目录检索和综合图档管理系统电子目录检索。传统纸质目录如下：科技档案案卷目录、全引目录共160册，文书档案目录共6册，会计档案目录共1册，特种载体档案目录共4册。综合图档管理系统目录检索方式支持案卷检索、文件检索、高级检索、档号检索等，不仅实现案卷目录和卷内目录的网上查阅，还逐步实现电子文件全文检索，除文书档案和会计档案外，其他档案均向职工开放电子文件在线浏览功能，同时还可以根据使用者的需求，网上申请不同的权限,需要打印或下载时,向档案管理人员在线提交借阅申请电子档案,经档案管理人员同意并授予相应的下载或打印权限来实现,确保档案的安全,整个流程简单、快捷,为利用者提供便利的网络全文浏览、下载服务。

2023 年 6 月,浙能兰电组织开展档案专题库管理和档案编研工作,开发档案信息资源,提供更好的档案利用服务。截至 2023 年底,档案专题库有大事记、疫情专题库、事故事件分析报告专题库和专利证书专题库,编研成果有全宗介绍、全宗指南、组织机构沿革、一期工程合法性文件汇编、二期工程合法性文件汇编、董事会决议汇编等;同时历年企业文化的宣传推广以及各类检查、审计等工作需要的佐证材料多取材于档案室室藏档案。

四、档案信息化建设

2004 年 10 月,浙能兰电档案信息化管理应用北京大唐兴竹软件技术有限公司开发的基建 MIS 系统,实现档案卷目录、卷内目录管理。2006 年 8 月,浙能兰电档案信息化管理应用沈阳东软软件股份有限公司的图档管理系统(SEAS7.0),对档案的收、存、管、用进行全面系统的管理,一期工程和二期工程分别于 2006 年11 月 21 日和 2007 年 10 月 30 日通过浙江省档案局"优良"等级验收。2009 年 12月 30 日,浙能兰电获浙江省企业档案工作目标管理等级评定"优秀"等级。2011年 1 月,浙能兰电将 SEAS7.0 进行升级,改造成 SEAS7.5,全面实现传统档案数字化转换。2012 年 8 月,浙能兰电档案信息化管理完成存量档案数字化扫描工作(除招投标档案外),信息化程度较高。2012 年 12 月 31 日,获得浙江省"示范化数字档案室"荣誉称号。2015 年 10 月,浙能兰电老 OA 系统文书档案无缝对接到SEAS7.5 系统,档案管理实现文档一体化管理。2020 年 9 月,浙能兰电将SEAS7.5 升级为 SEAS8.0,实现档案数据的海量存储和重要图纸、文件的全文检索,保障电子档案、传统载体数字化成果等档案数字资源的安全保存和有效利用。2023 年 1 月,浙能兰电合同管理系统资料可以有效对接到 SEAS8.0 系统,全面实现存量档案数字化、增量档案电子化和利用网络化的管理模式。截至 2023 年底,各类室存档案 100%建立电子目录数据库,永久、定期 30 年的存量档案数字化率达 100%(会计凭证除外),案卷级目录 23075 条,文件级目录 292662 条,总容量1110GB,电子文件分别在技档室专用服务器和移动硬盘上备份,档案信息资源得到安全可靠的存储和共享利用。

第六章 职 工

　　浙能兰电职工来源以电力系统内调入职工、高校毕业生为主,其中电力系统内调入职工主要来自浙江省内的台州发电厂、萧山发电厂和浙江浙能镇海发电有限责任公司。浙能兰电积极响应集团"人才强企"战略指引和建设新时代产业工人人才队伍号召,建立完善各项激励机制,不断完善三项责任制考核办法和综合考核办法,以业绩为导向,优化考核指标,加大奖惩力度,加大内部人才交流,优化人员结构。2005年,浙能兰电制定专业技术职务评聘管理规定,完善专业技术职务评聘管理体系,创造条件开展职业技能认定,集中内部培训资源,采用岗位交流、专业交叉培训、管理能力培训等多种途径,强化高素质、复合型人才队伍的日常培养。2006年,浙能兰电建设60万千瓦超临界运行仿真机平台,2011—2022年持续建设完善检修仿真平台,持续利用两个平台将教、学、做有机结合,传承"劳模精神、劳动精神、工匠精神",提升员工素养。2022年,浙能兰电建立技能实训基站,激励一线员工立足岗位、钻研技术、增强质量意识,持续探索培育担当有为的知识型、技艺精湛的技能型和专精合一的创新型员工的新机制。

　　2005年,浙能兰电召开第一届第一次职工代表大会。浙能兰电发挥职工代表大会职能作用,建立健全厂务公开标准体系,构建职工代表组长联席会议、厂情通报会和厂务公开栏等多渠道的厂务公开形式和平台,强化职工民主管理。2010年,浙能兰电实施系统关爱工程,从成长、心理、健康、生活、安全、政治六大方面实现了对员工的关爱,持续加大投入建设升级职工食堂、值班楼、活动中心、党群驿站等职工生活设施,落实职工疗休养制度、职工健康体检制度,优化职工作息制度和通勤制度,细化职工关怀措施,增强员工的幸福感。

第一节　职工队伍

一、职工构成

2004—2006年，浙能兰电职工来源以浙江省电力系统内调入职工、高校毕业生为主，其中浙江省电力系统内调入职工374人，主要来自浙江省内的台州发电厂、萧山发电厂和浙江浙能镇海发电有限责任公司3个单位，招聘高校毕业生110人。2007年以来，浙能兰电职工主要来源是高校毕业生。截至2023年底，浙能兰电在册职工520人。按性别分，男职工403人，女职工117人。按年龄分，50岁及以上的129人，40~49岁的154人，30~39岁的157人，29岁及以下的80人。按学历分，研究生（含硕士）47人，本科生381人，大专生62人，中专、技校、高中毕业的22人，初中及以下的8人。按从事工种分，公司领导6人，中层管理人员49人，一般管理人员62人，技术人员77人，生产人员326人。2004—2023年浙能兰电职工变动情况见表6-1。

表6-1　2004—2023年浙能兰电职工变动情况

（人）

年份	离职	工作调离	退休	死亡	入职高校毕业生	调入
2004	0	0	0	0	27	121
2005	1	13	0	0	68	161
2006	1	1	0	0	15	92
2007	3	6	0	0	22	2
2008	3	7	1	1	23	2
2009	1	8	0	0	10	0
2010	2	25	0	0	10	2
2011	1	23	0	1	34	4
2012	3	13	0	0	34	0
2013	2	9	0	0	26	3
2014	4	30	1	0	25	7
2015	7	6	0	1	39	8

续表

年份	离职	工作调离	退休	死亡	入职高校毕业生	调入
2016	2	2	1	0	29	2
2017	6	15	0	0	11	2
2018	4	22	3	0	0	5
2019	5	20	5	0	2	1
2020	5	18	6	1	12	4
2021	7	10	3	1	7	4
2022	2	8	5	0	20	1
2023	2	12	9	1	24	10
合计	61	248	34	6	438	431

二、奖惩

2004年8月11日,浙能兰电发布《公司目标管理及绩效考核办法(试行)》,通过建立目标管理模式和考核评估机制,明确各部门季度工作重点和日常事务性工作,并对完成情况进行有效的考核、评估、跟踪和控制,确保公司战略目标的实现。

2007年10月10日,浙能兰电发布《奖金考核分配与奖惩管理办法(试行)》,规定公司奖金分配及奖惩的考核原则、考核组织、考核程序、通用考核条款及奖金考核分配办法。该标准适用于职工月度奖金的考核发放,同时《公司目标管理及绩效考核办法(试行)》废止。

2008年4月30日,浙能兰电发布《职工绩效考核管理制度(试行)》,规定职工绩效考核的内容、原则、方法,以及考核结果的使用。

2009年2月4日,浙能兰电制定《月度考核办法》,各部门月度考核按此执行,《奖金考核分配与奖惩办法(试行)》作废。2010年10月15日,浙能兰电制定《综合考核标准》,规定年度、月度考核管理职能及程序,此后进行多次细化修订。目前按照2021年最新修订版本执行年度、月度考核管理职能及程序,按照2023年8月最新修订的《工资总额使用管理》进行员工工资发放与奖金分配。

2012年4月17日,浙能兰电发布《职工奖惩管理办法》,对有突出成绩的职工实行奖励,奖励方式有通报表扬、嘉奖、记功、授予荣誉称号等。对严重违反厂纪厂规、玩忽职守、造成事故或经济损失的职工予以惩处,惩处方式有警告、记过、降职(降级)、撤职、留用察看、解除劳动合同等。

2020年4月13日,浙能兰电修订《职工奖惩管理办法》并将其更名为《职工奖惩管理》标准,将职工奖惩纳入标准化管理。

2022年4月7日,浙能兰电修订《职工奖惩管理》,主要修改处分期间的规定、有关责任人的区分,新增处分对应的经济处罚规定及直接解除劳动合同的情形等内容。

三、专业技术职务评聘

2005年11月7日,浙能兰电发布《公司专业技术职务评聘管理规定》,规范公司专业技术职务评聘工作,开展工程系列、政工系列初级专业技术职务评审工作。从事经济、财务、统计、审计、档案、安全工程等专业岗位的人员(分初级、中级),以及计算机信息技术岗位的人员(分初级、中级、高级),须通过国家统一组织的专业技术资格考试取得相应的资格。此后,浙能兰电多次修订该标准。2021年7月12日,该标准名称修改为《专业技术职务评聘管理》。

2006年1月25日,浙能兰电发布《关于成立职称工作领导小组的通知》,成立职称工作领导小组。后续因组织机构变动,多次调整职称工作领导小组成员名单。2020年8月,结合上级单位专业技术任职资格评审工作的有关要求,浙能兰电成立公司工程技术人员初级职称评审委员会,替代职称工作领导小组,负责公司工程技术人员初级职称的评审和中级职称初评推荐工作,进一步完善公司职称评审工作机制。

截至2023年底,浙能兰电在职员工中有正高级职称1人,高级专业技术职务资格38人,中级专业技术职务资格148人,初级专业技术职务资格205人。2005—2023年浙能兰电专业技术职务晋升情况见表6-2。

表6-2 2005—2023年浙能兰电专业技术职务晋升情况

(人)

年份	合计	级别			
		正高级	高级	中级	初级
2005	49	—	6	4	39
2006	111	—	1	12	98
2007	42	—	—	12	30
2008	73	—	2	4	67

续表

年份	合计	级别			
		正高级	高级	中级	初级
2009	39	—	2	6	31
2010	18	—	2	2	14
2011	25	—	1	8	16
2012	51	—	4	16	31
2013	38	—	7	8	23
2014	32	—	5	5	22
2015	28	—	2	7	19
2016	47	1	2	4	40
2017	25	—	2	8	15
2018	26	—	1	19	6
2019	19	—	6	11	2
2020	37	—	3	29	5
2021	28	—	6	14	8
2022	41	1	7	30	3
2023	16	—	—	16	—
合计	745	2	59	215	469

注：表中统计的是浙能兰电历年所有职工专业技术职称晋升情况。

四、技能等级认定

2006年3月，浙能兰电成立公司技师（高级技师）推荐委员会，开展职业技能鉴定工作。2009年4月，浙能兰电发布《工人技师评聘管理》标准。2010年11月，《工人技师评聘管理》名称修改为《技师评聘管理》。此后，2015年、2021年对该标准进行修订，主要修订申报条件、认定程序、评价内容及评价方式等。2022年8月发布最新标准，其名称修改为《技能认定管理》。

截至2023年底，浙能兰电建设技能人才评价考评员队伍，共有考评员20名，并通过浙江省电力行业职业技能鉴定中心、中国电力企业联合会、浙能集团等多渠道、多专业、多批次方式,外送技能人员 290 人次参加技能等级认定。2004—2023 年浙能兰电新增技能人员情况见表 6-3。

表 6-3　2004—2023 年浙能兰电新增技能人员情况

人

年份	合计	级别			
		高级技师	技师	高级工	中级工
2004	10	—	—	9	1
2005	6	—	—	5	1
2006	4	—	—	3	1
2007	1	—	—	1	—
2008	1	—	1	—	—
2009	17	—	1	16	—
2010	0	—	—	—	—
2011	8	—	1	7	—
2012	9	1	1	7	—
2013	3	1	1	1	—
2014	56	6	4	46	—
2015	12	—	2	9	1
2016	21	—	—	21	—
2017	11	—	4	7	—
2018	4	—	4	—	—
2019	0	—	—	—	—
2020	1	—	—	1	—
2021	25	—	1	23	1
2022	60	4	27	29	—
2023	41	—	20	21	—
合计	290	12	67	206	5

五、职工退休

2008 年,浙能兰电首位员工退休。

2018 年 1 月 5 日,浙能兰电发布《职工退休管理办法》,规定职工退休流程、办理与管理细则。由工会办公室负责退休人员日常管理,并建立退休人员信息台账。退休人员福利费待遇根据公司《职工福利费管理》有关条款实施。

2020 年 4 月,浙能兰电成立退休人员社会化管理工作小组,推进退休人员社会化管理工作。

2020 年 12 月,浙能兰电完成历年所有退休人员管理服务、人事档案、党员组织关系、社会保障关系等移交社区和街道的工作。后续退休人员,由人力资源部在退休次月实行日常移交。

截至 2023 年底,浙能兰电共有 34 名员工退休。

六、劳动保护

2005 年 12 月 8 日,浙能兰电发布《劳动防护用品管理规定》,明确相关部门在劳动防护用品需求计划审批、采购、验收、保管、发放、使用维护、报废及监督检查等方面的职责,规定各类人员劳动保护用品发放标准和使用期限,明确按职工所从事的工种发放个人劳动防护用品,以保证职工劳动安全和保护健康,并分别于 2008 年、2009 年、2010 年、2012 年、2016 年、2021 年对该标准进行 6 次修订。

2007 年 2 月 2 日,浙能兰电发布《关于下发 2007 年度反事故技术措施计划和安全技术劳动保护技术措施计划的通知》,通过增设设备安全技术保护措施,实现劳动保护。

2008 年,浙能兰电发布《劳动保护用品管理规定》,《劳动防护用品管理规定》废止。

2009 年,浙能兰电根据总师办与设备部的职责划分、调整情况,修改《劳动保护用品管理规定》附录 A 和附录 B 等内容,并结合标准体系结构变化,对标准进行重新编号。

2010 年,根据部门调整情况,对《劳动保护用品管理规定》中相关部门管理职责的内容进行了修订。

2012 年 11 月 21 日,浙能兰电发布《关于成立劳动保护监督检查委员会及劳动保护监督检查三级网络的通知》,决定成立劳动保护监督检查委员会及劳动保护监督检查三级网络,发挥工会在企业安全生产和劳动保护方面的民主管理和民主监督作用。同年,《劳动保护用品管理规定》增加兰能热力劳动防护用品配备标准等内容。

2016 年,《劳动保护用品管理规定》增加个人防护用品因工作原因损坏等情况的管理规定。

2021 年 7 月 14 日,对《劳动保护用品管理规定》中劳动防护用品验收规定进行修订,并明确由人力资源部负责劳动用品经费的归口管理,由相关采购部门负责劳动用品的采购工作。

第二节　教育培训

一、培训管理

2003 年 10 月,浙能兰电筹建处发布《浙能兰溪发电厂筹建处部门职责(试行)》,明确浙能兰电筹建处教育培训管理工作由综合办公室负责。2005 年 11 月,浙能兰电发布《浙能兰溪发电有限公司职工教育培训管理办法(试行)》,规范员工教育培训管理。2006 年 1 月,浙能兰电成立公司教育委员会,负责职工的职业道德教育、技术业务岗位培训与各种现场培训、成人教育和各类专业培训班、工程技术人员业务再教育 4 类培训的全面教育管理。2007 年 12 月,《教育培训管理办法》更名为《教育培训管理》,修订学历教育管理相关内容,同时废止《公司员工参加后续学历教育实施办法(试行)》。2009 年,浙能集团明确浙能兰电为"浙能集团 600 兆瓦机组集控运行人才基地"。2010 年 4 月,浙能兰电增设人力资源部,负责教育培训管理工作。2012 年、2013 年、2014 年、2016 年、2019 年,浙能兰电对《教育培训管理》进行多次修订,逐步规范员工培训程序、教育经费管理、后续学历教育管理。

2020 年 3 月,浙能兰电出台《兰电公司人才队伍建设三年规划(2020—2022年)》,树立"人人都是人才、人人都可成才"的理念,鼓励员工岗位成长,向高技术技能人才发展、向专家能手发展,不断加大中层后备、青年人才培养力度,加快培育兰电工匠,建立人才激励机制、人才培养激励机制等。2022 年 4 月,浙能兰电修订《教育培训管理》,明确后续学历培养对象为参加上级单位指定高校、指定专业的非脱产学历教育,奖励经费改从人才专项基金支出,并制定《兰电公司"技能实训基站"建设方案》，集中内部培训资源，实现教、学、做结合，激励一线员工立足岗位工作，交流经验，钻研技术，增强质量意识，熟练掌握操作技能。同年5月6日，浙能兰电"技能实训基站"正式授牌成立。浙能兰电"技能实训基站"如图6-1所示。

图6-1　浙能兰电"技能实训基站"

2023年12月，浙能兰电发布《兰电公司人才队伍建设三年规划（2023—2025年）》，持续营造识才、爱才、敬才、厚才的氛围。截至2023年底，浙能兰电培训开展情况见表6-4。

表6-4　浙能兰电培训开展情况

年份	年度培训项目/个	培训人次	累计培训/学时	培训费用/元	人均学时	人均学费/元
2008	60	582	—	996440	—	2009
2009	45	1441	—	1722684	—	3466
2010	36	1355	—	1485928	—	3083
2011	38	1292	—	1619060	—	3271
2012	37	1558	—	1912631	—	3728
2013	45	1934	—	1325737	—	2455
2014	42	582	18314	996440	34	1869
2015	51	1876	60909	1981375	105	3416

续表

年份	年度培训项目/个	培训人次	累计培训/学时	培训费用/元	人均学时	人均学费/元
2016	52	1442	30471	1883581	51	3182
2017	63	1346	20167	1686020	35	2887
2018	57	1682	25035	2692036	45	4816
2019	66	1656	22478	2937619	43	5564
2020	51	1177	22944	2533707	45	4929
2021	31	1513	50406	2710623	100	5378
2022	40	1929	35549	2510522	70	4932
2023	50	2094	37706	3529912	73	6788

二、岗位技能培训

（一）岗位适应性培训

2004年2月5日,浙能兰电筹建处安排第一批运行人员,共计56名,前往华北电力大学接受为期1年的培训。同年10月,浙能兰电举办首期厂内机动车驾驶员培训班,36名员工顺利取得操作证。同年11月,浙能兰电开展首期通讯报道员培训班。2007年10月,浙能兰电举办职业卫生知识培训班。2008年1月,浙能兰电开展质量、职业健康安全和环境管理体系内审员取证培训,22人取得内审员职业资格证书。2009年6月,浙能兰电对中层管理人员、技术人员、业务骨干进行中层管理能力提升培训,加强领导能力和执行力建设。2010年1月,浙能兰电首期上海电力学院职业技术交叉培训结束,77名学员获得结业证书。2010年9月,浙能兰电开展"基于有效执行的高效时间管理"培训班,班组长(技术员)、专工(点检)、主管等110多名基层骨干参加培训。2011年8月,浙能兰电开展消防安全教育培训,公司中层、管理人员、专工、班组长等近70人参加培训。2012年12月7日,浙能兰电党政工团及班组长共76人参加积极心理学相关知识培训。2018年以来,浙能兰电每年开展中层干部、一般管理人员、班组长培训班,提升各岗位的管理能力。

（二）取证培训

2005年,浙能兰电首批运行值长相继参加华东网调、浙江省调组织的电网运行调度员资格培训,并通过考核,取得华东网调、浙江省调系统调度员证。后续,浙能兰电持续组织开展煤质水质油质化验、计量检定、锅炉、压力容器、电气高压运行维护作业、低压电工作业等岗位人员的取证工作。相关从业人员均按国家、行业、地方和公司规定逐步取得相应的特种设备作业人员证或特种作业操作证。截至 2023 年底，浙能兰电共 632 名职工取得相关从业资格证，其中 2005—2023 年浙能兰电 4 个项目取证培训情况见表 6-5。

表 6-5　2005—2023 年浙能兰电取证培训情况（4 个项目）

年份	调度证（浙江省调、华东网调）	化学试验员证（煤水油分析）	特种设备管理（安全阀校验、叉车司机、电焊、司炉、锅炉水质处理、起重、安全管理、无损检测等）	特种作业（高、低压电工，电气试验作业，继电保护等）
2005	8	—	—	—
2007	—	2	—	—
2008		7	—	—
2009		2	—	—
2010	5		—	—
2011	5	1	7	—
2012	2	2	26	—
2013	1	—	—	—
2014	—	—	—	2
2015	4	2	13	4
2016	4	—	6	1
2017	3	5	5	—
2018	2	2	18	5
2019	—	13	16	
2020	2	6	4	3
2021	3	4	11	325
2022	3	5	6	19
2023	4	10	12	42

三、学历教育

2005 年 2 月，浙能兰电发布《公司员工参加后续学历教育实施办法（试行）》，规范员工业余参加各种成人高等学历教育的管理。该办法于 2007 年 12 月废止，相关学历教育内容纳入《教育培训管理》标准。截至 2023 年底，浙能兰电职工获得硕士研究生后续学历 14 人次、本科后续学历 47 人次、专科后续学历 113 人次。浙能兰电职工取得后续学历情况见表 6-6。

表 6-6 浙能兰电职工取得后续学历情况

序号	专业	毕业时间	学历	人数
1	电气工程及其自动化	2005	专科	1
2		2008	研究生	1
3		2008	本科	2
4		2008	专科	21
5		2009	研究生	2
6		2009	专科	2
7		2010	专科	12
8		2012	本科	1
9		2012	专科	6
10		2014	本科	5
11		2015	本科	6
12		2016	研究生	1
13		2017	专科	2
14		2018	本科	1
15		2023	本科	1
16	热动专业	2008	本科	1
17		2008	专科	3
18		2008	本科	2
19		2008	专科	2
20		2010	研究生	1
21		2011	专科	24
22		2013	研究生	1
23		2013	专科	1

序号	专业	毕业时间	学历	人数
24	工商管理	2008	本科	3
25		2010	本科	1
26		2010	专科	1
27		2011	本科	1
28		2011	专科	7
29		2012	专科	2
30		2013	本科	1
31		2013	专科	1
32		2014	本科	1
33		2015	研究生	2
34		2015	本科	1
35		2016	本科	1
36		2016	研究生	1
37		2019	本科	1
38	会计	2008	本科	1
39		2010	本科	1
40		2010	专科	1
41		2017	专科	1
42	机械设计制造及其自动化	2008	本科	1
43		2009	本科	1
44		2010	专科	1
45		2011	本科	2
46	应用化学	2009	专科	1
47		2010	专科	1
48	动力工程	2011	研究生	1
49		2016	研究生	1
50	电厂化学	2010	专科	1
51	电力经济	2009	本科	1
52		2012	专科	2
53	行政管理	2010	专科	2
54		2011	专科	2

序号	专业	毕业时间	学历	人数
55	人力资源管理	2007	本科	1
56		2011	本科	1
57		2012	专科	1
58		2014	本科	1
59	经济管理	2009	专科	2
60		2010	专科	1
61	发电厂及电力系统	2007	专科	1
62	发电站及变电所	2008	本科	1
63	法律	2010	专科	1
64	电力系统及自动化	2011	专科	3
65	电力系统自动化技术	2015	专科	4
66	公共事业管理	2008	本科	1
67	汉语言文学	2009	本科	1
68	计算机信息管理	2011	专科	2
69	金融学	2012	本科	1
70	经济学	2008	专科	1
71	控制工程领域工程	2015	研究生	1
72	软件工程	2010	研究生	1
73	土木工程	2015	本科	1
74	物流管理	2007	本科	1
75	项目管理	2016	研究生	1
76	信息管理与信息系统	2012	专科	1
77	英语	2004	本科	1
78	自动化	2008	本科	1

四、仿真机培训

2006年,浙能兰电委托保定华仿科技有限公司建设60万千瓦超临界仿真机系统。自此,运行部门利用仿真机平台,定期组织运行人员开展集控仿真机操作培训及技术比武。浙能兰电利用仿真机开展技术比武情况如图6-2所示。

图 6-2　浙能兰电利用仿真机开展技术比武

　　2008 年 5 月 27 日,浙能兰电制定《仿真机管理》标准,明确规定仿真机培训、仿真机维护、软件等方面的管理要求和内容。此后,5 次对该标准进行修订,对仿真机系统的软硬件安全管理等内容进行修改。

　　2020 年 9 月 14 日,浙能兰电建成中控的脱硫仿真机系统。

　　2021 年 6 月 4 日,浙能兰电集控仿真机系统改造升级为中控的集控仿真机系统。

　　2022 年 10 月 20 日,浙能兰电建成电厂云仿真系统开发与模型在线优化及应用的平台,运行人员可以通过远程连接进行仿真机练习。

　　2022 年 12 月 15 日,浙能兰电建成中控的化学仿真机系统。

五、检修仿真平台

　　2011 年 1 月,浙能兰电仪器仪表检修仿真平台开始筹建。2013 年 1 月 23 日,PLC 仿真柜上电,仪器仪表检修仿真平台投入试培训。2013 年 5 月 28 日,ABB Symphony DCS 仿真柜上电,仪器仪表检修仿真平台正式投用。2018 年 12 月,浙能兰电引入 ZX-MIDP-Ⅲ型多功能一体化动态仿真系统。2022 年 8 月,浙能兰电为顺应国产化 DCS 改造的需要,开始使用中控 ECS-700 DCS 仿真柜。仪器仪表检修仿真平台涵盖单体设备调试和小型综合系统调试等功能,提供在线动态的验证和培训手段,实现 DCS 控制过程仿真系统、PLC 控制过程仿真系统、就地现场过程系统的全面仿真,实时动态仿真生产过程中的参数控制,从而完成控制系统的组态、调试。

2017 年 2 月,浙能兰电继电保护检修仿真平台开始筹建。2018 年 1 月 23 日,首批保护装置(北京四方 CSC-300F 发变组保护装置、CSC-300G 变压器保护装置、CSC-336C 非电量保护装置)上电,继电保护检修仿真平台投入培训。2022 年 3 月,新增南瑞继保 PCS-915 母线保护装置、北京四方 CSC-103 线路保护装置投入培训使用。继电保护检修仿真平台拥有发变组、线路、母差全类型高压、超高压保护,包含发电厂大多数常见保护设备,可以实现保护装置内部的拆解研究、仿真试验,成为加深继电保护专业人员对设备底层逻辑理解的重要实验平台。

2018 年,浙能兰电水泵管阀检修仿真平台开始筹备。以此平台为依托,2022 年 5 月 6 日,浙能兰电"技能实训基站"正式授牌。该检修仿真平台有台虎钳 12 个台位、管阀检修平台 1 套、找中心平台 2 套、静平衡试验平台 2 套、离心风机检修平台 2 套、水循环系统检修平台 1 套、挥大锤练习机 1 台,以及截止阀、闸阀、安全阀等阀门部件展示学习区块,单级离心泵、多级离心泵、齿轮泵、叶片泵等部件展示学习区块。浙能兰电每年通过该平台举办公司级、部门级相关技术比武。

2020 年 3 月,浙能兰电电气设备检修仿真平台开始筹建。2020 年 5 月 23 日,2 套 10 千伏浙宝电气 ZN63A-12(VS1)开关柜上电投入使用。电气设备检修仿真平台实现高压开关柜一、二次回路的仿真,可以进行开关分合闸试验,现场测量开关分合闸参数、线圈电阻,模拟实际的开关试验过程,模拟电气一、二次回路故障查找。

2022 年底,浙能兰电建成仪器仪表、继电保护、电气设备、水泵管阀检修四位一体的检修仿真平台,平台在对在岗人员的日常培训、岗位资格确认、新员工以及转岗人员的岗前培训等工作中发挥了积极作用。此外,浙能兰电还利用检修仿真平台,有针对性地组织并开展相关专业技术训练和竞赛活动,助力浙能兰电在浙能集团和省市级以上技术比武、技能竞赛中取得好成绩。

六、外来实习培训

2008 年 3 月,浙能兰电完成来自浙江浙能嘉兴发电有限公司、浙江浙能乐清发电有限责任公司的两批员工的实习培训。自此,浙能兰电持续为兄弟电厂、周边企业提供发电厂相关岗位专业人员的实习机会,发挥浙能兰电作为60万千瓦超临界发电机组人才基地的作用。截至2023年底,浙能兰电完成来自16个单位、26批次、800多名发电企业相关专业从业人员的实习培训。浙能兰电外来人员实习培训情况见表6-7。

表6-7　浙能兰电外来人员实习情况

时间	单位	实习培训人数/人	学习内容	学习时长
2008年3月	浙江浙能嘉兴发电有限公司	25	脱硫运行	分3期,每期20天
2008年3月	浙江浙能乐清发电有限责任公司	20	设备检修、维护	23天
2008年8月	福建鸿山热电有限责任公司	50	生产流程中各主要设备的构造、性能、系统连接关系	2个月
2008年9月	中核集团秦山核电有限公司	45	运行人员行为规范	分4期,每期1天
2008年11月	浙江天虹物资贸易有限公司	11	电厂设备认识实习	5天
2009年3月	中核集团秦山核电有限公司	72	运行人员运行行为	1天
2010年8月	浙江浙能中煤舟山煤电有限责任公司	40	集控运行、化学运行	85天
2011年6月	浙江浙能中煤舟山煤电有限责任公司	2	锅炉、汽机专工日常管理工作	7个月
2011年8月	浙江浙能中煤舟山煤电有限责任公司	45	热动、电气、自动化专业	3个月
2012年5月	浙江浙能中煤舟山煤电有限责任公司	31	集控运行	3个月
2012年11月	浙江浙能中煤舟山煤电有限责任公司	40	集控专业机电炉巡检、操作员岗位	13个月
2014年2月	浙江浙能温州发电有限公司	30	集控运行	3个月
2014年6月	宁夏枣泉发电有限责任公司	28	集控运行	2年
2014年7月	浙江巨化热电有限公司	20	环保运行	5天
2014年8月	浙能阿克苏热电有限公司	47	汽机巡检	3个月
2015年3月	宁夏枣泉发电有限责任公司	24	集控运行、化学运行	3个月

时间	单位	实习培训人数/人	学习内容	学习时长
2015 年 11 月	浙能阿克苏热电有限公司	62	集控运行、外围运行巡检岗位	半年
2015 年 11 月	浙江浙能技术研究院有限公司	1	生产流程、市场营销、燃煤调度管控、电厂经营成本	1 个月
2016 年 2 月	浙江浙能金华燃机发电有限责任公司	4	机组检修（仪控）	2 个月
2016 年 7 月	浙江大学	136	生产流程、机炉及外围设备	2 天
2018 年 5 月	阿拉尔盛源热电有限责任公司	2	MIS 系统建设及维护、网络信息安全	12 天
2019 年 4 月	阿拉尔盛源热电有限责任公司	12	全能值班员、化学专业、热控专业跟班学习	12 天
2020 年 7 月	阿拉尔盛源热电有限责任公司	22	经济技术指标、对标管理等知识；锅炉燃烧调整、主辅机定期试验标准；电力营销、供气营销管理；电气二次、高低压变频器检修维护、调试；高低压开关断路器检修试验	半个月
2020 年 8 月	浙江浙能能源服务有限公司	2	集控运行、化学运行、环保运行	3 个月
2022 年 7 月	浙江大学	10	火力发电厂的主要设备、工作原理、生产流程	5 天
2023 年 7 月	华北电力大学	26	电厂生产流程	5 天

第三节 民主管理

一、职工代表大会

2005 年 1 月 31 日,浙能兰电召开第一届第一次职工代表大会,共有 24 名职工代表参加会议。大会审议通过《第一届工会会员代表大会选举办法》,成立浙能兰电工会委员会和工会经费审查委员会。2007年3月25日，浙能兰电第一届第三次职工代表大会审议通过《公司生产期工资分配办法(试行)》《公司奖金考核分配及奖惩办法(试行)》。2008年4月15—16日，浙能兰电召开第二届第一次职工代表大会，审议通过《职工代表大会工作管理》《厂务公开管理》等制度，调整及确定第二届职代会民主管理机构为劳动争议调解委员会、劳动保护工作小组、职工生活福利小组、职工提案审查工作小组、民主测评工作小组等5个小组。《职工代表大会工作管理》明确，职工代表大会是企业实行民主管理的基本形式，是职工行使民主管理权利的机构，其主要议程是讨论和审议企业重大决策和关系职工切身利益的重要事项，具体有听取并审议总经理工作报告、全年财务预算执行情况报告、业务招待费使用情况报告、福利费使用情况报告、集体合同履行情况检查报告以及职代会闭幕期间职工代表组长联席会讨论决定事项，职工代表大会每年召开一次，每4年换届一次。2012年3月7日，浙能兰电第三届第一次职代会审议通过《女职工退休补充规定》《职工奖惩管理办法》等相关规定。2014年，浙能兰电制定《职工代表大会提案管理办法》，并于2020年进行修订。2023年8月17日，浙能兰电第五届第四次职工代表大会审议通过《全面竞争上岗实施方案及配套制度》。浙能兰电职工代表大会情况见表6-8。

表6-8　浙能兰电职工代表大会情况

届次	日期	代表人数/人			主要议题
		合计	正式代表	列席代表	
第一届第一次	2005-01-31	24	24	0	审议通过《浙能兰溪发电有限公司第一届工会会员代表大会选举办法》;成立浙能兰电工会委员会和工会经费审查委员会
第一届第二次	2006-04-18	44	40	4	审议通过安全生产与劳动保护小组、民主评议小组、经济监督小组、提案审查小组、生活福利工作小组的成员名单
第一届第三次	2007-03-25	49	49	0	会议通过主席团成员名单;审议通过《公司生产期工资分配办法(试行)》《公司奖金考核分配及奖惩办法(试行)》
第一届第四次	2007-09-17	70	48	22	审议通过主席团成员名单;审议《浙能兰溪发电有限责任公司补充医疗保险试行办法》

届次	日期	代表人数/人			主要议题
		合计	正式代表	列席代表	
第二届第一次	2008-04-15 —04-16	66	60	6	审议并通过《开拓创新，锐意进取，扎实工作，努力打造具有文化力、竞争力的国际一流发电企业》总经理工作报告；审议通过《厂务公开管理》《职工代表大会工作管理》制度，调整及成立第二届职代会民主管理机构为劳动争议调解委员会、劳动保护工作小组、职工生活福利小组、职工提案审查工作小组、民主测评工作小组5个小组；审议工会经费审查报告、业务招待费使用说明和职代会提案处理征求情况，进行公司工会换届改选工作
第二届第二次	2009-04-15	71	68	3	审议通过《认清形势、苦练内功、提升管理圆满完成2009年工作目标和任务》总经理工作报告；审议通过《凝聚人心、共克时艰、促科学发展，双向关怀、提升管理、建魅力兰电》工会主席工作报告；审议工会经费审查报告、业务招待费使用说明和职代会提案处理征求情况
第二届第三次	2010-04-29	78	66	12	审议通过《全力推进公司先进性建设，为实现公司从优秀到卓越的历史性跨越而不懈奋斗》总经理工作报告；审议工会经费审查报告、公司业务招待费及福利费使用说明
第二届第四次	2011-04-22	77	66	11	审议通过《坚定信心、团结务实、提升管理、开拓创新推进公司科学发展再上新水平》总经理工作报告；审议通过《切实履行"两个维护"职能，积极构建和谐企业，齐心协力推动公司科学发展》工会主席工作报告
第三届第一次	2012-03-28	96	71	25	审议通过《深化管理创新，推进科学发展，为进一步提升企业竞争力而努力奋斗》总经理工作报告；审议并通过《遵循人本科学理念用心建设和谐家园，全力构建和谐、文明、先进的现代家园型企业》工会主席工作报告；审议公司全年财务预算执行情况报告、公司工会经费审查报告、公司福利费用使用情况、集体合同履行情况检查报告；会议通过劳动争议工作小组、提案审理工作小组、生活福利工作小组、劳动保护工作小组机构成员名单（名单附后）；与会代表一致通过《女职工退休补充规定》《职工奖惩管理办法》《女职工权益保护专项集体合同》《集体合同》等相关制度

届次	日期	代表人数/人			主要议题
		合计	正式代表	列席代表	
第三届第二次	2012-03-07	95	75	20	审议通过《强化责任意识，推进科学管理，为实现一流的现代化发电企业而努力奋斗》总经理工作报告；审议通过《深化民主强化管理，落实维权促进发展，发挥工会桥梁作用，构建温馨和谐兰电》工会主席工作报告；审议公司全年财务预算执行情况报告、公司工会经费审查报告、公司福利费使用情况、集体合同履行情况检查报告；大会对公司工会工作满意度进行民主测评；与会代表一致通过《劳动安全卫生专项集体合同》
第三届第三次	2014-03-18	98	75	23	审议通过《继往开来，求真务实，突破创新，全面提升，为实现一流的现代化发电企业而努力奋斗》总经理工作报告；审议通过《改革创新，凝聚力量，团结动员广大职工在实现一流的现代化发电企业进程中充分发挥主力军作用》工会主席工作报告；审议公司全年财务预算执行情况报告、公司工会经费审查报告、公司福利费使用情况、集体合同履行情况检查报告；大会对公司工会工作满意度进行民主测评
第三届第四次	2015-03-12	104	77	27	审议通过《适应新常态，把握新机遇，推动公司各项工作迈新台阶》总经理工作报告；审议通过《突出特色，创新工作，为构建和谐美丽兰电彰显作为》工会主席工作报告；审议公司全年财务预算执行情况报告、公司工会经费审查报告、公司福利费使用情况、集体合同履行情况检查报告。与会代表一致通过《集体合同》《劳动安全卫生专项集体合同》《女职工权益保护专项集体合同》
第三届第五次	2016-03-17	93	71	22	审议通过《破解发展难题 增强发展动力 不断开创兰电公司发展升级新境界》总经理工作报告；审议通过《强素质 促和谐 助提升 为公司"十三五"跨越式发展贡献力量》工会主席工作报告；审议公司全年财务预算执行情况报告、公司工会经费审查报告、公司福利费使用情况、集体合同履行情况检查报告；与会代表一致通过《公司"十三五"规划制定说明》《由代表组组长联席会议代为审议并已实行的管理制度的修改说明》及拟对公司《职工疗休养管理办法》及《职工疗休养实施细则》修订的内容

续表

届次	日期	代表人数/人			主要议题
		合计	正式代表	列席代表	
第四届第一次	2017-04-06	93	72	21	审议通过《开源节流提质增效 履职担当砥砺前行 努力开创兰电公司科学发展新局面》总经理工作报告；审议通过《立足三大服务 加强"三性"建设 在实现公司"十三五"蓝图中展现新作为》工会主席工作报告；审议公司全年财务预算执行情况报告、业务招待费使用情况报告、工会经费审查报告、福利费使用情况、集体合同履行情况检查报告及职代会闭会期间修订的公司制度说明，圆满完成公司工会换届改选工作
第四届第二次	2018-03-21	87	63	24	审议通过《以创新发展为动力 以转型升级为契机 开启兰电公司高质量发展新时代》总经理工作报告；审议通过《强素质 建家园 促和谐 团结动员广大职工为推动公司发展再谱新篇》工会主席工作报告；审议公司全年财务预算执行情况报告、业务招待费使用情况报告、工会经费审查报告、福利费使用情况、集体合同履行情况检查报告及职代会闭会期间修订的公司制度说明，一致通过《浙江浙能兰溪发电有限责任公司集体合同》《浙江浙能兰溪发电有限责任公司劳动安全卫生专项集体合同》《浙江浙能兰溪发电有限责任公司女职工权益保护专项集体合同》
第四届第三次	2019-03-12	98	68	30	审议通过2019年总经理工作报告、2018年财务预算执行情况报告、2018年业务招待费使用情况报告、2018年福利费使用情况以及职代会闭会期间修订的公司制度等事项说明
第四届第四次	2019-05-20	94	62	32	审议通过《全面竞争上岗实施方案及配套制度》
第四届第五次	2020-03-19	81	69	12	审议通过2020年总经理工作报告、职代会闭会期间修订的公司制度、2019年财务预算执行情况报告、2019年业务招待费使用情况报告、2019年福利费使用情况以及2019年公司集体合同履行情况检查报告等事项说明
第四届第六次	2021-03-23	98	71	27	审议通过2021年总经理工作报告、2020年财务预算执行情况报告、2020年业务招待费使用情况报告、2020年福利费使用情况、集体合同履行情况检查报告以及职代会闭会期间修订的公司制度情况等事项说明。一致通过《浙江浙能兰溪发电有限责任公司集体合同》《浙江浙能兰溪发电有限责任公司劳动安全卫生专项集体合同》《浙江浙能兰溪发电有限责任公司女职工权益保护专项集体合同》

续表

届次	日期	代表人数/人			主要议题
		合计	正式代表	列席代表	
第五届第一次	2022-03-23	76	59	17	审议通过2022年总经理工作报告；审议通过2021年全年财务预算执行情况报告、2021年业务招待费使用情况报告、2021年福利费使用情况报告、集体合同履行情况检查报告以及职代会闭会期间职工代表组长联席会讨论决定事项；表决通过《职工奖惩管理》（2022年修订）、《职工考勤与休假管理》（2022年修订）、《安全生产工作奖惩规定》；表彰集团先进、优秀员工、安全生产先进个人
第五届第二次	2023-02-02	57	45	12	审议通过《集团第三届职工代表大会（兰电选区）选举办法》、监票人和计票人名单和候选人名单，7人作为集团第三届职工代表大会兰电选区职工代表
第五届第三次	2023-03-08	94	57	37	审议通过2023年总经理工作报告；报告全面客观、实事求是地回顾总结2022年兰电各项工作，准确分析企业面临的形势、机遇和挑战，提出2023年工作思路，明确2023年工作要求、目标和任务
第五届第四次	2023-08-17	74	49	25	审议通过《全面竞争上岗实施方案及配套制度》

二、厂务公开

2005年7月14日，浙能兰电发布《厂务公开实施办法》，并于同年7月22日成立厂务公开领导小组。厂务公开领导小组由党委书记任组长，其他公司领导为副组长，各有关部门负责人为领导小组的成员，下设厂务公开办公室，办公室设在工会。2008年9月，浙能兰电发布实施《厂务公开管理》标准，明确管理职能、管理内容与要求、检查与考核，以及厂务公开的内容、要求、形式、职责、实施和程序。厂务公开的主要内容为企业生产经营和管理中的重大问题，涉及职工切身利益的问题和领导班子廉洁自律情况等几方面。浙能兰电设立厂务公开栏，每年年中召开一次厂情通报会，保障职工知情权、参与权、监督权。

2010年9月，浙能兰电修订《厂务公开管理》，明确该标准由政工部归口管理，公开内容由6个部门共17项调整为8个部门共48项。2012年，浙能兰电将《厂务公开管理》名称变更为《厂务公开管理办法》，归口部门由政工部改为工会办公室,公开内容责任部门由 8 个调整为 10 个。2017 年 11 月,浙能兰电修订《厂务公开管理办法》,公开内容增加为 11 个部门共 50 项。2020 年 4 月,浙能兰电将《厂务公开管理办法》纳入公司标准体系,进一步完善人力资源部、纪检审计室、安健环部、党群工作部负责公开内容和实施要求,构建职工代表大会、职工代表组长联席会议、厂情通报会、网上厂务公开栏和固定厂务公开栏等多渠道的厂务公开形式和平台。

第四节　职工生活

一、职工值班楼

2003 年,浙能兰电筹建处安排职工就住于兰溪市区,解决职工的临时住宿问题。2005 年 5 月,浙能兰电 1 号、2 号职工值班楼开工。同年 8 月,浙能兰电河里新村宿舍开始施工,并于 2005 年 12 月 22 日竣工。河里新村宿舍竣工后,部分职工入住河里新村宿舍。2006 年 12 月,浙能兰电 1 号、2 号职工值班楼完工,所有职工入住职工值班楼。1 号值班楼总建筑面积 10960 平方米,房间共计 199 间;2 号值班楼总建筑面积 4610 平方米,房间共计 102 间。浙能兰电与兰溪当地酒店管理团队签订协议,对值班楼实行酒店公寓模式管理,设立值班室,实行 24 小时值班,保洁人员负责公共区域的卫生清洁以及各房间的卫生打扫和布草更换清洗。2012 年 5 月,浙能兰电对河里新村宿舍进行装修改造,同年 9 月完成装修改造,此后作为机组大小修检修人员的临时住所。2015 年 7 月,职工代表组长联席会通过《值班楼宿舍初次集中安排方案》。同年 11 月,职工代表组长联席扩大会议通过《值班楼宿舍初次集中安排实施细则》,对职工值班楼进行重新分配。分配顺序根据积分高低确定,积分由工龄、运行分、技能等级等组成。行政事务中心根据职工退休、调离等情况,不定期对值班楼房间安排进行调整,提高值班楼的使用效率。2016 年 1 月,浙能兰电向浙江浙能天地环保科技有限公司租用 3 号值班楼(建筑面积 6774 平方米,有 195 个房间)供员工使用,并配置了中央空调,设置独立卫生间,配备了电视、书桌、储物柜等生活设施。3 号值班楼公共区域设置洗衣房,配有洗衣机、洗衣槽,职工居住条件进一步得到改善。2020 年 2 月 1 日至 4 月

10日,浙能兰电河里新村部分宿舍作为兰溪市政府医学观察集中隔离点,供隔离观察人员和医护人员使用。

2007年12月,浙能兰电发布实施《后勤服务管理》标准,由综合办公室归口管理后勤服务工作,明确公寓分配、住宿要求、公寓管理和日常卫生及设施维护方面的管理要求,提高职工满意度。2010年12月,浙能兰电后勤服务管理归口部门由综合办公室改为采购部。2012年2月,浙能兰电后勤服务管理归口部门由采购部改为行政事务部。2016年4月,浙能兰电后勤服务管理归口部门由行政事务部更名为行政事务中心。

二、综合楼（职工活动中心）

2017年3月,浙能兰电综合楼（职工活动中心）开工,并于2018年6月竣工,向职工开放。职工活动中心建筑面积2000多平方米,同时可容纳近百位职工健身娱乐活动。该活动中心共有两层,一层设有健身房、乒乓球室、台球室、散打室、心灵港湾,以及篮球场、羽毛球场、气排球场等场地,二层为多功能会议厅。自开馆以来,职工活动中心用于召开大型会议,举办各类文体活动、交流活动及工会活动,每年达百余次,已成为职工健身、文化娱乐的主要场所。

三、党群驿站与职工书屋

（一）党群驿站

2019年1月,浙能兰电开始筹划党群驿站建设,广泛征集党员和职工群众意见建议,完善整体设计,为党员职工开辟主题党日、政治宣传员专题宣讲、党支部政治理论学习、团支部联建和爱国主义教育学习等活动新阵地。2019年11月,浙能兰电党群驿站项目开工建设。2020年5月18日,浙能兰电党群驿站正式完工并开馆,占地面积约230平方米,以党的"初心使命"贯领全馆、以"红"为主色调,分为党建引领发展区、三园文化区、两个安全警示区、荣誉墙、咖啡茶饮自助吧台和书籍阅览区等共11个功能区,配备现代多媒体LED声光电脑设施,集党建思想教育、企业文化展示、支部堡垒建设、职工休闲学习、创先争优倡廉尚洁"五位"于"一体"。浙能兰电党群驿站如图6-3所示。

图 6-3　浙能兰电党群驿站

（二）职工书屋

2007 年,浙能兰电职工书屋建成,共有藏书 3000 余册、期刊 27 种、音像制品 77 件,内容涉及政治、法律、工程、科技、生活、文学、文明建设等七大领域。2017 年 8 月,浙能兰电职工书屋被评为浙江省总工会"职工书屋"示范点。2020 年,浙能兰电对职工书屋进行升级改造,职工书屋与浙能集团电子书屋连线,与党群驿站互联互通,面积扩展到 50 余平方米,添置联网电脑 3 台,更新书架、桌椅等配套设施,配备两名兼职书屋管理员负责具体书屋的日常管理事务。2021 年 11 月,浙能兰电职工书屋被评为中华全国总工会"职工书屋"示范点。

四、职工食堂

2004 年 4 月,浙能兰电筹建处配置刷卡系统,临时食堂采用智能化消费结算。2006 年 12 月 11 日,浙能兰电职工食堂竣工并投入使用,建筑面积 2627 平方米,分上下两层,可供近 300 人同时就餐,操作间、熟食间、蒸饭间、面点间等区域安装监控设备,设小炒服务、面点服务、运行送餐及临时送餐服务,满足公司和职工的就餐需求。2007 年 12 月 1 日,浙能兰电制定《食堂管理》标准,明确食堂采用委托外委单位运营方式进行管理,行政事务管理部门是职工食堂的监督管理部门,负责对食堂外委单位在膳食计划、采购、保管、加工、销售、账目核算以及厨房、餐厅卫生工作的日常监督管理。2009年5月,浙能兰电对食堂厨房、冷菜间和洗菜间进行改造装修,陆续添置更新蒸气锅、消毒柜、蒸饭箱、保温操作台等设备,以此加强出菜品质和服务。2017年6月,浙能兰电食堂操作间从最初使用的柴油灶改造成电磁灶,减少安全隐患。2017年7月,浙能兰电升级食堂一卡通消费系统,实现岗位证、门禁、饭卡三卡合一管理,消费管理系统升级后包括消费系统后台管理功能、前台结账功能、网络订餐功能、网络查询统计功能、食材进出库管理功能等。2019年1月,浙能兰电职工食堂获得"餐饮服务食品安全监督量化分级管理2018年度A级单位"称号。2020年4月,浙能兰电职工食堂获得"2019年度浙能集团健康食堂"荣誉称号。2022年,浙能兰电完善食堂视频监控系统,职工可通过大厅监控实时监督操作重点区域,将后厨打造成可视、可感、可知的"透明厨房";备有农药残留速测仪,设专人负责农残检测工作,确保食品安全。另外,食堂积极做好餐具消毒和食品留样等工作。2023年1月,浙能兰电职工食堂获得"餐饮服务食品安全监督量化分级管理2022年度A级单位"荣誉称号。2023年10月,为改善职工伙食和提高接待水平,浙能兰电对食堂二楼进行面包房改造。同年12月26日,面包房开业。

五、通勤车

2003年,浙能兰电筹建处为职工提供上下班通勤车接送服务,提高职工的生活质量,方便职工通勤。2004年,考虑到从萧山发电厂、台州发电厂、浙江镇海发电有限责任公司调入的职工生活不便的实际情况,浙能兰电开通到萧山、台州、镇海(简称"三地")往返线路各1条,为职工提供周末和节假日通勤车服务。2006年9月,浙能兰电租用车辆,开通金华区域江南1(运行)和江南2(长白班)两条线路,满足职工通勤需求。2007年8月,浙能兰电购置车辆、成立车班以提供职工上下班通勤车接送服务。2007年12月,浙能兰电发布实施《车辆管理》标准,相关工作由综合办公室归口管理。该标准对公司通勤车的使用管理做了具体规定,规范车辆调度,提高车辆使用的安全性和经济性。2010年12月,根据部门职责变化,浙能兰电车辆管理职能归口部门由综合办公室改为采购部。2012年2月,浙能兰电将《车辆管理》更名为《机动车辆管理》,将车辆管理职能归口部门改为总经理工作部。2016年4月,浙能兰电将车辆管理职能归口部门从总经理工作部改为行政事务中心。2021年1月,为方便三地运行人员通勤,并减少新冠疫情期间员工乘坐公共交通工具带来的风险,浙能兰电每周三增加三地往返车辆,加强对三地人员的通勤服务。2022年5月开始,浙能兰电将每周三往返通勤调整为每周二和每周四两趟三地往返通勤。2023年12月,浙能兰电修订《机动车辆管理》,明确由行政事务中心负责通勤车行车路线、站点、接送时间及车班日常归口管理。根据该标准要求,通勤车辆出车以通勤车开行方案为依据,不另行办理出车审批,开行方案变动时以OA公告为准。

截至2023年底,浙能兰电共有大客车和中巴车各7辆共计14辆车作为职工上下班通勤用车,开通11条通勤线路,其中金华区域开通工作日线路4条、运行职工通勤线路2条、节假日值班线路1条,兰溪区域开通工作日下班线路1条,三地区域开通周末和节假日通勤车服务线路3条。

六、职工疗休养

2005年7月12日,浙能兰电发布《职工疗休养制度实施办法》,规定疗养的对象为公司全体正式职工。新参加工作的大中专院校毕业生,自转正的次年开始享受,调动职工自调入的次年开始享受。疗休养周期为两年,职工可选择当年使用或两年累计后一次性使用。两年内不参加,则视为自动放弃。职工疗休养费用额度按工龄区分,工龄5年及以下者,每年500元;工龄5年以上至10年者,每年1000元;工龄10年以上至15年者,每年1500元;工龄15年以上者,每年2000元。2005年,浙能兰电开展职工疗休养工作,公司与旅行社签订合同,职工自行联系旅行社参与疗休养。

2008年9月16日,浙能兰电修订《职工疗休养制度实施办法》,明确疗休养实施视经营情况而定,取消两年周期,当年不使用疗休养则视为放弃。同年,浙能兰电疗休养组织形式为符合疗休养条件的职工自行与旅行社联系开展疗休养,通过用餐发票、交通发票、住宿发票报销。

2014年9月29日,浙能兰电修订《职工疗休养制度实施办法》,职工疗休养费用支出改为工龄5年及以下者,每年1000元;工龄5年以上至10年者,每年2000元;工龄10年以上至15年者,每年3000元;工龄15年以上者,每年3500元。2015年7月1日,浙能兰电修订《职工疗休养制度实施办法》,职工疗休养费用额度取消工龄限制，改为每人每天 400 元，上限为每人每年 2000 元。对于因工作调动调入人员，上半年外单位调入职工（不包含新参加工作的大中专院校毕业生），在原单位未享受疗休养待遇的，调入当年可以享受，在原单位已享受疗休养待遇的，自调入的次年开始享受；下半年外单位调入职工，自调入的次年开始享受。

2015 年，浙能兰电职工疗休养改为由公司工会统一组织，分批开展。2015 年组织 15 批共 500 名职工到三台山庄、紧水滩、杭州六通宾馆开展疗休养。2016 年组织 17 批共 513 名职工到舟山、温州、湖州、衢州等地 8 条线路开展疗休养。2017 年职工疗休养共分三种方式：第一种为员工自行组团；第二种为拼团，与其他机关、企事业等外单位拼团；第三种为金华地区自选套票，员工可根据旅行社出具的住宿、餐饮、门票套餐自选组合。当年共 569 名职工参加疗休养。

2018 年，浙能兰电职工疗休养开放浙江省外疗休养，职工可赴对口支援（帮扶、合作）省、自治区和沪苏皖闽赣 5 个周边省（市）开展跨省疗休养活动，要求每年出浙江省疗休养人数不超过总疗休养人数的 1/3，且每名职工三年内只可参加一次浙江省外疗休养。疗休养组织方式有两种，浙江省内自由出行与浙江省外疗休养，由公司统一组织，有 469 名职工参加浙江省内疗休养，79 名职工参加浙江省外 4 条线路疗休养。2019 年有 372 名职工参加浙江省内疗休养，152 名职工参加浙江省外 4 条线路疗休养。

2020 年 7 月 5 日，浙能兰电将《职工疗休养管理办法》作为规范性附录纳入《职工福利费管理》标准，并将职工疗休养费用额度改为每人每天 600 元，上限为每人每年 3000 元。同年，因新冠疫情，浙能兰电取消浙江省外疗休养，疗休养方式改为浙江省内组团疗休养及职工自主出行，共 517 名职工参加 4 条线路疗休养。

2021 年，浙能兰电职工疗休养方式改为统一组团，浙江省内线路 5 条，浙江省外线路 7 条，共计 25 批 410 名职工参加浙江省内疗休养，另有 75 名职工参加浙江省外疗休养。

2022 年，浙能兰电职工疗休养方式为公司组团与职工自主出行，浙江省内线路 6 条，浙江省外线路 2 条，共 492 名职工参与疗休养。

2023 年，浙能兰电职工疗休养方式为公司组团、职工自主团、周末定点三种方式。浙江省外线路 4 条，浙江省内线路 3 条，周末定点酒店 33 家，共 503 名职工参与疗休养。

七、职工体检

（一）职工健康体检

2005年,浙能兰电组织开展职工健康体检工作,体检项目采用男职工、女职工两种固定套餐模式,每年集中安排职工到当地三级医院健康体检一次。同年,公司领导体检安排在浙江省邵逸夫医院,选用医院固定体检套餐。此后,每年健康体检完成后,浙能兰电联系体检医院到公司开展现场健康咨询服务,帮助员工更好地了解身体健康状况,并采取针对性的预防和治疗措施。2020年,浙能兰电职工体检模式调整为"基础套餐＋自选项目"相结合的模式。

（二）职业健康体检

2006年,浙能兰电首次组织职工职业健康体检工作,控制职业病的发生。职业健康体检对象为生产一线接触职业危害因素的员工。同年11月,浙能兰电首次安排402人到金华市疾病预防中心参加职业健康体检。2007年12月1日,浙能兰电发布《职业健康管理》标准,并于2010年、2012年、2013年、2017年、2019年、2022年对标准进行6次修订。该标准明确要求安健环部根据职业病危害现状评价报告,识别现场职业危害因素,并定期识别更新职业健康体检岗位及体检类别。浙能兰电人力资源管理部门根据标准要求,每年11月至12月集中安排一次年度职业健康体检,实时安排离岗、上岗人员参加职业健康体检,并建立个人健康监护档案。根据体检结果,对鉴定为职业病的员工,申请工伤认定,对职业禁忌人员进行岗位调整。自2007年,浙能兰电职业健康体检医院调整为国家电网公司职业病防治院。

第七章 党 群

    2003年，浙能兰电筹建处党总支成立。2004年10月，浙能兰电党委成立。2017年，浙能兰电召开股东会议，将党建工作写入企业章程，明确党组织在公司法人治理结构中的法定地位。浙能兰电党委坚持党对国有企业的领导不动摇，坚持服务生产经营发展不偏离，不断传承和弘扬党建工作的优良传统，坚持以制度抓党建、以责任促党建，把党的领导融入治理各环节，持续开展"形势与任务"主题教育，从党委班子建设、制度建设、干部队伍建设、党支部建设、党员队伍建设、思想政治工作、新闻宣传和纪检工作等方面全面构建党建工作长效化机制。

    浙能兰电着力党建工作创新创效。2004年，浙能兰电制定《浙能兰溪发电有限责任公司"五好"党支部考核评比细则》，以"五好"党支部创建筑牢堡垒；2010年，启动学习型组织创建活动，发布实施党建质量管理体系文件，开启党建质量体系贯标工作；2015年，制定《"心灵港湾工作坊"建设管理办法》，加强人文关怀和心理疏导；2017年，浙能兰电《检企共建》《"四动态"廉洁风险管控》等多项党风廉政建设工作经验入选《浙能集团党建工作法》。企业党建工作活力持续增强，为企业转型升级、创新发展提供强有力的政治保证、精神动力和智力支持。

    浙能兰电不断加强党对群团工作的组织领导，把群团工作纳入党的工作总体部署，定期研究群团工作重大问题，加大对群团工作的保障力度。2005年，浙能兰电工会、团委相继成立。工会坚持"党建带工建、工建服务党建"的工作机制，以职工权益维护、劳动竞赛、关爱帮扶、职工之家、女职工工作、公益活动等为载体，团结带领广大职工群众围绕企业中心工作，贡献工会智慧和力量。共青团积极开展青年文明号、青年安全生产示范岗等活动，以节能减排红旗岗、导师带徒、青工技术大讲堂等创新创效活动助力企业发展。

浙能兰电党委先后获得全国先进基层党组织、浙江省先进基层党组织、浙江省心灵港湾工作坊示范点、浙江省国资委党建示范点、基层服务型党组织示范点等荣誉。

第一节　党委班子建设

2003年9月2日,浙能集团党委决定建立中共浙能兰溪电厂筹建处总支部委员会,党总支委员会由柯吉欣、秦刚华、王学根3名同志组成,柯吉欣任党总支书记。

2004年10月28日,浙能集团党委下发文件,建立中共浙江浙能兰溪发电有限责任公司委员会,由柯吉欣、胡康生、孙华芳、韩忠良、王学根5名同志任党委委员,柯吉欣任党委书记,胡康生任党委副书记。

2007年1月,浙能兰电领导班子首次被浙能集团党委评为2006年度"四好"领导班子,如图7-1所示。2010年1月和2011年1月,浙能兰电领导班子连续两年被浙能集团党委评为"四好"领导班子。

图7-1　浙能兰电领导班子首次被评为"四好"领导班子

2011年6月30日,浙江省委召开的庆祝中国共产党成立90周年大会上,浙能兰电党委获"浙江省先进基层党组织"称号,浙能兰电成为浙江省国资系统省属国有企业中首个获得该荣誉的单位。

2011年7月1日,浙能兰电党委被中共中央组织部授予"全国先进基层党组织"光荣称号,成为浙能集团首个获得该类国家级荣誉称号的企业党组织。浙能兰电党委全面贯彻落实科学发展观,本着改革创新精神,积极探索新形势下国有企业党组织发挥政治核心作用的新途径、新方法,打造符合国企特点、具有自身特色、反映时代特征的党建模式,以民主型、学习型、创新型、服务型组织建设推进党的先进性建设,以党的先进性建设推动企业先进性建设,有力保障并推动企业转型升级和科学发展,走出一条以党的先进性建设推动企业先进性建设的党建创新之路。

2016年11月30日,浙能兰电党委换届选举党员大会选举产生章良利、王润之、吴孝炯、张小根、何志瞧5名同志为新一届党委委员,章良利、王润之为党委副书记。

2017年12月27日,根据《中华人民共和国公司法》规定和《中共中央组织部 国务院国资委党委关于扎实推动国有企业党建工作要求写入公司章程的通知》精神,浙能兰电对公司章程进行修订,将党建工作写入企业章程,明确党组织在公司法人治理结构中的法定地位。

2018年2月7日,浙能兰电领导班子被浙能集团党委评为2017年度"四好"领导班子。同年10月8—31日,浙能集团党委第一巡察组对浙能兰电党委开展了全面巡察。此次全面巡察工作重点围绕党组织领导核心和政治核心作用发挥情况、集团党委重点工作任务推进情况、党的建设情况、全面从严治党主体责任和监督责任落实情况以及选人用人等5个方面展开。

2019年3月21日,浙能集团党委第一巡察组向浙能兰电反馈巡察情况,巡察组提出党的建设、全面从严治党、干事创业3个方面9个问题。浙能兰电以"六见"标准全面落实整改,同年5月,浙能兰电上报整改报告。

2019年4月8—18日,浙能集团党委第三巡察组对浙能兰电党委开展了专项巡察。此次专项巡察重点围绕党组织领导核心和政治核心作用发挥情况、全面从严治党主体责任和监督责任落实情况、集团党委重点工作任务推进情况和招投标管理、物资采购管理情况4个方面展开。2019年10月29日,浙能集团党委第三巡察组向浙能兰电反馈巡察情况,巡察组提出"党委履行主体责任不够有力,责任部门人员思想认识不深刻""招标评标过程不规范""合同签订不规范""合同执行不规范""废旧物资处置过程不严谨""质保金留取不符合规定"6个方面6个问题。浙能兰电以"六见"标准扎实有效落实整改,同年12月,浙能兰电上报整改报告。

2021年12月28日,浙能兰电党委换届选举党员大会选举产生方昌勇、吴孝炯、何志瞧、张小根、麻建中、裘小萍6名同志为新一届党委委员。吴孝炯为党委书记,张小根为党委副书记。

2023年5月24日—6月9日,浙能集团党委第一巡察组对浙能兰电党委开展常规巡察。此次巡察重点围绕贯彻落实习近平新时代中国特色社会主义思想和习近平总书记重要讲话、重要指示批示精神,围绕党中央、浙江省委决策部署,围绕集团党委工作要求强化巡察监督,紧扣"三个聚焦,一个加强",紧盯"关键少数",查找政治偏差,着力发现和推动解决党的领导弱化、党的建设缺失、全面从严治党不力等方面展开。同年8月11日,浙能集团党委第一巡察组向浙能兰电反馈巡察情况,巡察组提出"学习贯彻习近平总书记重要讲话及调研浙能集团指示精神存在差距""聚焦党的理论和路线方针政策与党中央决策部署在基层学习贯彻落实情况,进一步促进党员干部担当作为""聚焦群众身边腐败问题和不正之风,进一步推动全面从严治党向基层延伸""聚焦基层党组织领导班子和干部队伍建设,进一步强化政治功能、打造坚强战斗堡垒""加强对巡视巡察、审计等各类监督发现问题整改落实情况的检查"5个方面9个问题。浙能兰电坚持"六见"原则,高质量落实巡察整改,同年11月,浙能兰电上报整改报告。

截至2023年底,浙能兰电党委共有5次获得浙能集团先进基层党组织荣誉。浙能兰电党委(党总支)领导任职情况见表7-1。

表 7-1　浙能兰电党委(党总支)领导任职情况

组织名称	职务	姓名	任职日期
浙能兰电筹建处党总支	书记	柯吉欣	2003年9月—2004年10月
	委员	柯吉欣	2003年9月—2004年10月
		秦刚华	2003年9月—2004年10月
		王学根	2003年9月—2004年10月
浙能兰电党委	书记	柯吉欣	2004年10月—2007年4月
		张基标	2007年4月—2009年12月
		黄祖平	2010年9月—2016年2月
		吴孝炯	2017年3月—2017年9月 2019年5月—2023年5月
		傅小森	2017年9月—2019年2月
		傅洪军	2023年5月—2024年12月
		金晓东	2024年12月至今
	副书记	胡康生	2004年10月—2010年9月
		程光坤	2009年12月—2011年2月
		虞国平	2011年3月—2013年11月
		王润之	2011年8月—2017年7月
		章良利	2013年11月—2017年9月
		吴孝炯	2017年9月—2019年5月
		张小根	2019年5月—2022年8月
		何志瞧	2022年10月至今

组织名称	职务	姓名	任职日期
浙能兰电党委	委员	柯吉欣	2004 年 10 月—2007 年 4 月
		孙华芳	2004 年 10 月—2007 年 8 月
		韩忠良	2004 年 10 月—2008 年 4 月
		胡康生	2004 年 10 月—2010 年 9 月
		王学根	2004 年 10 月—2011 年 2 月
		吴光中	2006 年 6 月—2007 年 8 月
		韦东良	2007 年 3 月—2010 年 2 月
		张基标	2007 年 4 月—2009 年 12 月
		孙自强	2007 年 8 月—2008 年 6 月
		王美树	2009 年 4 月—2013 年 11 月
		程光坤	2009 年 12 月—2011 年 2 月
		王静毅	2010 年 9 月—2014 年 6 月
		黄祖平	2010 年 9 月—2016 年 2 月
		虞国平	2011 年 3 月—2013 年 11 月
		王润之	2011 年 8 月—2017 年 7 月
		吴孝炯	2012 年 1 月—2023 年 5 月
		徐书德	2013 年 11 月—2015 年 8 月
		章良利	2013 年 11 月—2017 年 9 月
		何志瞧	2015 年 8 月至今
		张小根	2016 年 9 月—2022 年 8 月
		傅小森	2017 年 9 月—2019 年 2 月
		麻建中	2017 年 12 月至今
		裘小萍	2017 年 12 月—2022 年 11 月
		方昌勇	2020 年 5 月—2023 年 5 月
		朱新平	2022 年 11 月至今
		王宇	2023 年 3 月至今
		傅洪军	2023 年 5 月—2024 年 12 月
		俞昕	2023 年 7 月至今
		金晓东	2024 年 12 月至今

第二节　制度建设

2003 年 10 月 10 日，浙能兰电筹建处党总支制定《浙能兰溪发电厂筹建处党总支委员会议事规则（试行）》《浙能兰溪发电厂筹建处党总支委员党政领导班子民主生活会制度（试行）》《浙能兰溪发电厂筹建处党总支委员中心组学习制度（试行）》《浙能兰溪发电厂筹建处党总支委员党费收缴、管理和使用规定（试行）》《浙能兰溪发电厂筹建处党总支委员党总支办公室工作职责（试行）》《浙能兰溪发电厂筹建处党总支委员基层党支部工作规定（试行）》等 6 个党务管理制度，以加强党的集体领导，健全党内政治生活、民主生活和组织生活。

2004 年 9 月 17 日，浙能兰电党总支制定《浙能兰溪发电有限责任公司党支部建设实施细则》，要求各党支部对照文件要求，做好党支部建设工作。

2007 年 7 月 23 日，浙能兰电党委根据浙能集团《关于进一步加强浙能公司领导班子建设的若干意见》和"作风建设年"活动要求，制定《兰电公司领导干部密切联系职工群众制度》，进一步加强领导班子和干部队伍建设，转变领导干部工作作风，建立领导干部与职工群众双向沟通联系机制。

2008 年 4 月 15 日，浙能兰电党委发布《浙能兰电"制度执行年"活动方案的通知》，进一步完善制度体系建设，促进各项规章制度有效贯彻，加强企业执行力建设。

2009 年 8 月 7 日，浙能兰电党委制定《浙能兰电中层干部联系班组实施办法》，加强公司领导人员作风建设，提高干部沟通执行能力，进一步密切党群、干群关系，发挥中层干部上情下达、下情上传的桥梁作用。同年 9 月 30 日，浙能兰电党委根据浙能集团党委《关于贯彻落实浙委办〔2009〕51 号文件精神进一步加强企业反腐倡廉建设的意见》的文件精神，对"三重一大"议事事项进行梳理，制定《浙能兰电公司"三重一大"议事制度》。

2010 年 4 月 1 日，浙能兰电党委根据浙能集团党委《党风廉政建设责任制的规定》及《党建党风廉政建设责任制考核办法（试行）》的有关精神，制定《党建党风廉政建设责任制实施办法（试行）》。同年 11 月 29 日，浙能兰电党委将《浙能兰电领导干部密切联系群众制度》与《浙能兰电中层联系班组实施办法》进行合并，并予以修订，形成《领导干部密切联系群众制度》。

2011 年 4 月 20 日，浙能兰电党委发布《兰电公司党支部季度考评标准》。同年 9 月 19 日，浙能兰电党委制定《中层后备干部管理办法（试行）》。同年 11 月 17 日，浙能兰电党委发布《关于贯彻落实党风廉政建设责任制工作责任分工的通知》，确保党风廉政建设责任制的正确贯彻落实，真正形成"党委统一领导，党政齐抓共管，纪委组织协调，部门各负其责，依靠群众的支持和参与"的领导体制和工作机制。

2012 年 5 月 3 日，浙能兰电党委修订发布《公司领导干部密切联系群众制度》。同年 9 月 26 日，浙能兰电党委结合公司实际，制定《浙能兰电公司党务公开管理办法》《浙能兰电公司党委理论中心组学习制度》《浙能兰电公司发展党员管理制度》《浙能兰电公司党费收缴、使用和管理办法》《浙能兰电公司职工思想动态预控制度》,加强党的自身建设,推进党内工作规范、有序开展。同年 10 月 8 日,制定《政治学习制度》。同年 11 月 21 日,浙能兰电制定《党支部工作管理办法》《民主生活会制度》《党员组织关系管理办法》《民主评议党员制度》《党内评先评优管理办法》《党支部"公推直选"换届选举工作规定》《党员在线教育管理制度》等 7 个党建工作制度。同年 12 月 27 日,浙能兰电制定《员工行为规范》《文明职工、文明班组、文明部室考评管理办法》《评先评优管理办法》等 3 个工作制度,推进文明单位创建工作,制定《党委工作管理规定》《宣传工作管理办法》《党建带团建工作管理规定》《共青团工作管理规定》《中层干部管理办法》等 5 个工作制度,全面推进公司党建工作制度化、规范化和科学化。

2015 年 2 月 3 日,浙能兰电党委制定《舆情监控管理办法》《"心灵港湾工作坊"建设管理办法》,加强企业舆情的收集、分析、处置等监控管理工作,增强风险防范意识,加强"人文关怀和心理疏导"工作,为企业的科学发展创造良好的内外环境。同年 6 月 24 日,浙能兰电党委根据上级有关精神,结合工作实际,制定《公司星级党支部(含"五好"党支部)创建管理办法》《公司"四有"党员管理办法》《公司"三优"党小组管理办法》。同年 9 月 9 日,浙能兰电党委修订《公司党员组织关系管理办法》《公司发展党员工作制度》《公司党费收缴、使用和管理办法》《公司宣传工作管理办法》《公司"三重一大"决策制度实施细则》《公司"三重一大"决策失误纠错改正和责任追究办法》《公司重大事项议事决策规则》《关于实行党建、党风廉政建设责任制的规定》《公司党建、党风廉政建设责任制考核办法》《公司党支部季度考核评分标准》等 10 个制度。

2016—2017 年,浙能兰电党委根据上级有关文件精神与企业工作实际,对原有各项党建制度适应性进行辨析,制订制度年度修订计划,做好修订工作,并先后制定《公司党支部(总支)差额选举工作规定》《公司党委会议事规则》等制度。

2018 年 3 月 14 日,浙能兰电党委发布《公司贯彻落实党风廉政建设党委主体责任、党委领导班子成员责任清单和纪委监督责任清单》,贯彻落实党委主体责任、党委领导班子成员责任、纪委监督责任。同年 3 月 29 日,浙能兰电党委制定《公司新媒体建设管理办法》,修订《公司党费收缴、使用和管理办法》《公司党委中心组学习制度》《公司宣传工作管理办法》等 3 个制度。同年 8 月 10 日,浙能兰电党委制定《兰电公司意识形态工作管理办法》,将意识形态工作纳入《公司党委及其成员党建工作责任清单》和公司年度三项责任书,明确意识形态工作作为党的建设的重要内容,纳入重要议事日程,纳入党建工作责任制,与中心工作、党的建设工作紧密结合,一同部署、一同落实、一同检查、一同考核。党委书记是意识形态工作第一责任人,带头开展形势任务宣讲、上专题党课,严抓意识形态工作。党委班子成员各负其责,按照"一岗双责"要求,通过上专题党课、工作座谈交流等途径,抓好分管部门的意识形态工作。党支部(党总支)书记作为部门意识形态工作第一责任人,站在意识形态工作第一线,加强所辖部门意识形态(含网络意识形态)工作的日常监督管理工作。

第三节　干部队伍建设

2004年6月,浙能兰电干部人事管理归口综合办公室。2007年4月,浙能兰电设立政治工作部,浙能兰电干部管理归口政治工作部。2010年4月,浙能兰电增设人力资源部,人事管理归口人力资源部。2015年7月,浙能兰电党委组织部设立,和人力资源部合署办公,干部管理归口党委组织部。

2005年4月,浙能兰电发布《中层领导干部选拔任(聘)用暂行工作制度》,同年9月发布《中层干部考核办法(试行)》。

2008年2月,浙能兰电制定《中层干部绩效考核管理办法》,规定中层干部月度考核、年度考核程序与考核办法,并将考核结果应用于中层干部的月度、年度奖金发放。同年11月,首次制定《中层干部管理》,规定中层干部基本条件和资格、聘任程序、教育培养、交流和考核,同时对中层后备干部基本条件、选拔、培养及管理等进行规定。

2009年7月,浙能兰电修订《中层干部管理》,主要对所有提拔任用的中层干部规定试用期,完善个人年度目标考核和民主测评结果应用。

2010年11月,浙能兰电制定《兰电公司关于提高选人用人工作满意度的实施办法》,修订《中层干部管理》,主要将中层后备干部管理内容拆分,另外制定《中层后备干部管理》,对中层干部离职和解聘规定及程序进行细化,并完善选拔任用过程的监督管理等内容。

2011年9月,浙能兰电发布《后备干部管理办法(试行)》,在原《中层后备干部管理》的基础上,就选拔方式、考察、公示、日常管理等要求进行完善。同年10

月,修订《中层干部管理》,主要对干部选拔方式、民主推荐和考察、年度考核、解聘规定等内容进行完善。

2014年9月,浙能兰电在原《中层干部管理》《中层后备干部管理》的基础上制定《中层干部管理办法》和《中层后备干部管理办法》,主要对干部任职资格、人选确定程序、试用期规定、年度考核等级规定等进行完善和细化,对中层后备干部日常管理及副值长列入中层后备干部相关规定进行修订。

2016年5月,浙能兰电修订《中层干部管理办法》,主要将安全生产规章制度落实情况作为干部考察及干部调整的依据之一,进一步完善干部选用要求。同时,修订《中层后备干部管理办法》,删除副值长为中层后备干部相关规定(因岗位标准化不配备副值长)。

2017年12月,浙能兰电修订《中层干部管理办法》,主要对细化中层干部年度民主测评内容及完善组织选拔程序、竞争性选拔程序、民主选举程序等内容进行修订。

2019年5月,浙能兰电修订《中层干部管理办法》,主要对中层干部任职日期规定、退出中层岗位的待遇及增加个别谈话推荐等内容进行修订。

2020年10月,浙能兰电修订《中层干部管理办法》,主要对竞争性选拔考试方式、副总师级任用执行规定及增加中层干部个人事项报告等内容进行修订。

2022年10月,浙能兰电修订《中层干部管理办法》,主要对中层干部年度考核内容及删除中层干部试用期规定、增加中层干部个人重大事项报告要点等内容进行修订。

2023年11月,浙能兰电修订《中层干部管理办法》,主要对中层干部民主推荐范围、中层任期规定及增加中层干部自愿退出机制等内容进行修订。

第四节　党支部建设

一、党支部设置

2004年9月6日,浙能兰溪发电厂筹建处党总支研究决定成立第一、第二、第三党支部。

2005年7月28日,浙能兰电党委研究决定调整党支部划分,设立第四党支部

(设备部),燃料部党员划归第一党支部,运行部党员划归第二党支部。

2007年8月21日,浙能兰电党委研究决定调整党支部划分,增设第五党支部(燃料党支部),第一党支部包括综合办公室、政工部、工程部三个部门,第三党支部包括计划合同部、安健环部、财务部。

2008年1月31日,浙能兰电党委研究决定更改党支部名称。第一党支部更名为综合党支部,综合办公室、政工部列入综合党支部;第二党支部更名为运营党支部;第三党支部更名为经营党支部,安健环部、财务部、计合部列入经营党支部;第四党支部更名为设备党支部;第五党支部更名为燃料党支部。

2010年7月19日,浙能兰电党委发布《关于同意运营党支部选举结果的批复》,同意运营党支部经"公推直选"选举产生新一届运营党支部委员会、党支部书记。

2011年1月13日,浙能兰电党委讨论决定对科室党支部所辖部门重新划分。综合党支部由总经理工作部、政治工作部、监察审计部、人力资源部组成;生产经营党支部由安健环部、财务部、总师办、采购部、兰能热力公司筹建处组成;经营党支部更名为生产经营党支部;运行党支部更名为运营党支部。同年3月28日,浙能兰电党委发布《关于同意设备等党支部换届选举结果的批复》,同意设备党支部、生产经营党支部换届选举产生新一届党支部委员会、党支部书记。

2012年1月20日,浙能兰电党委研究决定,撤销设备党支部成立设备部党支部,成立维护部党支部,行政事务部划归生产经营党支部,工会办公室划归综合党支部。

2013年7月31日,为进一步加强基层党组织建设,浙能兰电党委研究决定撤销运营党支部,建立运营部党总支,下设运营部第一党支部、运营部第二党支部。2013—2014年,浙能兰电作为浙能集团基层党支部"公推直选"试点单位,各党支部(总支)根据《公司党支部"公推直选"换届选举工作规定》,按照海推、初选、票决、直选选举等程序,完成党支部"公推直选"换届改选。

2015年7月22日,浙能兰电党委研究决定:计划营销部、物资采购部、财务产权部、安健环部(人武部)、行政事务中心、兰能热力等部门组织管理关系划归生产经营党支部;人力资源部(党委组织部)、总经理工作部、党群工作部、监察审计部、工会办公室、信息中心等部门组织管理关系划归综合党支部;设备部党支部更名为设备管理部党支部;运营部党总支更名为运行部党总支;运营部第一党支部更名为运行部第一党支部;运营部第二党支部更名为运行第二部党支部;燃料党支部更名为燃料部党支部。

2016—2017年,浙能兰电党委所属各党支部(总支)根据《公司党支部(总支)差额选举工作规定》,选举产生新一届党支部委员会、党支部书记,按期完成换届改选。

2019 年 5 月 23 日,浙能兰电党委研究决定,成立兰能热力党支部,调整财务产权部、安健环部、计划营销部、物资采购部、行政事务中心等部门的组织管理关系划归生产经营党支部。

截至 2023 年底,浙能兰电党委下设纪委办公室、党委党群工作部、党委组织部、运行部党总支(分设运行部第一党支部、运行部第二党支部)、燃料部党支部、设备管理部党支部、综合党支部、维护部党支部、生产经营党支部、兰能热力党支部等组织机构。截至 2023 年底,浙能兰电党委组织机构设置如图 7-2 所示。

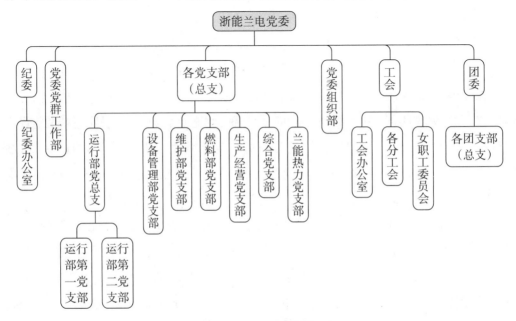

图 7-2　2023 年浙能兰电党委组织机构设置

二、"五好"（星级）党支部创建

2004 年 9 月 17 日,浙能集团党委发布《关于争创"五好"党支部活动的实施意见》,浙能兰电筹建处党总支制定《浙能兰溪发电有限责任公司"五好"党支部考核评比细则》,要求各支部对照文件要求,围绕企业中心工作,从发展和稳定的基本要求出发,争创"五好"(党支部班子好、党员队伍好、基础建设好、思想工作好、发挥作用好)党支部,加强和指导、检查"五好"党支部创建。"五好"党支部根据浙能集团安排,一般每两年为一个评比周期。第二党支部为 2004—2005 年度浙能集团首批表彰的 42 个"五好"党支部之一。截至 2013 年,浙能兰电共有 14 个党支部获评浙能集团"五好"党支部。

2014 年 12 月 5 日，浙能集团党委发布《星级党支部(含"五好"党支部)创建管理办法》，规定星级党支部和"五好"党支部创建工作的管理程序，明确党支部评星定级以及争创"五好"党支部的职责、内容、目标、方法、考核激励等，集团党委对被评为四星级及以上的党支部授予"五好"党支部称号。自此，浙能兰电党委在争创"五好"党支部基础上，开展星级党支部创建活动，各党支部将星级党支部创建作为一项重要工作，积极开展党支部增星晋级活动，争创五星级党支部。

2017 年，浙能兰电根据浙能集团、浙能电力要求，修订党支部星级管理实施办法和考评制度，做好组织、检查、考评等动态工作，注重过程管理，负责一星级、二星级、三星级党支部的检查、考评、命名，负责四星级、五星级党支部的初评，经公示后推荐上报至浙能电力党委，规范党支部工作。四星级党支部由浙能电力党委考评命名；五星级党支部考评由浙能集团党委考评命名。2014—2023 年浙能兰电获评四星级以上党支部情况见表 7-2。

表 7-2　2014—2023 年浙能兰电获评四星级以上党支部情况

年度	四星级党支部	五星级党支部
2014—2015	设备管理部党支部 维护部党支部 运行第二党支部 运行第一党支部 生产经营党支部 综合党支部	燃料部党支部
2016	维护部党支部 生产经营党支部 综合党支部	运行部党总支 燃料部党支部 设备管理部党支部
2017—2018	综合党支部 生产经营党支部 维护部党支部	运行部党总支 设备管理部党支部 燃料部党支部
2019	综合党支部 生产经营党支部 维护部党支部	运行部第一党支部 设备管理部党支部 燃料部党支部 维护部党支部
2020	生产经营党支部 运行部第二党支部	维护部党支部 运行部第一党支部 设备管理部党支部
2021—2022	生产经营党支部 运行部第二党支部 兰能热力党支部	综合党支部 燃料部党支部
2023	生产经营党支部 运行部第二党支部	维护部党支部 运行部第一党支部 设备管理部党支部 综合党支部 燃料部党支部

第五节　党员队伍建设

一、党员发展

2004年，浙能兰电党委把发展党员作为一项重要工作，严格按照"坚持标准、保证质量、改善结构、慎重发展"的指导方针，坚持按"成熟一个、发展一个"的原则，规范做好组织发展工作，注重发展对象的教育、培养和考察，注重在一线工人中发展党员。

2015年，浙能兰电党委坚持"控制总量、优化结构、提高质量、发挥作用"的总要求，坚持党章规定的党员标准，始终把政治标准放在首位，坚持慎重发展、均衡发展，有领导、有计划地进行党员发展，进一步规范各级组织的党员发展工作，把好"入口关、质量关"，建设一支素质优良、结构合理、规模适度、作用突出的党员队伍。重点发展一线党员，扩大党的群众基础，不断增强党组织的吸引力、凝聚力和战斗力。按照"双向培养"原则，注重在技术骨干和生产一线员工中发展党员，注重将党员培养成为技术骨干、业务骨干。

截至2023年底，浙能兰电党委共有党员212名（其中预备党员4名），发展党员97名。

二、党员教育管理

2004年9月17日，浙能兰电党总支明确要求各党支部要以"增强党性、提高素质、发挥作用"为目的加强党员教育，定期组织党员学习理论和科学文化业务知识，根据不同时期党的中心工作和形势任务，确定党员教育的内容和主题，增强党员教育的针对性，改进党员教育方法，注重教育效果，提高教育质量，采取上党课、进党校、电化教育、专题讨论交流等形式有系统、分层次进行党员教育，利用"三会一课"，组织党员学习，在党员中开展教育活动。

2005年7月28日，浙能兰电党委发布《浙能兰电保持共产党员先进性教育活动实施方案》，着重从5个方面对照检查，开展先进性教育活动。同年10月，浙能兰电党委获浙能集团先进性教育活动基层党委优秀组织奖。

2006年3月,浙能兰电党委成立业余党校暨兰溪市委党校教研基地,业余党校负责开展入党积极分子、预备党员、党员干部等培养教育工作。同年6月,在建党85周年前夕,浙能兰电党委组织第一批党员和入党积极分子赴井冈山、南昌接受革命教育。同年7月,浙能兰电党委组织开展"学党章、知荣辱、树新风"专题活动,通过组织党员观看影片,开通"学党章、知荣辱、树新风"活动专栏,发送教育短信等活动,推动专题活动取得实效。

2010年6月17日,浙能兰电党委深入开展以学习实践科学发展观、建设服务型基层党组织为主要内容的"浙能先锋"创先争优活动。

同年6月25日,浙能兰电党委将党组织及全体党员的打算汇编成《我们的打算》一书,分发到各班组、全体党员,让党组织、党员的承诺接受全体员工的监督和评价,同时也勉励和提醒广大党员要"言必行、行必果",兑现承诺,作出实际成效。同年12月,浙能兰电党委被评为浙江省国资委党委"基层党建工作示范点"。

2011年6月30日,浙能兰电党员项文杰在浙能集团"浙能先锋 创先争优闪光言行"展示评选中获评"浙能先锋 创先争优闪光言行"之星。同年8月18日,浙能兰电党委以"庆祝建党90周年,传承红色革命精神"为主题,分两批组织党员及先进员工赴革命圣地延安接受"红色教育",以此提高党员的党性修养,激励党员奋发有为、务实精干,服务企业发展。

2013年3月,浙能兰电党委以学习党的十八大精神、新党章为主要内容,开展"学党章、强党性、立标杆、争先锋"活动。

2015年3月1日,浙能兰电党委制定《公司2015年党员、干部教育培训计划》,推进党员、干部教育培训工作在新常态下的科学化、制度化、规范化,推进服务型党组织和学习型企业建设。同年5月26日,浙能兰电党委持续开展学习型组织创建,各党支部结合机组检修等中心工作,深化"党员责任区""党员先锋岗""党员服务月""主题党日"活动成效,开展党员志愿者服务活动,体现党员先进性,切实推动"党员亮化工程"深入开展。

2016年5月19日,浙能兰电党委制定浙能兰电"两学一做"学习教育的实施方案,发放《习近平总书记系列重要讲话读本(2016年版)》等一系列指定书籍,全面落实党章关于加强党员教育管理要求,推动党内教育从"关键少数"向广大党员拓展、从集中性教育向经常性教育延伸。同年9月,浙能兰电党委组织党员分批参加中共延安市委党校举办的浙能兰电"两学一做"党性教育培训班。浙能兰电

"两学一做"党性教育培训班如图 7-3 所示。同年 11 月，浙能兰电党委开展党建工作业务培训班，提高公司党务工作者理论知识水平，提升党建业务能力，开展网络舆情监控和工作情绪疏导管理。

图 7-3　浙能兰电"两学一做"党性教育培训班

2017 年 4 月 10 日，浙能兰电党委研究决定在公司内开展"信不弃功助力'三转'，智不遗时建功'四业'"主题教育活动，引导广大党员统一思想，坚决贯彻"改革创新，转型升级"的决策部署，增强市场意识、危机意识、创新意识及责任意识，紧扣"四业"改革发展新思路，着力补短板、稳效益、调结构、促转型、谋发展，继续推进企业健康发展，确保各项工作目标圆满完成。同年 6 月 28 日，浙能集团党委发文表彰浙能兰电党委多项基层党建工作示范点，浙能兰电党委"一班两境"班组文化建设获得 2016 年度基层党建工作创新奖。

2018 年 2 月 25 日，浙能兰电党委根据浙江省委组织部发布的《关于进一步深化支部主题党日活动的指导意见》文件精神，开展"做合格的'答卷人'"年度主题党日活动，要求各党支部坚持把强化主题党日活动的政治功能摆在首位，在活动的主题设计、内容安排、组织形式等方面体现落实，规范和创新公司党支部的主题党日活动。同年 3 月 9 日，浙能兰电党委制定《公司 2018 年党员、干部教育培训计划》，构建科学化、制度化、规范化的教育培训体系，努力培养造就一支信念过硬、政治过硬、责任过硬、能力过硬、作风过硬的高素质党员、干部队伍。

2019年2月，浙能兰电党委发布《关于进一步深化年度主题党日活动的指导意见》，聚焦"推动党建与生产经营深度融合""充分发挥支部堡垒作用""提升党员先锋模范意识"三大党建工作重点，确定"捍初心、争先锋"的年度党日活动主题，促进"两学一做"学习教育常态化制度化开展。

2020年4月1日，浙能兰电党委发布《关于进一步深化"武装思想 笃行初心"年度主题党日的指导意见》，结合"党员思想武装年"工作，推动习近平新时代中国特色社会主义思想进企业、进部门、进班组，体现政治理论教育的班组味、融入性。

2020年5月18日，浙能兰电党员教育新阵地——党群驿站开馆。浙能兰电党委秉承"凝聚党员、引领企业、服务职工、推动发展"的理念，进一步深耕思想文化阵地，打造出党员职工学教的"红色基地"、凝心聚力的"红色堡垒"、展示党建文化的"红色窗口"。

2021年4月1日，浙能兰电党委召开党史学习教育动员会，深入学习贯彻习近平总书记在全国党史学习教育动员大会上的重要讲话精神，贯彻落实上级党委部署要求，制订实施计划81项。浙能兰电多个党支部组织党员前往诸暨枫桥，在"枫桥经验"的发源地开展"回首来时路 建功新时代"主题党日活动，实地宣讲党史，印深"红色记忆"。同年5月15日，浙能兰电党委组织志愿者在金华市参加"红歌唱响天龙 献礼建党百年"活动，以庆祝中国共产党成立100周年，推动浙能兰电党史学习教育扎实开展。

2022年1月28日，浙能兰电召开党史学习教育总结会，深入学习贯彻上级党史学习教育总结会议精神，全面回顾总结浙能兰电党史学习教育工作，进一步巩固党史学习教育成果，开展"红色故事会"主题宣讲、"六个一"主题党日，以及"百班百员""领学领悟"及"学习强企"竞赛等活动，制作专题视频14部，清单化落实"三为"实践。同年11月2日，浙能兰电党委及时将新党章和党的二十大报告发放到每一位党员的手中，浙能兰电各党支部组织学习、贯彻新党章和党的二十大报告精神。

2023年4月28日，浙能兰电党委召开专题会议，推进部署学习贯彻习近平新时代中国特色社会主义思想主题教育工作，一体部署推进理论学习、调查研究、推动发展、检视整改等工作。浙能兰电党委组织开展循迹溯源红色主题研学，组织党员前往下姜村感悟"千万工程"。设备管理部党支部组织党员赴浙西南革命根据地纪念馆、北乡革命纪念馆开展"学习党的二十大精神，重走浙西南根据地"主题党日活动。综合党支部党员乘坐"南湖·1921"红色主题教育列车"重走一大路"。运行部第一党支部前往安吉组织开展"追随总书记的足迹"党员教育活动。兰能热力、生产经营党支部党员赴丽水通济堰开展追寻总书记足迹"红色研学"活动。维护部党支部党员前往嘉兴南湖追溯红色记忆。燃料部党支部组织党员赴长兴开展"迎七一、再出发"红色教育活动。浙能兰电党委组织开展循迹溯源红色主题研学如图7-4所示。

图 7-4   浙能兰电党委组织开展循迹溯源红色主题研学

第六节   思想政治工作

2008年6月30日,浙能兰电党委开展"树新形象、创新业绩"主题教育活动。同时,党务干部开展"讲党性、重品行、做表率"主题教育活动。

2009年,浙能兰电党委组织开展争创"两先两优"活动,评选周期一般为每年一次,由各党支部在民主评议的基础上,提出先进党支部、先进党小组、优秀党员、优秀党务工作者推荐意见,党委讨论审定,一方面在"七一"党员大会上进行表彰,另一方面向集团推荐先进。截至2023年底,浙能兰电共有2名党员获评浙江省国资委优秀党务工作者,6名党员获评浙能集团优秀党员,6名党员获评浙能集团优秀党务工作者,4个党支部获评浙能集团先进党支部。2009—2023年浙能兰电"两先两优"情况见表7-3。

表 7-3 2009—2023 年浙能兰电"两先两优"情况

年份	先进党支部	先进党小组	优秀党员/人	优秀党务工作者/人
2009	燃料党支部	设备党支部综合党小组	9	2
2010	设备党支部	燃料第三党小组	10	2
2011	运营党支部	设备党支部电气党小组 燃料党支部第二党小组	12	2
2012	运营党支部	设备党支部第一党小组 燃料党支部第一党小组	10	1
2013	运营党支部	运营党支部第四党小组 设备党支部第二党小组 燃料党支部第二党小组 维护党支部电气党小组	10	2
2014	燃料党支部	运营部党总支二值党小组 设备部党支部 第二党小组 燃料党支部第三党小组 维护部党支部机务党小组	10	2
2015	运营部党总支	运营部党总支四值党小组 燃料党支部第一党小组 设备部党支部第一党小组 生产经营党支部第二党小组	10	2
2016	维护部党支部	运行部党总支三值党小组 设备管理部党支部第二党小组 生产经营党支部第一党小组 综合党支部第二党小组	10	2
2017	设备管理部党支部	运行部二值党小组 燃料部党支部维护党小组 设备管理部党支部第一党小组 综合党支部第四党小组	10	2
2018	运行部党总支 设备管理部党支部	维护部党支部机炉党小组 燃料部党支部维护党小组 设备管理部党支部第二党小组 运行部三值党小组	10	2
2019	维护部党支部	运行部二值党小组 设备管理部党支部第一党小组 燃料部党支部运行第一党小组 生产经营党支部第三党小组	10	2

年份	先进党支部	先进党小组	优秀党员/人	优秀党务工作者/人
2020	运行部党总支 设备管理部党支部	运行部一值党小组 维护部党支部仪控党小组 燃料部党支部运行第二党小组 综合党支部第二党小组	14	2
2021	运行部党总支 综合党支部	维护部党支部机炉党小组 设备管理部党支部第二党小组 燃料部党支部运行第二党小组 生产经营党支部第一党小组	16	2
2022	运行部党总支 维护部党支部	设备管理部党支部第一党小组 燃料部党支部维护党小组 生产经营党支部第一党小组 综合党支部第三党小组	18	2
2023	运行部党总支 综合党支部	设备管理部党支部第二党小组 维护部党支部仪控党小组 燃料部党支部管理党小组 生产经营党支部第二党小组	17	2

2010年1月20日,浙能兰电党政联席会对职工关心的热点问题做专题研究,充分考虑萧山、台州、镇海三个发电厂调入职工生活不便的实际问题,调整长白班周五下午下班时间和周一从三地返回公司的时间,并调整班车接送时间,给予从三地调入公司且与家人两地分居的运行人员适当车费补贴。同时因作息时间变更,为确保安全生产,浙能兰电加强值班人员力量,每日下班后安排人员值班、巡逻。同年7月8日,浙能兰电党建质量管理体系文件正式发布实施,浙能兰电党委开展党建质量体系贯标工作,在大党建管理模式方面开展探索。

2011年3月21日,浙能兰电党委决定在全公司范围内开展"形势与任务"主题教育活动。同年5月9日,浙能兰电获得由北京华夏认证中心颁发的ISO 9001:2008党建质量管理体系认证证书,成为浙能集团系统第三家获得党建质量管理体系认证的公司。

2012年4月1日,浙能兰电党委决定在全公司范围内开展"文化与发展"主题教育活动。同年7月4日,浙能兰电党委决定开展"廉洁立身 勤勉从业"廉政主题教育活动。

2013年4月23日,浙能兰电党委决定开展"转作风、强管理、提素质"主题教育活动。同年8月1日,浙能兰电召开退伍军人座谈会。浙能兰电领导与退伍军人面对面交流,共同回忆那段难忘的峥嵘岁月,听取他们对公司的意见和建议,主动了解他们的工作生活近况,帮助解决最迫切需要解决的问题。2013 年浙能兰电退伍军人座谈会如图 7-5 所示。

图 7-5　2013 年浙能兰电退伍军人座谈会

2014 年 4 月 14 日,浙能兰电党委结合浙能集团"生存与发展大讨论"、浙能兰电成立十周年系列庆祝活动及社会主义核心价值观培育和践行,决定在公司范围内开展"生存和发展"主题教育活动。

2015 年 3 月 12 日,浙能兰电党委决定开展"新起点、新常态、新发展"主题教育活动。2016 年 3 月 4 日,浙能兰电党委决定开展"双学双进"主题教育活动。2017 年 4 月 10 日,浙能兰电党委决定开展"信不弃功助力'三转',智不遗时建功'四业'"主题教育活动。2018 年 5 月 31 日,浙能兰电党委决定开展"思廉月"主题教育。

2016 年 5 月 19 日,浙能兰电党委获评 2014—2015 年度浙能集团五星级党委。

2018 年,浙能兰电党委不断健全完善意识形态工作机制,通过月度政工例会听取各党支部和职能部门职工思想和舆情动态等意识形态领域情况汇报,辨析思想意识领域反映出的问题,分清主流支流,对苗头性倾向性问题,有针对性地及时进行引导,做好后续跟踪,积极营造稳定和谐的企业发展氛围。

2019 年 6 月 18 日,浙能兰电党委开展"不忘初心、牢记使命"主题教育。此次主题教育不划阶段，不分环节，覆盖全体党员，把学习教育、调查研究、检视问题、整改落实贯穿主题教育全过程。

2019年9月6日，浙能兰电党委发布《关于推进"清廉兰电"建设的实施方案》，推动公司全面从严治党、党风廉政建设和反腐败工作。

2019年11月6日，浙能兰电党委决定成立意识形态工作领导小组，进一步加强和改进意识形态工作，落实党管意识形态原则，牢牢掌握意识形态工作的领导权、管理权、话语权，巩固马克思主义在意识形态领域的指导地位，巩固公司广大干部职工团结奋斗的共同思想基础。

2020年，浙能兰电党委决定开展"捍卫初心、锤炼党性"主题教育。

2021年，浙能兰电党委开展党史学习教育。

2022年，浙能兰电党委进一步完善管党治党的责任落实体系、清廉教育体系、风险防控体系、权力监督体系、文化宣贯体系等五大体系，党内政治生活更加规范，政治生态更加纯净。

2023年，浙能兰电党委开展学习贯彻习近平新时代中国特色社会主义思想主题教育。

第七节　新闻宣传

一、组织机构与制度

2004年6月，浙能兰电宣传工作职能归属综合办公室。2007年4月，浙能兰电政治工作部成立，宣传工作职能归属政治工作部，由其负责年度宣传工作要点和工作计划制订、实施，以及公司内部宣传、对外宣传、重大宣传报道等。2015年7月，政治工作部更名为党群工作部，依然具有宣传工作管理职能。

2008年10月，浙能兰电发布《宣传工作管理办法》《宣传专职岗位工作标准》等系列管理制度，规范宣传工作内容和业务流程。后续宣传制度根据企业宣传工作的具体要求和需要适时进行调整和完善。2020年，浙能兰电将宣传工作管理纳入公司标准化管理，发布《宣传工作管理》标准，并在2021年进行修订完善。

二、阵地建设

（一）《浙能兰电》

2007年3月，浙能兰电企业内刊《浙能兰电》创刊，设立《浙能兰电》编辑部，负责编辑出版具体事宜。《浙能兰电》为16开，每期一般56页，采用铜版纸全彩双月刊出。创刊时开设开卷寄语、聚焦要闻、专题专访、精彩解读、党建文化、精致管理等11个栏目。

2011年2月，《浙能兰电》改版，对封面进行大幅修改，并调整为季刊，增设封面故事、品读人物、理论经纬、技术交流、茶香术语等栏目。截至2023年底，《浙能兰电》共出版66期。

（二）门户网站

2010年3月，浙能兰电建立并启用门户网站。门户网站设立生产经营指标、兰电新闻、公告信息和友情链接等4个板块，其中，兰电新闻板块是企业内部的主要宣传阵地之一，由政工职能部门负责管理及日常运营，其他3个板块由信息管理部门负责运营维护。浙能兰电各部门的宣传稿由该部门的党支部书记负责审核，最终由政工职能部门统一审核和发布。

2013年10月，浙能兰电新闻管理系统统一采用浙能集团鼎闻系统，对门户网站和兰电新闻板块进行升级改版。

2018年2月，浙能兰电新闻管理系统进行第二次升级改版，增加综合资讯和摄影作品2个专栏。同时，对综合新闻栏目进行改版，采用按部门划分原则设立运行、维护、燃料、设备管理、生产经营、综合6个子栏目。

2022年2月，浙能兰电对综合新闻栏目进行改版，增设兰能热力子栏目。

（三）《兰电报》

2010年5月，浙能兰电首期《兰电报》面向企业内部发行。《兰电报》由政治工作部负责编辑出版，以月报的形式，采用4开全彩印刷。每期内容分为主刊、企业管理、党建文化、副刊4个板块，发布企业中心工作和新闻动态，传播企业文化。

2011年1月，《兰电报》调整为季报。2011年底，《兰电报》停刊。

（四）微信公众号

2018年4月，浙能兰电开通浙能兰电微信公众号，并成立新媒体工作室，下设新媒体工作小组负责微信公众号的日常运营管理工作，新媒体工作小组归口党群工作部管理。浙能兰电微信公众号重要栏目相对固定，设置有关于我们、聚焦兰电、主题教育 3 个菜单，通过文字、图片、音频、视频等形式，传播主流意识形态，实时推送公司的新闻报道、主题教育系列篇及时政要闻，解读浙能集团、浙能兰电工作部署，发布浙能兰电系统工作动态、检修故事、各类活动等，传播企业声音，展示企业形象。截至 2023 年底，浙能兰电微信公众号关注人数突破 4300 人。

三、宣传成果

2007 年 5 月 22 日，浙能兰电 4 号机组投入商业运行，新华网等多家媒体报道："浙能兰溪电厂 1 号机创下国内超临界大型燃煤发电机组建设的新纪录。""兰溪电厂 4 台 60 万千瓦机组全部建成投产，一举改写浙中大地无大型火电厂的历史，成为浙江省最大的内陆电厂。"

2012 年，《金华日报》《兰江导报》、兰溪电视台分别采访浙能兰电集中供热工程建设，对集中供热项目进行系列报道。

2013 年，《中国电力报》多次报道浙能兰电脱硝改造工程。

2015 年，《兰江导报》《金华日报》、浙江在线、浙江环保新闻网分别多次报道浙能兰电超低排放改造项目、增效扩容改造项目。

2016 年，《中国电力报》《兰江导报》报道浙能兰电 220 千伏改接惠民工程，兰溪电视台"回眸十二五，展望十三五"系列报道浙能兰电热心公益、服务经济，努力建成一流发电企业。

2017 年，浙能兰电抗洪峰保"家"园、集中供热管线项目开工等内容登上金华市电视台、《兰江导报》等媒体。

2018 年，浙能兰电获浙江省节水型企业、保供雨雪冰冻天等新闻在《中国电力报》、中国电力新闻网等国家级媒体刊登，社会反响强烈。

2019 年，浙能兰电献礼中华人民共和国成立 70 周年系列报道、"跑改"撬动改革再发力等新闻在金华无线掌上新媒体、《中国电力报》、金华市电视台等媒体刊登。

2020 年，浙能兰电战"疫"、保供等新闻树立防疫的先进榜样和优秀的工作方式，专题视频《从身边人身边事看中国特色社会主义制度的优越性》等在集团获得赞誉。

2021 年，浙能兰电首个压缩空气项目开工、"君子廉香"固"浙能清风"等新闻在金彩云、中国电力报微信公众号等平台刊登。

2022年,无限金华App、《中国电力报》和中央电视台等媒体报道全国首个煤电二氧化碳捕集与矿化利用全流程耦合示范项目在浙能兰电开工。

截至2023年底,浙能兰电获评"2023年中国能源传媒创新型宣传策划案例",4次获评《中国电力报》优秀通讯站。

第八节　纪检工作

一、纪委班子

2004年10月28日,浙能集团党委发文,建立浙能兰电纪委,任命胡康生为浙能兰电纪委书记。

2012年1月9日,浙能集团党委发文,任命王润之为浙能兰电纪委书记。

2015年2月10日,浙能兰电党委发文,任命何海斌为纪委副书记。

2016年11月30日,浙能兰电换届选举党员大会召开,选举产生新一届纪委,委员由王润之、严建成、李志敏、杨立平、何海斌5人组成,王润之任纪委书记,何海斌任纪委副书记。

2017年12月11日,浙能集团党委发文,任命裘小萍为浙能兰电纪委书记。

2020年5月19日,浙能兰电党委发文,任命章珍丹为纪委副书记。

2021年12月28日,浙能兰电换届选举党员大会召开,选举产生新一届纪委,委员由严建成、李志敏、李英敏、章珍丹、裘小萍5人组成,裘小萍任纪委书记,章珍丹任纪委副书记。

2023年7月11日,浙能集团党委发文,任命俞昕为浙能兰电纪委书记。

2024年1月11日,浙能兰电党委发文,任命李英敏为纪委副书记。

二、制度建设

2004年,浙能兰电制定《中层干部廉政档案实施办法》《中层干部重大事项报告制度》,进一步做好党风廉政建设工作,加强对中层干部的廉政管理和监督。

2010年,浙能兰电制定《党建、党风廉政建设责任制实施办法(试行)》,明确公司各级领导干部对所辖单位、部门党建和党风廉政建设应负的责任，制定《党风廉政监督员管理办法》，进一步拓宽监督渠道，完善监督机制，深化民主监督，增强员工民主管理意识，提高监督效果，创建良好从业环境。

2012年，浙能兰电制定《纪检监察信访工作管理办法》，加强公司纪检监察信访管理，进一步建立畅通、有序、务实、高效的纪检监察信访工作秩序，推进纪检监察信访工作制度化、规范化和法治化。

2014年，浙能兰电制定《建立健全惩治和预防腐败体系2013—2017年实施细则》，贯彻落实上级党委建立健全惩治和预防腐败体系相关要求，扎实推进公司惩治和预防腐败体系建设。

2016年，浙能兰电制定《改革创新容错免责机制实施办法（试行）》，激发公司广大干部职工干事创业的激情，营造支持改革、鼓励创新、宽容失败、允许试错的良好环境。

2020年，浙能兰电制定《纪委工作管理规定》，落实全面从严治党要求，维护党的纪律，保证党的路线、方针、政策、上级和公司决策部署的贯彻执行，充分发挥纪委作用；制定《廉洁风险防控管理办法》，切实加强对权力运行的制约和监督，进一步规范廉洁风险防控工作，完善廉洁风险防控机制；制定《政治生态建设评估管理办法》，深入推进清廉兰电建设，及时了解公司政治生态建设情况，优化党内政治生态；修订《党风廉政建设谈话制度实施办法》，进一步加强对中层干部、重要敏感岗位人员和党支部（党总支）纪检委员的教育、管理和监督，增强严守纪律、改进作风、拒腐防变的自觉性，加强部门领导班子成员和管理人员队伍建设；修订《纪检信访工作管理办法》，进一步明确纪检信访受理范围、规范纪检信访工作；修订《党风廉政监督员管理办法》并将制度名称变更为《党风廉政监督网络实施细则》，构建监督网络体系，加强对监督网络的日常管理。

2022年，浙能兰电制定《检举控告、问题线索管理工作办法（试行）》，进一步规范和加强公司检举控告、问题线索的管理与处置工作。

2023年，浙能兰电修订《中层干部廉政档案管理办法》，落实廉政鉴定双签要求，修订《党风廉政监督网络实施细则》，优化监督网络成员的职责及监督网络的管理。

三、监督执纪

2010年，浙能兰电组织开展"小金库"专项治理及复查工作，此项工作为期两年。

2011年5月19日,浙能兰电门户网站"兰电信访举报"栏目正式开通使用,这是继浙能兰电纪委开通公开信访举报电话、现场信访举报箱之后,通过搭建网络电子平台,拓展反腐倡廉监督信息举报渠道、充分发挥群众监督的另一举措。

2016年,浙能兰电围绕外委服务合同和工程项目合同的履行情况开展效能监察。

2017年,浙能兰电开展"提质增效"、小型施工和服务项目效能监察。

2018年,浙能兰电开展安全生产管理、重大在建工程项目管理流程和合同履行情况效能监察。

2019年,浙能兰电开展限额以下生产、综合类项目采购管理效能监督和全面竞争上岗工作监督。

2020年5月,浙能兰电纪委开展问题线索起底排查。2015年至2020年5月,浙能兰电纪委受理问题线索或信访举报共4件,办结4件。2020年6月—2023年12月,浙能兰电纪委受理问题线索或信访举报共5件,分别对有关事项进行核实、调查、澄清和处理,办结5件。2022年12月29日,给予开除党籍处分1人。

2020年,浙能兰电围绕公司7S管理重点工作开展7S效能监督,开展公务用车管理专项整治、"烟票"背后"四风"问题专项整治、违规收送礼品礼金自查自纠。

2021年,浙能兰电开展非固定总价外包项目管理专项监督、SRM系统采购专项检查、"三重一大"决策制度执行情况专项监督、疫情防控监督、酒驾醉驾及其背后"四风"问题专项治理。

2022年,浙能兰电开展合同执行情况专项监督、限额以下小金额物资采购和废旧物资处置专项整治、党员干部员工日常教育管理情况专项监督。

2023年,浙能兰电开展平安护航亚运会(亚残运会)专项政治监督、单一来源采购与紧急采购专项整治、纪检干部队伍教育整顿。

四、纪检活动

2004年5月26日,浙能兰电工程建设廉政合同签字仪式在兰电工地举行。党总支书记柯吉欣分别与9家施工单位签订廉政合同,兰溪市检察院有关领导出席签字仪式。该活动推动浙能兰电预防工程建设职务犯罪、共同打造廉政战线向规范化方向发展。

2007年10月30日,浙江省"五大百亿"工程预防职务违法违纪工作现场经验交流会在浙能兰电召开,浙江省检察系统、监察系统、发展改革委、百亿工程项目单位等的80余名代表参加会议。浙能兰电与兰溪市检察院联合交流"发挥职能优势互补 共同构建'浙能兰电'工程惩防体系"工作经验,浙能兰电党风廉政建设及预防职务犯罪工作得到肯定。

2008年6月30日,浙能兰电工作经验《检企联防 共建廉政工程》入选《浙能脊梁——浙能集团基层党建工作特色经验汇编》。

2011年5月30日,浙能兰电首次召开年度外委单位廉政工作座谈会,会议邀请外委工程承包、小配件零购、非标件外加工等16家单位代表一起讨论浙能兰电外委工作廉政建设的合作和交流,金华市检察院预防处处长到会指导。此后,会议作为常态化工作机制每年召开。

2013年4月26日,浙能兰电发布《深入推进"阳光工程"建设实施方案》,以权力制衡为基础,提出以阳光决策、阳光建设、阳光交易、阳光消费、阳光监督为主要内容的"五个阳光"工作机制,并将各项工作分解落实到各相关职能部门。

2017年1月26日,浙能兰电《检企共建》《"四动态"廉洁风险管控》等多项党风廉政建设工作经验入选《浙能集团党建工作法》。

2018年8月30日,浙能集团发布《能源集团公司党风廉政建设微经验》,浙能兰电《"联合联审"聚合力》《聚沙成塔 积水成渊》《"三化行动"促廉洁》等工作实践经验入选。

2019年9月24日,浙能兰电纪委编印《廉政谈话实务手册》,为浙能兰电中层以上干部送上中秋"廉节"礼物。《廉政谈话实务手册》内容涵盖开展的廉政责任谈话、任职廉政谈话、提醒谈话、诫勉谈话等不同类别,明确谈话前、谈话时以及谈话后的工作要求。

2020年1月21日,浙能兰电制定《关于深化纪检监察体制改革的工作方案》。按照"三转"要求,浙能兰电纪委协助党委推进全面从严治党、加强党风廉政建设和反腐败工作,具体履行协助职责、监督职责、纪检职责。

2020年7月1日,浙能兰电课题《发电企业对标安全生产提升党风廉政工作成效的实践》荣获浙江省电力行业2019年度管理创新优秀成果二等奖。

2020年11月25日,浙能兰电工作经验《支部"组合拳"助力企业"清"装上阵》在《反腐败导刊》刊登。浙能兰电设备管理部党支部聚焦责任落实落地,以清单管理、对标管理、网格管理的"组合拳",把清廉建设与企业生产经营有机结合,发挥党支部的教育、管理、监督职能。

2021年3月15日,浙能兰电荣获2020年度浙能集团纪检工作先进集体,这是浙能兰电第5次获得该项荣誉。

2021年11月3日,浙能兰电工作经验《"三进三化"控风险 清廉国企迭代升级》在浙江省纪委省监委网站发表。"三进三化"是指系统推进清单化束权,持续改进制度化督权,引领先进信息化治权。

2022年6月22日,浙能兰电课题《发电企业构筑"四式监督"体系提升治理效能》荣获浙江省电力行业2021年度管理创新优秀成果一等奖。浙能兰电深入贯彻纪检监察体制改革要求,坚持精准职责定位,聚焦主责主业,以"监督什么、怎么监督"为问题导向,以清单式常规督查、协同式专项督查、驻点式调研走访、点穴式核实核查的"四式监督"为抓手,涵盖日常所有监督,并定人定责落实年度监督任务,使日常监督融入日常、抓在经常,构建统筹有力、协调有序、运转有效的监督工作机制。

2023年6月28日,浙能兰电课题《清廉小微单元颗粒饱满度提升策略》荣获浙江省电力行业2022年度管理创新优秀成果一等奖。

第九节　工会

一、工会委员会

2004年12月13日,经浙能兰电党委研究决定,成立工会筹备小组,负责公司工会的组建和日常工作。工会筹备小组由胡康生、傅坚钢、朱将云、麻建中、朱朝阳、杨立平、周芸7人组成,胡康生任组长。

2005年1月31日,浙能兰电召开首届工会会员代表大会,出席会议的正式代表有24人。大会选举产生由5人组成的首届工会委员会,设专职工会主席1人,胡康生任主席。同时选举产生首届工会经费审查委员会。自此,浙能兰电工会正式成立。2005年3月4日,浙能集团工会委员会发文同意选举胡康生为浙能兰电工会主席。

2008年4月15日,浙能兰电召开第二届工会会员代表大会,出席会议的正式代表有65人,选举产生由7人组成的第二届工会委员会,胡康生任主席,选举产生第二届工会经费审查委员会。

2012年3月，浙能兰电进行第三届工会委员会及经费审查委员会的换届工作，出席工会会员代表大会的正式代表有71人，第三届工会委员会由10人组成，王润之任主席。2012年8月10日，浙能集团工会委员会发文同意浙能兰电选举结果，王润之为浙能兰电工会主席。

2017年4月6日，浙能兰电召开第四届第一次工会会员代表大会，大会实到会员代表72人，选举产生由9人组成的第四届工会委员会，王润之继续担任主席。

2018年1月，因人事变动，浙能兰电召开工会委员会会议，选举裘小萍为公司第四届工会委员会主席。2018年1月8日，浙能集团工会委员会发文同意选举裘小萍为浙能兰电工会主席。

2019年8月，浙能兰电工会委员会召开第四届第二十四次委员会议，民主补选第四届工会委员会委员和经费审查委员会委员，麻建中任主席。2019年9月4日，浙能集团工会委员会发文同意选举麻建中为浙能兰电工会主席。

2022年5月，第五届工会委员会第一次会议选举麻建中为第五届工会委员会主席。

二、分工会建设

2005年1月，浙能兰电成立运行、设备、燃料、工程质安、综合计财等5个工会小组，相关工作随即展开。

2006年3月，随着组织机构的调整与会员不断增加，浙能兰电对工会内部组织机构进行调整，撤销运行、设备、燃料3个工会小组，设立运行、设备、燃料3个分工会，工程质安、综合计财2个工会小组为公司工会直属小组。

2008年4月，分工会由3个调整为4个，分别为运行部分工会、燃料部分工会、设备分工会、科室分工会，撤销2个工会直属小组。

2011年3月，浙能兰电对科室分工会组织机构进行调整，分工会由4个调整为5个，撤销科室分工会，增设生产经营分工会、综合分工会。

2012年2月，撤销设备分工会，成立设备部分工会、维护部分工会，行政事务部划归生产经营分工会，工会办公室划归综合分工会，分工会由5个调整为6个，分别为运行部分工会、燃料部分工会、设备部分工会、维护部分工会、生产经营分工会、综合分工会。

2019 年 7 月,成立兰能热力分工会。分工会由 6 个调整为 7 个。

截至 2023 年底,浙能兰电工会有会员 520 人。2023 年浙能兰电分工会组织情况见表 7-4。

表 7-4 2023 年浙能兰电分工会组织情况

分工会名称	分工会主席	工会小组数/个	工会会员数/人
运行部分工会	李强	9	191
维护部分工会	张骥	10	115
燃料部分工会	韩永强	3	68
设备管理部分工会	琚敏	4	41
生产经营分工会	王献灵	5	38
综合分工会	胡阳	4	47
兰能热力分工会	黄媛媛	0	20

三、职工权益维护

自 2005 年开始,浙能兰电工会每年组织开展"安康杯"竞赛活动,并以此作为维护职工生命健康权的重要形式。浙能兰电工会代表职工与行政方平等协商签订集体合同,通过集体合同明确双方的权利、义务,确保职工的劳动经济权益。

2012 年 4 月 1 日,浙能兰电第一轮集体合同正式签订,职工方代表为工会主席王润之,行政方代表为总经理虞国平。集体合同报兰溪市人力资源和社会保障局审查批准后正式生效,依法向全体职工公布,履行期限为 2012 年 4 月 1 日至 2015 年 3 月 31 日。此后每隔三年在集体合同履行期满后,工会代表职工方与行政方代表进行平等协商,参照原文本,并根据国家劳动法律、法规和职业安全卫生的要求做一定的修改,形成合同草案,提交职工代表大会审议通过后,由职工方代表工会主席与行政方代表总经理签订新一轮集体合同。为使集体合同得到充分履行,浙能兰电由纪检监察人员、职工代表、分工会主席组成集体合同监督检查组对合同双方的履约情况定期开展监督检查,检查结果向职工代表报告。截至 2023 年底,浙能兰电已签订第四轮集体合同。

2012 年 11 月 21 日,浙能兰电成立劳动保护监督检查委员会及劳动保护监督检查三级网络,由工会主席担任监督检查委员会主任。工会劳动保护三级网络对粉尘治理、噪声控制、防暑降温、劳动保护开展专项检查,提出整改措施,督促落实。在企业安全生产和劳动保护的日常运作过程中,工会发挥民主管理和民主监督作用。

四、职工关爱互助会

2011 年 12 月 16 日,浙能兰电工会委员会根据浙能集团《关于做好职工关爱互助会有关工作的通知》要求,发文成立浙能兰电职工关爱互助会管理委员会。职工关爱互助会管理委员会主任、副主任分别由浙能兰电工会主席、副主席兼任,成员由浙能兰电工会委员、分工会主席兼任。职工关爱互助会管理委员会下设办公室,挂靠在公司工会办公室,日常工作由公司工会办公室负责。互助会经费审查监督小组由工会经费审查委员会兼任。浙能集团职工关爱互助会会费每人每年 100 元,其中职工每人每年承担 12 元,浙能兰电行政承担每人每年 58 元,浙能集团工会承担每人每年 30 元。2011—2023 年浙能兰电职工累计加入浙能集团职工关爱互助会 6950 人次,每年入会率均为 100%。2011—2023 年浙能兰电职工由于患重大疾病、一般住院、家庭困难等原因申领职工关爱互助金 681416 元,2011—2023 年浙能兰电职工参加浙能集团职工关爱互助会情况见表 7-5。

表 7-5 2011—2023 年浙能兰电职工参加浙能集团职工关爱互助会情况

年份	参保人数/人	申请互助金人数/人	补助金额/元
2011	495	5	37837
2012	513	0	0
2013	536	10	60879
2014	533	2	25000
2015	566	1	16000
2016	592	3	30000
2017	584	3	60000
2018	559	2	40000
2019	528	21	55450
2020	514	33	156750
2021	504	20	41550
2022	506	14	34550
2023	520	37	123400
合计	6950	151	681416

五、劳动竞赛

2006年12月,浙能兰电开展以"当好主力军、建功十一五、和谐促发展"为主题的劳动竞赛,动员和激发广大职工投身于工程建设和生产运行中。

2007年3月,浙能兰电成立"奋战100天,确保鲁班奖"劳动竞赛领导小组,开展青年突击队劳动竞赛,引导公司青年员工投身于一期工程创优工作中。

2008年,浙能兰电工会组织开展"安康杯"节能环保知识竞赛和节能减排主题活动,动员全体职工挖潜增效,增收节支。浙能兰电工程建设期间,工会组织职工投入劳动竞赛活动。劳动竞赛主要围绕公司工作重点,领导重视、全员参与,贯彻"安全第一、预防为主"的方针,建立劳动竞赛组织机构,加大宣传力度营造浓郁的劳动竞赛氛围。

2009年4月,浙能兰电获2008年度华东电网调度自动化专业劳动竞赛先进单位。同年5月,获2008年度华东电网继电保护同工种劳动竞赛先进集体。后续在2010年度、2012—2014年度以及2018年度均获得华东电网调度自动化专业劳动竞赛先进单位。

2011年5月,浙能兰电获浙江省"十一五"社会主义劳动竞赛先进集体。

2021年3月,浙能兰电制定《技术比武管理》标准,明确由各部门、各分工会制定部门及专业的技术比武实施方案、办法及考核标准。技术比武活动办公室设在公司工会,负责职工技术比武活动的牵头组织工作,负责编制公司技术比武活动的年度计划和实施方案、每季度技术比武信息简报编发、技术比武活动年度总结与表彰、批准具体技术比武项目实施方案以及指导各部门开展技术比武活动。自此,一些劳动竞赛项目如机组A修劳动竞赛、青工劳动竞赛、运行小指标竞赛等在浙能兰电常年开展,各专业、工种开展的技术比武、岗位练兵活动等经常性进行。

2008年3月—2016年9月,浙能兰电工会共组织机组A级检修劳动竞赛8项、B级检修劳动竞赛3项。

六、职工之家

2007年3月,浙能兰电首届三次职工代表大会提出建设"职工之家"推进工会工作迈上新台阶的工作目标。随后,按照浙江省"合格职工之家"的条件进行自查,"职工之家"建设活动全面铺开。

2008年下半年,浙能兰电细化"职工之家"建设标准。

2008年12月,浙能兰电工会获浙江省"合格职工之家"称号。

2010年7月,浙能兰电工会被评为浙江省直属企业工会"先进职工之家"。

2012年4月,在浙能集团工会对基层工会建家工作考评中,浙能兰电工会被评为"先进职工之家",同年被浙江省直属企业工会评为"浙江省部属企事业先进职工之家"。

2013年4月,浙能兰电工会被浙能集团工会评为"模范职工之家"。

2018年6月,浙能兰电工会被浙江省总工会评为"模范职工之家"。浙能兰电工会围绕企业中心工作,发挥"维护、建设、参与、教育"的职能,开展"职工之家"创建活动。

七、女职工工作

2005年1月31日,浙能兰电首届工会会员代表大会选举周芸担任组织委员兼职女职工委员,具体负责女职工工作。

2007年3月,浙能兰电首届三次工会会员代表大会建议设立女职工工作委员会。成立的第一届女职工工作委员会,由3人组成,周芸任委员会主任。女职工工作委员会负责宣传贯彻女职工保护相关法律法规,确保女职工政策待遇的落实,通过女职工权益保护专项集体合同,维护女职工特殊权益和合法权益,开展技术比武等活动,引导女职工为企业发展做贡献。自此,女职工工作委员会每年组织庆祝"三八"国际劳动妇女节活动,举办适合女职工参加的文体活动、妇女保健知识讲座等,丰富女职工的精神文化生活。

2008年4月,第二届女职工工作委员会成立,由3人组成,周芸任委员会主任。

2012年3月,第三届女职工工作委员会成立,由5人组成,潘春飞任委员会主任。

2016年,浙能兰电开展女职工维权行动月活动,增强广大女职工的依法维权、自我防护意识,营造依法维权、关爱女职工的良好氛围。

2017年4月,第四届女职工工作委员会成立,由5人组成,郭燕平任委员会主任。

2018年5月,针对二孩政策后出现的新情况,修订《公司计划生育管理办法》。女职工生育后奖励假期大幅缩减,公司工会多方争取制定《关于对取消哺乳假后生育女职工进行育婴补助的暂行规定》,提交职代会职工组长联席会议审议通过,予以实施。

2022年3月,第五届女职工工作委员成立,由5人组成,吴芝京任委员会主任。

截至2023年底,浙能兰电共有在职女职工118人。

八、职工文体活动

浙能兰电筹建时期,配套职工文体活动设施相对缺乏,工会创造条件组织开展职工文体活动。浙能兰电建成投产后,加快职工活动场所的建设,工会在公司行政的支持下,积极建设活动阵地,拓展活动空间。

2007年,浙能兰电工会组织开展"兰电杯"三人制篮球赛。

2008年,浙能兰电拥有固定的职工书屋、篮球场、网球场、健身房等活动场地,配备有乒乓球台、健身器等设备,软、硬件设施,基本满足职工文化生活需要。浙能兰电工会利用业余时间,组织开展丰富多彩的文体活动,使职工在工作之余,强身健体、陶冶情操、增强团队精神。同年,浙能兰电工会组织开展"迎国庆"四人制足球赛。此后,此类赛事成为职工经常性文体活动。

2012年,浙能兰电成立文化体育协会,各项赛事和活动经常性开展,丰富企业职工文化生活。公司工会积极引导各分工会和文体协会开展各类活动,工会给予一定的活动经费,由分工会和文体协会组织活动,既扩大活动的参与面,又根据实际情况使文体活动更加丰富多彩。自此,每年浙能兰电各分工会和文体协会都会举办各种文体活动,如棋牌比赛、拔河比赛、采风活动、春秋游等活动百余次。

九、公益活动

浙能兰电从2004年开始,积极参加慈善捐助等社会公益活动。2012年,浙能兰电向兰溪市慈善总会捐赠60万元。2019—2023年,浙能兰电工会持续组织"慈善公益周 慈善一日捐"活动,全体职工以实际行动传递爱心。截至2023年底，募集善款累计 31561.08 元。

浙能兰电从 2004 年开始，每年组织员工无偿献血。2016 年 8 月，金华市献血领导小组授予浙能兰电 2015 年度无偿献血促进奖。截至 2023 年底，浙能兰电共有 1500 余人参与无偿献血活动。

第十节　共青团

一、组织沿革

2005 年 6 月 9 日，经浙能兰电党委研究决定，成立公司团委筹备小组，负责公司团组织的组建等工作。团委筹备小组由顾宏、严建成、何海斌 3 人组成，顾宏任组长。

2005 年 9 月 29 日，浙能兰电召开共青团首届代表大会，出席会议的正式代表有 37 人。大会选举产生由 5 人组成的第一届共青团浙江浙能兰溪发电有限责任公司委员会，顾宏任书记。自此，浙能兰电团委正式成立。根据《共青团工作管理规定》要求，团代会一般每三年召开一次，根据实际情况变化适当提前或推迟。

2008 年 8 月，浙能兰电召开共青团第二届代表大会，出席会议的正式代表有 58 人。选举产生由 7 人组成的第二届委员会，何海斌任书记。

2010 年 7 月，浙能兰电召开共青团第三届代表大会，出席会议的正式代表有 59 人。选举产生由 7 人组成的第三届委员会，杨旭平任书记。

2012 年 5 月，浙能兰电召开共青团第四届代表大会，出席会议的正式代表有 63 人。选举产生由 7 人组成的第四届委员会，朱云涛任书记。

2015 年 5 月，浙能兰电召开共青团第五届代表大会，出席会议的正式代表有 54 人。选举产生由 5 人组成的第五届委员会，赵钏晨任书记。

2019 年 3 月，浙能兰电召开共青团第六届代表大会，出席会议的正式代表有 50 人。选举产生由 7 人组成的第六届委员会，成城任书记。

2022 年 5 月，浙能兰电召开共青团换届团员大会，选举产生由 7 人组成的第七届委员会，姚路任书记。截至 2023 年底，浙能兰电团委下设 1 个团总支，5 个团支部，共有共青团员 49 人，其中团干部 20 人。2023 年浙能兰电团组织机构设置如图 7-6 所示。

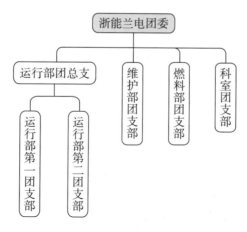

图 7-6　2023 年浙能兰电团组织机构设置

二、管理体系

2006 年 4 月,浙能兰电团委发布《共青团浙能兰溪发电有限公司委员会工作标准》,夯实共青团工作基础。同年,浙能兰电团委发布《共青团浙能兰溪发电有限责任公司委员会团总支(直属团支部)季度考评表》,健全完善团的基层组织考评,并逐步建立团委月度工作例会制度、团支部月度工作目标管理制度和年度团员民主评议制度。2008 年,浙能兰电团委建立青工思想反馈体系,及时形成青工思想动态汇报材料。同时在浙能兰电党委大力支持下,浙能兰电团委多次组织青工座谈会,以此加强青工和公司领导的沟通,起到桥梁作用。2016 年,浙能兰电团委制定《团委数据化标杆管理体系实施办法》,并于 2020 年修订成《共青团云数据库管理办法》。2020 年,浙能兰电团委制定《共青团工作管理规定》《共青团基础团建管理办法》等,完善团内"教育、择优、考评"三大体系。

截至 2023 年底,浙能兰电团委被评为浙能集团先进团委 1 次,浙能集团"五四"红旗团委 2 次,1 个团支部获评全国"五四"红旗团支部,1 个团支部获评浙能集团"五四"红旗团支部。

三、青年文明号创建

2005 年 9 月,浙能兰电团委坚定不移地推进共青团的品牌建设工作,每年组织开展青年文明号创建与青年突击队活动,在生产建设、机组大小修、防汛抗台和迎峰度夏等重要和突击性工作中发挥积极作用。2006 年，浙能兰电团委制定《浙能兰溪发电有限责任公司"青年文明号"管理办法》。2009 年 9 月，为进一步加强企业党建带团建，推动共青团组织创先争优活动，浙能兰电团委参与浙能集团共青团创优争先部署会暨"青"字号活动经验交流会。2010 年，浙能兰电运行部五值获省级青年文明号。2020 年，浙能兰电运行部二值获省级青年文明号。2021 年 10 月，浙能兰电团委受到兰溪团市委的邀请参与指导县市级青年文明号的创建工作。2009—2023 年浙能兰电共获评青年文明号情况见表 7-6。

表 7-6　2009—2023 年浙能兰电获评青年文明号情况

获奖年份	荣誉奖项	获奖集体
2009	2007—2008 年度集团青年文明号	运行部五值
2009	2008 年度公司青年文明号	运行部五值
2010	2009 年度省级青年文明号	运行部五值
2011	2010 年度公司青年文明号	运营部三值、运营部四值、设备部仪控一班、燃料部电仪班
2012	2011 年度公司青年文明号	维护部仪控二班
2012	2011 年度公司青年文明号	运营部二值、维护部仪控二班
2013	2013 年度金华市青年文明号	运营部二值
2013	2012 年度兰溪市青年文明号	维护部仪控一班
2014	2013 年度金华市青年文明号	运营部四值
2015	2014 年度公司青年文明号	运营部四值、燃料部电仪班
2016	2015 年度公司青年文明号	运行部一值、燃料部运行六班
2016	2015 年度金华市青年文明号	维护部仪控一班
2016	2015 年度兰溪市青年文明号	燃料部电仪班
2017	2016 年度公司青年文明号	运行部三值、维护部锅炉二班
2018	2017 年度公司青年文明号	运行部二值、维护部电气二班
2019	2017—2018 年度浙能集团青年文明号	运行部二值
2020	2019 年度公司青年文明号	维护部仪控二班
2020	2019 年度省级青年文明号	运行部二值
2021	2019—2020 年度浙能集团青年文明号	运行部一值
2021	2020 年度公司青年文明号	燃料电仪班、运行部四值
2022	2021 年度公司青年文明号	燃料运行班、运行部三值
2023	2021—2022 年度浙能集团青年文明号	维护部仪控二班
2023	2022 年度公司青年文明号	运行部一值、燃料部运行班

四、青年安全生产示范岗活动

2006年，浙能兰电团委在机组大修中开展创建青年安全生产示范岗活动，坚持安全生产示范导向，以青年群体团结向上、积极进取的精神风貌促进安全生产和谐发展，以青年群体勇于实践的专业态度保障安全生产持续稳定，体现团员青年"安全生产青年当先"的精神风貌。

2010年，浙能兰电维护部继保班获浙能集团青年安全生产示范岗。

2013年，浙能兰电运行部一值获浙能集团青年安全生产示范岗。

2018年，浙能兰电运行部三值获全国青年安全生产示范岗。

截至2023年底，浙能兰电共有2个集体获全国级青年安全生产示范岗；1个集体获评省级青年安全生产示范岗；6个集体获评浙能集团青年安全生产示范岗。2008—2023年浙能兰电获评青年安全示范岗情况见表7-7。

表 7-7 2008—2023年浙能兰电获评青年安全示范岗情况

获奖年份	荣誉奖项	获奖集体
2008	全国青年安全生产示范岗	设备部仪控班
2010	2009年度公司青年安全生产示范岗	设备部继保通讯班
2011	2009—2010年度集团青年安全生产示范岗	设备部继保通讯班
2011	2008年度公司青年安全生产示范岗	兰电保安中队
2012	2011年度公司青年安全生产示范岗	维护部辅控班、运营部一值
2013	2011—2012年度集团青年安全生产示范岗	运营部一值
2015	2014年度青年安全生产示范岗	运营部六值、维护部锅炉二班
2015	2013—2014年度集团青年安全生产示范岗	运营部三值
2016	2015年度公司青年安全生产示范岗	运行部五值、维护部仪控二班
2017	2016年度公司青年安全生产示范岗	运行部二值、燃料电仪班
2018	2016年度省级青年安全示范岗	运行部三值
2018	2017年度公司青年安全生产示范岗	运行部一值、燃料运行五班
2018	2017年度全国青年安全生产示范岗	运行部三值
2019	2017—2018年度集团青年安全生产示范岗	燃料部运行五班
2020	2019年度公司青年安全生产示范岗	燃料部运行班
2021	2019—2020年度浙能集团青年安全生产示范岗	燃料运行班
2021	2020年度公司青年安全生产示范岗	维护部电气二班、运行部五值

获奖年份	荣誉奖项	获奖集体
2022	2021 年度公司青年安全生产示范岗	运行部一值、维护部锅炉二班
2023	2022 年度公司青年安全生产示范岗	运行部五值、维护部仪控二班
2023	2021—2022 年度浙能集团青年安全生产示范岗	运行部五值

五、青年培养

2006 年，浙能兰电团委推进"青年技能振兴计划"，以"节能减排红旗岗"、"导师带徒"、"青工技术大讲堂"、技能竞赛、青工"五小"创新创效等活动为载体，全面落实振兴计划，每年开展年度"五小"优秀成果答辩会，引领青年针对生产中的重点难点开展"五小"活动，加强与各部门的联系，积极扩大青年参与范围，联合兴源节能公司团委等搭建"五小"课题交流平台，组织优秀青年为兄弟单位开展"五小"专题实务培训交流，引导青年团员注重创新，强化提升青年的综合素养。浙能兰电团委力争继续做好"节能减排红旗岗"及"导师带徒"两个品牌工作的同时，进一步探索全面开展"青工技术大讲堂"的工作，使更多有才华的青年才俊能够走上讲台，以此形成示范带动效应，提升青年在企业中心工作的贡献度。浙能兰电青年岗位个人荣誉见表 7-8。

表 7-8　浙能兰电青年岗位个人荣誉

获奖年份	获奖人	名称
2009	项文杰、舒畅、朱云涛、陈娟春、戴伟刚、过庆红	2008 年度公司青年岗位能手
2010	张效铭、谢冬林、胡凯波	2009 年度公司青年岗位能手
2011	卢泓樾、潘小奎	2010 年度公司青年岗位能手
2011	郑斌	2010 年度公司优秀团干部
2011	戴敏敏、钱力铭、王献灵、王晓鹏、叶剑勇	2010 年度公司优秀团员
2012	王宇、叶剑勇、郑斌、顾扬彪	2011 年度公司青年岗位能手
2012	王娟、徐晃、曹家顺	2011 年度公司优秀团干部
2012	包倩倩、余恢、李倩、李晨晖、胡欢、赵钊晨、郭之慧、崔娜、梁沫、盛淑慧	2011 年度公司优秀团员
2013	王天兴、肖雷、俞逾、管华	2012 年度公司青年岗位能手
2013	鲍艳斌、陈晓华、赵钊晨	2012 年度公司优秀团干部

获奖年份	获奖人	名称
2013	项静、朱瑜翔、黄综联、张国东、成城、付维、吴可泽、盛淑慧、姜文涛、楼之梁	2012年度公司优秀团员
2014	张国东、范莉、崔科杰	2013年度公司青年岗位能手
2014	成城、李晨晖、项静	2013年度公司优秀团干部
2014	丁一、仇敏、方卉、张勇、张晓梅、郝新凡、俞晶、顾吴垠、郭之慧、潘振	2013年度公司优秀团员
2014	郑斌	浙能集团优秀团干部
2014	戴敏敏	全国"电力行业技术能手"
2014	韩峰	金华市青年岗位能手
2014	崔科杰	兰溪市青年岗位能手
2015	郑波、项超	2014年度公司青年岗位能手
2015	余恢、郭之慧、李彬华	2014年度公司优秀团干部
2015	吴燕侠、仇煜、傅佳俊、蔡翎顿、方霞丽	2014年度公司优秀团员
2015	成城	兰溪市优秀团员
2015	叶剑勇	浙江省级青年岗位能手
2016	顾华平、张同喜	2015年度公司青年岗位能手
2016	吴燕侠、潘振、丁一	2015年度公司优秀团干部
2016	何云玲、吴伟庆、陈平汉、杨晨、季周盈	2015年度公司优秀团员
2017	王飞、徐洪忠	2016年度公司青年岗位能手
2017	仇煜、蔡翎顿、琚敏	2016年度公司优秀团干部
2017	张婕、黄友桥、周帆、胡阳、凌云霄	2016年度公司优秀团员
2017	仇煜	2016年度兰溪市优秀团员
2017	张国东	浙能集团"创新发展青春建功标兵"提名奖
2017	陈平汉	2015—2016年度集团青年岗位能手
2018	李倩、柴成林	2017年度公司青年岗位能手
2018	杨晨、吴伟庆、李梦远	2017年度公司优秀团干部
2018	阮雪花、陈羽蕙、周建伟、邢天彪、王俊伟	2017年度公司优秀团员
2018	赵钊晨	浙江省级青年岗位能手
2019	姚路	浙能电力"青年岗位学习标兵"
2019	周帆、姚路、刘攀	2018年度公司优秀团干部

续表

获奖年份	获奖人	名称
2019	何鑫、陈煜茜、陈锴祥、孙佳和、池霈禹	2018 年度公司优秀团员
2019	蔡翎顿	2018 年度金华市优秀团干部
2020	琚敏、黄徐	2019 年度公司青年岗位能手
2020	盛啸天、郝誉、薛伟业	2019 年度公司优秀团干部
2020	沙建飞、魏霞、黄媛媛、叶紫渊、方逸群	2019 年度公司优秀团员
2021	李强、黄友桥	2020 年度公司青年岗位能手
2021	池霈禹、魏霞、陈楷祥	2020 年度公司优秀团干部
2021	张雨涵、杨婷婷、郑君潇、郑佳、叶雅琦	2020 年度公司优秀团员
2021	吴神通	2019—2020 年度集团青年岗位能手
2021	吴神通、胡燕辉、张同喜	浙江省青年工匠
2021	黄徐	金华市青年岗位能手
2022	刘宇博、林腾蟠	2021 年度公司青年岗位能手
2022	韩永强、刘金思、周旭东	2021 年度公司优秀团干部
2022	周前程、刘宁宁、贾凡非、华庆敏、钟允益	2021 年度公司优秀团员
2023	林晓波、韩永强	2022 年度公司青年岗位能手
2023	叶泽楠、郭宏一、周前程	2022 年度公司优秀团干部
2023	张小雪、赵晶、初俊峰、魏增瑞、王开	2022 年度公司优秀团员
2023	陈晨	兰溪市青年岗位能手
2023	黄徐、林腾蟠	浙能集团"青年岗位能手"

六、公益和文体活动

2005 年，浙能兰电团委开展公益和文体活动，丰富团员青年文化生活，着力打造活力团支部，增强企业的凝聚力和向心力，助力企业改革发展。

2006 年 5 月，浙能兰电团委成立青年志愿者队伍，组织开展志愿者活动，与兰溪市第一中学、兰溪市第三中学、灵洞乡中心学校开展结对助学活动，并且每年坚持开展结对助学活动。同年，浙能兰电团委承办公司迎新春晚会，干部职工欢聚一堂，共贺新春。

2009 年，浙能兰电团委以青年书友会为基础，进行"青年读书俱乐部"建设，开展"读一本好书、学一项技术、掌握一门新知识、达到一个新目标"为主题的"四个一"活动。

2015年,浙能兰电团委联合兰溪市团委持续开展"兰湖生活节,摩登活力派对"交友活动、"青兰之约"交流活动。

2016年,浙能兰电团委联合兰溪团市委开展"青春留影机"学雷锋志愿服务活动,至今已连续开展8个年头。

2018年12月19日,由浙能兰电团委组织举办"兰电书院"揭牌仪式暨"悦分享"交流活动,为员工搭建阅读分享的平台,引导更多的员工加强阅读意识、养成阅读习惯。

2020年,浙能兰电团委开展"关爱麻风病人"志愿服务活动。

2021年,浙能兰电团委结合建党100周年重大节点,组织开展党史学习教育,以"百年荣光学党史"为主题,开展"兰电青年畅读党史"活动,推进学习型团组织建设,以青年文化的特有方式和内容丰富企业文化。同年,浙能兰电团委承办浙中片区"彩色空间,绚丽有你"青年交友活动,开展青年"一对一"交流。

2022年10月,浙能兰电团委组织召开"学习二十大、建功新时代"主题团日活动。

2023年11月,浙能兰电团委组织团员开展"学习习近平总书记考察浙江讲话精神"活动。

截至2023年底,浙能兰电团委多次在环保宣传、防汛抗台、爱心助学、社区援助、结对帮扶、军民共建等方面开展志愿者服务与主题教育活动。

第十一节　研究会与协会

一、思想政治工作研究会

2005年3月29日,浙能兰电设立职工思想政治工作(企业文化建设)研究会(以下简称"政研会")并发布《职工思想政治工作(企业文化建设)研究会章程》。政研会是研究企业职工思想政治工作、企业文化建设等内容的群众性学术研究团体,是由浙能兰电员工依法自愿组成的非营利性的社团组织,是浙能集团职工思想政治工作(企业文化建设)研究会团体会员。政研会遵照章程管理,坚持理论和实践相结合的原则,围绕企业工程建设和生产经营管理,研究新时期企业思想政治工作(企业文化建设)新特点、新规律、新途径、新办法;以政研会为载体,深入开展调研,组织研讨活动,为创新企业思想政治工作、企业文化建设和企业管理提供理论依据,增强思想政治工作的针对性和有效性,提高员工队伍素质,为企业改革和发展提供精神动力和思想保证。政研会日常管理机构设在党群工作职能部门。从此,政研会每年年初印发政研课题项目,由各党支部课题组组织调研撰写,年终进行课题综合评审,并发布文件表彰年度优秀政研论文,向浙能集团推送优秀政研论文。

2008年,浙能兰电政研会刊发《政研文集》,收录2005—2008年的优秀政研论文。

2013年7月1日,浙能兰电获评浙江省"心灵港湾工作坊"示范点。浙能兰电针对当前思想政治工作面临的多元、多样、多变的新形势,加强组织领导,注重典型示范,抓好队伍建设,深化理论研究,将职工心灵港湾建设与思想政治工作的内在要求结合起来,与党的群众路线教育实践活动结合起来,与企业中心工作开展结合起来,持续推进、积极探索并取得较好成效。

2015年,浙能兰电政研会刊发《躬行始成》政研论文集,收录2009—2015年的优秀政研论文。浙能兰电政研会刊发《躬行始成》政研论文集如图7-7所示。

图7-7 浙能兰电政研会刊发《躬行始成》政研论文集

2022年，浙能兰电政研会承办浙能集团《优秀政研论文集汇编》(2019—2020年度)编辑印发工作。浙能兰电《发电企业"全员竞聘上岗"实施中的意识形态工作研究》《"三色网格"联动助推党建引领的实践与探索》等2篇论文入选。浙能兰电政研会工作成果共11项，具体情况见表7-9。浙能兰电政研会工作荣誉奖项见表7-10。

表7-9 浙能兰电政研会工作成果

序号	成果名称	获奖年份
1	2009年度浙江省企业文化优秀成果	2009
2	"抓'三基'促'三强'"项目获评浙能集团基层党组织建设示范项目	2011
3	"建企即建校"获评集团基层学习型党组织建设示范项目	2012
4	"党委'心灵港湾工作坊'建设"获评思想政治工作示范项目	2012
5	"党委'三园'文化建设"获评企业文化建设示范项目	2013
6	浙江省"心灵港湾工作坊"示范点	2013
7	"三园"文化获2014年电力行业企业文化建设优秀成果二等奖	2015
8	浙能集团年度宣传思想工作先进集体	2016
9	"党委'一班两境'班组文化建设"获评浙能集团基层党建工作创新奖	2017
10	2018—2019年度全国企业文化优秀成果一等奖	2019
11	党委"早上好"班组意识形态工作法和"三精三爱"部门意识形态工作法获评浙能集团意识形态综合试点	2022

表7-10 浙能兰电政研会工作荣誉奖项

序号	课题名称	奖项
1	党支部"公推直选"推广的可行性研究	浙能集团2010年度政研论文评选一等奖
2	企业党建工作目标管理成效分析	浙能集团2010年度政研论文评选三等奖
3	"三园"文化理念对推进发电企业科学发展的实践与探索	浙能集团2012年度政研论文评选一等奖
4	员工心理预控机制的探索	浙能集团2013年度政研论文评选二等奖
5	国有企业心灵港湾工作坊建设实践	浙能集团2014年度政研论文评选一等奖
6	"三园"文化对推进发电企业科学发展的实践	浙江省电力行业2014年度优秀企业管理创新成果三等奖
7	提升基层建设力对推进发电企业科学发展的探索与实践	浙能集团2015年度政研论文评选三等奖
8	"一班两境"班组文化建设的实践与思考	浙能集团2016年度政研论文评选三等奖
9	心灵港湾工作坊建设	浙能集团基层党建工作法优秀案例一等奖

序号	课题名称	奖项
10	国有企业党内关怀与激励的实践与探索	浙能集团2017年度政研论文评选三等奖
11	"四有党员"网格化责任区建设的探索与实践	浙能集团2018年度政研论文评选三等奖
12	新时代提升发电企业党员意识的意义与措施	浙能集团2018年度政研论文评选优秀奖
13	发电企业"全员竞聘上岗"实施中的意识形态工作研究	浙能集团2019年度优秀政研论文三等奖
14	"三色网格"联动助推党建引领的实践与探索	浙能集团2020年度优秀政研论文二等奖
15	"四责协同"在党建统领工作中的作用发挥	浙能集团2021年度优秀政研论文二等奖
16	以意识形态综合试点建设巩固心灵港湾成效的探索与实践	浙能集团2022年度优秀政研论文三等奖

二、职工文体协会

2012年11月9日,浙能兰电文体协会成立大会在多功能厅举行。文体协会以丰富企业文化生活、活跃职工业余生活、增强职工素质为目的,以服务职工为宗旨,由浙能兰电具有共同业余爱好的工会会员自愿组织结合的群众性团体。文体协会设12个分会,有会员300余名。浙能兰电文体协会成立大会如图7-8所示。

图7-8　浙能兰电文体协会成立大会

2016年11月9日，浙能兰电制定《文体协会考核办法》，规范协会管理，推进协会活动和赛事经常性开展，还采取"请进来""走出去"的方式，加强与地方沟通联系。

2019年1月，浙能兰电制定《文化体育协会管理办法》。同年3月5日，该办法经公司工会委员会审议通过，予以发布。2020年，浙能兰电对该办法进行修订，主要增加分会注销、修改完善文体协会考评后的补贴额度以及增加公司文体协会分会撤销申请表。浙能兰电持续加强协会建设，不断调整升级扩充协会队伍，根据职工需求设立或撤销各分会。

截至2023年底，浙能兰电文体协会共设有台球、气排球、足球、瑜伽、艺术、篮球、乒乓球、羽毛球、户外、钓鱼等10个分会，会员近800人次。

第八章 创建工作

作为浙江省 2003—2007 年电力发展规划中的电源抢建项目,浙能兰电从筹建处组建时期,就提出"能力、业绩本位"的价值观和文化理念及"效率第一、效益第一"的管理理念,探索"强业主、大监理、广咨询"管理模式;2005 年,成立企业文化建设领导小组,发布《2005 年"企业文化年"建设实施意见》,推出公司吉祥物"兰兰、能能";2006 年编制《与公司一起成长》文集;2007 年首次提出创一流火力发电厂的目标;2008 年汇编《兰电小故事》;2010 年谋划首个公司五年发展规划暨"十二五"(2011—2015)发展规划,提出"12345"战略,颁发《管理手册》;2011 年建成以石刻为主体的企业文化长廊;2013 年明确"把公司建设成为一流的现代化发电企业"的发展愿景以及"家园、校园、公园"等五大企业核心理念,编写《企业文化手册》《安全文化手册》;2020 年发布《7S 管理工作手册(试行版)》,承办浙能集团 7S 管理和班组建设现场交流会,推进"整理、整顿、清扫、清洁、素养、安全、节约"7S 管理工作,将其与各项管理工作深度融合,不断驱动企业治理能力提升;2021 年确定"一流的现代化清洁低碳发电企业"的发展愿景。浙能兰电相继被评为企业文化创新优秀单位、全国安全文化建设示范企业、浙江省文明单位,安全文化建设案例入选全国"首届企业安全文化建设最佳实践案例","君子兰"廉洁文化创建工作实践成果被评为浙江省"国企廉洁文化创新案例"。

第一节 创一流

2007年,浙能兰电首次提出创一流火力发电厂的目标,即以"效率第一、效益第一"的管理理念,严格贯彻"安全第一、预防为主"的安全管理方针,围绕"杜绝重大质量事故,实现高标准达标投产,确保火电优质工程及钱江杯优质工程奖,争创鲁班奖工程"的质量目标,通过"执行概算"、加强技经管理,创造国内同类型机组良好业绩,成为浙江省最大的内陆"绿色"电厂,成为全国首批60万千瓦超临界机组脱硫工程与主体设备真正达到"三同时"的发电企业。

2008年,浙能兰电进一步提高站位,提出努力打造具有文化力、竞争力的国际一流企业,设定总体思路和目标,即围绕建设一流火力发电厂、确保机组安全稳定经济运行,以推行"三标一体"标准化和生产经营精细化管理为重点,全面实施"大能源"战略,大力开展制度执行年,打造"超临界机组人才基地"培养计划,推进"和谐兰电""魅力兰电"建设,企业的综合素质和整体管理水平再上一个台阶。

2009年,浙能兰电受全球经济危机及社会用电需求下滑而煤价上升的多重影响,明确总体思路,继续以标准化建设和精细化管理为手段,以安全生产为基础,以经济效益为中心,全面加强以"制度兰电、人才兰电、数字兰电、效益兰电"为要素的"魅力兰电"建设。

2010年4月,浙能兰电召开《管理手册》颁发启动会。该《管理手册》的编撰工作历时2月有余,几易其稿,其汇聚公司管理、经营最核心的思想、理念,是指导公司进行生产、经营、党建、综合发展的纲领性文件和行动准则,也是对公司管理经验的总结和管理形式的创新。同年,浙能兰电谋划首个公司五年发展规划暨"十二五"(2011—2015)发展规划,提出"12345"战略:确立一种愿景,把兰电建设成为国内管理和经营最为精良的现代一流企业。坚持两手抓、两手硬的方针,一手抓硬实力建设,一手抓软实力建设;一手抓内涵提升,一手抓外延发展;一手立足于红海竞争,一手放眼开辟蓝海;一手抓公司的先进性建设,一手抓公司党的先进性建设;一手抓人本管理,一手抓科学管理;一手抓理论创新,一手抓实践创新。完成三大历史任务,即安全生产、科学发展、保持活力。实现四个生产,即安全生产、经济生产、清洁生产、精益生产。实施"五+X工程","五"是本质安全工程、价值经营工程、精细管理工程、人才基地工程、党建与企业文化工程,"X"是指综合发展工程。浙能兰电《管理手册》如图8-1所示。

图8-1 浙能兰电《管理手册》

2016年,浙能兰电在"十二五"的基础上,编制公司"十三五"(2016—2020)发展规划。该规划提出要把浙能兰电建设成为国内管理和经营最为精良的一流现代化发电企业,明确企业的使命是"为发展提供动力,为社会创造价值,为员工谋求幸福";提出"以市场需求为导向,以绿色环保为宗旨,以安全生产为基础,以经济效益为中心,以科学管理为手段,以风险防控为支撑,以人才培养为抓手"的战略措施;通过"抓安全、抓效益、抓管理、抓队伍建设",将浙能兰电建设成一流的现代化发电企业。

2021年,浙能兰电编制公司"十四五"(2021—2025)发展规划。"十四五"期间,恰逢"两个一百年"历史交汇期,是浙能兰电发展历史上一个关键的战略考验期,也是机遇期。浙能兰电提出向"一流现代化清洁低碳发电企业"加速转型,紧紧围绕实现高速度发展、高质量增长的"两高"目标,坚持"传统电力业务转型升级"与"新兴业务培育发展"相统一,坚持目标导向、问题导向和结果导向相统一,构建"以电为基、多元发展、创新引领"三大战略,聚重点、瞄难点、找要点,着力提高产业规模,提升资产效率,提高营收和利润,力求建设成一流的现代化发电企业,实现安全兰电、绿色兰电、高效兰电、创新兰电、廉洁兰电、幸福兰电。

第二节 企业文化建设

一、企业文化培育

2004年,浙能兰电策划开展"企业文化年"活动,面向全体员工征集经营理念、企业价值观、企业口号、员工守则,企业目标等方面的内容,共征集到106条。

2005年,浙能兰电成立企业文化建设领导小组,发布《2005年"企业文化年"建设实施意见》,提出"以一流管理,建一流工程,创一流团队"企业文化建设总体目标,"效率第一、效益第一"的管理理念和"高效、稳健、和谐、精致"的企业精神,致力于打造具有兰电特色的企业文化。同年,浙能兰电推出吉祥物"兰兰、能能","兰兰"的寓意:一是浙能兰电与兰溪市企地和谐共建,同心发展;二是反映浙能兰电及员工犹如兰花一般高洁、典雅、爱国和坚贞不渝的品质;三是取同音"蓝"的寓意,碧水蓝天,寓意着浙能兰电的绿色环保、节能降耗。"能能"的寓意:一是作为发电企业,浙能兰电致力于为社会提供充足的电能;二是随着供热事业的发展,浙能兰电致力于为地方提供高品质的绿色热能;三是作为浙能集团大机组人才培养基地,浙能兰电致力于员工技能素养的提升、综合型人才的培养。浙能兰电吉祥物"兰兰、能能"如图8-2所示。

图 8-2 浙能兰电吉祥物"兰兰""能能"

2006年,浙能兰电立足于以文化人,以德育人,创建先进企业文化,制定《员工守则》和《员工行为规范》,编制《与公司一起成长》文集,建立并应用视觉识别系统,推出企业文化读本、宣传画册。《与公司一起成长》文集通过一个个小故事,宣传弘扬浙能兰电管理文化、职业文化、团队文化、安全文化和生活文化。浙能兰电《与公司一起成长》文集如图 8-3 所示。

图 8-3　浙能兰电《与公司一起成长》文集

2008 年,浙能兰电党委面向全体职工开展兰电公司企业文化建设小故事征集活动,并汇编成《兰电小故事》,营造人企共进、和谐发展的良好文化氛围。《兰电小故事》如图 8-4 所示。

图 8-4　浙能兰电《兰电小故事》

2009年2月,浙能兰电发布《浙能兰电企业文化三年实施规划(2009—2011年)》,全面推动企业文化发展。在汲取和传承浙能集团文化精髓的基础上,结合自身特色和发展模式,浙能兰电逐步形成以"家园、公园、校园"为核心的特色文化。

2010年5月26日,浙能兰电召开创建学习型组织动员会,全面启动学习型组织创建活动,大力培育学习型文化,推进公司先进性建设。同年,浙能兰电组织开展读书活动,为职工订阅一份杂志、一份报纸和一本图书,丰富学习型组织创建过程中的学习内容,搭建学习新载体。此后,此项活动每年持续开展。

2012年10月10日,浙能兰电凝练出"君子兰"廉洁文化。"君子兰"廉洁文化核心价值观为"敬畏、尊严、知足、惜缘、感恩、价值",从业理念为"勤廉、奉公、守规"。

2013年5月16日,浙能兰电印发《企业文化手册》,包括企业精神、企业价值观、企业使命、企业愿景、核心理念等内容。浙能兰电《企业文化手册》如图8-5所示。

图8-5　浙能兰电《企业文化手册》

企业精神:让事业精彩,让生命闪光。

企业价值观:以德立人,以能立业。

企业使命：为员工谋求幸福，为社会创造价值，为发展提供动力。

企业愿景：把公司建设成为一流的现代化发电企业。

企业发展核心理念：人本、科学、创新、一流。

企业文化核心理念：家园、校园、公园。

企业管理核心理念：引领先进、系统推进、持续改进。

企业文明生产核心理念：优化、美化、文化。

企业品位提升核心理念：正气、大气、朝气。

2013年10月，浙能兰电发布《企业安全文化建设方案》并印发《安全文化手册》，确定"责任、执行、执着"的安全核心理念，优化安全文化责任落实、培训教育、管理监督、考核评价等体系建设。此后，浙能兰电持续推动安全文化发展，创作安全生产视频、购买VR事故体验平台、聘请专家团队进行安全文化咨询等，不断加强安全培训、教育、宣传工作，加大安全投入，提高安全装备水平和数字化管控，形成"全员为安全，全员会安全"的舆论氛围和文化氛围。浙能兰电《安全文化手册》如图8-6所示。

图8-6 浙能兰电《安全文化手册》

2021年3月23日，浙能兰电四届六次职代会确定企业愿景为"一流的现代化清洁低碳发电企业"。

二、企业文化展示

（一）企业文化展厅

2007年，浙能兰电企业文化展厅建成。企业文化展厅在公司行政楼一楼，主要设企业简介、荣誉殿堂、领导关怀、管理理念、兰电印象、绿色兰电、党建文化、活力兰电等模块。

2016年，浙能兰电对企业文化展厅进行了升级改造，改造后的文化展厅主要有领导关怀、环保建设与供热阵地、发展印记、环幕沙盘、电力科普园地等模块，较全面地介绍浙能兰电各方面情况。改造后的浙能兰电企业文化展厅如图8-7所示。

图8-7 改造后的浙能兰电企业文化展厅

（二）文化长廊

2010年，浙能兰电着手策划打造一条以石刻、文化理念与厂区景观相结合的企业文化长廊。

2011年1月，浙能兰电与萧山凌飞环境绿化有限公司签订文化长廊绿化改造工程合同，并于同年5月完成文化长廊绿化改造。文化长廊以石刻文化为主体，展示浙能兰电企业文化理念，是"家园、公园、校园"核心特色文化的新载体，树立一道亮丽的文化风景线，文化长廊一侧以凸显以人本精神为主，如"物质自由、精神自由、思维自由",另一侧以凸显管理理念为主,如"引领先进、系统推进、持续改进",石刻与绿化、建筑及整体氛围协调统一,且具有独特的意义。一是取"石刻"的谐音"时刻",激励员工要时时刻刻以这些先进理念为指导、为要求,做好各项工作;二是取"刻"字的深意,使员工通过长期的耳濡目染,把企业文化理念"刻"进心里,融入工作生活。

(三)系列丛书

2011年,浙能兰电刊出与"公司一起成长"系列丛书《积微成著》,内容包括员工故事、安全生产心得、党建廉政文化创建等,记录企业与员工共同成长历程,展示企业文化与企业精神,总结企业发展和文化成果。此后,浙能兰电"与公司一起成长"系列丛书每年刊发。截至2023年底,已刊发系列丛书14册。浙能兰电企业文化系列丛书如图8-8所示。

图8-8　浙能兰电企业文化系列丛书

三、企业文化活动

（一）"三园"文化建设

2010 年 10 月 18 日，浙能兰电与淮南矿业集团电力公司就企业文化建设和企业管理工作开展调研交流。

2012 年 9 月 4 日，浙能兰电组织开展"书香育人，助力发展"主题读书论坛。浙能兰电领导、干部、员工走上讲坛，结合自己的亲身体会，畅谈如何完成从学生到合格员工的转变，共同探讨书籍蕴藏着的智慧和哲理，感悟文化带给我们的震撼和力量，帮助员工树立正确的价值观、培养良好的读书学习习惯，促进岗位成才，助力企业发展。

2013 年 11 月中旬，浙能兰电在兰溪市举办一场企业文化宣传广场活动，让公司的"三园"文化、环保理念更好地为兰溪市人民所了解，推动企地和谐共建。

2016 年 7 月 29 日，浙能兰电承办浙能电力 2016 年企业文化建设研讨会。会议结合贯彻落实浙能集团企业文化建设要求，交流近年来企业文化建设的主要做法及经验，分析目前存在的主要困难和问题，研讨下一步如何建设先进的企业文化。来自浙能电力系统各单位党委（总支）分管领导、党群部门负责人近 40 人齐聚一堂，围绕如何探索培育以社会主义核心价值观为引领的具有发电企业特色的企业文化等主题进行广泛讨论、献计献策。

2018 年 3 月 18 日，浙能兰电志愿者以奉献和热情助力兰溪市国际乡村马拉松比赛的同时，展现兰电人服务奉献的志愿者精神，弘扬公司优秀企业文化，树立良好的企业形象。

2018 年 8 月 28 日，浙能兰电召开月度政工例会，深入学习习近平总书记在全国宣传思想工作会议上的重要讲话精神，以"统一思想、凝聚力量"为中心环节、锻炼四个"力"强调兰电宣传工作的着力点，在企业面临的新形势下让宣传工作更好地发挥"举旗帜、聚民心、育新人、兴文化、展形象"的作用，切实提升宣传思想工作质量，为"三园"文化的落地和各项工作的推进营造积极氛围。

2018 年 11 月 29 日，浙能集团庆祝改革开放 40 周年图片展在浙能兰电举行。展览多元化地展现改革开放以来，浙能集团干在实处、走在前列、勇立潮头，打造美丽中国浙江模板的生动实践。

2019 年 3 月 7 日，浙能兰电员工作品《飞鸟》荣获全国第六届"书香三八"读书活动表演阅读三等奖，较好地展现浙能兰电充满生命力和感染力的"三园"文化底蕴。

2021年2月1日，浙能兰电开展"兰电情深 暖心六送"系列活动，为坚守岗位、留公司过年的员工提供关爱服务，切实帮助员工解决工作和生活上的实际问题，让员工感受家的温暖，度过一个美满、祥和的新春佳节，增强员工归属感和企业凝聚力。

2023年11月22日，浙能兰电召开首轮《浙能兰电志》编纂工作启动会。会议部署安排编志工作实施计划、任务与要求，明确编志工作的时间表，开展业务培训，要求确保在公司成立20周年前夕完成《浙能兰电志》。浙能兰电领导及各部门负责人和特约撰稿人、志书编辑部成员近40人参加启动会。首轮《浙能兰电志》编纂工作启动会如图8-9所示。

图8-9 首轮《浙能兰电志》编纂工作启动会

2024年4月28—30日，浙能兰电召开《浙能兰电志》送审稿评审会，邀请浙能集团系统内外6名志书专家对《浙能兰电志》送审稿进行评审。《浙能兰电志》送审稿顺利通过评审。

（二）安全文化建设

2014年5月30日，浙能兰电发布《2014年安全文化建设示范企业创建工作实施方案》，强化安全意识，提高安全素质，为打造本质安全"金盾"提供精神动力和文化支撑。

2015年,浙能兰电发布公司安全文化建设五年规划,推动安全文化建设与浙能集团母文化和板块产业发展观更好衔接与融合,努力建设具有兰电特色的高品位公司文化。

2019年5月,浙能兰电开展安全文化建设年活动,公司青年员工利用新媒体原创歌曲《安全生产之歌》,入选国家能源局《全国电力安全文化建设优秀创新成果》。

2020年6月,浙能兰电组织开展防人因失误专项培训,将正确使用防人因失误工具融入工作中,促进员工安全行为规范到位。

2020年8月12日,浙能兰电组织开展安全文化问卷调查活动,通过一百多个问题,全面了解员工心声、安全意识、安全管理等方面存在的困难和问题,为安全文化体系完善提供支撑。

2020年9月,浙能兰电编制《兰电公司防人因失误手册》,内容涵盖工前会、监护、使用和遵守程序、质疑的态度、不确定时暂停、三向交流、自检、进度跟踪、工作现场检查等防人因失误管理工具。每小节均有详细的目的、何时使用和实施步骤等内容,为执行运行操作的各个环节中如何运用防人因失误工具提供详细指导。

2022年12月31日,浙能兰电发布公司安全文化建设第二个五年规划,发挥安全文化的引领、凝聚、辐射作用,为公司安全生产奠定稳定基础。

2023年5月9日,为推进浙能集团"能本"(打造全面安全能力 构建本质安全企业)安全文化落实,浙能兰电颁布《"能本"安全文化落地实施方案》,深耕"责任、执行、执着"安全文化,编制任务清单,引导广大员工树立"能本"安全价值观,以推动文化转化、升华,实现员工自觉践行安全文化。

2023年8月,浙能兰电组织职工原创手绘"能本"安全文化系列漫画,通过职工最真实、最直白的视角描绘企业安全"蓝本"、构建安全文化"内核";浙能兰电团员青年创作《关于安全生产我想说》安全主题视频,引导员工做好安全责任人、安全代言人。

(三)廉洁文化建设

2005年6月28日,浙能兰电制定反腐倡廉防范体系实施细则,建立健全思想政治教育、权力制约、监督管理、信息预警、组织保障五大机制,加快兰溪电厂工程建设,实现百亿廉洁工程。

2010年3月7日,浙能兰电审议通过党建质量管理体系文件,包括《反腐倡廉建设工作管理程序》《作风建设工作管理程序》等，明确廉洁建设工作的程序、方法和要求，通过开展管理体系内审、外审和管理评审等，持续改进工作质量。

2011年9月26日，浙能兰电开展"廉内助·访兰电"家庭助廉活动，将廉政教育向重要岗位人员的家庭延伸，发挥重要岗位人员的家属在反腐倡廉建设中的"安全员"作用。

2014年6月23日，浙能兰电"君子兰"廉政风险防控电子平台开始试运行，通过此平台，浙能兰电所有重要岗位人员进行本岗位廉政风险的网上排查、申报、登记和公示。2018—2019年，在深化原有廉政风险防控管理的基础上，浙能兰电对标安全生产风险管理，持续深入推进廉洁风险防控，建立新的廉洁风险防控信息化管理平台和"一企一部一岗一域"廉洁风险防控信息库。2019年9月28日，浙能兰电召开廉洁风险防控专题评审会，对"职权清单"进行二级评审，16个部门76项工作职责645条工作内容对应的1000多个风险点的数据修正完成，浙能兰电廉洁风险防控对标安全管理工作取得阶段性进展。2020年4月30日，浙能兰电"清廉兰电"廉洁风险防控平台开发项目获得国家软件著作权。2020年5月1日，浙能兰电正式实行廉政交底制，通过安全交底和廉政交底双重交底，将企业廉洁风险防控融入日常业务工作中。2020年12月29日，浙能兰电主持编印《发电企业廉洁风险防控手册》和《发电企业廉洁风险防控可视化提醒手册》，浙能兰电廉洁风险防控工作经验在浙能电力推广。

2016年5月10日，浙能兰电印发《守纪律 讲规矩——廉政实用手册》，开展廉政大讲堂、梳理廉政建设主体责任日、读书思廉、廉政知识竞赛等一系列宣廉、倡廉、促廉活动，将廉洁渗透到企业生产经营的各个环节，深化"君子兰"廉洁文化建设。

2018年5月10日，浙能兰电以"廉政主题冲关擂台赛"开启"思廉月"主题教育系列活动。自此，浙能兰电每年都会开展"思廉月"廉洁教育活动。

2019年5月，浙能兰电组织中层及以上干部和重要敏感岗位人员到金华市监狱开展警示教育。

2021年4月29日，浙能集团发布《关于培育"清廉浙能"建设标杆点的通知》，浙能兰电被确定为"清廉浙能"建设标杆点培育试点单位，开启清廉兰电创建工作。

2021年5月，组织党风廉政监督网络成员赴金华市武义县后陈村学习"后陈经验"。

2021年6月,浙能兰电组织中层及以上干部和重要敏感岗位人员到清廉金华教育基地开展警示教育。浙能兰电开展专项警示教育如图8-10所示。

图8-10　浙能兰电开展专项警示教育

2021年7月16日,浙能兰电制定《兰电公司"清廉浙能"标杆点创建工作方案》《兰电公司"清廉浙能"标杆点创建任务清单》。

2021年9月28日,浙能兰电"一厅一站一室N窗"清廉阵地图发布。至此,浙能兰电建成展厅、党群驿站、远程评标室和各党支部(部门)廉洁文化窗口共同组成的系列清廉宣传教育阵地群。浙能兰电清廉阵地图如图8-11所示。

2021年10月21日,浙能兰电"君子廉香"清廉标杆点创建工作经验在省国资委举办的清廉国企标杆点培育建设座谈会上交流。

2021年11月26日,浙能兰电印发廉洁文化建设文集《君子廉香》。该文集分笃行实践、清风分享、廉能聚焦、书香润心四个篇章,内容涵盖浙能兰电在清廉国企建设工作中的探索实践论文、工作交流分享、媒体宣传报道和职工书法绘画作品等,以飨读者的同时,也为清廉国企建设提供借鉴。

2022年6月21日,浙能兰电组织开展"君子兰"文化进部门、进班组和进岗位活动。

2022 年 6 月 30 日,浙能兰电印发《年轻干部和新入职员工廉洁从业教育手册》。

图 8-11　浙能兰电清廉阵地图

2023 年 5 月 30 日,浙能兰电开展"以责任之名,话安全之行"廉洁安全金句征集活动。

四、企业文化主要成果

2010 年 8 月,浙能兰电获评"浙江省企业文化建设优秀成果奖"。

2013 年 12 月 4 日,在浙江省企业文化建设大会上,浙能兰电党委书记黄祖平获评"2012—2013 年度浙江省企业文化建设突出贡献人物奖"。

2015 年 1 月 16 日,浙能兰电课题组撰写的论文《现代火力发电厂企业安全文化建设课题研究》获浙能集团 2014 年度政研论文二等奖。

2015 年 1 月,浙能兰电获 2014 年浙江省电力行业企业文化建设优秀成果二等奖。

2015 年 5 月 11 日,浙能兰电参与中国安全生产协会 2015 年全国安全文化建设示范企业评选,并于 2016 年 1 月获评"全国安全文化建设示范企业"称号。

2015 年 11 月 12 日,浙能兰电获得企业文化创新优秀单位和企业文化创新优秀成果奖。

2019 年 7 月 15 日,浙能兰电荣获中国企业联合会 2018—2019 年度全国企业文化优秀成果一等奖。

2021 年 9 月 15 日,浙能兰电安全文化建设案例入选中华人民共和国应急管理部宣传教育中心和《企业管理》杂志社联合主办的"首届企业安全文化建设最佳实践案例"。

2022年7月,浙能兰电廉洁文化实践论文《企业清朗文化迭代升级实现路径》在《现代企业文化》发表。

2022年12月,浙能兰电"君子兰"廉洁文化创建工作获评浙江省2022年度"国企廉洁文化创新案例"。

2023年10月25日,浙能兰电《兰电安全文化"责任 执行 执着"策划传播》获评中国能源传媒创新型宣传策划案例。

第三节 7S 创建

2005年9月15日,浙能兰电发布《浙能兰溪发电有限公司"5S"管理方案》,成立全面推进"5S"管理工作组织机构,开启以"清理、整理、清洁、规范、素养"为内容的"5S"管理工作,明确工作职责、推进程序、考核规定以及记录要求等内容。

2006年,浙能兰电编制《"5S"运动》手册,落实"5S"管理方案,有力地推进安全文明施工的同时,培养员工良好的工作、生活习惯,加强现场管理和资源管理,提高过程效率和职工素质。

2009年,浙能兰电通过推行定点照相、红单管理、看板管理、目视管理等措施强化"5S"管理,以创造零事故安全环境推进"5S"管理向"6S"递进,使文明生产与安全生产相互促进。"6S"是指整理、整顿、清扫、清洁、素养、安全。

2011年3月2日,浙能兰电组织"6S"管理培训班,使员工更充分地认识到公司与"6S"管理标准的差距,进一步明确公司系统推进"6S"管理的必要性和重要性,按照"标本兼治、治本为主"的原则,深入开展文明生产专项行动,抓实抓好文明生产工作。

2017年7月25日,浙能兰电组织开展为期两天的7S推行实战训练培训,促进员工对7S基本内容的掌握,培养7S管理督导师,推动公司7S管理项目实施。7S是指整理、整顿、清扫、清洁、素养、安全、节约。

2018年2月9日,浙能兰电发布《兰电公司文明生产(7S管理)专项整治活动第一批创建区打造方案》,确定"把文明生产(7S管理)专项整治行动作为公司管理全面提升的发动机,通过专项整治活动,切实提高公司文明生产水平,实现企业人、机、环境的和谐统一，创建本质安全型企业。同时促进公司的精神风貌、队伍素质、管理水平极大提高"的工作目标。创建区打造要求严格符合标准，能够落实创新性的措施，赋予创建区足够的亮点，体现典型性、先进性。第一批创建区涉及运行部、维护部、燃料部、物资采购部、安健环部等 5 个部门共 18 个区域。

2018 年 6 月 19 日，浙能兰电对公司文明生产（7S 管理）专项整治第一批 18 个创建区进行检查、验收，共有 10 个创建区通过验收；同年 8 月 30 日，其余 8 个创建区通过检查、验收。

2019 年 12 月 25 日，浙能兰电发布《公司全面推进 7S 管理工作方案》，决定全面推进 7S 管理工作，成立全面推进 7S 管理工作组织机构，明确 7S 管理工作总体目标、工作分工和具体部署等内容。总体目标分为近期目标和远期目标，其中近期目标是通过全面推进 7S 管理活动塑造一个整洁清爽、环境清新、工作有序、标记清晰、安全保障的工作环境，使企业管理基础不断夯实、办公效率大幅提升、设备健康水平显著提高、现场和办公环境明显改善、员工素养持续提升；远期目标是持续和深入实施 7S 管理，从现场规范化走向管理效能化。建立长效机制，融入企业文化，切实提高公司文明生产水平，实现企业人、机、环境的和谐统一，创建本质安全型企业。同时促进公司的精神风貌、队伍素质、管理水平极大提高。

2019 年 12 月 30 日，浙能兰电举办 7S 管理培训，推动公司全面实施 7S 管理工作，促进员工对 7S 基本内容的掌握。

2020 年 1 月，浙能兰电召开 7S 管理工作首次协调会，明确提出全员参与、务求实效、注重细节、持续改善的要求，有序、高效、全面地推动 7S 管理理念与公司各项管理工作的深度融合。自此，浙能兰电不定期召开 7S 管理工作协调会，持续协调推进 7S 创建工作。

2020 年 4 月 17 日，浙能兰电确定 7S 管理工作示范点清单和网格清单，同时明确网格长为责任主体，根据网格划分做到全员参与。

2020 年 4 月 30 日，浙能兰电发布《公司 7S 管理考核奖惩方案》，鼓励员工在 7S 管理推进、改善、提升活动中争优创先。

2020 年 5 月 11 日，浙能兰电发布《7S 管理工作手册（试行版）》，内容包括全面推进 7S 管理工作方案、7S 管理通用要求、7S 管理专题宣传方案、7S 管理考核奖惩方案等 8 个部分；明确 7S 管理工作主要完成五个方面阶段目标。场所安全规范：生产现场整洁有序、安全防护设施完善、目视化管理到位；班组（包括外包单位项目部和班组）、办公室环境干净整洁、资料管理规范。设备健康提升：设备"跑冒滴漏"现象显著减少、设备故障率降低、设备可靠性提高。效能明显提高:资源浪费减少、工作效率增强、服务水平提高。管理基础夯实:管理机制进一步完善,管理流程进一步优化,制度有效落实和执行。员工素养提升:员工工作行为规范、工作作风严谨、违章作业少、执行力强、精神面貌好,员工向心力、凝聚力、企业认同感、幸福感增强。

2020年7月29日,浙江省能源集团首席科学家、科委会主任朱松强,浙能电力总经理、党委副书记虞国平一行到浙能兰电,调研指导安全生产、7S管理等相关工作。

2020年11月24日,浙能兰电承办浙能集团2020年度7S管理和班组建设现场交流会,交流浙能兰电7S管理和班组建设成果,为浙能集团系统各单位抓好7S管理和班组建设工作助力。

2022年5月12日,浙能兰电发布《生产区域7S管理常态化保持方案》,7S创建进入常态化管理阶段,重点是做好7S管理成果的保持、巩固,不断丰富和创新7S管理内容,形成兰电特色7S管理文化,实现7S管理的持续深化和提升。

第四节 文明单位创建

2006年,浙能兰电被评为兰溪市文明单位。

2007年,浙能兰电由基建期向生产期转型,将文明单位建设与企业中心工作紧密结合,通过制度标准建设与体系贯标认证等措施全面扎实推进文明建设工作,建立适宜发电企业生产期管理运转的标准体系,并强化执行与监督,管理体系运转良好,建立扎实的科学发展基础。

2008年3月,浙能兰电获得浙江省委、省政府颁发的"抗击雨雪冰冻灾害先进集体"荣誉称号。在抗击2008年春节期间的雨雪冰冻灾害中,浙能兰电及时调整生产、工作计划,暂延检修计划,全体干部员工齐心协力、精心维护、精心监盘,主动承担社会责任,不惜牺牲公司经济利益,保证机组在低负荷条件下安全稳定运行,全力保障金华、衢州两个地区的社会用电,向社会递交一份满意的答卷。

2008年5月,浙能兰电司党委、工会、团委联合组织"我们与灾区人民心连心"捐款活动,全体员工积极响应号召为四川汶川地震灾区捐款,全体党员积极响应中组部、浙能集团党委号召自愿交纳"特殊党费"向灾区人民献爱心。

2008 年 8 月，浙能兰电根据浙能集团部署和安排，贯彻落实浙江省委、省政府关于全面推进"低收入农户奔小康工程"的决定，参加由浙江省委组织部、浙江省国资委发起的结对联村活动，对口帮扶浙江省常山县天马镇元青口村，投入 30 万元资金资助新农村基础设施建设和助学爱心活动。此外，浙能兰电还持续开展爱心助学活动，截至 2023 年底，已资助困难学生 400 余名，累计资助金额达 60 万多元。

2008 年 11 月 28 日，浙能兰电员工谢增孝、项文杰在 2008 年中央企业职工技能大赛火电机组集控运行值班员决赛中分别以第一名和第五名的成绩夺取 60 万千瓦等级两块金牌。谢增孝被授予全国技术能手光荣称号，项文杰被授予中央企业技术能手、中央企业青年岗位能手光荣称号。

2009 年 3 月，浙能兰电被评为金华市文明单位。

2011 年 2 月，浙能兰电被浙江省委、省政府评为"浙江省文明单位"。作为富有社会责任感的国有发电企业，浙能兰电以"家园、校园、公园"的"三园"文化为企业核心文化，坚持为员工谋求幸福，为社会创造价值，为发展提供动力的"三为"使命，深入推进文明创建工作，在宣传、文化、体育等硬件设施、活动开展上加大投入；坚持开展年度文明职工、文明班组、文明部室、文明寝室、道德风尚标兵评比活动，并与地方开展共建文明小区工作；开展捐衣赠书、爱心助学、无偿献血等活动；开展"三德""三观"教育，开展"立足本岗、服务企业、奉献社会"大讨论，引导广大职工讲职业道德，尽职工责任、守职业纪律、精职业技能，形成健康向上的精神文化氛围。此后参加并通过历次复评。

2011 年 3 月 2 日，浙能兰电员工项文杰荣获国务院政府特殊津贴，为浙能集团系统广大一线员工树立岗位成才的榜样。

2011 年 12 月，浙能兰电发布《2012—2014 年浙能兰电精神文明建设三年规划》，明确科学发展的基本思路：坚持科学发展以安全生产为基础，以经济效益为中心，以员工素质为核心，以制度建设为手段，以信息软件为平台，实现规范管理、标准管理与精细管理三级提升，打造高效、协同、精细、卓越的管理团队，创建资源节约型、环境友好型、成本领先型发电企业，把公司建设成为最具活力、最具竞争力、最具发展力的现代化发电企业。

2012 年 1 月 9 日，浙能兰电员工潘春飞获评"浙江省首席技师"，并受到浙江省委、省政府领导接见。此外，潘春飞先后获得"全国三八红旗手""中央企业技术能手""浙江省女职工建功立业标兵"等荣誉。

2013年4月28日,浙能兰电运营三值一单元获评"全国工人先锋号"荣誉称号,单元长叶剑勇代表该班组领奖并得到浙江省委主要领导的接见。

2016年10月27日,浙能集团发布《关于公布集团公司三级及以上人才评选结果的通知》。浙能兰电员工项文杰、楼新明被评为技术通道三级人才。

2017年7月26日,浙能兰电员工何云飞荣获浙江省省部属企业"能工巧匠",项文杰、何云飞、周厅、冯珑荣获浙江省省部属企业"名师高徒"。

2017年12月7日,在浙江省省部属企事业工会班组建设现场交流暨表彰会上,浙能兰电员工李敏的"660兆瓦燃煤机组全负荷脱硝操作法"、张同喜的"SCR入口烟气NO_x控制法"两项成果被评为浙江省省部属企事业先进职业操作法。

2019年12月4日,浙能兰电党支部工作经验——"党建'责任田'的精耕细作",作为全国24个国有企业党支部精选案例之一,被北京市海淀区委党校收入《国有企业基层党建创新案例精选》。

2019年12月27日,浙能集团发布《关于集团公司第二届三级及以上人才评选结果的通知》。浙能兰电有4名员工被评为三级及以上人才,其中章珍丹被评为管理通道二级人才;范莉被评为管理通道三级人才;胡凯波、李敏被评为技术通道三级人才。

2021年8月10日,浙能兰电获评"浙江省电力科普教育基地",是浙能集团内唯一新获评该教育示范基地的单位。浙能兰电通过"展厅＋现场""影像交互互动"等形式,先后接待浙江师范大学等多家学校学子、九三学社、政府职员等各界社会群体,年接待人数为300人次左右;此外,还主动担负电力知识科普示范的社会责任,不仅为兰溪市各级各类178所学校师生提供用电安全、消防器材使用等安全知识,提升中小学生的安全意识和质量管理意识,并且向参观者普及科学、高效、智能的国内工业理念和绿色环保理念,切实提高公众对国家振兴直观感受及国家能源发展的民族自信。

2022年7月26日,浙能兰电组织开展"担当能源保供主角,讲好兰电拼的故事"主题宣讲会,用红之声、正之音传扬赤之心、诚之情,弘扬兰电人"拼"的故事和精神,展示兰电人践行"四个革命、一个合作"能源安全新战略、凝心聚力续写高质量发展新篇章,以优异的成绩迎接党的二十大。

2023年5月24日,浙能兰电员工鲍伟明获得国家卫健委、红十字总会、中央军委后勤保障部联合授予的"2020—2021年度全国无偿献血终身荣誉奖"。同年10月19日,鲍伟明作为火炬手参加杭州亚残运会富阳站火炬传递接力,展现兰电人的自信与风采。截至 2023 年底，鲍伟明 24 年来共献血 385 次，献血量 164300 毫升，让近 700 位患者受益，献血次数及献血量居浙江省第一，连续 12 年获得浙能兰电道德风尚标兵，先后被评为兰溪市"活雷锋"、金华市"献血英雄"、浙能集团"善美浙能人"、浙江省"省属企业'最美员工'""浙江好人"，连续 7 次获得"全国无偿献血贡献奖金奖"。

2023 年 7 月 26 日　浙能兰电作为国际认证碳信用捐赠单位之一，受邀参加在杭州举办的第 19 届亚运会、亚残会碳抵消指标捐赠仪式。

2023 年 9 月 26 日，浙能兰电组织开展以"热血亚运"为主题的无偿献血活动，员工积极响应，踊跃报名，用实际行动传递正能量，助力杭州亚运会。截至 2023 年，浙能兰电连续 18 年组织无偿献血，集体献血量达 257000 毫升。

2023 年 10 月 28 日，随着第 4 届亚残运会闭幕式谢幕，浙能兰电秉承浙江省委、省政府"两个亚运、同样精彩""两份答卷、同样出色"的目标要求，高度重视各类安全风险管控，领导带队加强检查，做好过程管控，严格落实 24 小时值班制度和领导在岗带班制度；兰电人在生产、安全、环保、安保、维稳等各方面工作严格落实各项管控措施，以更高的站位、更加有效的措施和更严格的监管，切实提高机组设备可靠性、安全性，圆满完成第 19 届亚运会、第 4 届亚残运会保电任务。

人 物 谱

一、浙能兰电领导简历

（一）党委书记、总经理简历

柯吉欣　1968 年 1 月出生,浙江湖州人。在职研究生学历,工商管理硕士学位,高级经济师、高级工程师,中共党员。1990 年 8 月参加工作,曾任浙江省电力工业局中心调度所调度员、团总支书记,浙江省电力工业局团委干事、开发办项目管理主管,开发公司项目部副经理,浙能集团投资开发部负责人,浙江省电力开发公司副总经理、党委委员,2003 年 6—9 月任浙能兰溪发电厂筹建处主任,2003 年 9 月—2004 年 5 月任浙能兰溪发电厂筹建处主任、党总支书记,2004 年 5—10 月任浙能兰电总经理、党总支书记,2004 年 10 月—2007 年 4 月任浙能兰电总经理、党委书记,2007 年 4 月调至浙能集团任职。

张基标　1966 年 1 月出生,浙江嵊州人。在职大学学历,高级工程师,中共党员。1987 年 7 月参加工作,曾任浙江北仑发电厂工程公司锅炉项目工程处副经理、经理,计划调度处副处长、处长,浙江浙能北仑发电有限公司工程管理部经理,浙江嘉华发电有限责任公司副总经理、党总支委员,浙江省电力建设有限公司副总经理、党委委员,浙江浙能宁波 LNG 项目筹建处副主任、党总支委员,浙江浙能宁波天然气发电有限责任公司副总经理、党委委员,2007 年 4 月—2009 年 12 月任浙能兰电总经理、党委书记,2009 年 12 月调至浙能集团任职。

程光坤　1962 年 6 月出生,浙江淳安人。在职研究生学历,工商管理硕士学位,高级工程师,中共党员。1984年8月参加工作,曾任萧山发电厂生产技术科副科长、工程科科长,浙江省电力工业局安监处锅炉工程师、办公室生产秘书,萧山发电厂副厂长、党委委员,浙能长兴发电公司党委副书记,党委委员、副总经理（主持工作）、党委书记、总经理,煤炭及运输分公司总经理、党委委员。2009年12月—2011年2月任浙能兰电总经理、党委副书记,2011年2月调至浙江东南发电股份有限公司、浙能新疆阿克苏电厂项目筹建处任职。

黄祖平 1960年4月出生,浙江诸暨人。在职大学学历,高级政工师,中共党员。1980年3月参加工作,曾任台州发电厂汽机分场副主任、党支部副书记、纪委委员、纪委副书记、政工部主任,浙江东南发电股份有限公司政工部副主任、监察审计部副主任、机关党支部书记、政工部主任、人力资源部主任、监察审计部主任、党委委员、纪委书记、工委主任。2010年9月—2016年2月任浙能兰电党委书记,2016年2月调至浙能集团任职。

虞国平 1965年10月出生,浙江镇海人。大学学历,高级工程师,中共党员。1986年8月参加工作,曾任镇海发电厂宁发公司电气工程处副主任、主任、总经理助理、工程技术处处长、副总经理,浙能镇海发电公司副总工程师、副总经理、党委委员,浙能镇海天然气发电公司副总经理。2011年3月—2013年11月任浙能兰电总经理、党委副书记,2013年11月调至浙江浙能中煤舟山煤电有限责任公司任职。

章良利 1966年3月出生,浙江台州人。大学学历,工程硕士学位,正高级工程师,中共党员。1987年7月参加工作,曾任台州发电厂工程部主任助理、总工程师助理、副总工程师,浙江浙能温州发电有限公司副总经理、党委委员,温州燃机发电有限公司党总支书记、总经理。2013年11月—2017年9月任浙能兰电总经理、党委副书记,2017年9月调至浙江浙能嘉华发电有限公司任职。

吴孝炯 1970年8月出生,浙江嵊州人。大学学历,工程硕士学位,高级工程师,中共党员。1991年8月参加工作,曾任萧山发电厂水灰分场副主任、修缮部副主任、检修部副主任,浙能兰电安健环部副主任、设备部主任、总师办主任、副总工程师、兰能热力公司筹建处主任,2012年1月—2013年11月任浙能兰电总工程师、党委委员,2013年11月—2017年3月任浙能兰电副总经理、党委委员,2017年3—9月任浙能兰电党委书记,2017年9月—2019年5月任浙能兰电总经理、党委副书记,2019年5月—2023年5月任浙能兰电党委书记,2023年5月调至浙能集团科技工程与服务产业分公司任职。

傅小森 1966 年 2 月出生，浙江义乌人。在职大学学历，高级工程师，中共党员。1986 年 8 月参加工作，曾任浙江省电力建设总公司物资处负责人、物资部主任、综合办主任，中海宁波液化天然气有限公司副总经理，浙江浙能钱清发电有限责任公司副总经理、党委委员、总经理、党委副书记，浙江浙能滨海热电有限责任公司副总经理、党委委员、总经理、党委副书记，浙江浙能绍兴滨海热力有限公司副总经理、党委委员、总经理，2017 年 9 月—2019 年 2 月任浙能兰电党委书记。

张小根 1971 年 7 月出生，浙江临海人。在职大学学历，工程硕士学位，高级工程师，中共党员。1990 年 8 月参加工作，曾任台州发电厂值长，浙江浙能长兴发电有限责任公司运营部副主任、党支部副书记、党支部书记、总经理工作部主任、副总经理、党委委员，浙能长兴天然气热电公司副总经理，2016 年 9 月—2019 年 5 月任浙能兰电司副总经理、党委委员，2019 年 5 月—2022 年 8 月任浙能兰电总经理、党委副书记，2022 年 8 月调至台州发电厂任职。

何志瞧 1973 年 2 月出生，浙江上虞人。大学学历，工程硕士学位，正高级工程师，中共党员。1995 年 8 月参加工作，曾任浙能兰电设备部副主任、设备部副主任（主持工作）、燃料部主任、燃料部党支部书记、采购部主任，挂职任浙能集团资产经营部主管、设备部主任、副总工程师，挂职国家能源局发展规划司。2015 年 8 月—2017 年 3 月任浙能兰电总工程师、党委委员，2017 年 3 月—2022 年 10 月任浙能兰电副总经理、党委委员，2022 年 10 月起任浙能兰电总经理、党委副书记。

傅洪军 1965 年 9 月出生，浙江金华人。大学学历，高级工程师，中共党员。1988 年 7 月参加工作，曾任金华燃机发电有限责任公司生产部副主任、副主任（主持工作）、副总经理、党总支委员，浙江浙能金华燃机发电有限责任公司副总工程师、总工程师、党总支委员，浙江浙能常山天然气发电有限公司总工程师、党总支委员，温州燃机发电有限公司党总支委员、总工程师、副总经理、工会主席、总经理、党总支书记，2023 年 5 月—2024 年 12 月任浙能兰电党委书记。2024 年 12 月起任浙能兰电首席顾问。

金晓东 1969 年 6 月出生，浙江东阳人。研究生学历，高级工程师，中共党员。1991 年 8 月参加工作，曾任浙江浙能嘉兴发电有限公司安监科副科长、科长、安保部主任、设备管理部主任，淮浙煤电有限责任公司凤台发电分公司副经理、党委委员，浙江浙能电力股份有限公司萧山发电厂党委书记，浙江浙能镇海联合发电有限公司总经理、党总支副书记、董事长、党总支书记，浙江浙能金华燃机发电有限责任公司执行董事、党总支书记，浙江浙能常山天然气发电有限公司执行董事，2024年12月起任浙能兰电党委书记。

（二）董事长简历

谢国兴　1954年1月出生，浙江绍兴人。研究生学历，教授级高级工程师，中共党员。1978年8月参加工作，曾任浙江大学机械与能源工程学院系学生党支书、实验室副主任，浙江省电力试验研究所锅炉室主任、副总工程师，浙江省电力公司发电处副处长、发输电部主任，浙能集团生产安全基建管理办公室主任、副总工程师，2004年5月—2006年10月兼任浙能兰电董事长。

张谦　1954年10月出生，浙江杭州人，在职研究生学历，工程硕士学位，教授级高级工程师，中共党员。1972年11月参加工作，曾任杭州半山发电厂热化分场主任、厂长助理、副总工兼厂长助理，美国PPC公司联合设计技术员，北仑发电厂副总工兼技术部长、总工程师、副厂长，浙江省电力公司副总工程师、总经理助理，浙江省电力建设总公司总经理、党委委员、党委书记，浙能集团总经理助理，2006年10月—2014年5月兼任浙能兰电董事长。

胡松如　1957年12月出生，浙江慈溪人。在职大学学历，高级工程师，中共党员。1980年3月参加工作，曾任台州发电厂值长、燃料分场主任、锅炉分场主任、副厂长、党委委员、厂长，浙江浙能镇海发电有限责任公司总经理、党委委员、党委副书记，浙江浙能镇海天然气发电有限责任公司总经理，浙江浙能镇海燃气热电有限责任公司总经理，浙能集团副总工程师、生产安全部主任、生产安全与技术管理部主任，2014年5月—2017年9月兼任浙能兰电董事长。

傅小森　基本信息同（一）所述，2017年9月—2019年2月任浙能兰电董事长。

吴孝炯　基本信息同（一）所述，2019年5月—2023年5月任浙能兰电董事长。

傅洪军　基本信息同（一）所述，2023年5月—2024年12月任浙能兰电董事长。

金晓东　基本信息同（一）所述，2024年12月起任浙能兰电董事长。

（三）浙能兰电副职领导简历

秦刚华　1963年7月出生，浙江绍兴人。大学学历，工程硕士学位，教授级高级工程师，中共党员。1983年8月参加工作，曾任浙江北仑发电厂工程公司外办主任,浙江省技术进出口公司项目经理,浙江省电力建设总公司项目经理,嘉兴发电厂二期建设筹备处副主任,嘉华发电公司副总经理、党总支委员。2003年6—9月任浙能兰溪发电厂筹建处副主任,2003年9月—2004年5月任浙能兰溪发电厂筹建处副主任、党总支委员,2004年5—10月任浙能兰电副总经理、党总支委员,2004年10月调至浙江浙能宁波天然气发电有限责任公司任职。

王学根 1963年12月出生,浙江台州人。大学学历,高级工程师,中共党员。1986年7月参加工作,曾任台州发电厂四期生产准备办公室副主任、运行部副部长、运行部部长、运行部主任、副总工程师,2003年6—9月任浙能兰溪发电厂筹建处副主任,2003年9月—2004年5月任浙能兰溪发电厂筹建处副主任、党总支委员,2004年5—10月任浙能兰电副总经理、党总支委员,2004年10月—2011年2月任浙能兰电副总经理、党委委员,2011年3月调至淮浙煤电有限责任公司任职。

孙华芳 1955年5月出生,浙江慈溪人。在职大学学历,高级工程师,中共党员。1972年11月参加工作,曾任闸口电厂运行值长、电气副主任、主任、生产副厂长,浙江钱清发电有限责任公司总经理、党委书记,2003年12月—2004年5月任浙能兰溪发电厂筹建处副主任。2004年5—10月任浙能兰电副总经理,2004年10月—2007年8月任浙能兰电副总经理、党委委员。2007年8月调至浙能集团任职。

韩忠良 1950年11月出生,浙江杭州人。在职大学学历,教授级高级工程师,中共党员。1968年10月参加工作,曾任萧山发电厂(筹)任工程科科长、副总工程师、总工程师。2004年10月—2008年4月任浙能兰电副总经理、党委委员,2008年4月调至浙能集团物流管理中心、浙江兴源投资有限公司任职。

胡康生 1962年10月出生,浙江磐安人。在职大学学历,经济师,中共党员。1986年8月参加工作,曾任浙江省煤炭工业总公司团工委副书记、团工委书记、供销公司党委委员、工会主席、办公室主任、劳人科科长,煤炭集团公司综合部副主任,浙江省电力开发有限公司党委副书记,浙能集团工委委员,浙江兴源投资有限公司纪委书记、党委副书记。2004年10月—2010年9月任浙能兰电党委副书记、纪委书记,2005年1月—2010年9月任浙能兰电工会主席,2010年9月调至浙江浙能钱清发电有限责任公司任职。

吴光中　1964 年 1 月出生，浙江嵊州人。在职研究生学历，高级工程师，中共党员。1985 年 8 月参加工作，曾任浙江省节能技术服务中心监测室副主任、办公室主任，浙江省能源利用监测中心工程设计所所长、副主任，2003 年 11 月—2008 年 12 月任浙江省经济贸易委员会电力处副处长，其间 2006 年 6 月—2007 年 8 月挂职任浙能兰电副总经理、党委委员。

韦东良　1974 年 9 月出生，浙江东阳人。在职研究生学历，工程师、经济师，中共党员。1996 年 8 月参加工作，曾任浙江省电力试验研究所热工室专业负责人，浙江省电力开发公司生产经营部职员，浙能集团资产经营部职员、办公室秘书，浙能兰电总经理助理，2007 年 3 月—2010 年 2 月任浙能兰电副总经理、党委委员。2010 年 2 月调至浙江省水利水电投资集团有限公司任职。

孙自强　1965 年 6 月出生，浙江杭州人。在职大学学历，中共党员。1982 年 10 月参加工作，曾任一军一师一团三连副连长，南京军区杭州疗养院勤务队队长、院务部行政科副营职参谋、院务部行政科正营职参谋、院务部行政科副科长（正营职）、院务部行政科科长、院务部副处级政治协理员、院务部正处级政治协理员，浙江省经济贸易委员会经济运行处（交通邮电处）干部、副调研员。2007 年 8 月—2008 年 8 月挂职任浙能兰电副总经理、党委委员。

王美树　1965 年 5 月出生，浙江仙居人。大学学历，工程硕士学位，高级工程师，中共党员。1987 年 7 月参加工作，曾任台州发电厂电气分场副主任、生技部副主任、自动化分场主任，浙能兰电生技部主任、副总工程师，2009 年 4 月—2012 年 1 月任浙能兰电总工程师、党委委员，2012 年 1 月—2013 年 11 月任浙能兰电副总经理、党委委员，2013 年 11 月调至浙江浙能滨海热电有限责任公司任职。

王静毅　1967 年 8 月出生，浙江鄞县人。大学学历，高级工程师，中共党员。1988 年 7 月参加工作，曾任浙江省火电建设公司热机公司副主任工程师、主任工程师、副经理，浙能兰电工程部主任、总师办主任、副总工程师，2010 年 9 月—2014 年 6 月任浙能兰电副总经理、党委委员，2014 年 6 月调至浙江浙能温州发电有限公司任职。

王润之　1963 年 6 月出生，江苏如皋人。在职大学学历，高级政工师，中共党员。1982 年 12 月参加工作，曾任闸口发电厂宣传科副科长、政治部副主任，浙江钱清发电厂（公司）科室党支部书记、政工部主任、组织（人力资源）部主任。2011 年 8 月—2012 年 1 月任浙能兰电党委副书记。2012 年 1—3 月任浙能兰电党委副书记、纪委书记。2012年3月—2017年7月任浙能兰电党委副书记、纪委书记、工会主席。2017年9月调至浙江天虹物资贸易有限公司任职。

徐书德 1971年6月出生,浙江开化人。大学学历,工程硕士学位,工程师,中共党员。1993年8月参加工作,曾任萧山发电厂值长、运行部副主任,浙能集团生产安全部职员、主管、高级主管。2013年11月—2015年8月任浙能兰电总工程师、党委委员。2015年8月调至浙能电力任职。

裘小萍(女) 1970年2月出生,浙江嵊州人。在职大学学历,高级会计师,中共党员。1991年8月参加工作,曾任浙江省嵊州市电力公司计划财务科科长,浙江浙能钱清发电有限责任公司多经公司财务总监、副总经理,浙江天达环保建材有限公司绍兴天达环保总经理、监审部主任、绍兴滨海分公司经理、副总经济师、工会主席、党总支副书记,2017年12月—2018年1月任浙能兰电纪委书记、党委委员。2018年1月—2019年6月任浙能兰电纪委书记、党委委员、工会主席。2019年6月—2022年11月任浙能兰电纪委书记、党委委员。2022年11月调至浙江天地环保科技股份有限公司任职。

麻建中 1972年11月出生,浙江松阳人。大学学历,工商管理硕士学位,高级工程师,中共党员。1994年8月参加工作,曾任浙能兰电运行部主任工程师、安健环部副主任、安健环部副主任(主持工作)、安健环部主任、设备部主任、维护部主任、设备管理部主任、设备管理部党支部副书记、副总工程师。2017年12月—2019年6月任浙能兰电总工程师、党委委员。2019年6月—2022年11月任浙能兰电总工程师、党委委员、工会主席。2022年11月起任浙能兰电副总经理、党委委员、工会主席。

方昌勇 1984年2月出生,浙江开化人。在职研究生学历,工程硕士学位,高级工程师、高级经济师,中共党员。2005年8月参加工作,曾任浙能新疆阿克苏电厂项目筹建处(浙能阿克苏热电有限公司)计划采购部副主任、人力资源部副主任(主持工作)、人力资源部主任,阿拉尔盛源热电有限责任公司副经理(援疆),浙能阿克苏热电有限公司事业发展部主任,2020年5月—2023年5月任浙能兰电副总经理、党委委员。2023年5月调至浙能集团任职。

朱新平 1969年3月出生,浙江仙居人。在职大学学历,高级工程师,中共党员。1989年8月参加工作,曾任浙能兰电设备部副主任、设备部党支部书记、设备管理部党支部书记、设备管理部副主任、设备管理部主任、副总工程师。2022年11月起任浙能兰电总工程师、党委委员。

王宇 1983年11月出生,安徽太湖人。大学学历,工程师、经济师,中共党员。2005年8月参加工作,曾任浙能兰电运营部值长、总经理工作部副主任,挂职任浙能电力市场营销部主任助理、浙能电力市场营销部副主任、企业中层正职、市场营销部主任。2023年3月起任浙能兰电副总经理、党委委员。

俞昕 1976年9月出生,浙江平湖人。在职大学学历,高级经济师,中共党员。1996年8月参加工作,曾任浙江浙能石油新能源有限公司综合办公室副主任、第一党支部书记、综合办公室主任、综合管理部主任,浙石油燃料油销售公司第一党支部书记、综合办公室主任、综合管理部主任,2023年7月起任浙能兰电党委委员、纪委书记。

二、劳动模范事迹简介

麻建中 基本信息同一(三)所述,2016年浙能集团劳动模范获得者;浙能集团2013年度、2014年度先进工作获得者。自2004年6月调入浙能兰电以来,麻建中同志全身心投入工程建设和生产管理工作。2014—2016年作为浙江省首台60万千瓦超临界机组完成通流改造、浙能兰电4台机组烟气超低排放改造工程项目的主要管理者与参与者,面对工期紧迫、建设标准高、技术难度大等现状,他勇挑重担,迎难而上,凭借丰富的生产管理经验和扎实的生产实践经验,指导和组织制定相关技术管理标准,认真审阅运行规程和重大技术方案,现场指挥作业,跟踪分析重大技术操作,以刻苦钻研的精神、严谨细致的作风,努力探索、研究、创新生产管理方法,确保了机组和设备改造后调试、整套启动全部一次性成功,运行平稳。

浙能兰电4台超临界机组通流改造后,供电煤耗下降了6.7～8.48克/千瓦时;烟气超低排放改造完成后,4台机组烟气排放物指标明显下降,达到烟尘质量浓度≤5毫克/标准立方米,二氧化硫质量浓度≤35毫克/标准立方米,氮氧化物质量浓度≤43毫克/标准立方米,节能减排效果显著。

2020年,麻建中组建并领办浙能兰电劳模工匠创新工作室,在他的带领下,该工作室获得浙能集团劳模工匠创新工作室授牌,工作室成员积极开展科技项目研究和技术攻关项目改造,增加设备的科技含量,提高了设备的安全性、可靠性、经济性,浙能兰电4台机组多次获全国火力发电可靠性金牌机组称号,为企业发展作出了贡献。

三、代表、委员

（一）浙能集团党代表

姓　名	时　间	届　次
傅小森	2018 年 4 月	浙能集团第二次党代会
吴孝炯	2018 年 4 月	浙能集团第二次党代会
方晨群	2018 年 4 月	浙能集团第二次党代会
郑波	2018 年 4 月	浙能集团第二次党代会
罗胜	2018 年 4 月	浙能集团第二次党代会
傅洪军	2024 年 1 月	浙能集团第三次党代会
张同喜	2024 年 1 月	浙能集团第三次党代会
黄徐	2024 年 1 月	浙能集团第三次党代会
柴成林	2024 年 1 月	浙能集团第三次党代会
吴神通	2024 年 1 月	浙能集团第三次党代会
殷秀梅	2024 年 1 月	浙能集团第三次党代会

（二）兰溪市人大代表

姓　名	时　间	届　次
虞国平	2012 年 3 月	兰溪市第十五届人民代表大会
章良利	2015 年 1 月	兰溪市第十五届人民代表大会
章良利	2017 年 2 月	兰溪市第十六届人民代表大会
傅小森	2017 年 12 月	兰溪市第十六届人民代表大会
吴孝炯	2019 年 12 月	兰溪市第十六届人民代表大会
吴孝炯	2022 年 1 月	兰溪市第十七届人民代表大会
傅洪军	2023 年 12 月	兰溪市第十七届人民代表大会

（三）兰溪市政协委员

姓　名	时　间	届　次
孙华芳	2007 年 2 月	兰溪市第十二届政协委员
王学根	2008 年 3 月	兰溪市第十二届政协委员
何云飞	2017 年 2 月	兰溪市第十四届政协委员

荣 誉 谱

一、单位荣誉

获奖单位	荣誉称号	颁奖单位	授予日期
浙能兰电	2004 年度先进单位	浙能集团	2005 年 2 月
浙能兰电	2004 年度电力责任制考核优秀单位	浙江省人民政府	2005 年 3 月
浙能兰电	"五大百亿"工程重点电力建设考核优秀单位	浙江省委、浙江省人民政府	2005 年 4 月
浙能兰电	2005 年度优秀企业	浙能集团	2006 年 3 月
浙能兰电党委	2004—2005 年度先进党委	浙能集团党委	2006 年 6 月
浙能兰电	金华市爱国主义教育基地	金华市委、金华市人民政府	2006 年 7 月
浙能兰电	2006 年度投资(资金)计划管理工作先进单位	浙能集团	2007 年 1 月
浙能兰电	2006 年度"四好"领导班子	浙能集团党委	2007 年 1 月
浙能兰电	达标投产机组(一期工程 1 号机组)	中国电力建设企业协会	2007 年 1 月
浙能兰电	达标投产机组(一期工程 2 号机组)	中国电力建设企业协会	2007 年 1 月
浙能兰电	2005—2006 年度纪检监察审计工作先进单位	浙能集团纪委	2007 年 3 月
浙能兰电	2005—2006 年度新闻宣传工作先进集体	浙能集团	2007 年 3 月

续表

获奖单位	荣誉称号	颁奖单位	授予日期
浙能兰电	浙江省五一劳动奖状	浙江省总工会	2007 年 4 月
浙能兰电	2006 年度重点建设立功竞赛先进单位	浙能集团	2007 年 4 月
浙能兰电	2006 年度继电保护技术监督工作先进集体	浙江电力调度通信中心	2007 年 4 月
浙能兰电	2007 年度中国电力优质工程（2×600MW 新建工程）	中国电力建设企业协会	2007 年 5 月
浙能兰电	2006 年度发电企业购电量计划管理工作先进单位三等奖	浙江省电力公司	2007 年 5 月
浙能兰电	2006 年度省重点建设立功竞赛先进集体	浙江省总工会、浙江省发展和改革委员会	2007 年 5 月
浙能兰电	安全生产知识竞赛总决赛三等奖	浙能集团	2007 年 7 月
浙能兰电	2007 年度浙江省建设工程钱江杯奖（优质工程）	浙江省建筑行业协会	2007 年 9 月
浙能兰电	"青工技能振兴计划"实践试点单位	浙能集团团委	2007 年 12 月
浙能兰电	中国建筑工程鲁班奖（国家优质工程）	中华人民共和国建设部、中国建筑业协会	2007 年 12 月
浙能兰电	达标投产工程（二期工程）	浙能集团	2008 年 1 月
浙能兰电	达标投产机组（二期工程 3 号机组）	浙能集团	2008 年 1 月
浙能兰电	达标投产机组（二期工程 4 号机组）	浙能集团	2008 年 1 月
浙能兰电	2007 年度减排工作先进集体	浙能集团	2008 年 3 月
浙能兰电	2007 年度投资（资金）计划工作先进单位	浙能集团	2008 年 3 月
浙能兰电	2007 年度优秀企业	浙能集团	2008 年 3 月
浙能兰电	抗击雨雪冰冻灾害先进集体	浙江省委、浙江省人民政府	2008 年 3 月
浙能兰电	2007 年度节能技术监督表扬单位	浙江省电力试验研究院	2008 年 3 月
浙能兰电	2007 年度电测技术监督先进集体	浙江省电力试验研究院	2008 年 3 月
浙能兰电	2007 年度"安康杯"竞赛优秀组织单位	浙能集团、浙能集团工会	2008 年 4 月
浙能兰电	2007 年度浙江电网通信运行管理创优竞赛进步单位	浙江省电力工会、浙江电力调度通信中心	2008 年 4 月

续表

获奖单位	荣誉称号	颁奖单位	授予日期
浙能兰电团委	2006—2007 年度先进团委	浙能集团团委	2008 年 5 月
浙能兰电	浙江电力调度系统第二届"调通杯"乒乓球邀请赛团体第二名	浙江电力调度通信中心	2008 年 5 月
浙能兰电	2007 年度燃煤机组运行竞赛三等奖（600MW 级 1 号机组）	浙能集团	2008 年 5 月
浙能兰电	2008 年度全国火电大机组竞赛三等奖（600MW 级 2 号机组）	中国电力企业联合会、中国能源化学工会全国委员会	2009 年 3 月
浙能兰电	2007 年度生产统计先进集体	浙江省电力公司	2008 年 8 月
浙能兰电	2008 年热工专业技能大赛团体比赛季军	浙能集团	2008 年 9 月
浙能兰电	乒乓球比赛优秀组织奖	浙能集团第二届乒乓球比赛组委会	2008 年 9 月
浙能兰电	2008 年度青年"五小"创新创效成果三等奖（一次风机电机轴承室冷却改进项目）	浙能集团团委、生产安全部	2008 年 11 月
浙能兰电	2007—2008 年度集团系统统计工作先进单位	浙能集团	2008 年 12 月
浙能兰电	浙江电力科学技术奖三等奖（国产 600MW 超临界机组 FCB 功能研究）	浙江省电力学会、浙江省电力科学技术奖励办公室	2009 年 3 月
浙能兰电	浙江电网自动化技术监督先进单位	浙江省电力工会、浙江电力调度通信中心	2009 年 3 月
浙能兰电	2008 年度燃煤机组运行竞赛一等奖（2 号机组）	浙能集团	2009 年 3 月
浙能兰电	2008 年度燃煤机组运行竞赛二等奖（3 号机组）	浙能集团	2009 年 3 月
浙能兰电	2008 年度金属技术监督先进集体	浙能集团、浙江省电力试验研究院	2009 年 3 月
浙能兰电	2007—2008 年度新闻宣传工作先进集体	浙能集团政治工作部（新闻中心）	2009 年 3 月
浙能兰电	2008 年度调度自动化专业劳动竞赛先进单位	华东电力调度中心	2009 年 4 月
浙能兰电	2008 年度全国发电可靠性金牌机组（火电 600MW 级）	国家电力监管委员会	2009 年 5 月

获奖单位	荣誉称号	颁奖单位	授予日期
浙能兰电	2008 年度继电保护同工种劳动竞赛先进单位	华东电力工委、华东电力调度中心	2009 年 5 月
浙能兰电	2007—2008 年度档案工作先进单位	浙能集团	2009 年 7 月
浙能兰电	《中国电力企业管理》编辑指导委员会委员单位	中国电力企业联合会、《中国电力企业管理》杂志社	2009 年 7 月
浙能兰电	2008 年度生产统计先进集体	浙江省电力公司	2009 年 8 月
浙能兰电	第二届"浙能杯"职工篮球赛第三名(甲级队)	浙能集团体协	2009 年 8 月
浙能兰电	庆祝中华人民共和国成立六十周年诗歌朗诵会铜奖	浙能集团工会、浙能集团文联	2009 年 9 月
浙能兰电	首届象棋、围棋比赛优秀组织奖	浙能集团工会、浙能集团体协	2009 年 11 月
浙能兰电	文明单位	金华市委、金华市人民政府	2009 年 12 月
浙能兰电	2009 年度浙江省标准创新型企业	浙江省质量技术监督局	2009 年 12 月
浙能兰电	浙江省重点建设项目档案管理示范项目	浙江省档案局	2010 年 1 月
浙能兰电	2009 年度安全生产先进单位	浙能集团	2010 年 2 月
浙能兰电	2009 年度优秀企业	浙能集团	2010 年 2 月
浙能兰电	2008—2009 年度战略研究课题二等奖(发电企业精细化管理实践与探索)	浙能集团	2010 年 2 月
浙能兰电	世博保电先进单位	国家电力监管委员会	2010 年 2 月
浙能兰电	女职工排舞比赛三等奖	浙能集团工会	2010 年 3 月
浙能兰电	2009 年度金属技术监督先进集体	浙能集团、浙江省电力试验研究院	2010 年 3 月
浙能兰电	2009 年度"安康杯"竞赛优胜企业	浙能集团、浙能集团工会	2010 年 4 月
浙能兰电团委	2008—2009 年度先进团委	浙能集团团委	2010 年 5 月
浙能兰电	2009 年度浙江省开发建设项目水土保持示范工程	浙江省水利厅	2010 年 8 月
浙能兰电	浙江省企业文化优秀成果	浙江省总工会、浙江省经济和信息化委员会、浙江省国有资产监督管理委员会	2010 年 8 月

续表

获奖单位	荣誉称号	颁奖单位	授予日期
浙能兰电	浙能足球邀请赛优胜奖（浙东南片区）	浙能集团工会	2010 年 11 月
浙能兰电	文明单位	浙江省委、浙江省人民政府	2011 年 1 月
浙能兰电	2010 年度"四好"领导班子	浙能集团党委	2011 年 1 月
浙能兰电	浙江省劳动保障诚信单位	浙江省人力资源和社会保障厅	2011 年 1 月
浙能兰电	2010 年浙江省电力安全生产先进单位	国家电力监管委员会、浙江省电力监管专员办公室	2011 年 2 月
浙能兰电	2010 年度热工技术监督先进集体	浙能集团、浙江省电力试验研究院	2011 年 2 月
浙能兰电	2010 年度燃煤机组运行竞赛一等奖（1号机组）	浙能集团	2011 年 3 月
浙能兰电	2010 年度燃煤机组运行竞赛二等奖（3号机组）	浙能集团	2011 年 3 月
浙能兰电	2010 年度技术监督先进单位	浙能集团、浙江省电力试验研究院	2011 年 3 月
浙能兰电	2010 年度继电保护技术监督工作单项先进	浙江电力调度通信中心	2011 年 3 月
浙能兰电	2010 年度优秀政研论文一等奖（党支部公推直选推广的可行性研究）	浙江能源政研会	2011 年 3 月
浙能兰电	2010 年度组织（人力资源）工作先进集体	浙能集团组织（人力资源）部	2011 年 3 月
浙能兰电	司歌合唱比赛优胜奖（浙东南片区）	浙能集团	2011 年 4 月
浙能兰电	2010 年度"安康杯"竞赛优秀组织单位	浙能集团、浙能集团工会	2011 年 4 月
浙能兰电工会	2010 年度工会工作先进集体	浙能集团工会	2011 年 4 月
浙能兰电	2010 年度华东电网调度自动化专业劳动竞赛先进单位	华东电力调度通信中心	2011 年 4 月
浙能兰电	浙江省"十一五"社会主义劳动竞赛先进集体	浙江省总工会	2011 年 5 月
浙能兰电党委	先进基层党组织	浙江省国资委党委	2011 年 6 月

获奖单位	荣誉称号	颁奖单位	授予日期
浙能兰电党委	先进基层党组织	浙江省委	2011 年 6 月
浙能兰电党委	全国先进基层党组织	中共中央组织部	2011 年 7 月
浙能兰电	第二届"浙能杯"羽毛球赛体育道德风尚奖	浙能集团工会	2011 年 7 月
浙能兰电	职工技能大赛团体第六名（管阀检修专业）	浙能集团	2011 年 9 月
浙能兰电	优秀青年突击队	浙能集团团委	2011 年 10 月
浙能兰电党委	基层党建工作示范点	浙江省国资委党委	2011 年 12 月
浙能兰电	2011 年度"四好"领导班子	浙能集团党委	2012 年 1 月
浙能兰电	2011 年度集团系统前期工作先进集体	浙能集团	2012 年 2 月
浙能兰电	2011 年度安全生产先进单位	浙能集团	2012 年 3 月
浙能兰电	2011 年度燃煤机能运行竞赛三等奖（3 号机组）	浙能集团	2012 年 3 月
浙能兰电	2011 年度化学技术监督解决薄弱环节中有显著成绩单位	浙能集团、浙江省电力试验研究院	2012 年 3 月
浙能兰电	"金燃杯"健身排舞大赛优秀奖、最佳编排奖	浙能集团工会	2012 年 4 月
浙能兰电	先进职工之家	浙能集团工会	2012 年 4 月
浙能兰电	2011 年度"安康杯"竞赛优胜企业	浙能集团	2012 年 4 月
浙能兰电	600MW 机组 NO_x 排放和锅炉安全及经济性关系的研究一等奖	浙江省电力学会、浙江电力科学技术奖励办公室	2012 年 4 月
浙能兰电	浙江省省部属企事业先进职工之家	浙江省直属企业工会	2012 年 4 月
浙能兰电	浙江省标准化协会理事单位	浙江省标准化协会	2012 年 6 月
浙能兰电	电力安全生产标准化一级企业	国家电力监管委员会	2012 年 9 月
浙能兰电	浙江省清洁生产阶段性成果企业	浙江省经济和信息化委员会、浙江省环境保护厅	2012 年 9 月
浙能兰电	2012 年电力行业实施管理体系认证工作先进企业	中电联（北京）认证中心	2012 年 10 月
浙能兰电	电力标准化工作先进集体	中国电力企业联合会	2012 年 11 月

续表

获奖单位	荣誉称号	颁奖单位	授予日期
浙能兰电	电力行业信息化与工业化深度融合先进企业	中国电力企业联合会	2012 年 12 月
浙能兰电	标准化良好行为企业 AAAA 级	国家标准化管理委员会、国家电力监管委员会	2012 年 12 月
浙能兰电	浙江省标准创新型企业	浙江省质量技术监督局	2012 年 12 月
浙能兰电	浙江省绿色企业	浙江省经济和信息化委员会	2012 年 12 月
浙能兰电团委	2012 年度五星活力团组织	共青团金华市委	2012 年 12 月
浙能兰电	2012 年度优秀企业	浙能集团	2013 年 1 月
浙能兰电	浙江电力科学技术奖	浙江省电力学会	2013 年 1 月
浙能兰电	浙江省能源业联合会会员单位	浙江省能源业联合会	2013 年 1 月
浙能兰电	600MW 发电机定子线圈温差偏大成因分析及解决对策二等奖	浙能集团	2013 年 1 月
浙能兰电	2012 年度纪检监察工作先进集体	浙能集团纪委	2013 年 1 月
浙能兰电	2012 年度浙江省电力安全生产先进单位	国家电力监管委员会	2013 年 2 月
浙能兰电	2012 年度金属技术监督先进集体	浙能集团	2013 年 2 月
浙能兰电	2012 年度节能技术监督先进集体	浙能集团、国网浙江省电力公司电力科学研究院	2013 年 2 月
浙能兰电	2012 年度燃煤机组运行竞赛三等奖（1 号机组）	浙能集团	2013 年 3 月
浙能兰电	2012 年度浙江省电力行业优秀质量管理小组成果一等奖（提高捞渣机导轮运行可靠性）	浙江省电力行业协会	2013 年 3 月
浙能兰电	2012 年度浙江省电力行业优秀质量管理小组成果二等奖（排除真空泵入口压力高开关频繁报警）	浙江省电力行业协会	2013 年 3 月
浙能兰电	2012 年度浙江省电力行业优秀质量管理小组成果三等奖（解决 4 号炉 350 兆瓦负荷附近后水前屏温度偏高、完善机组冷态启动操作票，提高机组启动操作的安全性及合理性）	浙江省电力行业协会	2013 年 3 月

续表

获奖单位	荣誉称号	颁奖单位	授予日期
浙能兰电	模范职工之家	浙能集团工会	2013 年 4 月
浙能兰电	2012 年度全国发电可靠性金牌机组(1 号机组)	国家能源局	2013 年 5 月
浙能兰电	2012 年度全国发电可靠性金牌机组(2 号机组)	国家能源局	2013 年 5 月
浙能兰电	2012 年度浙江省科学技术二等奖(电厂全过程能量管理及成本优化系统开发)	浙江省电力学会、浙江省电力科学技术奖励办公室	2013 年 5 月
浙能兰电	2012 年度浙江省科学技术三等奖(600 兆瓦发电机定子线圈温差大成因分析及解决对策)	浙江省电力学会、浙江省电力科学技术奖励办公室	2013 年 5 月
浙能兰电	浙江省心灵港湾工作坊示范点	浙江省委宣传部	2013 年 7 月
浙能兰电	2012 年度浙江省"安康杯"竞赛优秀组织单位	浙江省总工会	2013 年 8 月
浙能兰电	浙江能源科学技术奖二等奖(600 兆瓦发电机定子线圈温差偏大成因分析及解决对策)	浙能集团	2013 年 8 月
浙能兰电	浙江能源科学技术奖三等奖(电厂全过程能量管理及成本优化系统开发)	浙能集团	2013 年 9 月
浙能兰电	2012 年度浙江省电力统计先进集体	国网浙江省电力公司	2013 年 9 月
浙能兰电	2012 年度财务工作先进集体	浙能集团	2013 年 12 月
浙能兰电	2013 年度优秀企业	浙能集团	2014 年 1 月
浙能兰电	浙能兰电供热改造工程达标投产工程	浙能集团	2014 年 1 月
浙能兰电	浙江能源科学技术奖三等奖(分散控制系统安全防护及监控的试验研究)	浙能集团	2014 年 1 月
浙能兰电	浙江能源科学技术奖三等奖(东汽 600 兆瓦超临界机组汽轮机配汽系统优化)	浙能集团	2014 年 1 月
浙能兰电工会	2013 年度优秀工会	浙能集团工会	2014 年 1 月
浙能兰电	2013 年度"安康杯"竞赛优胜企业	浙能集团、浙能集团工会	2014 年 1 月
浙能兰电	2013 年度燃煤机组运行竞赛二等奖(4 号机组)	浙能集团	2014 年 2 月
浙能兰电	2013 年度安全生产先进单位	浙能集团	2014 年 2 月

获奖单位	荣誉称号	颁奖单位	授予日期
浙能兰电	2013年度技术监督先进单位	浙能集团、国网浙江省电力公司电力科学研究院	2014年2月
浙能兰电	2013年度浙江电网统调电厂自动化专业先进集体	国网浙江电力调度控制中心	2014年2月
浙能兰电	2013年浙江电力科学技术奖二等奖（600兆瓦机组前后墙布置旋流燃烧器节能减排配风方式的试验研究）	浙江省电力学会、浙江电力科学技术奖励办公室	2014年2月
浙能兰电	2013年浙江电力科学技术奖三等奖（分散控制系统安全防护及监控的试验研究）	浙江省电力学会、浙江电力科学技术奖励办公室	2014年2月
浙能兰电	2013年浙江电力科学技术奖三等奖（东汽600兆瓦超临界机组汽轮机配汽系统优化）	浙江省电力学会、浙江电力科学技术奖励办公室	2014年2月
浙能兰电	2013年度组织（人力资源）工作先进集体	浙能集团	2014年3月
浙能兰电	2013年度化学技术监督先进集体	浙能集团、国网浙江省电力公司电力科学研究院	2014年3月
浙能兰电	2013年度节能技术监督先进集体	浙能集团、国网浙江省电力公司电力科学研究院	2014年3月
浙能兰电	2013年度环保技术监督先进集体	浙能集团、浙江省电力公司电力科学研究院	2014年3月
浙能兰电	2013年华东电网调度自动化专业劳动竞赛先进单位	国家电网华东调控分中心	2014年4月
浙能兰电	2013年度工会工作先进集体	浙能集团工会	2014年4月
浙能兰电	2013年度全国火电600MW级超临界机组竞赛一等奖（4号机组）	中国能源化学工会全国委员会、中国电力企业联合会	2014年5月
浙能兰电	2013年度全国发电可靠性CER A级机组（火电600MW级 4号机组）	国家能源局	2014年5月
浙能兰电	2014年华东电网迎峰度夏系统反事故演习最佳组织奖	华东电力调控分中心	2014年6月

获奖单位	荣誉称号	颁奖单位	授予日期
浙能兰电 （范莉、仇敏、 张国东）	综合管理知识竞赛团体决赛二等奖	浙能集团	2014 年 6 月
浙能兰电	基层党建工作示范点（"三园文化"建设）	浙能集团党委	2014 年 6 月
浙能兰电党委	2012—2013 年度先进基层党组织	浙能集团党委	2014 年 7 月
浙能兰电	2014 年煤电机组节能升级与改造示范项目（3 号机改造）	国家能源局综合司	2014 年 9 月
浙能兰电	电力标准化工作先进集体	中国电力企业联合会	2014 年 9 月
浙能兰电	第三届"浙能杯"羽毛球比赛优秀组织奖	浙能集团	2014 年 9 月
浙能兰电	2014 年中国技能大赛浙江省发电企业集控值班员技能竞赛优秀组织奖（600MW 机组）	浙江省人力资源和社会保障厅、浙江省总工会、浙能集团	2014 年 10 月
浙能兰电 （田亚军、何云飞）	2014 年中国技能大赛浙江省发电企业集控值班员技能竞赛团体第一名（600MW 机组）	浙江省人力资源和社会保障厅、浙江省总工会、浙能集团	2014 年 10 月
浙能兰电 （殷秀梅、孟鹏军、 吴燕侠）	2014 年中国技能大赛浙江省发电企业化学环保专业技能竞赛团体第二名	浙江省人力资源和社会保障厅、浙江省总工会、浙能集团	2014 年 10 月
浙能兰电	2014 年中国技能大赛浙江省发电企业化学环保专业技能竞赛优秀组织奖	浙江省人力资源和社会保障厅、浙江省总工会、浙能集团	2014 年 10 月
浙能兰电	2013—2014 年度集团系统统计工作先进单位	浙能集团	2014 年 12 月
浙能兰电	2014 年度财务工作先进集体	浙能集团	2014 年 12 月
浙能兰电团委	2014 年度先进团组织	共青团金华市委	2014 年 12 月
浙能兰电党委	基层服务型党组织示范点	浙江省国资委党委	2014 年 12 月
浙能兰电	质量管理体系、环境管理体系、职业健康安全管理体系认证	中国电力认证	2015 年 1 月
浙能兰电	2014 年度燃烧机组运行竞赛一等奖（1 号机组）	浙能集团	2015 年 3 月
浙能兰电	2014 年度安全生产先进单位	浙能集团	2015 年 3 月

续表

获奖单位	荣誉称号	颁奖单位	授予日期
浙能兰电	2014 年度"安康杯"竞赛优胜企业	浙能集团	2015 年 3 月
浙能兰电工会	2014 年度优秀工会	浙能集团工会	2015 年 3 月
浙能兰电	2014 年度环保技术监督先进集体	浙能集团、浙江省电力公司电力科学研究院	2015 年 3 月
浙能兰电	2014 年度热工技术监督先进集体	浙能集团、浙江省电力公司电力科学研究院	2015 年 3 月
浙能兰电	2014 年度节能技术监督解决薄弱环节中有显著成绩单位	浙能集团、浙江省电力公司科学研究院	2015 年 3 月
浙能兰电	2014 年度物流管理工作先进单位	浙能集团	2015 年 4 月
浙能兰电	2014 年度 600MW 等级机组可靠性评价对标证书(1 号机组)	国家能源局电力可靠性管理中心	2015 年 6 月
浙能兰电	2014 年度华东电网调度自动化专业劳动竞赛先进单位	国家电网华东电力调控分中心	2015 年 6 月
浙能兰电	2014 年度污染减排先进集体	兰溪市生态市建设领导小组	2015 年 6 月
浙能兰电	2015 全国电力行业优秀管理小组活动优秀成果一等奖(降低捞渣机割链环数)	中国水利水电质量管理协会	2015 年 10 月
浙能兰电	企业文化创新优秀单位、企业文化创新优秀成果奖	中国企业文化促进会	2015 年 11 月
浙能兰电	2014 年度全国电力行业企业优秀文化成果二等奖("三园"文化)	中国电力企业联合会	2015 年 12 月
浙能兰电	2015 年度财务工作先进集体	浙能集团	2015 年 12 月
浙能兰电	2015 浙江能源科学技术奖二等奖(高温锅炉管内壁氧化皮脱落问题综合研究)	浙能集团	2015 年 12 月
浙能兰电	2015 浙江能源科学技术奖三等奖(进口煤的燃烧特性、分类及其适烧性试验研究)	浙能集团	2015 年 12 月
浙能兰电	2015 年度优秀企业	浙能集团	2016 年 1 月
浙能兰电	全国安全文化建设示范企业	中国安全生产协会	2016 年 1 月
浙能兰电	2015 年度技术监督先进单位	浙能集团	2016 年 2 月
浙能兰电	2015 年度燃煤机组运行竞赛三等奖(2 号机组)	浙能集团	2016 年 2 月

获奖单位	荣誉称号	颁奖单位	授予日期
浙能兰电	2015 年度物流管理工作先进集体	浙能集团	2016 年 3 月
浙能兰电	2015 年度化学技术监督表扬单位	浙能集团、国网浙江省电力公司电力科学研究院	2016 年 3 月
浙能兰电	2015 年度金属技术监督解决薄弱环节中有显著成绩单位	浙能集团、国网浙江省电力公司电力科学研究院	2016 年 3 月
浙能兰电	2015 年度绝缘技术监督解决薄弱环节中有显著成绩单位	浙能集团、国网浙江省电力公司研究院	2016 年 3 月
浙能兰电	2015 年度环保技术监督先进集体	国网浙江省电力公司电力科学研究院	2016 年 3 月
浙能兰电工会	2015 年度优秀工会	浙能集团工会	2016 年 3 月
浙能兰电	2015 年度"安康杯"竞赛优胜企业	浙能集团、浙能集团工会	2016 年 3 月
浙能兰电	2014—2015 年度组织（人力资源）工作先进集体	浙能集团	2016 年 4 月
浙能兰电	2015 年度管理创新工作优秀单位	浙江省电力行业协会	2016 年 6 月
浙能兰电党委	2014—2015 年度先进党委	浙能集团党委	2016 年 7 月
浙能兰电	脱硫值班员技能竞赛团体三等奖、优秀组织奖	浙能集团	2016 年 7 月
浙能兰电	"两学一做"学习知识竞赛优秀奖	浙能电力党委	2016 年 8 月
浙能兰电	2015 年度金华市无偿献血促进奖	金华市献血领导小组	2016 年 8 月
浙能兰电	2016 年输煤机械检修工职业技能竞赛团体二等奖	浙能电力	2016 年 9 月
浙能兰电	《中国电力报》2015—2016 年度优秀通讯站	中国电力传媒集团有限公司	2016 年 9 月
浙能兰电	基层党建工作法优秀案例一等奖（心灵港湾工作坊建设）	浙江能源政研会	2016 年 10 月
浙能兰电	基层党建工作法优秀组织奖	浙江能源政研会	2016 年 10 月
浙能兰电	2016 浙江省第七届绿色低碳经济标兵企业	浙江省绿色低碳经济标兵企业评选组委员会	2016 年 10 月
浙能兰电	2015—2016 年度电力标准化工作先进集体	中国电力企业联合会	2016 年 11 月

获奖单位	荣誉称号	颁奖单位	授予日期
浙能兰电	2016 年浙江省能源系统热工仪表与自动装置检修工技能大赛优秀组织奖	浙江省总工会、浙江省人力资源和社会保障厅	2016 年 11 月
浙能兰电	第二届"浙能杯"职工男子足球赛优秀组织奖	浙能集团	2016 年 11 月
浙能兰电	2016 年度发电设备故障预警分析工作优秀进步单位	浙能电力、浙江浙能技术研究院有限公司	2016 年 12 月
浙能兰电	2016 年度财务工作先进集体	浙能集团	2016 年 12 月
浙能兰电	2016 浙江电力科学技术奖二等奖（发电集团网格化继电保护整定及管控系统研究开发）	浙江省电力学会、浙江电力科学技术奖励办公室	2016 年 12 月
浙能兰电	2016 年度优秀企业	浙能集团	2017 年 1 月
浙能兰电	2016 年度宣传思想工作先进集体	浙能集团党委	2017 年 2 月
浙能兰电	2016 年度燃煤机组运行竞赛一等奖（1 号机组）	浙能集团	2017 年 2 月
浙能兰电	2016 年度优秀效能监察项目	浙能集团纪委	2017 年 2 月
浙能兰电工会	2016 年度优秀工会	浙能集团工会	2017 年 2 月
浙能兰电	2016 年度环保工作先进集体	浙能集团	2017 年 3 月
浙能兰电	2016 年度科技创新先进集体	浙能集团	2017 年 3 月
浙能兰电	2016 年度信息化工作先进集体	浙能集团	2017 年 3 月
浙能兰电	2016 年度"安康杯"竞赛优胜企业	浙能集团、浙能集团工会	2017 年 3 月
浙能兰电	标准化良好行为企业 AAAA 级	中国电力企业联合会	2017 年 3 月
浙能兰电	浙江省"安康杯"竞赛优胜单位	浙江省"安康杯"竞赛组委会办公室	2017 年 3 月
浙能兰电	2016 年度统调发电厂涉网自动化技术监督先进单位	国网浙江省电力调度控制中心	2017 年 3 月
浙能兰电	2016 年度环保技术监督先进集体	国网浙江省电力公司电力科学研究院	2017 年 3 月
浙能兰电	2016 年度法律事务管理工作先进集体	浙能集团	2017 年 4 月

获奖单位	荣誉称号	颁奖单位	授予日期
浙能兰电	2016 年度管理创新优秀成果三等奖（"三位一体"员工成长平台构建的探索与实践）	浙江省电力行业协会	2017 年 4 月
浙能兰电	2016 年度 QC 小组活动优秀单位	浙江省电力行业协会	2017 年 4 月
浙能兰电	2016 年度管理创新优秀成果二等奖（抓"三基"促"三强"强基固本促发展）	浙江省电力行业协会	2017 年 5 月
浙能兰电	2016 年度管理创新优秀成果二等奖（发电企业内控体系建设和实施的创新实践）	浙江省电力行业协会	2017 年 5 月
浙能兰电党委	2016 年度基层党组织建设示范项目（抓"三基"促"三强"）	浙能集团	2017 年 6 月
浙能兰电党委	2016 年度学习型党组织建设示范项目（建企即建校）	浙能集团	2017 年 6 月
浙能兰电党委	2016 年度思想政治工作示范项目（心灵港湾工作坊）	浙能集团	2017 年 6 月
浙能兰电	职工书屋	浙江省总工会	2017 年 8 月
浙能兰电工会	全国发电企业最美工会（金牌奖）	国家能源局中国电力传媒集团有限公司	2017 年 8 月
浙能兰电	2017 年公文写作技能竞赛优秀组织奖	浙能电力	2017 年 8 月
浙能兰电	2017 年税务管理知识竞赛团体第一名	浙能电力	2017 年 10 月
浙能兰电	第一届职工气排球比赛道德风尚奖	浙能集团工会	2017 年 10 月
浙能兰电（胡燕辉、林腾蟠）	2017 年浙江省发电企业集控值班员职业技能竞赛团体二等奖	浙江省人力资源和社会保障厅浙江省总工会	2017 年 11 月
浙能兰电（叶剑勇、郑波）	2017 年浙江省发电企业集控值班员职业技能竞赛团体三等奖	浙江省人力资源和社会保障厅浙江省总工会	2017 年 11 月
浙能兰电	电力安全生产标准化一级企业	中国电力企业联合会	2017 年 12 月
浙能兰电	2017 年度财务工作先进集体	浙能集团	2017 年 12 月
浙能兰电	2017 年度"四好"领导班子	浙能集团党委	2018 年 2 月
浙能兰电	2017 年度纪检监察工作先进集体	浙能集团纪委	2018 年 3 月

续表

获奖单位	荣誉称号	颁奖单位	授予日期
浙能兰电	2017 年度"安康杯"竞赛优胜企业	浙能集团、浙能集团工会	2018 年 3 月
浙能兰电	2017 年度招投标及物流管理先进集体	浙能集团	2018 年 3 月
浙能兰电	2017 年度法律事务管理工作先进集体	浙能集团	2018 年 3 月
浙能兰电	2017 年度信息化工作先进集体	浙能集团	2018 年 3 月
浙能兰电	2017 年度安全生产先进单位	浙能集团	2018 年 3 月
浙能兰电	2017 年度浙江省节水型企业	浙江省经济和信息化委员会、浙江省住房和城乡建设厅、浙江省水利厅、浙江省节约用水办公室	2018 年 3 月
浙能兰电	2017 年度办公室工作先进集体	浙能集团	2018 年 4 月
浙能兰电工会	2018 年度浙江省模范职工之家	浙江省总工会	2018 年 6 月
浙能兰电团委	2016—2017 年度青年安全生产示范岗	共青团浙江省委浙江省安全生产监督管理局	2018 年 6 月
浙能兰电	2017 年度管理创新优秀组织单位	浙江省电力行业协会	2018 年 7 月
浙能兰电	2017 年度全国 600MW 超临界湿冷机组对标 AAA 级机组(3 号机组)	中国电力企业联合会	2018 年 7 月
浙能兰电	第一届职工运动会乒乓球比赛道德风尚奖	浙能集团工会	2018 年 7 月
浙能兰电	2018 年度 ERP 系统应用大赛团体二等奖	浙能集团	2018 年 8 月
浙能兰电	2018 年浙江省电力行业 10 千伏开关柜运检技能竞赛优秀组织奖	浙江省总工会、国网浙江省电力有限公司、浙江省电力工会委员会	2018 年 9 月
浙能兰电	2018 年度全省专职消防队员职业技能竞赛企业组优胜奖	浙江省公安消防总队、浙江省总工会	2018 年 9 月
浙能兰电	庆祝改革开放 40 周年图片展优秀组织奖	浙能集团工会、文联	2018 年 11 月
浙能兰电	《中国电力报》2017—2018 年度优秀通讯站	中国电力传媒集团有限公司	2018 年 11 月

获奖单位	荣誉称号	颁奖单位	授予日期
浙能兰电	2018年度调度计划先进单位	国网浙江电力调度控制中心	2019年1月
浙能兰电	2018年度技术监督先进单位	浙能集团	2019年1月
浙能兰电	2018年度金属技术监督先进集体	浙能集团	2019年1月
浙能兰电	2018年度热工技术监督先进集体	浙能集团	2019年1月
浙能兰电	2019浙江电力科学技术奖三等奖（660MW机组全负荷脱硝技术研究）	浙江省电力学会、浙江电力科学奖励办公室	2019年1月
浙能兰电	2018年度纪检监察工作先进集体	浙能集团纪委	2019年2月
浙能兰电	2018年度燃煤机组运行竞赛二等奖（2号机组）	浙能集团	2019年2月
浙能兰电	2018年度美丽厂区	浙能集团工会	2019年2月
浙能兰电	2018年度财务工作先进集体	浙能集团	2019年2月
浙能兰电	2018年度热工技术监督先进集体	国网浙江省电力公司电力科学研究院	2019年3月
浙能兰电	2018年度金属技术监督先进集体	国网浙江省电力公司电力科学研究院	2019年3月
浙能兰电	2018年度"安康杯"竞赛优胜企业	浙能集团、浙能集团工会	2019年2月
浙能兰电	2018年度环保技术监督先进集体	浙江省电力有限公司电力科学研究	2019年3月
浙能兰电	2018年度华东电网调动自动化劳动竞赛先进单位	国家电网华东电力调控分中心	2019年4月
浙能兰电	第一届职工运动会网球比赛组织奖	浙能集团工会	2019年5月
浙能兰电	智航助学助教捐赠单位	中国自动化学会	2019年5月
浙能兰电党委	2018年度先进基层党组织	浙能集团党委	2019年7月
浙能兰电	2018年度600MW级超临界纯凝湿冷机组对标AAAA级（2号机组）	中国电力企业联合会	2019年7月
浙能兰电	2018—2019年度全国企业文化优秀成果一等奖	中国企业联合会、中国企业家协会	2019年8月
浙能兰电	2018年度浙江省电力行业统计先进集体	浙江省电力行业协会	2019年8月

续表

获奖单位	荣誉称号	颁奖单位	授予日期
浙能兰电	金华市优秀企业（金星奖）	中共金华市委新经济与新社会组织工作委员会、金华市总工会、金华市企业家协会	2019 年 9 月
浙能兰电	"庆祝新中国成立 70 周年"职工唱响《我和我的祖国》快闪活动优胜奖	浙能集团工会	2019 年 9 月
浙能兰电	2019 年电力行业汽轮机专业技术创新成果一等奖	中国电力技术市场协会、电力行业所轮机专业技术委员会	2019 年 11 月
浙能兰电	钱江能源科学技术奖一等奖（大型内陆发电厂冷端系统综合治理与优化）	浙江省能源业联合会	2019 年 12 月
浙能兰电	AAAA 达标投产工程（兰溪市上华至诸葛集中供热管线项目）	浙能集团	2020 年 1 月
浙能兰电	2019 年度燃煤机组运行竞赛二等奖（3 号机组）	浙能集团	2020 年 2 月
浙能兰电	2019 年度财务工作先进集体	浙能集团	2020 年 2 月
浙能兰电工会	2019 年度优秀工会	浙能集团工会	2020 年 4 月
浙能兰电	2019 年度"安康杯"竞赛优秀组织单位	浙能集团、浙能集团工会	2020 年 4 月
浙能兰电	电力科学技术进步奖三等奖（发电厂可移动式工控安全运维设备的开发）	浙江省电力学会、浙江电力科学技术奖励办公室	2020 年 7 月
浙能兰电	电力科学技术进步奖（MFEDI 在锅炉补给水制备中的试验研究）	浙江省电力学会、浙江电力科学技术奖励办公室	2020 年 7 月
浙能兰电	第四届常务副理事长单位	金华市电力行业协会	2020 年 8 月
浙能兰电（龚旭刚、杨舒迪、王炳森）	浙江省发电企业脱硫值班员职业技能竞赛团体三等奖	浙江省人力资源和社会保障厅及浙江省总工会	2020 年 11 月
浙能兰电	2020 年度电力科技创新奖（标准项目一等奖）	中国电力企业联合会	2020 年 12 月
浙能兰电	标准化良好行为企业 AAAAA 级	中国电力企业联合会	2021 年 1 月
浙能兰电	2020 年度全国发电机组可靠性标杆机组（1 号机组）	中国电力企业联合会	2021 年 1 月

获奖单位	荣誉称号	颁奖单位	授予日期
浙能兰电	2020 年度优秀企业	浙能集团	2021 年 2 月
浙能兰电	2020 年党建工作成绩突出集体	浙能集团	2021 年 2 月
浙能兰电	2020 年度安全生产先进单位	浙能集团	2021 年 2 月
浙能兰电	2020 年度燃煤机组运行竞赛二等奖（1号机组）	浙能集团	2021 年 2 月
浙能兰电	2020 年度技术监督先进单位	浙能集团	2021 年 2 月
浙能兰电	2020 年度班组建设先进单位	浙能集团	2021 年 2 月
浙能兰电	2020 年度财务工作先进集体	浙能集团	2021 年 2 月
浙能兰电	2020 年度纪检工作先进集体	浙能集团纪委	2021 年 3 月
浙能兰电	2020 年度依法治企先进集体	浙能集团	2021 年 3 月
浙能兰电	2020 年度科技创新先进集体	浙能集团	2021 年 3 月
浙能兰电	钱江能源科学技术二等奖（660MW 机组全负荷脱硝技术）	浙江省能源业联合会	2021 年 6 月
浙能兰电	2020 年度纯凝湿冷机组指标对标 AAAAA 级（4 号机组）	中国电力企业联合会	2021 年 8 月
浙能兰电	2021 年安全文化建设专委会副理事长单位	中国安全产业协会	2021 年 8 月
浙能兰电（林腾蟠、陈平汉）	2021 年浙江省发电企业集控值班员职业技能竞赛团体第四名	浙江省人力资源与社会保障厅、浙江省总工会、浙能集团	2021 年 8 月
浙能兰电（刘宇博、吴神通）	2021 年管阀检修工职业技能竞赛团体三等奖	浙能集团	2021 年 8 月
浙能兰电（陈晨、邵胜奇）	2021 年浙江省省部属企事业水生产处理工职业竞赛团体三等奖	浙能集团、浙江省省部属企事业工会	2021 年 9 月
浙能兰电工会	职工书屋示范点	中华全国总工会	2021 年 11 月
浙能兰电	2021 年度管理体系认证优秀企业	北京中电联检测认证中心有限责任公司	2021 年 12 月
浙能兰电	2021 年度技术监督先进单位	浙能集团	2022 年 2 月
浙能兰电	2021 年度热工技术监督先进集体	浙能集团	2022 年 2 月
浙能兰电	浙江省涉网自动化技术监督先进单位	国网浙江电力调控中心	2022 年 2 月

续表

获奖单位	荣誉称号	颁奖单位	授予日期
浙能兰电	2021 年度金属技术监督先进集体	浙江省电科院（代表能监办）	2022 年 2 月
浙能兰电	2021 年度锅炉技术监督先进集体	浙能集团	2022 年 2 月
浙能兰电	2021 年度财务工作先进集体	浙能集团	2022 年 2 月
浙能兰电	浙江省安全文化建设示范企业	浙江省安全生产协会	2022 年 3 月
浙能兰电	2021 年绝缘监督先进集体	国网浙江省电力有限公司电力科学研究院	2022 年 3 月
浙能兰电	2021 年度环保技术监督先进集体	浙江省电力有限公司电力科学研究院	2022 年 3 月
浙能兰电（谢明忠、吴新华、赵旭慧）	2022 年度招投标从业人员知识竞赛团体一等奖	浙能集团工会、浙能集团招投标管理部	2022 年 3 月
浙能兰电（李晨晖、张学博）	2022 年浙江省发电企业仪器仪表维修工职业技能竞赛团体三等奖	浙江省总工会	2022 年 9 月
浙能兰电	2021 年度安全生产先进单位	浙能集团	2022 年 11 月
浙能兰电	"一体双融"优秀案例	浙能集团党委	2022 年 11 月
浙能兰电	电力安全生产标准化一级企业	中国电力企业联合会	2022 年 11 月
浙能兰电	2022 年度热控技术管理示范单位	中国电力市场协会、电力行业热工自动化技术委员会	2022 年 11 月
浙能兰电（林晓波、方良铖）	600MW 集控值班员技能竞赛团体第二名	浙能电力	2022 年 11 月
浙能兰电（袁鸿生、姜荣华、徐妮、李梦远）	2022 年度建设项目管理知识竞赛团体二等奖	浙能集团	2022 年 11 月
浙能兰电	浙江省 2022 年度国企廉洁文化创新案例	浙江日报报业集团、浙江共产党员杂志集团	2022 年 12 月
浙能兰电	2022 年浙江省能源科技管理先进单位	浙江省能源研究会	2022 年 12 月
浙能兰电	2022 年度浙江省首台（套）装备（基于蒸汽余压驱动的撬装式压缩空气供应装置）	浙江省经济和信息化厅、浙江省财政厅	2023 年 1 月
浙能兰电	2022 年度环保技术监督先进集体	浙能集团	2023 年 2 月

获奖单位	荣誉称号	颁奖单位	授予日期
浙能兰电	2022 年度电测技术监督先进集体	浙能集团	2023 年 2 月
浙能兰电	2022 年度继保技术监督先进集体	浙能集团	2023 年 2 月
浙能兰电	2022 年度工控信息安全技术监督先进集体	浙能集团	2023 年 2 月
浙能兰电	2022 年度电测技术监督先进集体	国网浙江省电力有限公司电力科学研究院	2023 年 2 月
浙能兰电	2022 年度化学监督先进集体	国网浙江省电力科学研究院	2023 年 3 月
浙能兰电	2022 年度技术监督先进单位	浙能集团	2023 年 2 月
浙能兰电	2022 年度财务工作先进集体	浙能集团	2023 年 2 月
浙能兰电	2022 年度科技创新先进集体	浙能集团	2023 年 3 月
浙能兰电	2022 年度发电厂通信专业优秀单位	国网浙江省电力调控中心	2023 年 5 月
浙能兰电（殷秀梅、张雨涵）	2023 年燃料化验员技能竞赛团体第二名	浙能电力	2023 年 6 月
浙能兰电	浙江省省部属企事业工会首批产业工人思想政治教育基地	浙江省省部属企事业工会	2023 年 8 月
浙能兰电（刘宇博、李海强）	2023 年发电企业锅炉点检员职业技能竞赛团体三等奖	浙能集团	2023 年 8 月
浙能兰电	2022 年度浙江省电力行业统计先进集体	浙江省电力行业协会	2023 年 9 月
浙能兰电	中国能源传媒创新型宣传策划案例（兰电安全文化"责任 执行 执着"策划传播）	中国能源传媒集团有限公司	2023 年 10 月
浙能兰电（方良铖、林晓波）	2023 年浙江省发电企业集控值班员职业技能竞赛团体三等奖	浙江省人力资源和社会保障厅浙江省总工会	2023 年 11 月
浙能兰电	ISA"全球半导体照明创新 100 佳"项目（科技项目低功耗可穿戴型光波传感通信定位系统）	国际半导体照明联盟	2023 年 11 月
浙能兰电	2023 年全国电力安全文化建设精品工程	中国电力设备管理协会	2023 年 12 月
浙能兰电	2023 年励磁技术监督先进集体	浙能集团	2024 年 1 月
浙能兰电	2023 年度工控信息安全技术监督先进集体	浙能集团	2024 年 1 月

获奖单位	荣誉称号	颁奖单位	授予日期
浙能兰电	2023 年继电保护专业先进单位	国家电网有限公司华东分部调度控制中心	2024 年 1 月
浙能兰电	2023 年度励磁技术监督先进集体	浙能集团	2024 年 1 月
浙能兰电	2023 年度全市工业生产者价格调查优秀企业	国家统计局金华调查队	2024 年 1 月
浙能兰电	2023 年度财务工作先进集体	浙能集团	2024 年 2 月
浙能兰电	2023 年度环保技术监督解决薄弱环节中有显著成绩单位	国网浙江省电力有限公司电力科学研究院	2024 年 2 月
浙能兰电	省级优秀档案室	浙江省档案局	2024 年 2 月
浙能兰电	2023 年度招投标及物流管理先进集体	浙能集团	2024 年 3 月
浙能兰电	反恐安全防范先进集体	兰溪市反恐怖工作领导小组	2024 年 3 月
浙能兰电	2023 年度华东电网监控系统网络安全专业劳动竞赛先进单位	国家电网华东分部调度控制中心	2024 年 4 月
浙能兰电（企业科普展厅）	优秀科普教育基地	浙江省电力行业协会	2024 年 4 月
浙能兰电	2023 年度浙江省企业文化建设优秀案例	浙江省思想政治工作研究会、浙江省企业文化建设协会	2024 年 8 月
浙能兰电（郑美芬）	2024 年电气值班员（光伏发电运维）职业技能竞赛团体第一名	浙能集团	2024 年 8 月
浙能兰电（柴成林、李彬华）	2024 年电气值班员（光伏发电运维）职业技能竞赛团体第二名	浙能集团	2024 年 8 月
浙能兰电（李强）	2024 年电力行业职业技能竞赛（输变电可靠性管理员）发电组团体三等奖	中国电力企业联合会	2024 年 8 月
浙能兰电（吴神通、滕慧达）	2024 年发电企业点检员（汽机）职业技能竞赛团体二等奖	浙能集团	2024 年 9 月
浙能兰电（黄友桥、琚敏）	2024 年浙江省省级职工职业技能竞赛锅炉设备点检赛项团体第一名	浙江省总工会	2024 年 9 月
浙能兰电（刘宇博、李海强）	2024 年浙江省省级职工职业技能竞赛锅炉设备点检赛项团体第二名	浙江省总工会	2024 年 9 月

获奖单位	荣誉称号	颁奖单位	授予日期
浙能兰电 （李彬华，柴成林）	2024年全国行业职业技能竞赛——第十五届全国电力行业职业技能竞赛（光伏发电运维）团体二等奖	中国电力企业联合会	2024年9月
浙能兰电 （钱科锋、於立峰、王庆福、沈明）	2024年网络与信息安全管理员（工控）职业技能竞赛团体三等奖	浙能集团	2024年10月
浙能兰电 （朱庆辉、邢天彪、赵旭慧）	2024年招投标业务技能竞赛团体二等奖	浙能集团	2024年10月
浙能兰电 （陈晨、唐春梅）	2024年浙江省省部属企事业职工职业技能竞赛发电企业水生产处理工赛团体一等奖	浙江省省部属企事业工会委员会	2024年11月

二、集体荣誉

获奖集体	荣誉称号	颁奖单位	授奖日期
第二党支部	2004—2005年度"五好"党支部	浙能集团党委	2006年6月
浙能兰电汽机一班	2007年度浙江省电力行业优秀QC小组成果二等奖（确保小机高压主汽阀的开关灵活性，提高设备的可靠性）	浙江省电力行业协会	2008年4月
浙能兰电运行五值	2007年度浙江省电力行业优秀QC小组成果三等奖（♯4机组A凝汽器真空偏低原因查找）	浙江省电力行业协会	2008年4月
浙能兰电设备部仪控班	全国青年安全生产示范岗	共青团中央、国家安全监管总局	2008年5月
第四党支部	2006—2007年度"五好"党支部	浙能集团党委	2008年6月
运行党支部、燃料党支部、设备党支部	2008—2009年度"五好"党支部	浙能集团党委	2010年6月
燃料部党支部	2008—2009年度先进党支部	浙能集团党委	2010年6月
浙能兰电继保通信班	2011年度华东电网调度自动化专业劳动竞赛先进单位	国家电网华东电力调控分中心	2012年4月
运营部党支部	2010—2011年度先进党支部	浙能集团党委	2012年9月

获奖集体	荣誉称号	颁奖单位	授奖日期
浙能兰电锅炉二班	2012 年度浙江省电力行业优秀质量管理小组成果一等奖（提高捞渣机导轮运行可靠性）	浙江省电力行业协会	2013 年 3 月
浙能兰电仪控一班	2012 年度浙江省电力行业优秀质量管理小组成果二等奖（排除真空泵入口压力高开关频繁报警）	浙江省电力行业协会	2013 年 3 月
浙能兰电运营二值二单元	2012 年度浙江省电力行业优秀质量管理小组成果三等奖（解决 4 号炉 350 兆瓦负荷附近后水前屏温度偏高）	浙江省电力行业协会	2013 年 3 月
浙能兰电运营三值二单元	2012 年度浙江省电力行业优秀质量管理小组成果三等奖（完善机组冷态启动操作票，提高机组启动操作的安全性及合理性）	浙江省电力行业协会	2013 年 3 月
燃料党支部、设备党支部、运营党支部、综合党支部	2010—2011 年度"五好"党支部	浙能集团党委	2012 年 6 月
浙能兰电锅炉二班 QC 小组	2013 年度浙江省优秀质量管理小组成果一等奖（提高锅炉火检冷却风机滤网的工作周期）	省质量技术监督局、省质量协会、省总工会、省科学技术协会、省妇女联合会	2013 年 6 月
浙能兰电运营三值一单元	全国工人先锋号	中华全国总工会	2013 年 6 月
浙能兰电仪控一班 QC 小组	浙江省优秀 QC 成果二等奖（降低燃烧器壁温故障率）	浙江省质监局、科学协会、总工会、妇女协会、质量协会	2014 年 6 月
维护部党支部、生产经营党支部、设备部党支部、燃料党支部、综合党支部	2012—2013 年度"五好"党支部	浙能集团党委	2014 年 6 月
浙能兰电锅炉二班	2014 年度浙江省电力行业优秀质量管理小组成果一等奖（降低捞渣机割链环数）	浙江省电力行业协会	2015 年 4 月
浙能兰电仪控二班	2014 年度浙江省电力行业优秀质量管理小组成果一等奖（降低 3 号炉磨煤机一次风流量缺陷数）	浙江省电力行业协会	2015 年 4 月

获奖集体	荣誉称号	颁奖单位	授奖日期
浙能兰电除灰脱硫班	2014 年度浙江省电力行业优秀质量管理小组成果二等奖(降低除雾器冲洗水泵耗电量)	浙江省电力行业协会	2015 年 4 月
浙能兰电仪控一班	2014 年度浙江省电力行业优秀质量管理小组成果三等奖(降低脱硫 GGH 差压故障率)	浙江省电力行业协会	2015 年 4 月
浙能兰电继保通信班	2014 年度浙江省电力行业优秀质量管理小组成果三等奖(减少♯4 炉电除尘高频整流器控制柜与灰控通信故障)	浙江省电力行业协会	2015 年 4 月
浙能兰电维护部仪控一班	工人先锋号	浙江省省部属企事业工会	2015 年 3 月
浙能兰电课题组(主创人:黄祖平、章良利;参与创造人:王润之、何海斌、章珍丹、朱云涛、范莉、陈夏)	2014 年度优秀企业管理创新成果三等奖(《"三园"文化对推进发电企业科学发展的实践》)	浙江省电力行业协会	2015 年 5 月
浙能兰电课题组(主创人:杜烈云;参与创造人:李志敏、吴龙潭、乐耕、倪何军、张善、管燕飞、郭之慧、许林波)	2014 年度优秀企业管理创新成果鼓励奖(《输煤系统运行小指标竞赛系统的建设和应用》)	浙江省电力行业协会	2015 年 5 月
浙能兰电课题组(韩峰、余程、戴敏敏)	浙江省 2011 年热工专业十项技术贡献奖(《低电压穿越对给煤机变频器影响的研究与实验》)	浙江省电力学会热工专业委员会	2012 年 3 月
浙能兰电锅炉二班	全国电力行业优秀质量管理小组一等奖(降低♯3 捞渣机的链条磨损速度)	中国水利电力质量管理协会	2015 年 10 月
浙能兰电课题组(余程、戴敏敏、崔科杰)	2015 年度浙江省发电厂热控十大技术贡献奖(600 MW 机组通流改造系统优化)	浙江省电力学会	2016 年 1 月
燃料部党支部	2014—2015 年度先进党支部	浙能集团党委	2016 年 6 月
浙能兰电仪控专业	2016 年度浙江省发电厂热控专业十大技术贡献奖(浙能兰电脱硝 CEMS 烟气采样管路改造项目)	浙江省电力学会	2017 年 2 月
运行部党支部	2016 年度先进党支部	浙能集团党委	2017 年 6 月

获奖集体	荣誉称号	颁奖单位	授奖日期
浙能兰电锅炉一班	2017年全国电力行业QC小组活动优秀成果一等奖（新型板框式过滤器的研制）	中国电力企业联合会	2017年12月
浙能兰电课题组（唐健、杨立平）	浙江电力行业2017年优秀管理论文大赛一等奖（《实施财务共享推动财务转型基于Z集团的看法》）	浙江省电力行业协会《企业管理》杂志社	2017年12月
浙能兰电电仪班	工人先锋号	浙江省省部属企事业工会	2018年3月
浙能兰电财务产权部	巾帼文明岗	浙能集团	2018年3月
浙能兰电运行部三值	2017年度全国青年安全生产示范岗	共青团中央、应急管理部	2018年4月
浙能兰电课题组（何志瞧、文全喜、舒畅、余程）	2017年度管理创新优秀成果一等奖（《做细做实反违章管理 有效管控外包项目安全风险》）	浙江省电力行业协会	2018年6月
浙能兰电课题组（何志瞧、杨进忠、舒畅、胡凯波）	2017年度管理创新优秀成果二等奖（《发电企业安全生产指标对标体系建设的创新实践》）	浙江省电力行业协会	2018年6月
浙能兰电课题组（主创人：章珍丹 参与创造人：卢泓樾、柳善甫、秦登辉、孙兵）	2017年度管理创新优秀成果二等奖（发电企业员工业绩全面评价体系构建）	浙江省电力行业协会	2018年6月
浙能兰电专职消防队	2018年度浙江省专职消防队员职业技能竞赛企业组优胜奖	浙江省公安消防总队、浙江省总工会	2018年9月
浙能兰电运行部	全国第六届"书香三八"读书活动表演阅读三等奖	红旗出版社、中国妇女报社、人民网股份有限公司	2018年12月
浙能兰电工会、团委、兰青创艺社	2018年浙江省安全生产公益广告征集二等奖（安全生产之歌）	浙江省安全生产委员会办公室	2019年1月
浙能兰电课题组（何志瞧、杨进忠）	浙江电力行业2018年度优秀管理论文一等奖（《发电企业安全生产指标体系建设的创新实践》）	浙江省电力行业协会、《企业管理》杂志社	2019年2月
浙能兰电课题组（何志瞧、叶剑）	浙江电力行业2018年度优秀管理论文二等奖（《对发电企业外包项目安全风险有效管控的探索》）	浙江省电力行业协会、《企业管理》杂志社	2019年2月

获奖集体	荣誉称号	颁奖单位	授奖日期
浙能兰电课题组（卢泓樾、柳善甫）	浙江电力行业 2018 年度优秀管理论文三等奖（《发电企业员工全方位评价工作的探讨》）	浙江省电力行业协会、《企业管理》杂志社	2019 年 2 月
浙能兰电课题组（寿奎原、何志瞧、卢得勇、包文东、王彦忠）	2019 电力企业科技创新成果（辊盘式磨煤机拉杆上密封装置）	中国电力技术市场协会	2019 年 2 月
浙能集团代表队（毛乃军）	2019 年全国电力行业职工桥牌锦标赛团体亚军	中国电力体育协会	2019 年 4 月
浙能兰电仪控一班	浙江省电力行业 QC 一等奖（降低♯1A 循环水泵清污机进口液位测量故障次数）	浙江省电力行业协会	2019 年 5 月
浙能兰电六值一单元	浙江省电力行业 QC 三等奖（降低♯1 炉 SCR 入口 CO 含量）	浙江省电力行业协会	2019 年 5 月
浙能兰电电仪控二班	浙江省电力行业 QC 三等奖（提高翻车机系统翻卸效率）	浙江省电力行业协会	2019 年 5 月
浙能兰电课题组（卢泓樾、张同喜、王彦忠）	2019 年全国发电企业精益管理优秀论文一等奖	中国电力设备管理协会	2019 年 6 月
浙能兰电课题组（王林刚、胡凯波、夏志凌）	全国智慧电厂建设技术交流研讨会二等奖	中国电机工程学会	2019 年 6 月
浙能兰电课题组（张小根、顾扬彪）	2019 年度优秀管理论文二等奖（《内陆中小容量机组煤电企业转型发展探索和实践》）	浙江省电力行业协会、《企业管理》杂志社	2019 年 8 月
浙能兰电运行部一值一单元、维护部仪控二班、燃料部电仪班	浙江省质量信得过班组三等奖	浙江省总工会	2019 年 9 月
浙能兰电课题组（麻建中、章通行、胡凯波、於立峰、王林刚、夏志凌）	2019 年电力企业信息安全管理创新成果一等奖（《发电厂可移动式工控安全运维的研究》）	电力信息化专业协作委员会	2019 年 10 月
浙能兰电课题组（何志瞧、卢泓樾、李敏、潘小奎、杨晓波、薛建军）	2019 年电力行业汽轮机专业技术创新成果一等奖（《660MW 超临界燃煤机组给水泵汽轮源优化》）	中国电力技术市场协会、电力行业汽轮机专业技术委员会	2019 年 11 月

获奖集体	荣誉称号	颁奖单位	授奖日期
浙能兰电课题组（琚敏、包文东、寿奎原）	锅炉专业委员会优秀论文二等奖（《660MW 超临界机组低负荷供热技术研究与实施》）	浙江省电力学会	2019 年 11 月
浙能兰电运行二值	2018—2019 年度省级青年文明号	浙江省青年文明号、青年岗位能手组委会	2020 年 2 月
浙能兰电仪控一班	工人先锋号	浙能集团工会	2020 年 3 月
浙能兰电运行部团总支第二团支部	"五四"红旗团支部	浙能集团团委	2020 年 5 月
浙能兰电锅炉二班	2019 年度 QC 成果一等奖（减少一次风机报警次数）	浙江省电力行业协会	2020 年 6 月
浙能兰电电气二班	2019 年度 QC 成果二等奖（减少光伏系统后台数据异常次数）	浙江省电力行业协会	2020 年 6 月
浙能兰电电气一班	2019 年度 QC 成果三等奖（降低排泥水回收泵开关故障次数）	浙江省电力行业协会	2020 年 6 月
浙能兰电汽机班	2019 年度 QC 成果三等奖（降低气泵前置运行中轴承温度）	浙江省电力行业协会	2020 年 6 月
浙能兰电课题组（吴孝炯、裘小萍、成城、范莉、郑佳、章珍丹、张晓梅、朱云涛、过庆红）	浙江省电力行业协会管理创新二等奖（《发电企业对标安全生产提升党风廉政工作成效的实践》）	浙江省电力行业协会	2020 年 7 月
浙能兰电课题组（吴孝炯、裘小萍、林文辉、范莉、朱云涛、丁一、成城、申晔）	浙江省电力行业 2019 年度管理创新优秀成果一等奖（《发电企业"全员竞聘上岗"实践中的意识形态工作研究》）	浙江省电力行业协会	2020 年 7 月
浙能兰电课题组（张小根、唐健、裘小萍、李志敏、范莉、张晓梅、汪倩颖、谭倩倩）	2019 年度管理创新优秀成果二等奖（《"最多跑一次"赋能发电企业治理能力提升的实践》）	浙江省电力行业协会	2020 年 7 月
浙能兰电一值一单元	全国质量信得过班组	全国质量协会	2020 年 12 月
浙能兰电战略课题组	2020 年度重点调研课题优秀成果二等奖（《浙江电力市场下内陆电厂价值与发展研究》）	浙江省电力行业协会	2020 年 12 月

获奖集体	荣誉称号	颁奖单位	授奖日期
浙能兰电仪控二班	金华市青年文明号	金华市"双争"活动指导委员会办公室	2020 年 12 月
浙能兰电运行部化学试验班	巾帼文明岗	浙能集团工会	2021 年 3 月
浙能兰电维护部汽机班、维护部锅炉二班运行部一值一单元、运行部二值二单元、运行部四值一单元	工人先锋号	浙能集团工会	2021 年 3 月
浙能兰电运行一值	2019—2020 年度青年文明号	浙能集团团委	2021 年 4 月
浙能兰电课题组（罗胜、杨天强、韩永强）	2021 年火电燃料管理智能化技术论坛论文三等奖	中国电力技术市场协会	2021 年 4 月
浙能兰电运行部团总支第二团支部	全国五四红旗团支部	共青团中央	2021 年 5 月
浙能兰电燃料部运行班	青年安全生产示范岗	浙能集团团委	2021 年 5 月
浙能兰电课题组（郝新凡、张善）	2021 年电气自动化专业技术优秀论文二等奖（《发电机功率变送装置的智能化升级》）	中国电力技术市场协会、电力行业电气自动化专业技术委员会	2021 年 5 月
浙能兰电课题组（何志瞧、项文杰、杨永平）	第二届企业安全文化优秀论文一等奖（《浅谈兰溪发电公司三化特色安全文化建设》）	中华人民共和国应急管理部宣教中心、企业管理杂志社	2021 年 6 月
浙能集团代表队（黄徐）	第十二届全国电力行业职业技能竞赛继电保护员决赛团体三等奖	中国电力企业联合会	2021 年 7 月
浙能兰电课题组（范莉、申晔）	回首来时路 建功新时代学习征文一等奖（《旖旎兰江畔 善美兰电蒸蒸日上，人文婺州城 浙能精神熠熠生辉》）	浙能电力	2021 年 9 月
浙能兰电四值一单元	浙江省质量信得过班组典型经验二等奖	浙江省总工会、浙江省科学技术学会、浙江省质量协会	2021 年 10 月
浙能兰电课题组（潘雷鸣、杨晓波、周伟龙、吴神通）	优秀论文三等奖（《某 660MW 超临界火力发电机组高加撤出导致机组跳机原因分析》）	河北省电机工程学会	2021 年 10 月

续表

获奖集体	荣誉称号	颁奖单位	授奖日期
浙能兰电二值二单元	浙江省质量信得过班组典型经验三等奖	浙江省总工会、浙江省科学技术学会、浙江省质量协会	2021年10月
浙能兰电电气二班	金华市青年安全生产示范岗路演大赛银奖	共青团金华市委	2021年12月
浙能兰电课题组（王庆福、竹小锋、黄建伟、吴可泽）	2021年度浙江省发电厂热控专业十大技术贡献奖（《火力发电厂DCS系统网络安全防护技术研究》）	浙江省电力学会	2022年2月
浙能兰电党群工作部	2021年度新闻宣传工作先进集体	浙能集团	2022年4月
浙能兰电办公室	2021年度管理创新优秀组织单位	浙江省电力行业协会	2022年6月
浙能兰电课题组（主创：吴孝炯、裘小萍；参与创造：章珍丹、张晓梅、郑佳、冯大庆）	2021年度管理创新优秀成果一等奖（《发电企业构筑四式监督体系提升治理效能》）	浙江省电力行业协会	2022年6月
浙能兰电课题组（吴孝炯、裘小萍、范莉、成城、姚路、申晔）	2021年度管理创新优秀成果二等奖（《"双碳"背景下火电企业心灵港湾建设的探索与实践》）	浙江省电力行业协会	2022年6月
浙能电力代表队（俞浩）	2022年财务分析技能竞赛团体三等奖	浙能集团	2022年9月
浙能兰电代表队（裘小萍、朱云涛、成城、阮黄琼）	2022年中国能源传媒"能源奥斯卡"优秀影视作品动漫组二等奖	中国能源传媒集团有限公司、中国电力报刊协会	2022年12月
麻建中劳模工匠创新工作室	劳模工匠创新工作室	浙能集团工会	2023年4月
浙能兰电课题组（主创：吴孝炯；参与创造：章珍丹、张晓梅、郑佳、冯大庆）	2022年度管理创新优秀成果一等奖（《清廉小微单元颗粒饱满度提升策略》）	浙江省电力行业协会	2023年6月
浙能兰电代表队（阮雪花、仇煜、韩永强）	党的二十大精神专题宣讲活动二等奖	浙能集团	2023年8月
浙能兰电代表队（张晓梅、郝新凡）	党的二十大精神专题宣讲活动三等奖	浙能集团	2023年8月

续表

获奖集体	荣誉称号	颁奖单位	授奖日期
浙能兰电运行一值一单元	2023年电力行业质量信得过班组建设一等奖	中国水利电力质量管理协会	2023年9月
浙能兰电仪控一班、仪控二班	2023年电力行业质量信得过班组建设二等奖	中国水利电力质量管理协会	2023年9月
浙能兰电运行二值一单元、运行二值二单元	2023年电力行业质量信得过班组建设三等奖	中国水利电力质量管理协会	2023年9月
浙能集团代表队（殷秀梅）	2023年全国能源行业燃料化验员职业技能竞赛团体三等奖	中国职工技术协会、中国能源化学地质工会全国委员会	2023年9月
浙能兰电团队（张同喜、方良铖）	名师高徒	浙江省省部属企事业工会	2023年11月
浙能兰电团队（张同喜、方良铖、方逸群）	第四届"浙能杯"创新创效大赛QC五小类创意奖（锅炉火检冷却风系统优化）	浙能集团	2023年11月
浙能兰电团队（张同喜、林文辉、何云飞）	第四届"浙能杯"创新创效大赛科技创新类优胜奖	浙能集团	2023年11月
张同喜劳模工匠创新工作室	第四批高技能人才创新工作室	浙江省省部属企事业工会	2023年12月
运行部一值一单元、维护部仪控二班	工人先锋号	浙江省省部属企事业工会	2023年12月
运行部五值一单元、燃料部电仪班	工人先锋号	浙能集团工会	2024年3月
电仪班	2024年度金华市优秀质量信得过班组一等奖	金华市市场监督管理局	2024年5月
浙能兰电团队（姚路、张晓梅、林腾蟠、刘金思、郑淇文、郑佳）	清廉微视频二等奖	浙能集团纪委	2024年6月
浙能兰电团队（主创：申晔、范莉；参与创造：王宇、俞昕、尤荷仙、成城、姚路）	2023年度管理创新成果一等奖（《新时期党建人才灵活性培养的探索与实践》）	浙江省电力行业协会	2024年6月

获奖集体	荣誉称号	颁奖单位	授奖日期
浙能兰电团队（主创：傅洪军、范莉；参与创造：俞昕、尤荷仙、成城、姚路、申晔、何云玲）	2023年度管理创新成果二等奖（《实施"三双工程"持续巩固主题教育成果推动发展》）	浙江省电力行业协会	2024年6月
浙能兰电团队（主创：王宇、张同喜；参与创造：朱新平、严建成、林文辉、朱小强、潘小奎、李英敏、方良铖、肖雷、何云飞、林腾蟠）	2023年度管理创新成果三等奖（《构建燃煤电厂实时发电成本数学模型、赋能发电企业高质量发展的创新实践》）	浙江省电力行业协会	2024年6月
浙能兰电团队（张同喜、方良铖、陈平汉等人）	2024年"电力双创杯"科技创新铜牌技术成果（基于电力市场下的燃煤电厂实时发电成本数学模型构建与应用）	中国电力技术市场协会	2024年8月
张同喜工作室	2024年电力行业"电力双创杯"四星级创新工作室	中国电力技术市场协会	2024年8月
浙能兰电仪控二班	首届（2024）火电运维检修短视频竞赛活动三等奖	中国电力技术市场协会运维检修分会	2024年9月
张同喜工作室	2024年煤电新质生产力优秀案例特等奖（《提高煤电火检冷却风系统运行可靠性》）	中国电力技术市场协会运维检修分会	2024年9月
张同喜工作室	2024年煤电新质生产力优秀案例特等奖（《新型电力系统中火电机组经济提效运行》）	中国电力技术市场协会运维检修分会	2024年9月
黄徐工作室	2024年度技能大师工作室	浙能集团	2024年10月
浙能兰电燃料部电仪班	浙江省质量信得过班组典型经验二等奖	浙江省质量协会、浙江省总工会	2024年11月
运行部二值一单元	工人先锋号	浙江省省部属企事业工会	2024年12月

三、个人荣誉

获奖人	荣誉称号	颁奖单位	授奖日期
柯吉欣 傅坚钢 何志瞧	"五大百亿"工程重点电力建设考核先进个人	浙江省委、浙江省人民政府	2005 年 4 月
钦晓丹	浙江省重点建设立功竞赛先进个人	浙江省委、浙江省人民政府	2005 年 4 月
李江标	2004 年度纪检监察审计工作先进个人	浙能集团纪委	2005 年 4 月
周 芸	2004—2005 年度工会工作先进个人	浙能集团工会	2006 年 2 月
潘春飞	中央企业职工技能大赛火电机组集控运行值班员决赛银牌，中央企业技术能手	国资委群工局	2006 年 11 月
谢增孝	中央企业职工技能大赛火电机组集控运行值班员决赛铜奖，中央企业技术能手	国资委群工局	2006 年 11 月
王美树	2006 年度安全生产先进个人	浙能集团	2007 年 3 月
俞德周	2005—2006 年度纪检监察审计工作先进个人	浙能集团纪委	2007 年 3 月
潘春飞	浙江省女职工建功立业标兵	浙江省总工会	2007 年 3 月
黄 标	2007 年度安全生产先进个人	浙能集团	2008 年 3 月
李江标	2007 年度先进工作者	浙能集团	2008 年 3 月
潘春飞	全国三八红旗手	全国妇联	2008 年 3 月
胡冬良	2006—2007 年度工会工作先进个人	浙能集团工会	2008 年 4 月
高 毅	2007 年度重点建设立功竞赛先进个人	浙能集团工会	2008 年 4 月
麻建中	2007 年度"安康杯"竞赛先进个人	浙能集团工会	2008 年 4 月
章珍丹	2007 年度组织（人力资源）先进个人	浙能集团	2008 年 5 月
金 飞	2006—2007 年度优秀共产党员	浙能集团党委	2008 年 6 月
胡康生	2006—2007 年度优秀党务工作者	浙能集团党委	2008 年 6 月
李慧娇	2007 年度生产统计先进工作者	浙江省电力公司	2008 年 9 月
谢增孝	中央企业职工技能大赛火电机组集控运行值班员决赛 600MW 等级金牌，全国技术能手	国资委群工局	2008 年 11 月
项文杰	中央企业职工技能大赛火电机组集控运行值班员决赛 600MW 等级金牌，中央企业技术能手	国资委群工局	2008 年 11 月
李慧娇	2007—2008 年度生产统计专业先进个人	浙能集团	2008 年 12 月

续表

获奖人	荣誉称号	颁奖单位	授奖日期
鲍伟明	2006—2007年度全国无偿献血奉献奖金奖	国家卫生和计划生育委员会、中国红十字会总会、中央军委后勤保障部卫生局	2008年12月
谢增孝	2008年度先进工作者	浙能集团	2009年2月
丁仲勃	2008年度环保技术监督先进个人	浙江省电力试验研究院、浙能集团	2009年3月
关玉芳	全国火电大机组（600MW）竞赛第十三届年会优秀论文二等奖	中国电力企业联合会	2009年5月
李慧娇	2008年度生产统计先进工作者	浙江省电力公司	2009年8月
李慧娇	2009年度全国电力行业统计工作先进个人	国家能源局、中国电力企业联合会	2009年11月
李慧娇	2009年度全市工业品价格调查统计工作先进个人	金华市统计局	2010年1月
王学根	2009年度先进工作者	浙能集团	2010年2月
滕卫明	2009年度安全生产先进个人	浙能集团	2010年2月
李志敏	2008—2009年度优秀共产党员	浙能集团党委	2010年6月
李江标	2006—2007年度优秀党务工作者	浙能集团党委	2010年6月
李慧娇	2009—2010年度生产统计专业先进个人	浙能集团	2010年12月
鲍伟明	2008—2009年度全国无偿献血奉献奖金奖	国家卫生和计划生育委员会、中国红十字会总会、中央军委后勤保障部卫生局	2010年12月
许茂贤	2010年度先进工作者	浙能集团	2011年1月
严建成	2009—2010年度纪检监察审计工作先进个人	浙能集团纪委	2011年2月
项文杰	国务院政府特殊津贴	国务院	2011年3月
刘舟平	2010年度安全生产先进个人	浙能集团	2011年3月
尤荷仙	2010年度组织（人力资源）先进个人	浙能集团	2011年3月
潘皑	2010年度工会工作先进个人	浙能集团工会	2011年4月
孙志强	2010年度"安康杯"竞赛先进个人	浙能集团工会	2011年4月
朱玲飞	2009—2010年度档案工作先进个人	浙能集团	2011年7月

续表

获奖人	荣誉称号	颁奖单位	授奖日期
李慧娇	浙江省电力统计先进工作者	浙江省电力公司	2011 年 8 月
吴新华	2011 年全国电力安全生产知识网络竞赛三等奖	国家电力监管委员会安全监管局	2011 年 9 月
潘春飞	浙江省首席技师	浙江省委、浙江省政府	2011 年 11 月
方晨群	全国百家网站中国特色社会主义法律知识体系知识竞赛优秀奖	中华人民共和国司法部、普法办	2012 年 1 月
颜安斌	专职消防队先进个人	浙江省公安消防总队	2012 年 1 月
李志敏	2011 年度先进工作者	浙能集团	2012 年 2 月
刘舟平	2011 年度安全生产先进个人	浙能集团	2012 年 2 月
顾 宏	2011 年度纪检监察审计工作先进个人	浙能集团纪委	2012 年 2 月
王爱琴	2011 年度物流管理工作先进个人	浙能集团	2012 年 3 月
潘 皑	2011 年度工会工作先进个人	浙能集团工会	2012 年 3 月
麻建中	2011 年度"安康杯"竞赛先进个人	浙能集团工会	2012 年 3 月
余 程	2011 年热工技术监督先进个人	浙江省电力试验研究院	2012 年 3 月
马秀荣	2011 年度浙江电网通信技术监督工作先进个人	浙江省电力公司	2012 年 3 月
丁仲勃	2011 年度环保技术监督先进个人	浙江省电力试验研究院、浙能集团	2012 年 3 月
许林波	2011 年度浙江电网发电厂调度自动化专业技术监督先进个人	浙江省电力工会、浙江电力调度通信中心	2012 年 4 月
沈晓露	"我们的价值观"群英故事会主题演讲比赛三等奖	浙能集团	2012 年 8 月
许林波	第八届全国电力行业职业技能竞赛电力行业优秀技能选手	中国电力企业联合会、中国能源化学工会全国委员会	2012 年 9 月
李志敏	2010—2011 年度优秀共产党员	浙能集团党委	2012 年 9 月
何海斌	2010—2011 年度优秀党务工作者	浙能集团党委	2012 年 9 月
方晨群	电力标准化工作先进个人	中国电力企业联合会	2012 年 11 月
鲍伟明	2010—2011 年度全国无偿献血奉献奖金奖	中华人民共和国卫生部、中国红十字总会	2012 年 12 月
李慧娇	2011—2012 年度生产统计专业先进个人	浙能集团	2012 年 12 月

续表

获奖人	荣誉称号	颁奖单位	授奖日期
沈云表 何志瞧	2012 年度先进工作者	浙能集团	2013 年 1 月
朱玲飞	浙江电力优秀管理论文大赛一等奖	浙江省电力行业协会、《中国电力企业管理》杂志社	2013 年 1 月
郭燕平 顾　宏 王肖燕 颜晓玲	浙江电力优秀管理论文大赛二等奖	浙江省电力行业协会、《中国电力企业管理》杂志社	2013 年 1 月
杜烈云 方晨群 李慧娇 卢泓樾 项文杰 许茂贤 张乐君 章珍丹	浙江电力优秀管理论文大赛三等奖	浙江省电力行业协会、《中国电力企业管理》杂志社	2013 年 1 月
章通行	2012 年度安全生产先进个人	浙能集团	2013 年 3 月
谢明忠	2012 年度物流管理工作先进个人	浙能集团	2013 年 3 月
胡凯波	华东电网 2012 年度继电保护同工种劳动竞赛先进个人	华东电力工委、国家电网华东电力调控分中心	2013 年 4 月
张乐君	2012 年度组织（人力资源）先进个人	浙能集团	2013 年 4 月
李耀远	2012 年度"安康杯"竞赛先进个人	浙能集团工会	2013 年 4 月
过庆红	2012 年度工会工作先进个人	浙能集团工会	2013 年 4 月
范　莉	2012 年度全国电力行业新闻宣传工作先进个人	中国电力企业联合会	2013 年 5 月
叶敏良	2013 年度浙江电网迎峰度夏联合反事故演习优秀演员	浙江电力调度控制中心	2013 年 6 月
何海斌	优秀党务工作者	浙江省国资委党委	2013 年 6 月
李慧娇	2012 年度浙江省电力统计先进工作者	国网浙江省电力公司	2013 年 10 月
叶剑勇	2011—2012 年度青年岗位能手	浙能集团团委	2013 年 11 月
黄祖平	2012—2013 年度浙江省企业文化建设突出贡献人物奖	浙江省委宣传部、浙江省思想政治工作研究会	2013 年 12 月
何海斌 麻建中	2013 年度先进工作者	浙能集团	2014 年 1 月

续表

获奖人	荣誉称号	颁奖单位	授奖日期
朱玲飞	优秀管理论文奖（《电力企业基建工程档案管理实践与思考》）	中国电力企业管理杂志社、浙江省电力行业协会	2014 年 1 月
章通行	2013 年度安全生产先进个人	浙能集团	2014 年 2 月
王润之	2013 年度纪检监察工作先进个人	浙能集团纪委	2014 年 2 月
赵钊晨	浙江省 2013 年度优秀共青团员	共青团浙江省委	2014 年 2 月
鲍伟明	省属企业最美员工	浙江省国资委党委	2014 年 2 月
胡凯波	2013 年度浙江电网统调电厂先进个人	国网浙江省电力公司电力调度控制中心	2014 年 2 月
许林波	2013 年度浙江电网统调电厂先进个人	国网浙江省电力公司电力调度控制中心	2014 年 2 月
胡凯波	2013 年度继电保护工作先进个人	浙江电力调度控制中心	2014 年 2 月
颜晓玲	2013 年度组织（人力资源）先进个人	浙能集团	2014 年 3 月
王爱琴	2013 年度物流管理工作先进个人	浙能集团	2014 年 3 月
李慧娇	2013 年度工会工作先进个人	浙能集团工会	2014 年 4 月
朱庆辉	2013 年度基建工程综合管理先进个人	浙能集团	2014 年 4 月
何云飞	2013 年度"安康杯"竞赛先进个人	浙能集团	2014 年 4 月
张国东	综合管理知识竞赛财务专业个人决赛第一名	浙能集团	2014 年 6 月
张国东	2014 年度岗位能手	浙能集团	2014 年 6 月
吴孝炯	电力标准化建设先进个人	中国电力企业联合会	2014 年 9 月
崔科杰	2013 年度兰溪市青年岗位能手	共青团兰溪市委	2014 年 9 月
戴敏敏	第九届全国电力行业热工程控保护职业技能竞赛技术能手	中国电力企业联合会、中国能源化学工会全国委员会	2014 年 9 月
何云飞	2014 年中国技能大赛浙江省发电企业集控值班员技能竞赛个人第二名（600 MW 机组）、浙江省技术能手	浙江省人力资源和社会保障厅、浙江省总工会、浙能集团	2014 年 10 月
田亚军	2014 年中国技能大赛浙江省发电企业集控值班员技能竞赛个人第四名（600 MW 机组）	浙江省人力资源和社会保障厅、浙江省总工会、浙能集团	2014 年 10 月
殷秀梅	2014 年中国技能大赛浙江省发电企业化学环保专业技能竞赛个人第五名	浙江省人力资源和社会保障厅、浙江省总工会、浙能集团	2014 年 10 月

续表

获奖人	荣誉称号	颁奖单位	授奖日期
朱玲飞	浙江电力优秀管理论文大赛最高奖"优秀管理论文奖"	《中国电力企业管理》杂志社、浙江省电力行业协会	2014 年 10 月
李慧娇	2013—2014 年度生产统计专业先进个人	浙能集团	2014 年 12 月
沈晓露 张国东	2014 年度财务工作先进个人	浙能集团	2014 年 12 月
王俊伟	"新国企·中国梦"影像大赛"国企印象"组三等奖（兰电公司江景）	国务院国资委新闻中心、中国经济网	2015 年 1 月
李慧娇	2014 年度工业生产者价格调查先进个人	国家统计局金华调查队	2015 年 1 月
章通行 麻建中	2014 年度先进工作者	浙能集团	2015 年 2 月
朱新平	2014 年度安全生产先进个人	浙能集团	2015 年 3 月
颜安斌	2014 年度"安康杯"竞赛先进个人	浙能集团工会	2015 年 3 月
王林刚	2014 年度工会工作先进个人	浙能集团工会	2015 年 3 月
楼晓玲	2014 年度物流管理工作先进个人	浙能集团	2015 年 3 月
许林波	2014 年度继电保护先进个人	国网浙江电力调度控制中心	2015 年 3 月
关玉芳	2014 年度化学技术监督先进个人	浙能集团、国网浙江省电力公司电力科学研究院	2015 年 3 月
鲍伟明	2012—2013 年度全国无偿献血奉献奖金奖	国家卫生和计划生育委员会、中国红十字会总会、中国人民解放军总后勤部卫生部	2015 年 3 月
舒 畅	2014 年度浙江省电力行业质量管理小组活动优秀推进者	浙江省电力行业协会	2015 年 4 月
叶剑勇	2014 年度浙江省青年岗位能手	浙江省"青年文明号、青年岗位能手"活动组委会	2015 年 4 月
徐旭慧	2014 年度"EP 之钻"电力信息化论文大赛二等奖（《信息安全的标准与策略》）	电力信息化专业协作委员会、《电力信息化用户参考》杂志	2015 年 4 月
余 程	2014 年度优秀会员	浙江省电力学会	2015 年 5 月
方晨群	2015 年电力企业标准化优秀论文三等奖	中国电力企业联合会	2015 年 10 月
楼巧儿	浙江省电力技术能手	浙江省电力行业协会、浙江省电力工会委员会	2015 年 11 月

获奖人	荣誉称号	颁奖单位	授奖日期
楼巧儿	2015年浙江省电力行业变电站（电厂）电气值班员技术技能大赛个人第十九名	浙江省人力资源和社会保障厅、浙江省总工会、国网浙江省电力公司、浙江省电力工会	2015年11月
朱云涛 张国东	2015届浙江电力优秀管理论文二等奖	浙江省电力行业协会、《中国电力企业管理》杂志社	2015年12月
文全喜 方晨群	2015届浙江电力优秀管理论文三等奖	浙江省电力行业协会、《中国电力企业管理》杂志社	2015年12月
方建立 朱新平	2015年度先进工作者	浙能集团	2016年1月
麻建中	劳动模范	浙能集团	2016年1月
李耀远	2015年度安全生产先进个人	浙能集团	2016年2月
朱玲飞	浙江省省内具有较高水平的档案专家	浙江省档案局	2016年2月
何海斌	2015年度纪检监察工作先进个人	浙能集团纪委	2016年2月
许林波	2015年度华东电网自动化专业劳动竞赛先进个人	国家电网华东电力调控分中心	2016年3月
朱玲飞	2015年度集团系统档案工作先进个人	浙能集团	2016年3月
楼晓玲	2015年度物流管理工作先进个人	浙能集团	2016年3月
何云飞	2015年度工会工作先进个人	浙能集团工会	2016年3月
罗 胜	2015年度"安康杯"竞赛先进个人	浙能集团工会	2016年3月
林文辉	2015年优秀研究课题（《发电企业外来运行实习人员培训策略研究》）	浙江省电力行业协会培训专委会	2016年3月
王肖燕	2014—2015年度组织（人力资源）先进个人	浙能集团	2016年3月
林文辉	优秀党务工作者	浙江省国资委党委	2016年6月
郦宜进	2014—2015年度优秀共产党员	浙能集团党委	2016年6月
林文辉	2014—2015年度优秀党务工作者	浙能集团党委	2016年6月
朱益轩	脱硫值班员技能竞赛第一名、岗位技术能手	浙能集团	2016年7月
顾扬彪	浙江省万名好党员	浙江省国资委党委办公室	2016年9月

获奖人	荣誉称号	颁奖单位	授奖日期
方重振	2016年输煤机械检修工职业技能竞赛第二名	浙能电力	2016年9月
褚建华	2016年输煤机械检修工职业技能竞赛第三名	浙能电力	2016年9月
方晨群	电力标准化工作先进个人	中国电力企业联合会	2016年11月
吴燕侠	省属企业"党在我心中"摄影比赛优秀奖（我和党旗合个影组照）	浙江省国资委	2016年12月
王俊伟	省属企业"党在我心中"摄影比赛优秀奖（慰问独居老人组照）	浙江省国资委	2016年12月
李慧娇	2015—2016年度生产统计专业先进个人	浙能集团	2016年12月
鲍伟明	2014—2015年度全国无偿献血奉献奖金奖	国家卫生和计划生育委员会、中国红十字会总会、中央军委后勤保障部卫生局	2017年1月
吴孝炯 项文杰	2016年度先进工作者	浙能集团	2017年1月
何海斌	2016年度纪检监察工作先进个人	浙能集团纪委	2017年1月
何海斌 管 华 曹家顺 方晨群 徐憬怡	2016年优秀管理论文三等奖	浙江省电力协会	2017年1月
郦宜进	2016年度安全生产先进个人	浙能集团	2017年2月
文全喜	2016年度"安康杯"竞赛先进个人	浙能集团工会	2017年2月
冯 珑	2016年度工会工作先进个人	浙能集团工会	2017年2月
范 莉	2016年度宣传思想工作先进个人	浙能集团党委	2017年2月
关玉芳	2016年度化学技术监督先进个人	浙能集团、国网浙江省电力公司电力科学研究院	2017年3月
崔科杰	2016年度热工技术监督先进个人	浙能集团、国网浙江省电力公司电力科学研究院	2017年3月
尤荷仙 张乐君	2016年度组织（人力资源）先进个人	浙能集团	2017年3月
成 城	2016年度优秀团干部	共青团金华市委	2017年3月

获奖人	荣誉称号	颁奖单位	授奖日期
徐旭慧	2016 年度信息化工作先进个人	浙能集团	2017 年 3 月
楼晓玲	2016 年度招投标及物流管理先进个人	浙能集团	2017 年 3 月
朱玲飞	金华市第二届最美档案人	金华市精神文明建设委员会办公室、金华市档案局	2017 年 5 月
王润之	2016 年度优秀党务工作者	浙能集团党委	2017 年 6 月
杨立平	2016 年度优秀共产党员	浙能集团党委	2017 年 6 月
范 莉	2015—2016 年度浙江省优秀政研会工作者	浙江省思想政治工作研究会	2017 年 7 月
范 莉	2015—2016 年度浙江省优秀思想政治工作研究成果(《浙能集团基层党组织作用发挥情况的分析与研究》)	浙江省思想政治工作研究会	2017 年 7 月
何云飞	省部属企事业能工巧匠	浙江省省部属企事业工会	2017 年 7 月
夏志凌	2016 年度励磁系统及其网源协调专业工作先进个人	国网浙江电力调度控制中心	2017 年 8 月
吴芝京	2017 年全国发电企业最美工会征文金奖(《健康幸福家 共筑兰电梦》)	中国电力传媒集团有限公司	2017 年 8 月
陈平汉	2015—2016 年度青年岗位能手	浙能集团	2017 年 8 月
李 倩	税务管理知识竞赛一等奖	浙能电力	2017 年 10 月
胡燕辉	2017 年浙江省发电企业集控值班员职业技能竞赛个人三等奖	浙江省人力资源和社会保障厅浙江省总工会	2017 年 11 月
黄综联	浙江电力保密与信息安全优秀论文二等奖(《互联网＋时代发电企业信息安全管理的思考与探索》)	国网浙江省电力有限公司保密委员会、浙江省电力学会	2017 年 11 月
徐 妮	2017 年优秀管理论文大赛三等奖(《LX 电厂基于 ERP 合同管理系统构建与使用》)	浙江省电力行业协会、《企业管理》杂志社	2017 年 12 月
郭之慧	2017 年优秀管理论文大赛三等奖(《浅谈 PI 实时数据库及其深化应用给发电企业带来的管理提升》)	浙江省电力行业协会、《企业管理》杂志社	2017 年 12 月
张同喜	先进职业操作法(SCR 入口烟气 NO_x 控制法)	浙江省省部署企事业工会	2017 年 12 月
李 敏	先进职业操作法(660 兆瓦燃煤机组全负荷脱硝操作法)	浙江省省部署企事业工会	2017 年 12 月

续表

获奖人	荣誉称号	颁奖单位	授奖日期
何志瞧 杨立平	2017 年度先进工作者	浙能集团	2018 年 2 月
崔科杰	2017 年度浙江省发电厂热控十大技术贡献奖	浙江省电力学会	2018 年 2 月
丁仲勃	2017 年度环保工作先进个人	浙能集团	2018 年 3 月
舒 畅	2017 年度安全生产先进个人	浙能集团	2018 年 3 月
何云飞	劳模（工匠）技术服务队队员	浙江省省部属企事业工会	2018 年 3 月
朱庆辉	2017 年度招投标及物流管理先进个人	浙能集团	2018 年 3 月
郑 波	2017 年度工会工作先进个人	浙能集团工会	2018 年 3 月
徐世昕	2017 年度"安康杯"竞赛先进个人	浙能集团工会	2018 年 3 月
於立峰	2017 年度统调发电厂涉网自动化技术监督先进个人	国网浙江省电力有限公司	2018 年 4 月
赵钊晨	2017 年度全国优秀共青团干部	共青团中央	2018 年 4 月
柳善甫	2017 年度浙江省电力 QC 小组活动优秀推进者	浙江省电力行业协会	2018 年 4 月
许林波	2018 年浙江省电力行业 10 千伏开关柜运检技能竞赛个人第十六名、浙江省电力技术能手	浙江省电力工会委员会	2018 年 9 月
徐旭慧	信息安全论文一等奖	中国信息协会能源分会	2018 年 10 月
卢泓樾	2018 年优秀管理论文大赛二等奖（《基于 ERP 系统下火电厂运行管理系统优化探索与实施》）	浙江省电力行业协会、《企业管理》杂志社	2018 年 10 月
成 城	2017 年度青年岗位能手	共青团金华市委	2018 年 10 月
鲍伟明	2016—2017 年度全国无偿献血奉献奖金奖	中华人民共和国国家卫生健康委员会、中国红十字会总会、中央军委后勤保障部卫生局	2018 年 10 月
张同喜	优秀管理论文大赛三等奖（《以"7S"管理为中心打造本质安全型班组》）	浙江省电力行业协会、《企业管理》杂志社	2018 年 10 月
方 卉	2017—2018 年度中国电力新闻奖（发电类）三等奖	中国电力传媒集团有限公司、中国电力报刊协会	2018 年 11 月
范 莉	二类优秀研究成果（参与集团政研课题）	中国电力政研会	2018 年 12 月
於立峰	2018 年度发电厂电力通信运行先进个人	国网浙江公司通信部	2019 年 1 月
卢得勇	2018 年锅炉技术监督先进个人	浙能集团	2019 年 1 月

续表

获奖人	荣誉称号	颁奖单位	授奖日期
冯 珑	2018 年度先进工作者	浙能集团	2019 年 1 月
杨永平	2018 年度"安康杯"竞赛先进个人	浙能集团工会	2019 年 2 月
施奇成	2018 年度工会工作先进个人	浙能集团工会	2019 年 2 月
余 程	2018 年度安全生产先进个人	浙江省能源集团有限公司	2019 年 2 月
卢泓樾	2018 年度优秀管理论文二等奖(《基于 ERP 系统下火电厂运行管理体系优化探索与实施》)	浙江省电力行业协会、《企业管理》杂志社	2019 年 2 月
阮雪花	《浙江能源报》2018 年度副刊好作品(《一盏燃煤灯》)	浙能集团政治工作部(新闻中心)暨《浙江能源报》编辑部	2019 年 3 月
华小雷	《浙江能源报》2018 年度副刊好作品(《"浙能爱"快拍兰溪发电公司企地和谐共绘美丽画卷》)	浙能集团政治工作部(新闻中心)暨《浙江能源报》编辑部	2019 年 3 月
张 善盛 隆	2018 年度电测技术监督先进个人	国网浙江省电力有限公司电力科学研究院	2019 年 3 月
孟鹏军	2018 年度化学技术监督先进个人	国网浙江省电力有限公司电力科学研究院	2019 年 3 月
潘雷鸣	2019 年火电企业超低排放及节能改造技术研讨会论文三等奖(《大型自然通风逆流式冷却塔改造实践及经济性分析》)	中国电力技术市场协会	2019 年 3 月
王肖燕	2018 年度组织(人力资源)先进个人	浙能集团	2019 年 3 月
王彦忠	2018 年度先进工作者	浙江省电力学会	2019 年 4 月
袁鸿生	2018 年度重点工程立功竞赛先进个人	浙能集团、浙能集团工会	2019 年 4 月
乐 耕	2018 年度 QC 小组活动优秀推进者	浙江省电力行业协会	2019 年 5 月
卢泓樾	2019 年全国发电企业精益管理应用实践交流会优秀论文一等奖	中国电力设备管理协会	2019 年 6 月
王璐玲	"中国梦·劳动美""文润同心·争做网上好职工"主题微信推文 PK 赛一等奖	浙能集团工会	2019 年 6 月
孟鹏军	中国电力技术协作网论文三等奖	全国电力技术协作网	2019 年 6 月
李慧娇	2018 年度浙江省电力行业统计先进工作者	电力行业协会	2019 年 8 月
蒋医荣	2019 年综合管理知识竞赛决赛一等奖(资产管理专业)	浙能集团	2019 年 8 月

获奖人	荣誉称号	颁奖单位	授奖日期
张同喜	2019年浙江省电力设备物联网创新大赛优秀成果奖三等奖（一种带二维码的发电企业阀门标识牌管理系统）	浙江省总工会	2019年9月
周伟龙	2019年电力行业汽轮机专业优秀论文三等奖	浙江电力技术市场行业	2019年10月
张同喜	2019年度电力企业管理创新论文大赛二等奖	电力企业管理创新论文审定委员会	2019年11月
卢泓樾	浙江电力优秀青工科技论文二等奖	浙江省电力学会、国网浙江电力公司团委、浙能集团团委	2019年12月
卢泓樾	浙江电力优秀青工科技论文三等奖	浙江省电力学会、国网浙江电力公司团委、浙能集团团委	2019年12月
王林刚	2019年度先进工作者	浙能集团	2020年1月
项文杰	2019年度安全生产先进个人	浙能集团	2020年2月
杨旭平	2019年度工程管理先进个人	浙能集团	2020年2月
王 勇	2019年度工会工作先进个人	浙能集团工会	2020年3月
郑 波	2019年度"安康杯"竞赛先进个人	浙能集团工会	2020年3月
申 晔	2019年度新闻宣传工作先进个人	浙能集团党委	2020年3月
张同喜 过庆红	文明职工标兵	浙能集团工会	2020年3月
谭倩倩	2019年度依法治企先进个人	浙能集团	2020年3月
丁仲勃	2019年度环保监督先进个人	浙能集团	2020年3月
姚春燕	2020年综合管理知识竞赛财务管理模块二等奖	浙能集团	2020年4月
仇 敏	2020年综合管理知识竞赛人力资源模块三等奖	浙能集团	2020年4月
姚 路	"我为战'疫'添动能"宣传文化作品三等奖	浙能电力	2020年4月
张同喜	浙能工匠	浙能集团工会	2020年5月
周 帆	优秀青年志愿者	浙能集团团委	2020年5月
魏 霞	青年新媒体工作优秀个人	浙能集团团委	2020年5月
何志瞧	新冠疫情防控及复工复产工作先进个人	浙能集团	2020年6月
裘小萍	2019年度优秀党务工作者	浙能集团党委	2020年6月
王林刚	2019年度优秀共产党员	浙能集团党委	2020年6月

续表

获奖人	荣誉称号	颁奖单位	授奖日期
乐 耕	2019 年度 QC 小组活动优秀推进者	浙江省电力行业协会	2020 年 6 月
何 鑫	2019 年度青年岗位学习标兵	浙能电力	2020 年 6 月
唐 健	2019 年度优秀科普工作者	浙江省能源研究会	2020 年 7 月
唐 健	2019 年度管理创新工作优秀推进者	浙江省电力行业协会	2020 年 7 月
张同喜	全国电力质量安全保障与文化能力建设竞赛金牌讲师	中国水利电力质量管理协会、中国能源化学地质工会全国委员会	2020 年 8 月
汪倩颖	2020 年度电力企业管理创新论文大赛三等奖（《电力企业标准体系建设的探索与实践》）	电力企业管理创新论文审定委员会	2020 年 8 月
王彦忠	浙江省电力学会优秀会员	浙江省电力学会	2020 年 8 月
钱科锋	2020 年金华市电力行业电力监控系统运维检修青工技能竞赛第四名	共青团金华市委、国网金华供电公司	2020 年 9 月
黄 徐	2020 年金华市电力行业电力监控系统运维检修青工技能竞赛第十名	共青团金华市委、国网金华供电公司	2020 年 9 月
郑 波	浙江电力节能知识竞赛十佳选手	浙能电力团委	2020 年 9 月
吴神通	2020 年浙江省部属企事业水泵检修工职业技能竞赛个人第四名	浙江省省部属企事业工会	2020 年 10 月
潘雷鸣	2020 年"华云清洁能源杯"电力科普原创作品三等奖	浙江省电力学会	2020 年 10 月
杨晓波	2020 年电力行业汽轮机专业优秀论文	中国电力技术市场协会	2020 年 11 月
於立峰	华东电网调度自动化先进个人	国家电网华东电力调控分中心	2020 年 11 月
关玉芳	2020 年发电行业水处理技术研讨会论文二等奖	全国电力技术协作网	2020 年 11 月
王彦忠	2020 年（第七届）电力科技管理论坛论文三等奖	中国电力技术市场协会	2020 年 12 月
鲍伟明	2018—2019 年度全国无偿献血奉献奖金奖	国家卫生健康委、中国红十字总会、中央军委后勤保障部卫生局	2020 年 12 月
唐 建	浙江省能源科普优秀工作者	浙江省能源研究会	2020 年 12 月
申 晔	2019—2020 年度《中国电力报》优秀通讯员一等奖	中国电力传媒集团有限公司	2020 年 12 月
李慧娇	2019—2020 年度生产统计专业先进个人	浙能集团	2020 年 12 月
黄友桥	2020 年度金属监督先进个人	浙能集团	2021 年 1 月

续表

获奖人	荣誉称号	颁奖单位	授奖日期
张仁辉	2020年度先进工作者	浙能集团	2021年1月
朱新平	2020年度安全生产先进个人	浙能集团	2021年2月
黄友桥	2020年度金属技术监督先进个人	国网浙江省电力有限公司电力科学研究院	2021年2月
於立峰	2020年度浙江省电力系统网源协调工作先进个人	国网浙江电力调控中心	2021年2月
陈 晨	2021年（第十一届）电力行业化学专业技术交流会论文一等奖	全国电力行业化学专业技术委员会	2021年2月
王彦忠	2020年度先进工作者	浙江省电力学会	2021年2月
申 晔	2020年度新闻宣传工作先进个人	浙能集团	2021年3月
丁仲勃	2020年度环保技术监督先进个人	国电浙江省电力有限公司电力科学研究院	2021年3月
张同喜	2021年电力行业电气自动化优秀论文一等奖（《单元机组厂用电中断处理与分析》）	中国电力技术市场协会、电力行业电气自动化专业	2021年3月
张乐君	2020年度组织（人力资源）先进个人	浙能集团	2021年3月
丁 一	2020年度优秀政研论文二等奖（《"三色网格"联动助推党建引领的实践与探索》）	浙能集团职工思想政治工作研究会	2021年3月
吴神通	2019—2020年度青年岗位能手	浙能集团团委	2021年4月
於立峰	2020年度浙江省统调发电厂涉网自动化技术监督先进个人	国网浙江电力调度控制中心	2021年4月
方逸群	青年岗位学习标兵	浙能电力团委	2021年5月
唐 健	2021年度印记红色故事宣讲比赛三等奖	浙能电力	2021年5月
竹小锋	《2021年中国发电自动化技术论坛论文集》征文二等奖	中国自动化学会发电自动化专业委员会	2021年6月
黄 徐	金华市青年岗位能手	金华市"双争"活动指导委员会办公室	2021年6月
黄 徐	2021年金华市电力行业继电保护专业运维检修青工技能竞赛继电保护设备检修专业个人第二名	共青团金华市委、国网金华供电公司	2021年6月
潘雷鸣	2019—2020年度优秀电力科普作品三等奖	浙江省电力学会	2021年6月
黄 徐	先进职业操作法（黄徐双重化配置的继电保护装置快速校验法）	浙能集团工会	2021年8月

获奖人	荣誉称号	颁奖单位	授奖日期
张同喜	先进职业操作法(张同喜工作室超临界锅炉再热汽温控制法)	浙能集团工会	2021年8月
刘宇博	2021年管阀检修工职业技能竞赛个人优胜奖	浙能集团	2021年8月
余丰华	2021年管阀检修工职业技能竞赛第十名	浙能集团	2021年8月
林腾蟠	2021年浙江省发电企业集控值班员职业技能竞赛个人第二名	浙江省人力资源与社会保障厅、浙江省总工会、浙能集团	2021年8月
郑　波	2021年浙江省发电企业集控值班员职业技能竞赛个人第七名	浙江省人力资源与社会保障厅、浙江省总工会、浙能集团	2021年8月
唐春梅	2021年浙江省省部属企事业水生产处理工职业技能竞赛个人优胜奖	浙江省省部属企事业工会、浙能集团	2021年9月
陈　晨	2021年浙江省省部属企事业水生产处理工职业竞赛个人三等奖	浙江省省部属企事业工会、浙能集团	2021年9月
陈平汉 胡燕辉	2021年浙江省发电企业集控值班员职业技能竞赛个人优胜奖	浙江省人力资源和社会保障厅、浙江省总工会、浙能集团	2021年9月
杨婷婷	"网聚职工正能量"新媒体原创作品大赛二等奖(《"碳中和"C位出道,让我们一起来聊聊"碳"》)	浙能集团工会办公室	2021年11月
张晓梅	优秀内部审计论文案例三等奖	浙江省内部审计协会	2021年11月
胡燕辉 张同喜 吴神通	浙江青年工匠	浙江省人力资源和社会保障厅、中国共产主义青年团浙江省委员会	2021年11月
夏志凌	2021年度并网电厂继电保护专业先进个人	国网华东分部调度控制中心	2021年11月
李　敏	2021年浙江省能源杰出工程师	浙江省能源研究会	2021年12月
王林刚 胡凯波	2021年浙江省能源杰出青年工程师	浙江省能源研究会	2021年12月
於立峰	浙江省能源科普优秀工作者	浙江省能源研究会	2021年12月
过庆红	2021年安全生产先进个人	浙能集团	2022年1月
季周盈	2021年度汽(水)轮机监督先进个人	浙能集团	2022年2月
夏志凌	2021年度继保监督先进个人	浙能集团	2022年2月

获奖人	荣誉称号	颁奖单位	授奖日期
何志瞧	2021 年度先进工作者	浙能集团	2022 年 2 月
章珍丹	2021 年度纪检工作先进个人	浙能集团纪委	2022 年 3 月
谢明忠	2022 年度招投标从业人员知识竞赛个人一等奖	浙能集团工会、浙能集团招投标管理部	2022 年 3 月
王彦忠	2021 年度先进工作者	浙江省电力学会	2022 年 3 月
林腾蟠	浙江金蓝领	浙江省总工会	2022 年 3 月
张 善	2021 年度电测技术监督先进个人	国网浙江省电力有限公司电力科学研究院	2022 年 3 月
潘雷鸣	2021 年度工会工作先进个人	集团工会委员会	2022 年 3 月
夏志凌	2021 年度电气二次技术监督先进个人	浙江省电力科学研究院	2022 年 3 月
夏志凌	2021 年度发电企业继保监督先进个人	浙能集团	2022 年 3 月
范 莉	2021 年度优秀政研论文二等奖	浙能集团	2022 年 4 月
邢天彪	《浙江能源报》2021 年度好新闻、副刊好作品	浙能集团	2022 年 4 月
黄 徐	浙能工匠	浙能集团工会	2022 年 4 月
张同喜	第四届劳动模范入围奖	浙能集团工会	2022 年 4 月
黄 徐	金华市八婺金匠	金华市总工会、金华市人力资源和社会保障局	2022 年 5 月
仇 煜	2020 年度优秀团干部	共青团金华市委	2022 年 5 月
林腾蟠	2020—2021 年度"安康杯"竞赛先进个人	浙能集团工会	2022 年 5 月
何云飞	2021 年度 QC 小组活动优秀推进者	浙江省电力行业协会	2022 年 6 月
黄 徐	2022 年继电保护员职业技能竞赛第一名	浙能集团	2022 年 6 月
郝新凡	2022 年继电保护员职业技能竞赛第三名	浙能集团	2022 年 6 月
吴孝炯	2021 年度优秀党务工作者	浙能集团党委	2022 年 7 月
何志瞧	2021 年度优秀共产党员	浙能集团党委	2022 年 7 月
俞 浩	财务分析技能大赛二等奖	浙能电力	2022 年 8 月
李晨晖	2022 年浙江省发电企业仪器仪表维修工职业技能竞赛个人优胜奖	浙江省总工会	2022 年 9 月
张同喜	浙江工匠	浙江省人力资源和社会保障厅、浙江省总工会	2022 年 9 月

续表

获奖人	荣誉称号	颁奖单位	授奖日期
杨晓波	2022 年金华市先进职业操作法（杨晓波缩短汽轮机冷态启动时间操作法）	金华市总工会	2022 年 10 月
张晓梅	优秀内部审计论文三等奖	浙江省内部审计协会	2022 年 11 月
林晓波	600MW 集控值班员技能竞赛二等奖	浙能电力	2022 年 11 月
黄　徐　郝新凡	技术能手	浙能集团	2023 年 1 月
林文辉	2022 年度安全生产先进个人	浙能集团	2023 年 1 月
於立峰	2022 年度华东电网监控系统网络安全专业劳动竞赛先进个人	国家电网公司华东分部调度控制中心	2023 年 1 月
於立峰	2022 年浙江省网源协调工作先进个人	国网浙江电力调控中心	2023 年 1 月
鲍伟明	善美浙能人	浙能集团党委	2023 年 1 月
叶卉荟	2022 年度财务先进个人	浙能集团	2023 年 2 月
方昌勇	2022 年度先进工作者	浙能集团	2023 年 2 月
於立峰	2022 年度先进工作者	浙江省能源研究会	2023 年 2 月
夏志凌	2022 年继电保护先进个人	国网华东调控中心	2023 年 2 月
丁仲勃	2022 年度环保技术监督先进个人	国网浙江省电力有限公司电力科学研究院	2023 年 2 月
鲍伟明	2020—2021 年度全国无偿献血奉献奖终身荣誉奖	中华人民共和国国家卫生健康委员会、中国红十字会总会、中央军委后勤保障部卫生局	2023 年 2 月
王彦忠	2022 年度先进工作者	浙江省电力学会	2023 年 3 月
黄　徐	2023 年电力行业职业技能竞赛个人三等奖（继电保护员）、电力行业优秀技能选手	中国电力企业联合会	2023 年 3 月
朱玲飞	2022 年度办公室工作先进个人	浙能集团	2023 年 3 月
夏志凌	2022 年继电保护工作先进个人	国网浙江省电力调度控制中心	2023 年 3 月
申　晔	2022 年度新闻宣传工作先进个人	浙能集团	2023 年 4 月
姚　路	政研论文三等奖	浙江能源系统职工思想政治工作研究会	2023 年 4 月
郭宏一	青廉脱口秀比赛优秀奖	浙能电力团委	2023 年 4 月

续表

获奖人	荣誉称号	颁奖单位	授奖日期
林腾蟠 黄　徐	2021—2022 年度青年岗位能手	浙能集团团委	2023 年 4 月
张乐君	2022 年度集团组织（人力资源）先进个人	浙能集团	2023 年 4 月
於立峰	2022 年度浙江电网统调发电厂涉网自动化技术监督先进个人	国网浙江电力调控中心	2023 年 5 月
殷秀梅 张雨涵	2023 年燃料化验员技能竞赛个人三等奖	浙能电力	2023 年 6 月
申　晔	2022 年度浙江省企业传媒好新闻一等奖《用一张网捕捉二氧化碳》	浙江省企业传媒协会	2023 年 6 月
柴成林	首届全国光伏职业技能竞赛个人三等奖	中国能源化学地质工会全国委员会	2023 年 7 月
柴成林	银牌技工	中国职工技术协会	2023 年 7 月
周　昊	首届全国光伏职业技能竞赛优秀裁判员	中国能源化学地质工会全国委员会、中国职业技术协会	2023 年 7 月
刘宇博	2023 年发电企业锅炉点检员职业技能竞赛个人三等奖	浙能集团	2023 年 8 月
殷秀梅	2023 年全国能源行业燃料化验员职业技能竞赛优秀参赛选手	中国能源化学地质工会全国委员会、中国职工技术协会	2023 年 9 月
李慧娇	2022 年度浙江省电力行业统计先进工作者	浙江省电力行业协会	2023 年 9 月
黄　徐	浙江省省部属企事业能工巧匠	浙江省省部属企事业工会	2023 年 11 月
赵　晶	8 火电运维之星	中国电力技术市场协会运维检修分会	2023 年 11 月
张雨涵	2023 年电力行业职业技能竞赛（燃料化验员）个人优秀奖	中国电力企业联合会	2023 年 11 月
张同喜	浙江省高技能青年人才	浙江省人力资源和社会保障厅、浙江省总工会	2023 年 12 月
韩永强	2023 年度金华市青年安全生产标兵	共青团金华市委、金华市应急管理局	2023 年 12 月
孟鹏军	2023 年度技术监督先进个人	浙能集团	2024 年 1 月

获奖人	荣誉称号	颁奖单位	授奖日期
崔　娜	2023年度继电保护专业先进个人	国家电网有限公司华东分部调度控制中心	2024年1月
杨旭平	2023年度安全生产先进个人	浙能集团	2024年1月
严建成	2023年度先进工作者	浙能集团	2024年2月
盛　隆	2023年度绝缘技术监督先进个人	国网浙江省电力有限公司电力科学研究院	2024年2月
崔　娜	2023年继电保护工作优秀个人	国网浙江电力调度控制中心	2024年2月
殷秀梅	2023年度巾帼建功标兵	浙能集团工会	2024年3月
奚伟锋	2023年度组织（人力资源）先进个人	浙能集团	2024年3月
谢明忠	2023年度招投标及物流管理先进个人	浙能集团	2024年3月
姚　路	《浙江能源报》2023年度好作品一等奖	浙能集团政工部	2024年3月
王献灵	"安康杯"竞赛先进个人	浙能集团工会	2024年4月
张同喜	先进职业操作法（超临界锅炉水冷壁超温控制法）	浙能集团工会	2024年4月
姚路	2022—2023年度优秀团干部	浙能集团团委	2024年4月
殷秀梅	金华市八婺金匠	金华市总工会 金华市人力资源和社会保障局	2024年4月
李　敏 林腾蟠	浙能工匠	浙能集团工会	2024年4月
李　敏	2023年度QC小组活动优秀推进者	浙江省电力行业协会	2024年6月
汪倩颖	2023年度管理创新优秀推进者	浙江省电力行业协会	2024年6月
沈文龙 叶建明 郝　誉 蒋纪良 周旭东	火电运检之星	中国电力技术市场协会运维检修分会	2024年6月
成　城	2023年度优秀党务工作者	浙能集团党委	2024年6月
张同喜	2024年"电力双创杯"科技创新技术人物"杰出工作者"	中国电力技术市场协会	2024年8月
李彬华	电气值班员（光伏发电运维）职业技能竞赛个人一等奖	浙能集团	2024年8月

获奖人	荣誉称号	颁奖单位	授奖日期
郑美芬	电气值班员（光伏发电运维）职业技能竞赛个人优胜奖	浙能集团	2024 年 8 月
李 强	2024 年电力行业职业技能竞赛（输变电可靠性管理员）发电组个人三等奖、电力行业优秀技能选手	中国电力企业联合会	2024 年 8 月
吴神通	2024 年发电企业点检员（汽机）职业技能竞赛个人一等奖	浙能集团	2024 年 9 月
黄友桥	2024 年浙江省省级职工职业技能竞赛锅炉设备点检赛项个人第一名	浙江省总工会	2024 年 9 月
琚 敏	2024 年浙江省省级职工职业技能竞赛锅炉设备点检赛项个人第二名	浙江省总工会	2024 年 9 月
刘宇博	2024 年浙江省省级职工职业技能竞赛锅炉设备点检赛项个人第四名	浙江省总工会	2024 年 9 月
李海强	2024 年浙江省省级职工职业技能竞赛锅炉设备点检赛项个人第六名	浙江省总工会	2024 年 9 月
李彬华 郑美芬	2024 年全国行业职业技能竞赛——第十五届全国电力行业职业技能竞赛（光伏发电运维）个人三等奖	中国电力企业联合会	2024 年 9 月
钱科锋	2024 年网络与信息安全管理员（工控）职业技能竞赛个人二等奖	浙能集团	2024 年 10 月
於立峰 沈 明	2024 年网络与信息安全管理员（工控）职业技能竞赛三等奖	浙能集团	2024 年 10 月
朱庆辉	2024 年招投标业务技能竞赛个人三等奖	浙能集团	2024 年 10 月
於立峰	2023 年度并网发电企业电力通信专业先进个人	国网浙江省电力有限公司	2024 年 11 月
黄 徐	金华市八婺杰出金匠	金华市人民政府	2024 年 11 月
陈 晨	2024 年浙江省省部属企事业职工职业技能竞赛发电企业水生产处理工赛项个人一等奖	浙江省省部属企事业工会委员会	2024 年 11 月
唐春梅	2024 年浙江省省部属企事业职工职业技能竞赛发电企业水生产处理工赛项个人优胜奖	浙江省省部属企事业工会委员会	2024 年 11 月
黄 徐	浙江工匠	浙江省人力资源和社会保障厅、浙江省总工会	2024 年 12 月

附 录

一、一期工程文件

浙江省能源集团有限公司
关于建立浙江浙能兰溪发电厂筹建处的通知
浙能人〔2003〕0124 号

经研究决定,建立浙江浙能兰溪发电厂筹建处。

浙江省能源集团有限公司

二○○三年六月十日

浙江省发展计划委员会
关于印发浙西电厂工程初步可行性研究报告审查意见的通知
浙计办基础〔2003〕166 号

省能源集团有限公司、省电力公司、省电力设计院:

2003 年 5 月 26—30 日我委在杭州市主持召开了浙西电厂工程初步可行性研究报告审查会议。现将审查意见印发给你们,请据此做好各项前期工作。

附件:

1.浙西电厂工程初步可行性研究报告审查意见

2.浙西电厂工程初步可行性研究专家组评审意见

浙江省发展计划委员会办公室

二〇〇三年七月一日

附件1：

浙西电厂工程初步可行性研究报告审查意见

浙江省发展计划委员会于 2003 年 5 月 26—30 日在浙江省杭州市主持召开了浙西电厂工程初步可行性研究报告审查会议。参加会议的有：省人民政府，省计委、经贸委、财政厅、国土资源厅、水利厅、交通厅、环境保护局、省物价局、省体改办、省能源集团公司、省电力公司、省电力开发公司，杭州铁路分局、金华市人民政府、金华市计委，兰溪市人民政府、计划局、水利局、规划建设局、环保局、电力局、国土资源局，铁路金千中心，衢州市人民政府、计委，龙游县人民政府、计划局、水利局、规划建设局、环保局、电力局、国土资源局，浙赣铁路衢州车务段、铁路十里铺车站、省富兴电力燃料公司、铁道部第四设计院、省电力设计院和特聘专家等 39 个单位，共 116 名代表。

浙江省人民政府、省发展计划委员会、省能源集团公司、省电力公司、兰溪市人民政府、龙游县人民政府的领导在会议开幕时分别讲话，对开好这次初可审查会议起到了重要的指导作用。会前与会代表踏勘了兰溪石关和龙游童家北二个厂址现场，浙江省电力设计院介绍了浙西电厂工程初步可行性研究报告的主要内容；会议分别成立了领导小组和专家审查小组，并分五个专业组进行了认真的讨论；同时此次初可审查会议请电力规划总院提出了书面咨询意见。会议综合各有关方面的意见，原则同意浙江省电力设计院编制的初步可行性研究报告，同时也提出了一些建设性意见。现将会议审查意见纪要如下：

一、建设的必要性

浙江地处东南沿海，是全国经济较发达的省份之一。近五年全省国民经济持续保持强劲的增长势头，国内生产总值年均增长 10.8%，2002 年达 7670 亿元，比上年增长 12.3%。今后五年，浙江省经济的发展目标为国内生产总值突破 10000 亿元大关。

强劲的经济增长和人民生活水平的不断提高，大大地拉动了对电力的需求。近几年最高用电负荷和用电量年均增长率均达二位数。2002 年全省最高用电负荷达 1550 万千瓦、用电量达 984.6 亿千瓦时，分别比上年增长 19.0% 和 19.1%，个别地区已出现拉、限电情况。预计"十五"期间全省最高用电负荷和用电量年均增长率将分别达到 13.1% 和 12.9%，到 2005 年全省最高用电负荷及电量分别为 2150 万千瓦和 1334 亿千瓦时；"十一五"期间全省用电负荷和用电量年均增长率预测分别为 8.1% 和 7.8%，到 2010 年最高用电负荷达 3180 万千瓦，用电量达 1940 亿千瓦时。由于浙江省"十五"期间在建和投产机组较少，全省"十五"中后期和"十一五"初期缺电已成定局。根据全省电力电量平衡情况，为了满足经济发展对电力的需求，在充分消纳"西电东送""西气东输"等区外来电的情况下，全省计划于"十五"和"十一五"期间分别投产 650.5 万千瓦和 1514 万千瓦大中型发电机组（含浙西电厂 240 万千瓦燃煤发电机组），力争到"十一五"末期全省电力电量达到基本平衡。

金华、衢州、丽水地区位于浙江西部，区域经济发展逐渐加快。该区域以水电为主，无大中型火力发电厂，当地用电主要靠东部电厂供应。由全省分地区电力电量平衡计算来看，到 2005 年，金华、衢州、丽水地区在枯水期最大电力缺口将达 239 万千瓦；到 2010 年，在浙西电厂 240 万千瓦机组建成投产后，金、衢、丽地区的最大电力缺口仍达 120 万千瓦。

综上所述，在金华、衢州地区建设浙西电厂，对缓和我省及金、衢、丽地区在"十一五"期间的缺电情况将起到十分重要的作用。同时该电厂将在浙西电网中发挥主力机组的支撑作用，可大大改善电网的运行质量，提高调度灵活性和电网运行的经济性和可靠性，带动和促进浙西经济更大的发展。在"十一五"期间建成投产浙西电厂工程是十分必要的。

二、建设规模及时间

本工程建设规模为 4×600 兆瓦超临界燃煤发电机组，并留有扩建余地。根据浙江省电力发展规划和电力市场需求预测，本工程第一台机组计划于 2007 年投产，2009 年全部建成投产。

三、厂址方案

浙江省电力设计院在初步可行性研究报告中提出了六个厂址方案。其中兰溪的三个厂址中，石关厂址建厂条件优于另外二个厂址，龙游三个厂址中，童家北厂址优于另外二个厂址。经筛选推荐兰溪石关厂址和龙游童家北厂址进入初可比选。

兰溪石关厂址位于兰溪市东南部的灵洞乡石关村，厂址距兰溪市中心约 4.5 公里，离金华市约 21 公里，离杭州市约 140 公里。厂址北侧靠近金千铁路线，西南面紧靠金华江，金兰中线公路从厂址中部经过。厂址地势平整开阔，大部分为农田和滩地，沿金华江侧已建有十年一遇防洪堤，自然地面高程为 28—29.12 米。

根据推算,厂址区百年一遇内涝水位 30.5 米,百年一遇洪水位 34.6 米。

龙游童家北厂址位于龙游县东南面的童家村北侧,厂址西北距离龙游县中心约 4 公里,距衢州市约 35 公里,离杭州约 170 公里,北侧约 4 公里处为浙赣铁路线。厂址场地开阔,大部分为山坡杂地,自然地面标高 56.5—81.7 米。根据推算,厂址区百年一遇洪水位 55.5 米。

四、建设条件

（一）厂址

兰溪石关厂址和龙游童家北厂址均位于浙江西部。兰溪石关厂址自然地面高程(28—29.12 米)低于百年一遇内涝水位(30.50 米)约 2 米,厂址地坪防涝措施需在可研阶段研究确定。金华江厂址段江堤需按百年一遇洪水位的设计要求加高加固。龙游童家北厂址属低山丘陵区,地面标高(56.5—81.7 米)高于百年一遇洪水位(55.5 米)。

两个厂址区附近三条深大断裂带属于活动型(性)较弱的断裂,其中最近的江山—绍兴深断裂离厂址距离均在 3 公里以上,不对厂址构成危害。根据《中国地震动参数区划图》(GB 18306—2001),两个厂址地震动峰值加速度均小于 0.05 g,属相对稳定区。兰溪石关厂址场地土类型为中硬场地土,地层地质主要为第四系土层和白垩系上统方岩组的泥质粉砂岩,经过人工地基处理后能满足工程地质特性要求。龙游童家北厂址地层地质为第四系土层和白垩系至第三系衢江群的泥质粉砂岩夹砾岩,经过人工地基处理后能满足工程地质特性要求。

两个厂址下方均没有不可移动的文物,尚未发现可供开发利用有价值的矿产资源。厂址选择符合地方政府城市发展规划要求。

（二）电厂水源及供排水

两个厂址因均处于内陆,电厂循环冷却水均采用自然通风冷却塔闭式循环方式,两厂址循环冷却水量约为 4×82000 m³/h,全厂补给水量约为 6610 m³/h。

石关厂址补给水水源取自兰江,拟在三江口附近的金华江费垄口建取水泵房,距厂址约 2.5 公里,取水保证率为 97%,能满足电厂用水要求。龙游童家北厂址补给水源采用拟建中的沐尘水库供水,在沐尘水库二级电站进水隧道前开设取水口;取水口距厂址约 7.0 公里,取水保证率为 97%,能满足电厂用水要求;但沐尘水库及二级电站需和电厂同步建设。

（三）煤炭及运输

本工程设计煤种初步考虑采用晋东南赵庄矿贫煤,校核煤种为烟混煤。煤炭运输采用全程铁路运输。4×600 兆瓦超临界燃煤发电机组年用煤量约 600 万吨,拟由矿区组织煤炭始发直达车,从山西长治到浙赣线浙江段,近期可经过太焦线、新月线、新荷线、京九线、阜淮线、淮南线、皖赣线、宣杭线、浙赣线到达浙西电厂专用线,运距约 1600 公里。

兰溪石关厂址铁路专用线由金千线功塘站引出,距厂址约 2.3 公里,铁路专用线长 1.29 公里。功塘站接轨条件好,专用线地势平坦,易于铺设;电厂采用翻车机卸煤,日均卸车数 329 辆,能满足 4×600 兆瓦电厂用煤的需要。煤炭全程运距约 1580 公里。

龙游童家北厂址铁路专用线由浙赣线十里铺站引出,距厂址约 4 公里,铁路专用线长 3.6 公里。十里铺站接轨条件较好;厂址地坪标高和卸煤线轨顶标高相差 10.3 米,专用线设有纵坡,电厂建设专用翻车机,日均卸车数 329 辆,能满足 4×600 兆瓦电厂用煤的需要。煤炭全程运距 1610 公里。

(四)灰场

兰溪石关厂址近期拟在距厂址约 3.0 公里处的碧霞宫建山谷灰场(年堆灰量约 113 万吨),可供电厂堆灰 8.8 年。电厂附近有多座大型水泥厂,灰渣综合利用条件好,预计电厂灰渣及其脱硫渣基本能就近全部综合利用,所以灰场能满足电厂长期运行的堆灰需要。

龙游童家北厂址近期拟将距厂址约 2.5 公里处的洪畈水库改建为灰场,该水库坝高 18.10 米,总库容约 910 万方。经地方政府及水利部门论证可改造成灰库,原水库供水对象改由乌溪江引水工程和其他水库供水。洪畈灰库库容大于 1000 万方,能满足电厂 10 年堆灰要求。龙游县及周边地区建材行业较为发达,灰渣综合利用条件较好,预计电厂灰渣及其脱硫渣基本都能综合利用,所以灰场能满足电厂长期运行的堆灰需要。

根据拟建厂址外部贮灰场的条件,原则同意采用汽车运灰、干灰碾压方案。外部除灰系统在下步工作中需作进一步多方案技术经济比较。

(五)环境保护

本工程拟采用高效静电除尘器除尘,同步建设高效烟气脱硫装置,并控制氮氧化物的排放量,烟气采用高烟囱达标排放。其他三废均经处理后符合国家标准和地方标准排放。

从环境保护角度分析,二个厂址均有一定的环保容量,能够满足电厂建设的要求。金华市、兰溪市、衢州市、龙游县环保部门均已原则同意本工程立项。

（六）交通运输

兰溪石关厂址位于兰溪市东南面，兰溪市公路交通四通八达，铁路有金千线接浙赣线，水路有内河兰江；电厂煤炭和大件运输拟采用铁路运输；厂址有公路金兰中线通过，金华江为六级航道，可解决沙石料等建材的运输。交通条件良好。

龙游童家北厂址位于龙游县城东南面，公路运输发达，铁路浙赣线横穿全境，煤炭和大件设备运输拟采用铁路运输；厂址西北侧有 46 省道新线通过，电厂交通条件较好。

（七）接入系统

原则同意本工程以 500 千伏电压等级接入浙江电网，具体接入系统方案在接入系统设计中进一步论证。

（八）投资估算和技术经济比较

同意设计院的投资估算编制原则及依据。经济评价的原始参数暂按 2002 年版限额设计控制指标分析。

（九）本项目由浙江省能源集团有限公司控股建设，资本金占总投资的 20％，其他 80％资金拟向商业银行贷款解决。

经以上厂址条件比较，会议推荐兰溪石关厂址进入下一阶段可行性研究，龙游童家北厂址作为备选厂址。

五、下一阶段工作

请设计单位按照本次会议审查意见，调整编制本工程投资估算及经济效益分析；请项目业主单位在取得省环保局、省水利厅、省国土资源厅、省电力公司等单位的书面意见后，进一步落实上报项目建议书的必备条件，编报项目建议书，按规定程序上报有关部门。在开展项目可行性研究中，重点做好以下工作：

（一）委托设计单位编制本工程接入系统设计报告，报有关部门审定，并据此提出出线走廊规划，请有关部门予以保留。

（二）委托有资质的单位编制本工程环境影响评价报告书、工程地质灾害影响评价书、水土保持方案报告书等，按规定程序上报有关部门，并取得各主管部门的批复文件。

（三）落实二氧化硫排放总量控制指标，开展烟气脱硫装置可行性专题研究及氮氧化物排放的浓度控制对策研究。

（四）进一步优化总平面布置，节约用地。

（五）请设计单位在下阶段的工作中，对重、大件设备的运输方案进行专题研究。

附件 2：

浙西电厂工程初步可行性研究专家组评审意见

受浙江省发展计划委员会的委托，专家组对浙江省电力设计院编制的《浙西电厂工程初步可行性研究》报告及资料进行了阅读、分析和研究，踏勘了预选厂址现场，召集和参加了专业组讨论。经专家组研究，提出以下评审意见：

一、建设的必要性

改革开放 24 年来，浙江省用电量年均增长 11.6%，最高负荷年均增长 11.7%；近 4 年来，年均增长分别达到 16.7%和 14.6%。

2002 年全省最高负荷 1550 万千瓦，同比增长 19.23%；2002 年全省用电量 1018 亿千瓦时，同比增长 19.11%。

由于用电快速增长，浙江电网向华东电网和区外大量购电，2002 年向浙江省外购电 194 亿千瓦时，比 2000 年增长 3 倍以上，全年最大购电负荷已达 404 万千瓦。

目前，我省的大型电源点主要集中在东部沿海，浙西南地区虽然有部分中、小型水电，但一直缺少大型火电支撑。长期以来 220 kV 电网潮流变化大，运行调度较为困难。随着浙西南地区经济发展加快，电力供需矛盾日益突现。据测算，到 2005 年，平水期电力缺口约达 164 万千瓦。到 2010 年缺口将达到 284 万千瓦。

设计院推荐的两个 4×600 MW 的预选厂址，分别位于金华兰溪市和衢州龙游县，距浙西南负荷中心较近。为满足浙江省国民经济发展对用电增长的需要，根据浙江电力发展规划和全省用电负荷分布的特点，建设浙西燃煤电厂对改善浙西南地区的电源结构，保证全省的经济发展是十分必要的。

二、建设规模及时间

电厂的建设规模可按 4×600 MW 考虑，并留有扩建余地。请建设单位对煤炭供应和运输条件进一步论证和落实。

根据浙江省电力发展的总体规划和电力市场需求，本工程计划于 2007 年投产第一台机组，2009 年全部建成。

三、建设条件

（一）厂址

兰溪石关厂址位于浙江省兰溪市东南部的灵洞乡石关村，距兰溪市区中心约 4.5 公里，离金华市 21 公里，离铁路专用线接轨站（功塘站）2.3 公里。厂址可用面积 200 公顷以上，可以满足 4×600 MW 机组的用地需要，并具备扩建余地。该厂址已取得兰溪市有关部门同意用地的文件。

石关厂址区土地大部分为农田和滩地,少量鱼塘,自然地面标高 28.0—29.2 m(85 黄海高程,下同)。厂址附近金华江百年一遇洪水水位为 34.43—34.60 m、百年一遇的内涝水位为 30.50 m,均高于厂址自然标高。厂址场地设计标高取为 31.0 m,共需填方 198 万立方米。对于电厂抵卸(御)洪水的工程措施在下一设计阶段研究确定。

龙游童家北厂址位于浙江省龙游县东南面的龙游镇横路祝村。距龙游县中心约 4 公里。离铁路专用接轨站(十里铺站)4 公里。厂址可用面积 200 公顷以上,可以满足 4×600 MW 机组的用地需要,并具备扩建余地。已取得龙游县有关部门同意用地的文件。

童家北厂址大部分为山坡杂地,自然地面标高 51.5—81.7 m。厂址周围河网百年一遇洪水水位为 55.50 m。厂址现场设计标高 68.0 m,填方 340 万立方米,挖方 340 万立方米,土石方量基本平衡。

根据《浙江省地质构造图》,厂址区附近主要深大断裂带有三处:江山—绍兴深断裂、淳安—温州大断裂和江山—诸暨复式向斜。以上深大断裂与石关和童家北厂址最近的距离在 3 公里以上,其活动性弱、现代地震活动很少,不存在影响工程建设的重大颠复(覆)性地质构造,该地区适宜建厂。根据《中国地震地动参数区划》(GB 18306—2001)两个厂址的地震动峰值均小于 0.05 g。

厂址区没有不可移动的文物及尚未发现可供开发与利用的有价值的矿产资源。

(二)水源

同意电厂采用冷却塔闭式循环系统方案。本期工程所需用淡水(包括脱硫用水)约 6610 立方米/小时。

石关厂址的淡水补给水取自金华江、衢江和兰江三江汇合的金华江侧费垄口附近,由于富春江大坝合拢蓄水后,兰江就成为富春江库区尾部的一部分,所以其供水量和保证率均能满足 4×600 MW 燃煤机组的用水要求,并已取得兰溪市有关部门同意在费垄口取水的文件。

童家北厂址的淡水补给水取自拟建的沐尘水库,该水库的总库容量 11701 万立方米。沐尘水库按计划建成后,其水量、水质保证率均能满足 4×600 MW 燃煤机组的用水要求。

(三)燃料及运输

本期工程设计煤种初步考虑采用晋东南贫煤,校核煤种为烟混煤。煤炭运输采用全程铁路运输,由矿区组织煤炭始发直达车至电厂专用线。建设单位已与山西晋城无烟煤矿业集团有限责任公司和山西潞安矿业(集团)公司运销总公司签订了供煤意向书。铁道部发展计划司已对运输通道表示原则认同。

(四)灰场

同意石关厂址的近期灰场选在碧霞宫山谷灰场,库容量达 1000 万立方米,可满足按设计容量和设计煤种堆灰 8.8 年的需要;远期再规划建设甘露源灰场,能满足电厂堆灰 20 年的需求。

童家北厂址拟将洪畈水库作为近期灰场,库容在 1000 万立方米以上,可满足 10 年堆灰需求;洪畈水库改为灰库已取得省水利厅和衢州市人民政府的同意文件。远期规划建设后垄坞灰场,能满足电厂堆灰 20 年的需要。

(五)环境保护

本工程拟采用高效率除尘器、脱硫装置和低氮燃烧技术等环境保护措施。金华市和衢州市环保部门同意本工程立项。本工程的灰、渣及脱硫副产品(石膏)均能较好地实现综合利用。

(六)交通运输

贯通兰溪市的 330 国道、杭金衢高速公路已建成通车,金千铁路穿越兰溪全境,兰溪港是浙中地区唯一能靠泊 300 吨级船舶的内河港。浙赣铁路贯通龙游县全境,杭金衢高速公路东西向穿越全县,龙游县的水路能通航 100 吨的船舶。两厂址的交通十分方便。

石关和童家北二厂址的重大设备拟采用铁路运输。

(七)总平面布置

两个预选厂址厂区总平面均布置成三列式,依次为升压站、主厂房和煤场。石关厂址从西南向往东北向排列,主厂房固定端为西北面,扩建端为东南面。童家北厂址从西北向往东南向排列,主厂房固定端为东北面,扩建端为西南面。

两个预选厂址的总平面布置均考虑了地形地貌、工程、水文地质条件、铁路专用线位置、主导风向和电气出线方向诸因素,所提的总平面方案是可行的,需要在下阶段设计中,对方案进行进一步优化,比选确定。对石关厂址需落实金华江规划防洪堤线,畅通江河泄洪。

(八)接入系统

同意本期工程以 500 kV 电压等级接入浙江电网,具体接入系统方案在接入系统设计中进一步论证。

综上所述,在兰溪石关和龙游童家北建设大型燃煤电厂是初步可行的。

专家组成员按照《浙西电厂厂址比选评分办法》进行评分,根据专家组的评分结果,推荐兰溪石关厂址为浙西电厂首选厂址,龙游童家北厂址为浙西电厂备选厂址。

四、下一阶段工作及建议

项目建设单位下一阶段要进一步落实项目建议书的上报条件,按照本次会议审查意见,调整编制本工程投资估算及经济效益分析,编报项目建设书。

在下一阶段工作中,建议做好以下工作:

（一）由于本工程是浙西地区拟建第一个大型燃煤电厂,燃料来源及运输条件面临许多新的问题,建议对燃料来源及运输和重大件的运输分别作出专题论证。

（二）委托有资质的电力设计院编制本工程接入系统设计报告,报有关部门审查,并按此提出出线走廊规划,请有关部门予以保留。请建设单位取得浙江省国土资源厅同意用地、浙江省环保局同意立项、浙江省电力公司原则同意并网以及浙江省水利厅同意取水的文件。

（三）委托有资质的单位编制本期工程环境影响评价报告书,并上报国家环保总局审批。

（四）进一步优化总平面布置,节约用地。

二〇〇三年五月三十日

浙江省能源集团有限公司

关于转发浙西电厂工程初步可行性研究报告审查意见的通知

浙能投〔2003〕186 号

浙江浙能兰溪发电厂筹建处:

浙西电厂工程初步可行性研究报告审查意见已由省发展计划委员会以浙计办基础〔2003〕166 号文下发,现转发给你们,请按审查意见和专家组意见抓紧相关工作的落实。

附件:浙计办基础〔2003〕166 号《关于印发浙西电厂工程初步可行性研究报告审查意见的通知》

浙江省能源集团有限公司

二〇〇三年七月二十三日

浙江省水利厅
关于浙能兰溪发电厂工程水资源论证报告书的批复

浙水政〔2003〕88 号

浙江浙能兰溪发电厂筹建处：

你单位《关于要求对〈浙能兰溪发电厂工程水资源论证报告〉评审的请示》（浙能兰电筹生〔2003〕19 号）悉。经组织审查，现批复如下：

一、原则同意《浙能兰溪发电厂工程水资源论证报告书》（报批稿）。同意在金华江费垄口取水，年取水量 6000 万立方米。

二、请建设单位按报告书要求，及时落实有关措施，并按程序办理相应的取水许可审批手续。

浙江省水利厅

二○○三年九月二十七日

浙江省发展计划委员会
关于浙江浙能兰溪发电厂铁路专用线可行性研究报告的批复

浙计基础〔2003〕814 号

省能源集团有限公司：

你公司《关于要求组织浙江浙能兰溪电厂铁路专用线可行性研究报告审查的请示》（浙能计〔2003〕326 号）和上海铁路局主持的评审会意见收悉。根据专家组意见，经研究，现批复如下：

一、专用线建设的必要性

为缓解浙江中西部地区电力紧张局面，浙能兰溪电厂是《浙江省 2003—2010 年电力发展规划》确定的重点项目，并被省政府确定为"五大百亿"工程之一。由于厂址位于浙江中西部，只能依靠铁路进行燃料运输，其他运输方式均无法实现。运煤铁路专用线是电厂建设的一个重要组成部分，建设专用线是必要的。

二、专用线接轨和主要技术条件

该专用线在金千线功塘站接轨。同意金千线功塘站、竹马馆站改造按既有标准；专用线按工业企业Ⅰ级标准，尽量取上限。同意功塘站按方案一进行改造。

三、设计年度及运量预测

近期 2010 年，远期 2015 年，一次规划，分期建设。

根据电厂近期规模为 4×600 MW 燃煤机组，于 2007 年第一台机组投产，2009 年全部建成投产，预测近期铁路专用线年运输量约 600 万吨；远期预留燃煤运量 600 万吨能力，但对金华站的能力问题需要进一步研究解决。

四、运输组织、管理及各项技术设备

专用线营运管理委托杭州铁路分局统一管理，厂站按简易车辆交接方式办理。同意上海铁路局的《浙江浙能兰溪电厂铁路专用线可行性研究报告评审意见》中有关专用线线路方案、站场、通信、信号、电力、车辆、房建等的意见。

五、项目总投资

本项目投资估算控制在 1 亿元内，资金由建设单位自筹。

六、其他有关要求

（一）确保运输能力问题，由建设单位商请铁道部计划司、（交通）运输局进一步研究落实。

（二）土地征用按国家有关规定办理。

（三）专用线的环境影响评价纳入电厂总环评中。

（四）请设计单位进一步优化设计，核实专用线投资估算，尽量降低工程造价。

浙江省发展计划委员会

二〇〇三年十月十五日

浙江省发展计划委员会
浙江浙能兰溪电厂铁路专用线可行性研究报告评审意见

2003 年 9 月 24 日，浙江浙能兰溪电厂筹建处在杭州铁道大厦组织召开了浙江浙能兰溪电厂铁路专用线可行性研究报告评审会，浙江省能源集团、上海铁路局、杭州铁路分局、淮南矿业集团、浙江省电力设计院、铁道第四勘察设计院等单位的领导和代表参加了会议。受业主委托，上海铁路局副总工程师忻铁联主持了评审会。与会代表对铁道第四勘察设计院编制的《浙江浙能兰溪电厂铁路专用线可行性研究报告》进行了讨论，形成评审意见如下：

一、专用线建设的可行性

同意报告对电厂专用线建设的必要性和可行性论述，该专用线在金千线功塘站接轨是合适的。

二、运量

根据浙江省发展计划委员会组织审定的初步可行性研究意见，电厂总规模为

4×600 MW 机组,于 2007 年第一台投产,2009 年全部建成投产。年运输量约 600 万吨,煤炭来自淮南矿业集团,可经铁路淮南、宣杭、浙赣线转金千线运抵电厂。

三、主要技术条件

同意按工业企业Ⅰ级标准,尽量取上限。

四、运输组织

建议委托杭州铁路分局统一管理。

五、线路方案

同意设计推荐的线路方案。

六、站场

1.功塘站:同意设计提出的推荐方案(方案一),功塘站近期增设到发线 4 股,预留 4 股,有效长 850 m。要求进一步优化设计,尽量延长既到到发线有效长。机待线应具备机车整备条件。卸煤场道岔统一纳入车站联锁。

2.竹马馆站:同意设计提出的竹马馆站改造方案,改造后竹马馆站设到发线 3 股(含正线 1 股)。考虑 4 道延长条件。

3.临修线应具备大件及设备运输条件。

4.进一步检算金华西的咽喉能力。

七、通信信号电力

1.通信:适当加强通信接入网的容量。

2.信号、电力:功塘站联锁道岔超过 25 组,请设计进一步核实电源屏、电力配的容量,并考虑新增信号工区。竹马馆、功塘站采用 25 Hz 相敏轨道电路,并配备智能屏。

八、车辆

核实有关生产、检修设施。

九、房建

按以上要求核实房建设施。

十、请设计单位按上述评审意见核实投资估算。

十一、设计文件审查后请尽快开展下一阶段工作,并按铁道部有关规定报批。

浙江省发展计划委员会

二〇〇三年九月二十四日

浙江省能源集团有限公司

关于转发浙能兰溪发电厂铁路专用线可行性研究报告批复的通知

浙能计〔2003〕363 号

浙能兰溪电厂筹建处：

由铁道第四勘测设计院编制的浙能兰溪发电厂铁路专用线可行性研究报告由省发展计划委员会以浙计基础〔2003〕814 号文批复，现转发给你们，请按批复文件的精神抓紧落实有关工作。

附件：浙计基础〔2003〕814 号《关于浙江浙能兰溪发电厂铁路专用线可行性研究报告的批复》

浙江省能源集团有限公司

二〇〇三年十一月六日

国家发展和改革委员会

国家发展改革委关于浙江省浙西电厂新建工程项目建议书的批复

发改能源〔2004〕2061 号

浙江省发展改革委：

原浙江省计委《关于要求审批浙江浙能兰溪发电厂项目建议书的请示》（浙计基础〔2003〕543 号）收悉。经研究，现批复如下：

一、为满足浙江省用电需求，改善当地的电源结构，提高电网的供电质量和可靠性，同意浙江浙西电厂新建工程开展下一步工作。

二、该项目建设 2 台 60 万千瓦国产超临界燃煤机组，同步安装烟气脱硫装置。

三、浙西电厂位于浙江省金华兰溪市，水源取自金华江。

四、项目投产后，燃用安徽淮南烟煤，年需燃煤约 300 万吨，燃煤经铁路运输到厂。所排灰渣要综合利用，可选用碧霞宫山谷灰场作为贮灰场。

五、本工程采用低氮燃烧器，安装高效静电除尘器、烟气脱硫装置和烟气连续监测装置，各项污染排放要满足国家环保要求。

六、电厂以 500 千伏电压等级接入系统，由电网企业投资建设，具体方案另行审批。

七、按 2003 年价格水平估算，本工程静态总投资为 54.4 亿元，动态总投资为

56.9 亿元。项目资本金占工程动态总投资的 20%,约为 11.4 亿元,由浙江省能源集团有限公司、浙江东南发电股份有限公司、兰溪市电力发展投资有限公司和中国电力工程顾问集团公司分别按 64%、25%、8% 和 3% 的比例以自有资金出资解决。资本金以外所需融资 45.5 亿元,由中国工商银行和中国建设银行各提供 22.75 亿元贷款解决。

八、本工程由上述投资方组建项目公司负责电厂的建设、经营管理及贷款本息偿还。

九、根据国务院关于投资体制改革的精神,请按上述原则开展工作,并报我委核准。

中华人民共和国国家发展和改革委员会

二〇〇四年十月十三日

浙江省发展和改革委员会
转发国家发展改革委关于浙西电厂新建工程
项目建议书批复的通知
浙发改能源〔2004〕645 号

金华市计委、省能源集团公司:

现将《国家发展改革委关于浙江省浙西电厂新建工程项目建议书的批复》(〔2004〕2061 号)转发给你们。请按照文件要求,进一步加快项目前期和实施的各项工作,尽快上报国家发改委核准。

国家发展和改革委员会

二〇〇四年十月二十五日

国家环境保护总局
关于浙江浙能兰溪发电厂新建 2×600 兆瓦燃煤机组工程环境影
响报告书审查意见的复函
环审〔2004〕452 号

浙江省能源集团有限公司:

你公司《关于要求审批浙江浙能兰溪发电厂 2×600 MW 机组工程环境影响报告书的请示》(浙能计〔2004〕320 号)和浙江省环境保护局《关于浙江浙能兰溪发电厂新建 2×600 MW 燃煤机组工程环境影响报告书的审查意见》(浙环建函

〔2004〕296 号）收悉。经研究，现对《浙江浙能兰溪发电厂新建 2×600 兆瓦燃煤机组工程环境影响报告书》（以下简称"报告书"）提出审查意见函复如下：

一、原则同意浙江省环境保护局初审意见。该项目拟在金华兰溪市灵洞乡石关村，新建 2 台 600 兆瓦超临界燃煤发电机组。新建灰场，采取石灰石—石膏湿法脱硫工艺，建设高效静电除尘器。该项目符合国家产业政策和清洁生产要求，在落实报告书提出的环境保护措施后，污染物可达标排放，主要污染物排放总量符合当地环保部门核定的总量控制要求。从环境保护角度分析，同意该项目建设。

二、项目建设应重点做好以下工作：

1.燃用设计煤种。烟囱高度为 210 米。烟气采取石灰石—石膏湿法脱硫工艺并安装气热交换器（GGH），建设高效静电除尘器。采用低氮氧化物燃烧技术，预留烟气脱除氮氧化物空间。锅炉烟气污染物必须符合《火电厂大气污染物排放标准》（GB 13223—2003）第 3 时段标准要求。建设封闭煤场，认真落实原辅料储运、破碎等环节及煤场、灰场等地的扬尘控制措施。

2.优化厂区平面布置，选用低噪声设备，应对冷却塔等高噪声源采取隔声、消声、绿化等降噪措施，确保厂界噪声达到《工业企业厂界噪声标准》（GB 12348—90）Ⅲ类标准。

3.采取灰渣分除，干除灰。建设贮灰场，灰场的建设和使用应符合《一般工业固体废物贮存、处置场污染控制标准》（GB 18599—2001）。进一步做好灰、渣的综合利用。

4.进一步做好节水工作，减少新鲜水消耗量和废水排放量。工业废水和生活污水经处理达标后，应立足于回用，确需外排的应符合《污水综合排放标准》（GB 8978—1996）一级标准。

5.根据浙江省环境保护局初审意见，本项目污染物排放总量指标通过对长兴电厂一期工程（2×300 兆瓦）机组同步实施脱硫改造解决。长兴电厂一期工程实施烟气脱硫改造工程应与本工程同步实施，并纳入本工程竣工环境保护验收内容。

6.加强施工期环境保护管理，防止施工对周围环境造成不利影响。

7.按国家有关规定设置规范的污染物排放口，安装烟气烟尘、二氧化硫、氮氧化物在线连续监测装置。

三、项目建设必须严格执行配套建设的环境保护设施与主体工程同时设计、同时施工、同时投产使用的环境保护"三同时"制度。项目竣工后,建设单位必须按规定程序申请环境保护验收。验收合格后,项目方可正式投入运行。

四、请浙江省及金华市环境保护局负责该项目施工期间的环境保护监督检查工作。

国家环境保护总局

二〇〇四年十一月五日

国家发展和改革委员会
国家发展改革委关于浙江浙能兰溪发电厂新建工程核准的批复

发改能源〔2005〕586 号

浙江省发展改革委:

报来《关于上报浙江浙能兰溪发电厂工程可行性研究报告书的请示》(浙发改能源〔2004〕1268 号)收悉。经研究,现就核准事项批复如下:

一、为满足浙江省经济和社会发展对电力的需求,优化电源结构,加强末端电网的支撑能力,提高电力供应的安全可靠性,核准浙江浙能兰溪发电厂新建工程。

二、本工程建设 2 台 60 万千瓦国产超临界燃煤发电机组,同步安装烟气脱硫装置。

三、电厂在金华市的兰溪市东南部石关村建设。项目建设过程中,要严格控制征地规模,尽量避让农田。

四、电厂采用二次循环冷却方式,年用水量约 1500 万立方米,用水取自金华江。

五、电厂投产后,年需燃煤约 300 万吨,燃用安徽淮南烟煤,经铁路运输到厂。所排灰渣要综合利用,建设距电厂约 3 公里的碧霞宫山谷灰场,要满足电厂贮灰要求。

六、本工程安装高效静电除尘器、烟气脱硫设施和烟气连续监测装置,电厂各项排放指标要满足国家环保要求。

七、电厂以 500 千伏电压等级接入系统,由电网企业投资建设,具体方案另行审定。

八、按 2003 年价格水平估算,本工程静态总投资为 54.2 亿元,动态总投资为 56.5 亿元。

项目资本金占工程动态总投资的 20%,约为 11.3 亿元,由浙江省能源集团有限公司、浙江东南发电股份有限公司、兰溪市电力发展投资有限公司和中国电力工程顾问集团公司分别按64％、25％、8％、3％的比例出资解决。资本金以外所需资金45.2亿元，由中国工商银行和中国建设银行各提供贷款22.6亿元解决。

九、本工程由上述投资方共同组建的项目公司负责电厂的建设、经营管理及贷款本息偿还。

十、请按照基本建设程序完成初步设计等各项工作，并办理信贷、土地等开工前的有关手续。电厂所需设备要通过公开招标采购，在工程建设中要严格执行《招标投标法》的有关规定。电厂开工、投产需向我委报告，并定期向我委报告工程进展情况。

请按以上原则开展下一步工作。

中华人民共和国国家发展和改革委员会
二〇〇五年四月八日

浙江省能源集团有限公司
关于浙能兰溪发电厂筹建处处置的意见

浙江浙能兰溪发电有限责任公司：

鉴于浙江浙能兰溪发电有限责任公司已于2004年6月16日成立，故浙能兰溪发电厂筹建处自行撤销。浙能兰溪发电厂筹建处所有人员、资产、对外签订的所有合同、协议以及一切权利和义务均由其法定承继者浙江浙能兰溪发电有限责任公司承继，其中浙能兰溪发电厂筹建处在杭资产移交于浙江浙能兰溪发电有限责任公司杭州办事处。

浙江省能源集团有限公司
二〇〇五年五月二十日

电力规划设计总院
关于浙江浙能兰溪发电厂新建工程初步设计的审查意见
电规发电〔2005〕370号

浙江省发展和改革委员会：

受你委的委托，我院于2004年4月18日至20日在杭州市主持召开了浙江浙能兰溪发电厂新建工程初步设计预审查会议，会后以"电规总机〔2004〕31号"文印发了预审查会议纪要。各有关单位已按纪要要求完成了后续工作。2005年

7月8日我院在北京主持召开了浙江浙能兰溪发电厂新建工程初步设计预审查收口会,各方对初步设计预审查中遗留的问题逐项进行了讨论并取得了一致意见,除在初设预审查会议纪要中已确定的原则外,现提出主要审查意见如下:

一、根据国家发展和改革委员"发改能源〔2005〕586号"文"国家发展改革委关于浙江浙能兰溪发电厂新建工程核准的批复",兰溪发电厂新建工程建设规模为2×600 MW国产超临界凝汽式燃煤发电机组,同步建设烟气脱硫设施;预留2合同类型机组的扩建条件,并留有进一步扩建的余地。

二、本工程三大主机已通过招标确定,锅炉、汽轮机、发电机分别由北京巴布科克·威尔科克斯有限公司、东方汽轮机厂、东方电机股份有限公司供货。

三、同意浙江院推荐的厂区总平面布置方案一,即主厂房固定端朝向西北,扩建端朝向东南,出线方向朝向西南,铁路专用线位于厂区东面,冷却塔呈"一"字型布置在主厂房固定端西北侧的布置格局。本期工程厂区设计用地面积为46.62 hm^2。

四、本工程厂区场地自然地面标高低于百年一遇内涝水位,需要采取回填土石方加高场地标高的处理措施。

五、同意采用6台(5运1备)ZGM113G中速磨正压冷一次风直吹式制粉系统。根据项目法人对国内燃用相似煤种的制粉系统安装和运行的调研情况,本工程制粉系统不装设CO监测装置。

六、同意厂内除灰渣系统采用灰渣分除、干灰干排、粗细分排的方案,干除灰系统采用正压气力输灰系统。气力除灰系统在国内整岛招标,国内不过关的关键设备进口。灰库下湿式搅拌机采用国产设备。灰库区仪用空压机改按2台设置。

七、根据项目法人对干灰综合利用灰量及品质要求的落实情况,同意本工程设1套40 t/h的干灰分选装置。

八、根据国家电网公司以"计项一〔2003〕105号"对4×600 MW机组的接入系统审查意见的批复,4台机组以500 kV接入系统,出2回线。本工程2×600 MW机组电气主接线采用发电机一变压器组单元接线接入厂内500 kV升压站,500 kV升压站采用3/2断路器接线,同意本工程2回进线、2回出线组成2个完整串。停机/备用电源另设1个500 kV断路器间隔。原则同意发电机出口装设断路器。

九、同意每台600 MW发电机组采用3台240 MVA单相式主变压器。

十、同意停机/备用电源由厂内500 kV母线引接,采用500 kV/6 kV一级降压的停机/备用变压器。

十一、同意每台发电机组厂用电设 2 个 6 kV 工作段的接线方式。同意远离厂区的补给水泵房改按 6 kV 供电。

十二、结合厂区条件,同意 500 kV 升压站采用户内式 SF$_6$ 气体绝缘金属封闭开关设备(GIS)。

十三、同意本工程采用炉、机、电单元集中监控方式,2 台机组合设 1 个集中控制室的方案。同意每台机组各设 2 套大屏幕,辅助控制系统不设置大屏幕。

十四、取消本工程厂级监控信息系统(SIS)的 Web 服务器,SIS 的应用功能不包括运行优化曲线和设备操作指导功能。

十五、同意浙江院补充提出的 KKS 电厂标识系统实施方案。

十六、兰溪电厂至双龙变的 2 回 500 kV 线路,每回线路配置 2 套分相电流差动保护,保护具有完整的后备保护功能。保护通道采用本线和邻线的 OPGW 光纤通道。

十七、兰溪电厂工程投运后,远动信息直送华东网调和浙江省调。电厂远动信息传送至华东网调和浙江省调采用数据网和专用远动通道相结合的方式。远动和监控系统统一考虑。

十八、建设兰溪电厂至双龙变光纤通信电路,诸暨至双龙二回线上的 1 根 16 芯 OPGW 光缆随送电线路一起开断接入兰溪电厂,随开断点至兰溪电厂的新建 500 kV 线路架设 2 根 16 芯 OPGW 光缆;随开断点至双龙变的现有 500 kV 线路架设 1 根 16 芯 OPGW 光缆。采用 SDH 制式,传输速率为 155 Mb/s。此两通信电路转接浙江省调原有光纤环网通信电路,作为兰溪电厂至华东网调和浙江省调的主、备用通道。电厂光通信设备具体配置在通信单项工程中统一考虑。

十九、同意主厂房框排架采用现浇钢筋混凝土结构,主要生产建构筑物采用钻孔灌注桩方案。同意本工程检修公寓建筑面积按 5600 m^2 计列概算。

二十、根据本工程取水口河工模型试验结果及评审意见,在富春江水库设计最低控制水位 21.5 m 条件下,同意补给水取自金华江,补给水泵房布置在费垄口方案。由于取水口河段为富春江水库库区尾部,建议在电厂今后的运行中,注意对河床冲淤情况继续观测,以保证取水安全。为提高补给水系统运行可靠性,同意增设调节阀适应水位变化。

二十一、同意采用扩大单元制循环供水系统,每台机组配 1 座自然通风冷却塔、2 台循环水泵、1 条压力进水管和 1 条压力回水管。根据浙江院进行的循环水系统优化计算结果,同意冷却塔淋水面积采用 9000 m²,夏季冷却倍率采用 65 倍,循环水管径按 DN3200、壁厚按 14 mm 设计。同意净化站工业水池容量按 4000 m³ 设计。

二十二、同意循环水泵房进水流道采用网篦式清污机方案。根据清污机设备资料,同意泵房底标高按比原设计提高 0.5m 考虑。

二十三、在施工图阶段,浙江院应进一步优化灰场管理站设计,其占地面积按不大于 3000 m² 考虑。

二十四、同意本期工程厂内火车卸煤线按 2 重 2 空配置。本期工程安装 1 套 C 型双车翻车机,并留有装设第 2 台翻车机的条件。

二十五、同意本期工程设置 3 座斗轮机煤场,煤场和干煤棚容量分别为 46.5×10⁴ t 和 5.8×10⁴ t,可满足本期 4×600 MW 机组 24 天和 3 天耗煤量。煤场采用 3 台堆料出力为 2500 t/h、取料出力为 1600 t/h、悬臂为 38 m 的斗轮堆取料机。同意采用通过式煤场布置方案。

二十六、同意本工程由翻车机至煤场的卸煤皮带机采用 $B=1600$ mm,$V=3.15$ m/s,$Q=2500$ t/h 的皮带输送机;由煤场至主厂房的上煤皮带机采用 $B=1400$ mm,$V=2.5$ m/s,$Q=1600$ t/h 的皮带输送机。

二十七、锅炉补给水处理方案采用"超滤"+"反渗透"+"一级除盐"+"混床"的基本方案,建议浙江院在下阶段进一步优化系统,确定最佳运行水温,设置超滤反渗透装置的旁路管道系统。

二十八、同意烟气脱硫工程采用石灰石—石膏湿法工艺,脱硫效率按不低于 95% 设计。

二十九、原则同意本工程吸收剂制备系统采用厂内干式制粉水力输送方案。增压风机按每炉配 1 台设置。本工程与二期工程按共设置 2 台真空皮带脱水机、每台容量按 4 台炉 BMCR 工况脱硫石膏总排放量的 75% 设计。

三十、同意本工程脱硫系统与二期工程脱硫系统合设 1 个控制室。每台炉脱硫系统各采用 1 套独立 FGD-DCS,本工程与二期工程脱硫公用系统采用 1 套辅助 DCS,脱硫 DCS 的硬件选型与机组 DCS 一致。

三十一、项目法人已取得国家环保总局"环审〔2004〕452 号"文对本工程《环境影响报告书》的批复意见,应作为本工程环保设计的依据。

三十二、技经部分

按 2004 年价格水平,发电工程静态投资 530243 万元,单位投资 4419 元/

kW;发电工程动态投资 567166 万元,单位投资 4726 元/kW,其中价差预备费为 0,建设期贷款利息 36923 万元;铺底生产流动资金 2990 万元,建设项目计划总资金 570156 万元,详见附件。

附件:浙江浙能兰溪发电厂新建工程总概算表(略)

电力规划设计总院

二〇〇五年八月十七日

中华人民共和国国土资源部
关于浙能兰溪发电厂工程建设用地的批复

浙江省人民政府:

你省《关于浙能兰溪发电厂及拆迁安置工程建设项目用地的请示》(浙政〔2005〕78 号)业经国务院批准,现批复如下:

一、同意兰溪市将农村集体农用地 125.868 公顷(其中耕地 86.9395 公顷)转为建设用地并办理征地手续,另征收农村集体建设用地 10.7447 公顷、未利用地 2.3996 公顷;同意使用国有建设用地 9.6983 公顷。

以上共计批准建设用地 148.7106 公顷,其中防洪堤坝用地 27.2491 公顷、拆迁安置用地 13.2265 公顷交由当地人民政府按规划和设计合理安排使用,其余建设用地划拨给浙江浙能兰溪发电有限责任公司,作为浙能兰溪发电厂工程建设用地。

二、当地人民政府要进一步落实补充耕地方案,采取措施,提高已补充 87 公顷耕地的质量。

三、当地人民政府要严格依法履行征地批后实施程序,按照征收土地方案及时支付补偿费用,落实安置措施,切实安排好被征地农民的生产和生活,保证原有生活水平不降低,长远生计有保障,维护社会稳定。征地补偿安置不落实的,不得强行使用被征土地。

四、你省国土资源管理部门要对征收土地方案的实施情况进行跟踪检查,督促地方政府和有关部门、单位做好相关工作。征地批后实施情况,按照反馈制度的要求报国土资源部。

中华人民共和国国土资源部

二〇〇五年十一月十六日

浙江省能源集团有限公司
关于浙能兰溪发电厂一期工程初步设计的批复

浙能工〔2006〕382 号

浙江浙能兰溪发电有限责任公司：

　　浙能兰溪发电厂一期工程已由省发改委委托电力规划总院组织进行初步设计评审并完成收口工作，经审议，同意批复浙能兰溪电厂一期工程初步设计。你公司要在工程实施阶段中落实初步设计评审意见的各项要求，确保工程建设进度的顺利进行。

　　附件：初步设计评审意见。

浙江省能源集团有限公司

二〇〇六年十二月六日

中华人民共和国卫生部
卫生部关于浙江浙能兰溪发电厂 2×600 MW 超临界燃煤机组新建
工程职业病防护设施竣工验收的批复

卫监督发〔2007〕143 号

浙江浙能兰溪发电有限责任公司：

　　你公司《关于浙江浙能兰溪发电厂 2×600 MW 超临界燃煤机组新建工程职业病防护设施竣工验收的请示》（浙能兰电办〔2006〕110 号）及《浙江浙能兰溪发电厂 2×600 MW 超临界燃煤机组新建工程职业病危害控制效果评价报告书》（以下简称《控制效果评价报告书》）收悉。根据《职业病防治法》的规定，我部委托卫生部卫生监督中心组织有关人员对浙江浙能兰溪发电厂 2×600 MW 超临界燃煤机组新建工程的职业病防护设施及危害控制效果进行了现场检查，对《控制效果评价报告书》进行了审查。经审查，浙江浙能兰溪发电厂 2×600 MW 超临界燃煤机组新建工程的职业病危害控制符合职业病防治法律、法规和标准的要求，验收合格，准予正式投入使用。

　　此复。

中华人民共和国卫生部

二〇〇七年四月二十六日

二、二期工程文件

国家环境保护总局

关于浙江浙能兰溪发电厂扩建 2×60 万千瓦机组工程

环境影响报告书的批复

环审〔2005〕997 号

浙江省能源集团有限公司：

你公司《关于要求审批浙江浙能兰溪发电厂扩建 2×60 万千瓦机组工程环境影响报告书的请示》（浙能计〔2005〕181 号）收悉。经研究，现批复如下：

该项目拟在一期工程厂区内扩建 2 台 600 兆瓦超临界凝汽式燃煤发电机组，配置 2 台 1900 吨/小时煤粉锅炉，同步建设脱硫、除尘系统，贮灰场、贮煤场、供排水系统等公用及辅助系统充分依托一期工程能力。该项目为未经环境影响评价审批即擅自开工建设，属经查处停止建设补办环境影响评价审批手续的项目。

该项目采用淮南烟煤为燃料，符合国家产业政策和清洁生产要求，在落实报告书提出的环境保护措施后，污染物可达标排放。二氧化硫等主要污染物排放总量符合当地环境保护部门核定的总量控制要求。因此，我局同意你公司按照报告书中所列建设项目的性质、规模、地点、采用的生产工艺、环境保护对策措施及下述要求进行项目建设。

一、项目建设应重点做好以下工作：

（一）该项目污染物总量指标通过浙能长兴电厂一期工程 2 台 300 兆瓦机组脱硫改造工程和兰溪市淘汰机立窑水泥生产企业削减获得，该污染物削减方案必须在项目建成前完成并实施，接受浙江省环境保护局监督检查，并纳入本工程竣工环境保护验收内容。

（二）项目燃用淮南烟煤，采用设计煤种为燃料。工程建设高效静电除尘器，采用石灰石—石膏湿法脱硫工艺并安装烟气交换器（GGH），采用低氮氧化物燃烧技术并预留烟气脱除氮氧化物装置空间。两炉合用一座 210 米高双管集束烟囱，烟气污染物排放必须符合《火电厂大气污染物排放标准》（GB 13223—2003）第 3 时段限值要求。采取工程措施防止本期及一期在建工程贮煤场烟尘。认真落实原辅料储运、破碎工序及贮灰场、贮煤场扬尘控制措施，防止产生污染。

（三）优化厂区平面布置，合理布置高噪声设备。选用低噪声设备，对冷却塔等高噪声源和设备采取有效的隔声、消声等降噪措施，确保各厂界噪声符合《工业企业厂界噪声标准》（GB 12348—90）Ⅲ类标准。防止噪声扰民。同时，吹管、锅炉排气应采取降噪措施，吹管期间应告知周围居民。

（四）采用灰渣分除、干除灰的除灰渣系统。依托一期工程位于厂址西北约 2 公里的山谷灰场，贮灰场的建设和使用应符合《一般工业固体废物贮存、处置场污染控制标准》（GB 18599—2001）Ⅱ类场地要求，防止对地下水造成污染。应立足于灰、渣和脱硫石膏综合利用。按照一期工程环境影响报告书要求尽快落实灰场厂界外 500 米范围内居民搬迁安置工作。

（五）提高水的利用率，最大限度减少新鲜水消耗量。按照"清污分流、雨污分流"原则设计、完善和建设厂区排水系统。根据水质的不同进行分类处理，脱硫废水经单独处理后用于干灰调湿用水等，其他工业废水及生活污水经处理达标后尽量回用，确需外排的废水必须符合《污水综合排放标准》（GB 8978—1996）一级标准。

（六）加强施工期环境保护管理工作，防止水土流失、施工扬尘和噪声污染。

（七）按照国家有关规定设置规范的污染物排放口、贮存（处置）场，安装烟气烟尘、二氧化硫、氮氧化物在线连续监测装置。

二、项目建设必须严格执行配套建设的环境保护设施与主体工程同时设计、同时施工、同时投产使用的环境保护"三同时"制度。项目竣工后，建设单位必须向浙江省环境保护局书面提交试生产申请，经检查同意后方可进行试生产。在项目试生产期间必须按规定程序向我局申请环境保护验收。验收合格后，项目方可正式投入运行。

三、我局委托浙江省环境保护局负责该项目施工期间的环境保护监督检查工作。

环境保护总局

二〇〇五年十二月二十一日

国家发展和改革委员会
国家发展改革委关于浙江浙能兰溪电厂二期工程项目
核准的批复

发改能源〔2007〕1359 号

浙江省发展改革委：

报来《关于要求核准浙江浙能兰溪发电厂二期工程项目申请报告的请示》（浙发改能源〔2006〕872 号）收悉。经研究，同意将浙江浙能兰溪电厂二期工程纳入浙江省电力建设规模内，现就核准事项批复如下：

一、为满足浙江省经济发展对电力的需求，同意核准浙江浙能兰溪电厂二期工程。

二、本工程建设规模为 2 台 60 万千瓦国产超临界燃煤发电机组，同步安装烟气脱硫装置。

三、本工程在一期工程扩建端建设。电厂采用二次循环水冷却方式，年用水量约 1600 万立方米，取自金华江。

四、电厂年需燃煤约 270 万吨，由淮南矿业公司所属煤矿供应，经铁路转电厂铁路专用线运至电厂。电厂所排灰渣要全部综合利用，现有碧霞宫灰场要满足电厂事故贮灰要求。

五、本工程安装高效静电除尘器和烟气连续在线监测装置，采用低氮燃烧技术，并预留烟气脱氮空间。电厂运行各项排放指标要满足国家环保要求。

六、电厂以 500 千伏电压等级接入系统，并由电网企业投资建设。

七、本工程动态总投资为 44.9 亿元。项目资本金为 9 亿元，约占动态总投资的 20%，由浙江省能源集团有限公司、浙江东南发电股份有限公司、兰溪市电力发展投资有限公司和中国电力工程顾问集团公司分别按照 64%、25%、8% 和 3% 的比例以自有资金出资。资本金以外所需 35.9 亿元，已由中国工商银行贷款解决。

本工程由上述投资方共同组建的浙江浙能兰溪发电有限责任公司负责电厂的经营管理和贷款本息的偿还。

八、项目单位要加强节能管理。电厂投产后的发、供电煤耗等各项能耗指标应控制在设计水平。

九、鉴于该项目在获得国家核准前就擅自开工建设，违反了国家规定程序和核准制的有关规定，根据《国务院办公厅关于电站项目清理及近期建设安排有关工作的通知》（国办发〔2005〕8 号）要求，对这类项目要给予经济处罚。具体处理意见，将另行研究。

特此批复。

中华人民共和国国家发展和改革委员会

二〇〇七年六月二十一日

电力规划设计总院
关于浙江浙能兰溪发电厂二期工程初步设计的审查意见

电规发电〔2007〕666 号

浙江省发展与改革委员会，浙江省能源集团有限公司：

受浙江省发展和改革委员会委托，我院于 2004 年 4 月 18 日至 20 日，在浙江省杭州市主持召开了浙江浙能兰溪发电厂工程（4×600 MW）初步设计预审查会，并以《关于印发浙江浙能兰溪发电厂工程初步设计预审查会议纪要的通知》（电规总机〔2004〕31 号）印发了会议纪要。会后我院根据《国家发展改革委关于浙江浙能兰溪发电厂新建工程核准的批复》（发改能源〔2005〕586 号）要求和浙江浙能兰溪发电厂项目建设筹建处（以下简称建设单位）提供的项目初步设计收口报告，于 2005 年 7 月 8 日在北京主持召开了一期工程（♯1、♯2 机组）初步设计预收口会，并出具了《浙江浙能兰溪发电厂新建工程初步设计的审查意见》（电规发电〔2005〕370 号）。

根据《国家发展改革委关于浙江浙能兰溪发电厂二期工程项目核准的批复》（发改能源〔2007〕1359 号）意见，浙江省电力设计院（以下简称浙江院）结合一期工程初设审查意见完成了浙江浙能兰溪发电厂二期工程（♯3、♯4 号机组，以下简称本期工程）初步设计收口报告。2007 年 10 月，我院在北京对初步设计预审查中的遗留问题逐项进行了审查，除在初设预审查会议纪要（电规总机〔2004〕31 号）中已确定的原则外，现提出主要审查意见如下：

一、总的部分

（一）根据《国家发展改革委关于浙江浙能兰溪发电厂二期工程项目核准的批复》（发改能源〔2007〕1359 号），本期工程建设 2 台 600 MW 国产超临界燃煤发电机组，同步安装烟气脱硫装置。浙江浙能兰溪发电厂工程原初步设计按同时建设 4 台 600 MW 超临界机组设计，现一期工程♯1、♯2 号机组及部分公用系统已建成投产,本期工程为♯3、♯4号机组系统及随本期建设的公用系统。

（二）本期工程三大主机已通过招标确定,锅炉、汽轮机、发电机分别由北京巴布科克·威尔科克斯有限公司、东方汽轮机厂、上海汽轮发电机有限公司供货。

二、总图运输部分

（一）交通运输

1.本期工程设计煤种为淮南烟煤,2台机组年耗煤量为 266.42×10^4 t,采用铁路运输方式。

2.电厂一期工程已按4台机组运煤量建有铁路专用线,本期工程不需新建。

3.本期工程进厂道路及运灰渣道路利用一期工程已建道路,不再新建。

4.本期工程大件设备采用铁路运输进厂。

（二）厂区总平面布置

1.同意浙江院推荐的厂区总平面布置方案一,即主厂房固定端朝向西北,扩建端朝向东南,出线方向朝向西南,铁路专用线位于厂区东面,冷却水塔呈"一"字形布置在主厂房固定端西北侧的布置格局,本期工程厂区用地面积为 19.0 hm^2。

2.本期工程厂区场地自然地面标高低于百年一遇内涝水位,需采取回填土石方加高场地标高的处理措施。

3.同意厂区管线布置采用集中架空敷设为主、地下敷设为辅的布置方式。

4.同意厂区道路采用城市型道路,主厂房周围路面宽 7 m,其他路段路面一般为 4 m。

三、热机部分（含厂内除灰渣）

（一）同意制粉系统采用中速磨煤机正压冷一次风机直吹式制粉系统,根据招标结果,每炉配置6台 ZGMl13G 型中速磨煤机。根据一期工程制粉系统运行情况,本期工程制粉系统不装设 CO 监测装置。

（二）同意送风机和一次风机采用动叶可调轴流式风机,引风机采用静叶可调轴流式风机。

（三）同意本期工程采用等离子点火装置和燃油助燃相结合的点火助燃系统。燃油系统利用一期工程原有设施。

（四）同意每台机组设置2台除尘效率不低于 99.67% 的双室四电场静电除尘器。

（五）同意浙江院推荐的 SCR 烟气脱硝装置预留方案,相关构架基础考虑 SCR 烟气脱硝装置的荷载。

（六）同意给水系统采用 $2 \times 50\%$ 容量的汽动给水泵和 $1 \times 30\%$ 容量启动/备用电动调速给水泵。

（七）汽机旁路按 40% BMCR 容量高、低压两级串联旁路系统设置。

（八）同意主蒸汽管道和热段再热蒸汽管道采用 ASTMA335P91 管材，冷段再热管道 ASTMA672B70CL32 管材，高压给水管道采用 15NiCuMoNb5-6-4 管材。

（九）同意主厂房按汽机房、除氧间、煤仓间、锅炉房四列式布置方案，纵向 17 档，长度 173.50 m，A 排柱至烟囱中心线长度为 207.50 m。

（十）同意 2 台机组合设 1 套仪用/厂用压缩空气系统，按 4 台 40 Nm^3/min 少油润滑螺杆式空压机设计。

（十一）同意除渣系统采用单台刮板捞渣机直接输送至渣仓的机械除渣系统方案；飞灰系统采用正压气力除灰系统集中至灰库的设计方案；同意石子煤处理采用水力输送至炉底刮板捞渣机方案。同意 2 台炉共设 3 座灰库（1 原 1 粗 1 细）。

（十二）同意本期工程灰库区再安装 1 台仪用空压机，与一期原有的 2 台仪用空压机共用，其中 2 台运行，1 台备用。

（十三）本期工程设置 2 套 40 t/h 的干灰分选装置。

四、电气部分

（一）本期工程 2 台机组以 500 kV 接入系统，利用一期工程的 2 回出线，本期工程不再新增出线。本期工程 2×600 MW 机组采用发电机—变压器组单元接线接入厂内已有的 500 kV 配电装置，500 kV 配电装置采用 3/2 断路器接线，原则同意本期工程 2 回进线组成 1 个完整串。同意本期工程装设发电机断路器。

（二）本期工程主变压器采用 3×240 MVA 的单相式变压器组，全厂 4 台机组合设 1 台备用相。

（三）全厂 4 台机组合设 1 回停机/备用电源，由厂内 500 kV 母线引接，本期工程不再新增停机/备用变压器。

（四）原则同意厂用电接线方案与一期工程一致，即每台机组设 2 台 40 MVA 的双卷高压厂用工作变压器，设 2 个 6 kV 工作段的接线方式。同意 6 kV 高压厂用工作变压器低压侧引出线采用离相封闭母线的设计方案。

（五）每台机组设置 1 台 1200 kW 的柴油发电机组。该柴油发电机组除满足机组的保安负荷需要外，还应满足脱硫系统保安负荷的供电需要。

（六）同意每台机组的交流不停电电源按采用 2 套 50 kVAUPS 设备设计。

（七）结合厂区条件和一期工程情况，同意 500 kV 配电装置采用户内式 GIS 设备，本期工程在一期工程已有设备的基础上进行扩建。

（八）厂内行政通信在一期工程行政交换机基础上扩容。本期工程在集中控制室设置 1 台调度总机。

五、热工自动化部分（含 MIS）

（一）同意本期工程采用炉、机、电单元集中控制的方式。本期工程 2 台机组在 2 炉之间设置集控楼，集控楼 13.70m 层布置集中控制室、电子设备间、工程师室等。

（二）同意每台机组设 1 套分散控制系统（DCS），DCS 的主要功能包括数据采集、模拟量控制、顺序控制和锅炉炉膛安全监控。本期工程设置机组 DCS 公用网络，单元机组 DCS 应具有操作闭锁功能。

（三）本期工程除灰渣与水务控制系统采用 PLC，分别设置除灰渣与水控制系统子网络，并设置辅助车间集中监控网络。本期工程除灰渣系统与一期工程在就地合设监控点。

（四）同意本期工程工业闭路电视监视系统采用新增监视点和部分设备，并接入一期工程设计的全厂工业闭路电视监视系统。

（五）本期工程电厂管理信息系统和厂级监控信息系统的按在一期工程已有系统的基础上扩充和完善考虑。

六、系统二次部分

本期工程接入系统（含一、二次部分）由浙江院编制，中国电力工程顾问集团公司已组织评审，并以《关于报送浙江浙能兰溪发电厂 4×600 MW 机组接入系统（含一、二次）评审意见的报告》（电顾规〔2003〕54 号）出具评审意见。

浙江浙能兰溪发电厂 4×600 MW 机组以 500 kV 一级电压接入系统，电厂出线 2 回至 500 kV 双龙变电所，并将诸暨变至双龙变 2 回线改接成诸暨变至待建 500 kV 义东变 2 回线。

本期工程 2×600 MW 机组接入兰溪电厂 500 千伏配电装置，由于一期工程已经建设 2 回出线，因此本期工程电厂不新增出线。

本期工程涉及的系统保护、调度自动化、系统通信等内容已在一期工程中配置，可以满足本期工程要求，因此不增设。

七、土建及岩土工程部分

（一）同意浙江院提出的建筑结构设计方案，主厂房框排架采用现浇钢筋混凝土结构。

（二）同意本期工程建筑外墙板采用高强度镀铝绊彩色压型钢板。

（三）排放脱硫烟气的烟囱采用 2 炉合用 1 座双钢内筒套筒式结构，钢内筒采用耐硫酸钢加防腐涂料的结构型式。

（四）同意主要生产建（构）筑物采用钻孔灌注桩方案。即主厂房、转运站、碎煤机室、干煤棚及斗轮机基础等采用 $\Phi800$ mm 钻孔灌注桩，烟囱、冷却水塔采用 $\Phi1000$ mm 钻孔灌注桩，桩基持力层采用⑦—2 号中风化泥质粉砂岩，桩端进入持力层 5D，桩长约 14 m。

（五）500 kV 升压站、化水等辅助生产建（构）筑物采用 $\Phi600$ mm 钻孔灌注桩，桩基持力层采用⑤号圆砾层，桩端进入持力层 3D。厂区其他轻型附属建（构）筑物可利用①号粉质黏土层做天然地基。

（六）同意翻车机室的深基坑支护采用灌注桩方案。

八、水工部分

（一）本期工程采用循环供水系统，2×600 MW 机组夏季补给水量约 2800 m^3/h，耗水指标为 0.648 m^3/s. GW，补给水取自金华江。一期工程建设时，补给水泵房土建部分已按 4×600 MW 机组容量一次建成，并敷设 2 根 DN900 补给水管，输水能力满足本期工程要求。同意本期工程在补给水泵房内增设 1 台补给水泵。

（二）净水站设置规模已满足本期工程要求，本期工程不再增加设施。

（三）同意本期工程与一期工程一致，采用扩大单元制循环供水系统，每台机组配 1 座自然通风冷却塔、2 台循环水泵、1 条压力进水管和 1 条压力回水管，2 台机组合建 1 座循环水泵房。同意冷却塔淋水面积采用 9000 m^2、夏季冷却倍率采用 65 倍、循环水管径按 DN3200 设计。

（四）电厂生产生活给排水系统及生活污水处理系统已在一期工程建设时按 4 台机组容量建成，本期工程不再扩建。

（五）本期工程继续使用一期工程已建的碧霞宫干灰场，其库容可供 4×600 MW 机组贮存灰渣及脱硫石膏 7 年左右，满足电厂初期灰场要求。

九、消防部分

（一）按照电力行业生产特点，集控室与主厂房属同一个防火分区。

（二）本期工程机组容量与一期相同，一期已建消防给水系统可以满足本期工程要求，同意本期工程利用一期消防设施。

（三）电厂一期工程已计列 3 辆消防车,本期工程不需增设。

十、运煤部分

（一）电厂一期工程已按 4×600 MW 机组容量规划设计了厂内运煤系统,翻车机室土建部分按安装 2 台 C 型双车翻车机一次建成,一期安装 1 台,预留 1 台;煤场按装设 3 台斗轮堆取料机规划,一期安装 2 台,预留 1 台;除二期煤场和煤仓间带式输送机外,筛碎设施和带式输送机系统已按 4×600 MW 机组在一期一次建成。

（二）同意本期工程在一期工程预留的位置上增设 1 套折返式双车翻车机及其调车系统。

（三）同意本期工程按一期预留的位置增建第 3 座斗轮堆取料机煤场,使一、二期 3 个煤场总容量可满足 4×600 MW 机组 24 天的耗煤量。同时扩建原有干煤棚,使干煤棚总容量满足 4×600 MW 机组 3 天的耗煤量。本期增设 1 台堆料出力为 2500 t/h、取料出力为 1600 t/h、悬臂为 38 m 的通过式斗轮堆取料机。增设一路煤场带式输送机,其规格参数与一期相同,即带宽 1600 mm、带速 3.15 m/s、出力 2500 t/h。

（四）同意本期工程煤仓间的带式输送机从一期煤仓间转运站引接。其规格参数与一期相同,即带宽 1400mm、带速 2.8 m/s、出力 1600 t/h,双路布置。

十一、化学部分

（一）原则同意本期工程锅炉补给水处理利用一期工程现有的系统设备,不再扩建。

（二）原则同意凝结水精处理系统采用每台机配置 2×50% 前置过滤器和 3×50% 的高速混床、2 台机合用 1 套再生系统的设计方案。

（三）同意本期工程循环冷却水处理采用加次氯酸钠和加阻垢剂处理的方案。

（四）同意本期工程供氢系统利用一期工程已有设备。

（五）建议本期工程主厂房水汽循环系统化学加药设备按 2 台机组合设 1 套加氨及 1 套加氧设备、1 套停炉保护力口药及 1 套闭式冷却水加联氨设备,每台机组设 1 套汽水取样系统(含凝汽器检漏装置)设计。汽水取样、凝结水精处理、加药的仪表统筹考虑。

（六）同意本期工程采用 EDTA 的化学清洗方案。其废水处理利用一期工程现有的集中废水处理设备。

（七）同意本期工程利用一期工程现有的化学实验室。

十二、暖通、劳动安全、职业病预防部分

(一)原则同意浙江院提出的汽机房夏季采用自然进风、机械排风的通风设计方案。

(二)配电装置室的具体降温通风系统的布置方式,应根据配电装置室的布置形式确定。

(三)同意浙江院提出的集控楼共设置 4 套集中通风空调系统设计方案,集控室、电子设备室等分别各设置 1 套全年集中空调系统,以及主厂房、集控楼厂用配电装置室降温通风系统设计方案。同意蓄电池室采用直流式空调系统。

(四)同意浙江院提出的集中制冷加热站设计方案,为集控楼、化水及办公楼、电除尘控制楼、脱硫控制楼、主厂房内设备间和厂区其他建筑降温通风及空调系统提供冷热源。

(五)原则同意浙江院提出的主厂房皮带层煤斗每台炉设置 1 套干式(布袋)除尘系统、煤仓间皮带尾部各设 1 台布袋除尘器,其他输煤转运站、碎煤机室及翻车机房设置湿式除尘系统。同意本工程设置 2 台真空吸尘车。

(六)本期工程安全预评价报告由浙江省劳动保护科学研究所编制,浙江省能源集团有限公司已会同浙江省经贸委组织了审查,请项目法人根据国家安全生产监督管理总局"安监管司办字〔2004〕28 号"文的要求完成相关的备案工作。

(七)本期工程职业病危害预评价报告书由中国疾病预防控制中心职业卫生与中毒控制所 2006 年 9 月编制完成,浙江省卫生厅已以《关于对浙江兰溪电厂二期职业病危害预评价报告的批复》(浙卫便函〔2006〕11 号文)予以批复。

(八)原则同意浙江院根据安全预评价报告和职业病危害预评价报告编制的本工程《劳动安全与职业卫生专篇》内容。专篇中对本工程所采取各项防护措施,基本符合国家、行业有关标准和规程的规定。

十三、脱硫部分

(一)根据国家环境保护总局《关于浙江浙能兰溪发电厂扩建 2×60 万千瓦机组工程环境影响报告书的批复》(环审〔2005〕997 号),本期工程同步建设全烟气脱硫装置,采用石灰石—石膏湿法烟气脱硫工艺并安装烟气换热器(GGH)。本期工程采用 1 炉配 1 塔方案,脱硫系统效率按不低于 90% 考虑。

(二)同意石灰石浆液制备采用厂内自建干磨制粉、加水制浆系统方案,脱硫石膏处理采用真空皮带脱水机系统方案。上述系统已按 4×600 MW 机组容量统一规划设计,共设 2 台干磨和 2 台真空皮带脱水机并于一期工程一次建成,同意在本期工程脱硫区域增设 1 座石灰石粉仓及相关输送和制浆系统。

（三）同意每套脱硫装置采用 1×100% 容量的增压风机。

（四）脱硫系统不设置 6 kV 段,脱硫 6 kV 负荷由机组 6 kV 工作段供电。

（五）脱硫系统保安负荷由机组柴油发动机组供电,不单独设置柴油发电机组。

（六）同意脱硫系统的控制策略及性能由脱硫承包商总体负责。

（七）同意本期工程脱硫系统与一期脱硫实现集中监控方式,并采用与除灰渣系统合设监控点的方案。该监控点设置在一期脱硫除灰渣控制室。

十四、环保部分

（一）浙江院提出的本期工程主要环保治理设计方案符合国家环保总局《关于浙江浙能兰溪发电厂扩建 2×60 万千瓦机组工程环境影响报告书的批复》(环审〔2005〕997 号)的要求。

（二）浙江院提出的本期工程主要水土保持治理设计方案符合水利部《关于浙江浙能兰溪发电厂扩建 2×60 万千瓦机组工程水土保持方案的复函》(水保函〔2005〕427 号)的要求。

（三）根据国家环境保护总局批复的环评意见,本期工程污染物总量指标为二氧化硫 2095 t/a、烟尘 1009 t/a,通过浙能长兴电厂一期工程 2×300 MW 机组脱硫改造工程和兰溪市淘汰机立窑水泥生产企业削减获得。本期工程燃用设计煤种时,二氧化硫和烟尘排放总量分别为 2095 t/a 和 1009 t/a,满足总量控制的要求。

（四）根据国家环保总局对本期工程环评的批复意见,本期工程采用低氮燃烧器,并预留脱硝装置的空间,采用高效静电除尘器,同步建设石灰石—石膏湿法脱硫装置,并安装烟气交换器(GGH),两炉合用 1 座 210 m 高双管集束烟囱。大气污染物排放浓度满足《火电厂大气污染物排放标准》(GB 13223—2003)第 3 时段电厂标准的要求。

（五）同意对空压机、水泵、汽轮机等高噪声设备采用削声、隔声等降噪措施,并在冷却塔安装落水消能降噪装置,保证厂界噪声达标。

（六）同意在煤场设置挡煤墙,并采用旋转喷淋装置进行喷水抑尘。

（七）同意本工程按照废污水"清污分流、雨污分流"及梯级使用的原则设计厂区废水处理及回收、排放系统,工业废水经处理后尽量回收利用,启动和事故不能利用的部分工业废水及电厂生活污水在满足《污水综合排放标准》(GB 8978—1996)"一级排放标准"的条件下外排。

(八)原则同意本期工程利用一期工程现有的环境监测站。

(九)原则同意本期工程烟气连续监测系统纳入脱硫岛统一考虑,但应满足环保关于监测因子、监测精度及信号输送的要求,监测因子应包括二氧化硫、氮氧化物、烟尘等项目,监测信号应留有输送至当地环保主管部门的接口。

(十)项目法人已与红狮水泥厂、立马控股集团公司、三源水泥厂及六洞山水泥厂签订了灰渣、脱硫石膏综合利用协议,协议综合利用率达到100%。电厂配套建设干灰库,为综合利用提供必要条件。

十五、主要技术经济指标

(1)年发电量:66×10^8 kWh;

(2)年利用小时数:5500 h;

(3)总用地面积:19 ha;

(4)厂区用地面积:19 ha;

(5)灰场用地面积:0 hm²(利用一期工程灰场);

(6)总土石方量:挖方-8.2×10^4 m³;填方-42.5×10^4 m³;

(7)全厂热效率:43.7%;

(8)发电设计标准煤耗:281.4 g/kWh;

(9)耗水指标:0.648 m³/s·GW;

(10)厂用电率:5.9%;

(11)二氧化硫排放量为2095 t/a、烟尘排放量为1009 t/a、废水(生活及工业)排放量为6.325×10^4 t/a、灰渣排放量为69.41×10^4 t/a、石膏排放量为13.75×10^4 t/a。

十六、技经部分

按2006年价格水平,工程静态投资374913万元,单位投资3124元/kW;工程动态投资410557万元,单位投资3421元/kW,其中建设期贷款利息35644万元;铺底生产流动资金2943万元,项目计划总资金413500万元。详见附件。

附件:浙江浙能兰溪发电厂二期工程总概算表(略)

电力规划设计总院

二○○七年十二月二十五日

浙江省卫生厅
关于浙江浙能兰溪发电厂 2×600 MW 超临界燃煤机组扩建工程项目
职业病防护设施竣工验收的批复

浙卫发〔2007〕395 号

浙江浙能兰溪发电有限责任公司：

你公司《关于浙江浙能兰溪发电厂 2×600 MW 超临界燃煤机组扩建工程职业病防护设施验收的请示》（浙能兰电工〔2007〕104 号）及《浙江浙能兰溪发电厂二期工程职业病危害控制效果评价报告书》（以下简称《评价报告书》）收悉。

按照《职业病防治法》和卫生部第 49 号令的要求，我厅组织专家对你公司该项目职业病危害控制效果进行了现场检查，对《评价报告书》进行了审查。经审查，你公司该项目职业病危害控制符合职业病防护法律、法规、标准的要求，职业卫生单项验收合格，准予正式投入使用。请在收到本批复之日起 30 日内向所在地县级卫生行政部门申报职业病危害项目。

此复

浙江省卫生厅

二〇〇七年十二月二十九日

中华人民共和国国土资源部
国土资源部关于浙能兰溪发电厂二期工程建设用地的批复

国土资函〔2009〕246 号

浙江省人民政府：

你省《关于浙江浙能 500 kV 兰溪发电厂二期工程建设项目用地的请示》（浙政〔2008〕88 号）业经国务院批准，现批复如下：

一、同意兰溪市将农民集体所有农用地 18.5756 公顷（其中耕地 14.0578 公顷）转为建设用地并办理征地手续，另征收农民集体所有建设用地 0.4374 公顷。

以上共计批准建设用地 19.013 公顷，由当地人民政府以划拨方式提供，作为浙能兰溪发电厂二期工程建设用地。

二、你省人民政府负责落实补充耕地。督促补充耕地责任单位认真按照补充耕地方案，补充数量相等、质量相当的耕地。

三、督促当地人民政府严格依法履行征地批后实施程序，按照经批准的征收土地方案及时足额支付补偿费用，安排被征地农民的社会保障费用，落实安置措施，妥善解决好被征地农民的生产和生活，保证原有生活水平不降低，长远生计有保障。征地补偿安置不落实的，不得动工用地。按照国务院批准征收土地反馈制度的有关规定，征地批后实施情况报国土资源部。

中华人民共和国国土资源部

二○○九年二月六日

关于组织开展《浙能兰电志》编纂工作的通知

浙能兰电〔2023〕99 号

各部门、各党支部：

为进一步加强公司企业文化建设、促进企业高质量发展，决定在公司成立二十年之际，组织编纂首部全面反映公司发展历程的《浙能兰电志》。现将有关事项通知如下：

一、目的意义

二十年来，在浙能集团和股份公司的正确领导下，公司忠实践行"八八战略"，坚决贯彻上级决策部署，围绕全力向"一流现代化清洁低碳发电企业"迈进的企业愿景，形成了具有兰电特色的组织体系、制度体系、管理体系和文化体系。组织开展《浙能兰电志》编纂工作，对于传承公司优良传统、总结历史经验、强化党建引领、深化改革创新，具有十分重要的历史意义和现实意义。

二、指导思想

坚持以习近平新时代中国特色社会主义思想为指导，全面贯彻党的二十大精神，认真贯彻落实习近平总书记 9 次调研指导浙能集团重要指示精神和对公司建设的批示精神，客观记述公司的历史与现状，尊重历史，重在记事纪实，发挥存史、资政、育人功能，全力打造"一流现代化清洁低碳发电企业"。

三、编纂原则

1. 坚持依法修志。遵守国家修志规定与编写规范。

2. 坚持实事求是。尊重历史、客观记述、突出重点。

3. 坚持质量第一。树立精品意识，确保志书质量。

四、相关要求

1. 公司成立《浙能兰电志》编纂组织机构，加强组织领导，落实具体编写人员。编辑部要抓好人员业务培训，编辑部和各部门共同协作，按照职责分工，组织人员认真开展《浙能兰电志》的编写，共同努力，众手成志。

2. 志书内容及上下限。《浙能兰电志》内容以生产力发展为主线，主要涵盖建设、生产、科技与技改、安全与环保、经营、职工、党群等。上限从 2003 年公司筹备开始，下限到 2023 年底，重要事件内容适当上溯或下延。

3. 志书编写严格执行三审制，计划于 2024 年 5 月底完成《浙能兰电志》终审。

附件：《浙能兰电志》编纂机构及组成人员名单

浙江浙能兰溪发电有限责任公司

2023 年 11 月 6 日

编纂始末

　　《浙能兰电志》是浙能兰电成立以来组织编纂的第一部全面反映公司发展历程的企业志书。2023年10月，浙能兰电开始筹备《浙能兰电志》的编纂工作。2023年11月6日，《浙能兰电志》编纂工作组织机构成立，分别为编纂委员会和编辑部。此后，《浙能兰电志》编纂工作组织机构还根据工作需要做了调整，充实了编辑人员。2023年11月22日召开第一次《浙能兰电志》编修工作会议。会议要求《浙能兰电志》编修要坚持"实事求是、述而不论、寓论于述"，客观真实全面地反映公司发展历史，会议落实了编志工作计划、各部门工作任务，自此《浙能兰电志》编纂工作全面铺开。

　　浙能兰电将《浙能兰电志》编纂工作作为一项系统工程严密部署，邀请史志编辑专家来公司培训授课，《浙能兰电志》编辑人员主动学习借鉴兄弟单位的编纂工作经验，根据企业实际情况反复研讨、酝酿讨论，完成《浙能兰电志》篇目初步设计，设立8章，明确各章节工作责任与分工，为高质量编好《浙能兰电志》打下坚实的基础。《浙能兰电志》的撰写按照篇目设计的分工，编辑部成员、各部门撰稿人员各司其职、协同作战、分工不分家，广泛收集资料、分头起草志书，再由《浙能兰电志》编辑部成员进行统稿编辑。其间，召开多次《浙能兰电志》编纂工作会议，并多次与各部门进行交流、沟通和协调。

　　资料的收集是一项繁杂、细致又困难的工作。撰稿人员接受编写任务后，充分利用公司相对完整、规范的档案资料以及图书、报刊等方面的材料，对资料进行查阅、摘抄、收集和鉴别整理。在收集资料和撰稿的过程中，撰稿人员克服时间紧、任务重等诸多实际困难，认真查核落实，保证了《浙能兰电志》编纂工作的顺利推进。至 2024 年春节前夕，初步编辑了 30 余万字的《浙能兰电志》初稿，并通过了编纂委员会的初审。2024 年春节后，《浙能兰电志》初稿作为征求意见稿印发并分送公司领导及基建科技安全、生产技术、经营管理、党群工作、综合管理五个《浙能兰电志》编纂工作专业组，对《浙能兰电志》的准确性、完整性、翔实性和规范性进行全面的审查、确认。2024 年 4 月中下旬，浙能兰电分别组织公司内部和外部专家对《浙能兰电志》进行评审。专家们对《浙能兰电志》进行了全面、认真的评审，从志书的基本要求、体例和行文规范等多方面提出了许多宝贵意见和建议。此后，综合专家意见和建议，编辑人员再次进行补充、修改和完善，于 2024 年 5 月中旬送《浙能兰电志》编纂委员会审定成稿。

在志书的整个编纂过程中，我们始终得到浙能兰电领导的热情关怀，得到浙能集团系统有关领导和专家的悉心指导，得到全公司各部门和广大员工的大力支持，在此一并表示由衷的感谢。

《浙能兰电志》编纂工作涉及面广、工作量大、专业性强，从前期筹备到成稿出炉仅一年左右的时间，参与编写人员都是兼职，大多未接触过志书编写，因此志书编纂过程中存在一些不尽如人意之处，疏漏谬误在所难免，恳请读者不吝赐教。

《浙能兰电志》编纂委员会

2024 年 12 月

《浙能兰电志》特约撰稿人、校对人一览表

分部	内容	责任部门	特约撰稿人	校对人	责任编辑
第一部分（卷首）	《浙能兰电志》编纂机构及其组成人员	办公室	汪倩颖	谭倩倩	朱玲飞
	彩插	办公室、编辑部	朱玲飞、吴尧	谭倩倩	朱玲飞
	序	办公室	傅洪军、金晓东	谭倩倩	朱玲飞
	凡例	办公室、编辑部	盛啸天、吴尧	谭倩倩	朱玲飞
	概述	办公室、编辑部	盛啸天、吴尧、杨婷婷	谭倩倩	朱玲飞
	大事记	办公室、编辑部	盛啸天、吴尧	谭倩倩	朱玲飞
第二部分（专志）	第一章　建设(章下序)	设备管理部	琚敏	胡凯波	琚敏、郭燕平
	第一节　前期准备	设备管理部	琚敏	胡凯波	琚敏、郭燕平
	一、管理体制	设备管理部	叶剑	琚敏	琚敏、郭燕平
	二、可行性研究	设备管理部	叶剑	琚敏	琚敏、郭燕平
	三、工程设计	设备管理部	叶剑	琚敏	琚敏、郭燕平
	四、资金筹集	设备管理部	叶剑	琚敏	琚敏、郭燕平
	五、设备采购	设备管理部	各专业主管	琚敏	琚敏、郭燕平
	六、征用土地	设备管理部	叶剑	琚敏	琚敏、郭燕平
	七、四通一平	设备管理部	叶剑	琚敏	琚敏、郭燕平
	第二节　施工	设备管理部	琚敏	胡凯波	琚敏、郭燕平
	一、土建和水工建筑	设备管理部	叶剑	琚敏	琚敏、郭燕平
	二、设备安装	设备管理部	各专业主管	琚敏	琚敏、郭燕平
	三、启动调试	运行部	郑波	李敏	琚敏、郭燕平
	第三节　质量监督	设备管理部	叶剑	琚敏	琚敏、郭燕平
	第四节　工程竣工	设备管理部	琚敏	胡凯波	琚敏、郭燕平

续表

分部	内容	责任部门	特约撰稿人	校对人	责任编辑
第二部分（专志）	第二章　生产（章下序）	设备管理部	琚敏	胡凯波	刘奕俊
	第一节　生产组织	设备管理部	琚敏	胡凯波	刘奕俊
	一、组织机构	人力资源部	左胜林	尤荷仙	刘奕俊
	二、生产指挥	设备管理部	许五洲	琚敏	刘奕俊
	三、生产例会	设备管理部	许五洲	琚敏	刘奕俊
	四、生产准备	运行部	刘宁宁、杨婷婷	朱小强	刘奕俊
	第二节　设备与设施	设备管理部	琚敏	胡凯波	刘奕俊
	一、锅炉	设备管理部	包文东	琚敏	刘奕俊
	二、汽轮机	设备管理部	季周盈	琚敏	刘奕俊
	三、电气	设备管理部	夏志凌	琚敏	刘奕俊
	四、仪控	设备管理部	竹小锋	琚敏	刘奕俊
	五、输煤	设备管理部	张仁辉	琚敏	刘奕俊
	六、环保	设备管理部	伍人先	琚敏	刘奕俊
	七、化学	设备管理部	孟鹏军	琚敏	刘奕俊
	八、通信和电力系统自动化	维护部	顾吴垠	林华希	刘奕俊
	九、消防设施	安健环部	沈志勇	刘奕俊	刘奕俊
	十、电力监控系统及厂级监控系统	信息中心	沈明	徐旭慧	刘奕俊
	第三节　经济技术指标	计划营销部	汪林福	潘小奎	刘奕俊
	第四节　运行	运行部、燃料部	肖雷、缪小华	朱小强、阙钧宇	刘宁宁
	一、规程和制度	运行部、燃料部	薛建军、潘振、缪小华	李敏、阙钧宇	刘宁宁
	二、岗位设置	运行部、燃料部	潘振、缪小华	朱小强、阙钧宇	刘宁宁
	三、运行调度	运行部	肖雷	朱小强	刘宁宁
	四、运行方式	运行部、燃料部	肖雷、缪小华	何云飞、阙钧宇	刘宁宁
	五、运行分析	运行部、燃料部	沈建荣、缪小华	李敏、阙钧宇	刘宁宁
	六、运行优化	运行部、燃料部	崔庆伟、缪小华	李敏、阙钧宇	刘宁宁
	第五节　设备管理与检修	设备管理部	琚敏	胡凯波	林华希
	一、规程和制度	设备管理部	王彦忠	琚敏	林华希

分部	内容	责任部门	特约撰稿人	校对人	责任编辑
第二部分（专志）	二、计划检修	设备管理部	王彦忠	琚敏	林华希
	三、状态检测	设备管理部	王彦忠	琚敏	林华希
	四、可靠性管理	设备管理部	杨进忠	琚敏	林华希
	五、设备缺陷管理	设备管理部	王彦忠	琚敏	林华希
	第六节　技术监督	设备管理部	琚敏	胡凯波	林华希
	一、继电保护技术监督	设备管理部	崔娜	琚敏	林华希
	二、绝缘技术监督	设备管理部	盛隆	琚敏	林华希
	三、电测仪表技术监督	设备管理部	张善	琚敏	林华希
	四、热工技术监督	设备管理部	黄建伟	琚敏	刘宁宁
	五、化学技术监督	设备管理部	孟鹏军	琚敏	刘宁宁
	六、金属技术监督	设备管理部	刘谋训	琚敏	刘宁宁
	七、环保技术监督	安健环部	丁仲勃	王献灵	刘宁宁
	八、电能质量技术监督	运行部	唐立宝	朱小强	刘宁宁
	九、节能技术监督	设备管理部	杨进忠	琚敏	刘宁宁
	十、涉网自动化技术监督	设备管理部	於立峰	琚敏	林华希
	十一、励磁技术监督	设备管理部	於立峰	琚敏	林华希
	十二、锅炉技术监督	设备管理部	包文东	琚敏	林华希
	十三、汽轮机技术监督	设备管理部	季周盈	琚敏	刘宁宁
	十四、建（构）筑物技术监督	设备管理部	温崇	琚敏	刘宁宁
	十五、工控信息安全技术监督	设备管理部	王庆福	琚敏	刘宁宁
	第三章　科技与技改（章下序）	设备管理部	琚敏	胡凯波	琚敏、郭燕平
	第一节　科学技术	设备管理部	琚敏	胡凯波	琚敏、郭燕平
	一、科技管理	设备管理部	王彦忠	琚敏	琚敏、郭燕平
	二、重点科技项目	设备管理部	王彦忠	琚敏	琚敏、郭燕平
	三、科技成果	设备管理部	王彦忠	琚敏	琚敏、郭燕平
	第二节　技术改造	设备管理部	王彦忠	琚敏	琚敏、郭燕平
	一、技改管理	设备管理部	王彦忠	琚敏	琚敏、郭燕平
	二、技改项目	设备管理部	王彦忠	琚敏	琚敏、郭燕平

续表

分部	内容	责任部门	特约撰稿人	校对人	责任编辑
第二部分（专志）	第三节　科技创新活动	设备管理部	琚敏	胡凯波	琚敏、郭燕平
	一、创新创效	设备管理部	琚敏	胡凯波	琚敏、郭燕平
	二、合理化建议	工会办公室	阮雪花	吴芝京	琚敏、郭燕平
	三、QC 活动	办公室	汪倩颖	谭倩倩	琚敏、郭燕平
	第四章　安全与环保（章下序）	安健环部	过庆红	过庆红	刘奕俊
	第一节　安全管理	安健环部	姜荣华	过庆红	林华希
	一、组织机构	安健环部	徐嘉骏	过庆红	林华希
	二、责任落实	安健环部	姜荣华	过庆红	林华希
	三、安全例会	安健环部	姜荣华	过庆红	林华希
	四、制度建设	安健环部	姜荣华	过庆红	林华希
	五、安全生产标准化	安健环部	姜荣华	过庆红	林华希
	六、安全教育培训	安健环部	徐嘉骏	过庆红	林华希
	七、班组建设	安健环部	徐嘉骏	过庆红	林华希
	八、职业健康	安健环部	徐嘉骏	过庆红	林华希
	九、风险管控和隐患治理	安健环部	徐嘉骏	过庆红	林华希
	十、安全检查和反违章	安健环部	徐嘉骏	过庆红	林华希
	十一、应急建设	安健环部、办公室	唐夏冰、胡冬良	过庆红	林华希
	十二、安全记录	安健环部	唐夏冰	刘奕俊	林华希
	十三、内部交通	安健环部	董刚	过庆红	林华希
	第二节　消防安保	安健环部	沈志勇	过庆红	林华希
	一、消防建设	安健环部	沈志勇	过庆红	林华希
	二、治安保卫	安健环部	董刚	过庆红	林华希
	第三节　环境保护	安健环部	丁仲勃	王献灵	刘宁宁
	一、管理机制	安健环部	丁仲勃	王献灵	刘宁宁
	二、固废治理	运行部、燃料部	倪卫光、冯聪、缪小华	楼新明、阙钧宇	刘宁宁
	三、废水治理	运行部	陈晨	楼新明	刘宁宁
	四、废气治理	安健环部	王献灵	过庆红	刘宁宁
	五、噪声治理	安健环部	丁仲勃	王献灵	刘宁宁
	六、环境绿化	行政事务中心	李玲玲	郦宜进	刘宁宁
	七、综合指标	安健环部	王献灵	丁仲勃	刘宁宁

分部	内容	责任部门	特约撰稿人	校对人	责任编辑
	第五章 经营（章下序）	办公室、编辑部	汪倩颖、杨婷婷	谭倩倩	汪林福
	第一节 管理体制	办公室	汪倩颖	谭倩倩	汪倩颖
	一、体制沿革	办公室	汪倩颖	谭倩倩	汪倩颖
	二、行政领导更迭	人力资源部	左胜林	尤荷仙	汪倩颖
	三、机构设置	人力资源部	左胜林	尤荷仙	汪倩颖
	第二节 信息管理	信息中心	仇煜	徐旭慧	汪倩颖
	一、管理职能	信息中心	仇煜	徐旭慧	汪倩颖
	二、计算机网络建设	信息中心	仇煜	徐旭慧	汪倩颖
	三、软件开发与应用	信息中心	仇煜	徐旭慧	汪倩颖
	四、网络与信息安全	信息中心	仇煜	徐旭慧	汪倩颖
	第三节 计划与营销	计划营销部	汪林福	潘小奎	汪林福
	一、计划	计划营销部	李慧娇	汪林福	汪林福
	二、统计	计划营销部	李慧娇	汪林福	汪林福
	三、电力市场	计划营销部	柴嫒	吕海	汪林福
	四、其他产品销售	计划营销部	柴嫒	吕海	汪林福
第二部分（专志）	五、总平管理	办公室	盛啸天	谭倩倩	汪林福
	第四节 项目与发展	热力公司	郭燕平	郭燕平	杨婷婷
	一、管理职能	热力公司	郭燕平	郭燕平	杨婷婷
	二、集中供热	热力公司	郭燕平	郭燕平	杨婷婷
	三、集中供应压缩空气	综合发展部	叶泽楠	郑颖峰	杨婷婷
	四、厂区光伏	综合发展部	叶泽楠	郑颖峰	杨婷婷
	五、浙江省外新能源开发	综合发展部	叶泽楠	郑颖峰	杨婷婷
	六、贸易运输	综合发展部	叶泽楠	郑颖峰	杨婷婷
	第五节 人力资源	人力资源部	王肖燕	尤荷仙	杨婷婷
	一、定员	人力资源部	张乐君	尤荷仙	杨婷婷
	二、工资	人力资源部	王肖燕	尤荷仙	杨婷婷
	三、奖金	人力资源部	王肖燕	尤荷仙	杨婷婷
	四、社会保险	人力资源部	裘靓	尤荷仙	杨婷婷
	第六节 财务与产权	财务产权部	李琳琳	张国东	杨婷婷
	一、核算体制	财务产权部	李琳琳	张国东	杨婷婷
	二、产权结构	财务产权部	李琳琳	张国东	杨婷婷

分部	内容	责任部门	特约撰稿人	校对人	责任编辑
	三、电价	财务产权部	李琳琳	张国东	杨婷婷
	四、成本	财务产权部	李琳琳	张国东	杨婷婷
	五、税金和利润	财务产权部	李琳琳	张国东	杨婷婷
	六、预算管理	财务产权部	李琳琳	张国东	杨婷婷
	七、资金管理	财务产权部	李琳琳	张国东	杨婷婷
	八、固定资产管理	财务产权部	李琳琳	张国东	杨婷婷
	九、融资	财务产权部	李琳琳	张国东	杨婷婷
	十、财务信息系统	财务产权部	李琳琳	张国东	杨婷婷
	第七节　采购管理	物资采购部、计划营销部	邢天彪、吴新华	王爱琴	汪林福
	一、采购流程	物资采购部、计划营销部	邢天彪、吴新华	王爱琴	汪林福
	二、仓储管理	物资采购部	邢天彪	杨莉	汪林福
	三、废旧物资处理	物资采购部	邢天彪	王爱琴	汪林福
第二部分（专志）	第八节　燃料管理	燃料部	罗胜	阚钧宇	汪林福
	一、管理职能	燃料部	罗胜	阚钧宇	汪林福
	二、燃煤供应	燃料部	罗胜	阚钧宇	汪林福
	三、燃煤接收	燃料部	罗胜	阚钧宇	汪林福
	四、燃煤储存	燃料部	罗胜	阚钧宇	汪林福
	第九节　依法治企	办公室	谭倩倩	何烨茹	朱玲飞
	一、机构与制度	办公室	谭倩倩	何烨茹	朱玲飞
	二、法务与合规管理	办公室	谭倩倩	何烨茹	朱玲飞
	三、法治宣传教育	办公室	谭倩倩	何烨茹	朱玲飞
	四、荣誉与成果	办公室	谭倩倩	何烨茹	朱玲飞
	第十节　审计风控	纪检审计室	张晓梅	李英敏	杨婷婷
	一、机构和制度	纪检审计室	张晓梅	李英敏	杨婷婷
	二、审计管理	纪检审计室	张晓梅	李英敏	杨婷婷
	三、内部控制管理	纪检审计室	张晓梅	李英敏	杨婷婷
	四、风险控制管理	纪检审计室	张晓梅	李英敏	杨婷婷
	第十一节　管理体系	办公室	汪倩颖	谭倩倩	汪倩颖
	一、标准化体系	办公室	汪倩颖	谭倩倩	汪倩颖

分部	内容	责任部门	特约撰稿人	校对人	责任编辑
	二、质量、环境、职业健康安全整合管理体系	安健环部	唐夏冰、徐嘉骏	姜荣华	汪倩颖
	三、能源管理体系	设备管理部	杨进忠	崔科杰	汪倩颖
	四、测量体系	设备管理部	吴可泽	崔科杰	汪倩颖
	第十二节 档案	办公室	朱玲飞	何烨茹	朱玲飞
	一、管理设置	办公室	朱玲飞	何烨茹	朱玲飞
	二、档案分类	办公室	朱玲飞	何烨茹	朱玲飞
	三、档案利用	办公室	朱玲飞	何烨茹	朱玲飞
	四、档案信息化建设	办公室	朱玲飞	何烨茹	朱玲飞
	第六章 职工（章下序）	编辑部	章珍丹	吴尧	杨婷婷
第二部分（专志）	第一节 职工队伍	人力资源部	张乐君	左胜林	方霞丽
	一、职工构成				
	二、奖惩				
	三、专业技术职务评聘				
	四、技能等级认定				
	五、职工退休				
	六、劳动保护		裘靓		
		安健环部	徐嘉骏	姜荣华	方霞丽
	第二节 教育培训	人力资源部	奚伟锋	左胜林	方霞丽
	一、培训管理	人力资源部	奚伟锋	左胜林	方霞丽
	二、岗位技能培训	人力资源部	奚伟锋	左胜林	方霞丽
	三、学历教育	人力资源部	奚伟锋	左胜林	方霞丽
	四、仿真机培训	运行部	潘振	何云飞	方霞丽
	五、检修仿真平台	维护部	李晨晖	林华希	方霞丽
	六、外来实习	人力资源部	奚伟锋	左胜林	方霞丽
	第三节 民主管理	工会办公室	阮雪花	吴芝京	沈琦
	一、职工代表大会	工会办公室	阮雪花	吴芝京	沈琦
	二、厂务公开	工会办公室	阮雪花	吴芝京	沈琦
	第四节 职工生活	行政事务中心	李玲玲	郦宜进	沈琦
	一、职工值班楼	行政事务中心	李玲玲	郦宜进	沈琦
	二、综合楼（职工活动中心）	工会办公室	阮雪花	吴芝京	沈琦

分部	内容	责任部门	特约撰稿人	校对人	责任编辑
	三、党群驿站与职工书屋	党群工作部	姚路	范莉	沈琦
	四、职工食堂	行政事务中心	李玲玲	郦宜进	沈琦
	五、通勤车	行政事务中心	李玲玲	郦宜进	沈琦
	六、职工疗休养	工会办公室	阮雪花	吴芝京	沈琦
	七、职工体检	人力资源部	张乐君	左胜林	沈琦
	第七章 党群（章下序）	编辑部	章珍丹	吴尧	杨婷婷
	第一节 党委班子建设	党群工作部	姚路	范莉	章珍丹
	第二节 制度建设	党群工作部	何云玲	范莉	章珍丹
	第三节 干部队伍建设	组织部	张乐君	尤荷仙	章珍丹
	第四节 党支部建设	党群工作部	何云玲	范莉	章珍丹
	一、党支部设置	党群工作部	何云玲	范莉	章珍丹
	二、"五好"（星级）党支部创建	党群工作部	何云玲	范莉	章珍丹
	第五节 党员队伍建设	党群工作部	姚路	范莉	章珍丹
	一、党员发展	党群工作部	姚路	范莉	章珍丹
第二部分（专志）	二、党员教育管理	党群工作部	姚路	范莉	章珍丹
	第六节 思想政治工作	党群工作部	申晔	范莉	章珍丹
	第七节 新闻宣传	党群工作部	申晔	范莉	章珍丹
	一、组织机构与制度	党群工作部	申晔	范莉	章珍丹
	二、阵地建设	党群工作部	申晔	范莉	章珍丹
	三、宣传成果	党群工作部	申晔	范莉	章珍丹
	第八节 纪检工作	纪检审计室	郑佳	李英敏	章珍丹
	一、纪委班子	纪检审计室	郑佳	李英敏	章珍丹
	二、制度建设	纪检审计室	郑佳	李英敏	章珍丹
	三、监督执纪	纪检审计室	郑佳	李英敏	章珍丹
	四、纪检活动	纪检审计室	郑佳	李英敏	章珍丹
	第九节 工会	工会办公室	阮雪花	吴芝京	沈琦
	一、工会委员会	工会办公室	阮雪花	吴芝京	沈琦
	二、分工会建设	工会办公室	阮雪花	吴芝京	沈琦
	三、职工权益维护	工会办公室	阮雪花	吴芝京	沈琦
	四、职工关爱互助会	工会办公室	阮雪花	吴芝京	沈琦

分部	内容	责任部门	特约撰稿人	校对人	责任编辑
	五、劳动竞赛	工会办公室	阮雪花	吴芝京	沈琦
	六、职工之家	工会办公室	阮雪花	吴芝京	沈琦
	七、女职工工作	工会办公室	阮雪花	吴芝京	沈琦
	八、职工文体活动	工会办公室	阮雪花	吴芝京	沈琦
	九、公益活动	工会办公室	阮雪花	吴芝京	沈琦
	第十节　共青团	团委	方逸群	姚路	沈琦
	一、组织沿革	团委	方逸群	姚路	沈琦
	二、管理体系	团委	方逸群	姚路	沈琦
	三、青年文明号创建	团委	方逸群	姚路	沈琦
	四、青年安全生产示范岗活动	团委	方逸群	姚路	沈琦
	五、青年培养	团委	方逸群	姚路	沈琦
	六、公益和文体活动	团委	方逸群	姚路	沈琦
	第十一节　研究会与协会	党群工作部	申晔	范莉	沈琦
	一、思想政治工作研究会	党群工作部	申晔	范莉	沈琦
	二、职工文体协会	工会办公室	阮雪花	吴芝京	沈琦
第二部分（专志）	第八章　创建工作（章下序）	编辑部	章珍丹	吴尧	杨婷婷
	第一节　创一流	办公室	汪倩颖	谭倩倩	方霞丽
	第二节　企业文化建设	编辑部	吴尧	章珍丹	方霞丽
	一、企业文化培育	党群工作部	何云玲	范莉	方霞丽
		安健环部	徐嘉骏	姜荣华	方霞丽
		纪检审计室	郑佳	李英敏	方霞丽
	二、企业文化展示	编辑部	吴尧	章珍丹	方霞丽
		党群工作部	何云玲	范莉	方霞丽
	三、企业文化活动	党群工作部	何云玲	范莉	方霞丽
		安健环部	徐嘉骏	姜荣华	方霞丽
		纪检审计室	郑佳	李英敏	方霞丽
	四、企业文化主要成果	党群工作部	何云玲	范莉	方霞丽
		安健环部	徐嘉骏	姜荣华	方霞丽
	第三节　7S创建	安健环部、编辑部	徐嘉骏、吴尧	姜荣华、章珍丹	方霞丽
	第四节　文明单位创建	党群工作部、编辑部	姚路、吴尧	范莉、章珍丹	方霞丽

分部	内容	责任部门	特约撰稿人	校对人	责任编辑
第三部分（人物谱）	一、浙能兰电领导简历	组织部	张乐君	尤荷仙	朱玲飞
	二、劳动模范事迹简介	工会办公室	阮雪花	吴芝京	朱玲飞
	三、代表、委员	办公室	孟祥玉	何烨茹	朱玲飞
第三部分（荣誉谱）	一、单位荣誉	工会办公室、编辑部	阮雪花、吴尧	吴芝京	朱玲飞
	二、集体荣誉	工会办公室、编辑部	阮雪花、吴尧	吴芝京	朱玲飞
	三、个人荣誉	工会办公室、编辑部	阮雪花、吴尧	吴芝京	朱玲飞
第三部分（附录）	一、一期工程文件	办公室	朱玲飞	何烨茹	朱玲飞
	二、二期工程文件	办公室	朱玲飞	何烨茹	朱玲飞
编纂始末		编辑部	章珍丹	吴尧	朱玲飞
《浙能兰电志》特约撰稿人、校对人一览表		编辑部	吴尧	章珍丹	朱玲飞